2024 박문각 자격증

FAT
(회계실무) 2급

독공 독하게 공부하자

제3판

이론편

실무편

기출문제

- **Ncs** 국가직무능력표준 **기준안 적용**
  National Competency Standards
- **더존 Smart A 최신프로그램 및 개정세법 적용**
- **최신 기출문제 (52회~66회) 및 해설 수록**

공경태, 정혜숙, 김현상, 박병규, 강만성 편저

박문각

이 책의 **머리말**

기다렸습니다!

당신에게 행복을 주고 싶어 기다렸습니다.

언제부터인가 나는 당신이 의지할 수 있는 지팡이가 되기를 바라고 있었던 것 같습니다. 마주 앉아 커피 한 잔을 함께 나누면서 미소지을 수 있는 좋은 사람이 되고 싶었습니다. 말하지 않아도 눈빛만으로 마음이 전해지고 도움이 되는 버팀목이 되고 기쁨과 행복감이 넘쳐나는 웃음을 드리고 싶었습니다. 이 책이 당신 인생의 전환점이 되어 머지않은 가까운 날에 고맙다는 말을 건네주기를 진심으로 기다려봅니다.

📋 본서의 특징

첫째, 30점의 이론시험 철저 대비!!!
이론을 빠짐없이 완벽하게 정리하였습니다.
혼자서도 교재순서에 따라 단원이론 정리, 관련 사례문제 풀이, 분개연습, 복습을 위한 이론문제 풀이를 통해 학습하면서 완벽하게 이론을 정립하고 체계를 잡을 수 있도록 집필하였습니다. 이론시험에서 매번 시험에 출제되는 <u>빈출문제에 대한 이론을 단원별로 정리</u>해 두었습니다.

둘째, 시험에 출제되는 계정과목별 분개연습!!!
각종 회계시험에서 <u>합격의 핵심 포인트는 전표처리</u>입니다.
따라서 FAT(회계실무) 2급 시험에 출제되는 계정과목별로 분개연습문제를 풀어보면서 이해력을 높일 수 있도록 구성하였습니다.

셋째, 독학으로 70점의 실무시험 완벽 대비!!!

본서만으로 실무시험을 대비하기 위한 독학이 가능합니다.

합격선이 되는 실무시험 대비는 <u>AT자격시험 더존 Smart A(iPLUS) 자격시험 프로그램을 활용하여</u>
<u>실무시험문제 순서</u>[일반전표입력, 결산, 회계정보분석]대로 집필하였습니다. 따라서 혼자서도
충분히 실무시험을 완벽하게 준비하기 위한 연습이 가능합니다.

넷째, <u>새롭게 바뀐 AT자격시험을 대비하기 위한 2년간의 기출문제 12회분</u>을 통해 반복적이고
종합적인 문제풀이를 바탕으로 시험 마지막까지 확실한 적응력을 갖출 수 있도록 체계적으로
집필하였습니다.

※ 2022년 8월 AT자격시험이 대면시험에서 비대면시험으로 출제변경됨에 따라 제52회 ~ 제66회 기출문제는
수정변경하여 수록하였음을 알려드립니다.

AT자격시험을 준비하는 수험생 여러분들을 위한 최적의 교재를 만들기 위해 최선을 다했지만
다소 부족한 부분은 앞으로 계속 보완해 나갈 것을 약속드립니다.

끝으로 본 교재의 출간을 위해 도움을 주신 ㈜박문각출판 대표님께 머리 숙여 감사드리며,
교재 출간에 헌신적으로 조언을 아끼지 않으시고 고통스런 편집작업에 고생하신 ㈜박문각출판
편집부 직원들께 감사를 전합니다.

저자 공경태, 정혜숙, 김현상, 박병규, 강만성
감수위원 박은정, 김보미, 김영석

이 책의 **학습안내**

📖 학습준비

❶ 수험용 프로그램[더존 Smart A(iPLUS)] 다운로드

① 한국공인회계사회 AT자격시험(https://at.kicpa.or.kr)에 접속합니다.

② 홈페이지 하단의 [교육용 프로그램 다운로드]를 클릭하여 [더존 Smart A(iPLUS 수험용 프로그램]을 클릭합니다.

③ 다음 화면이 나타나면 간단한 정보를 입력한 후 프로그램을 다운로드합니다.

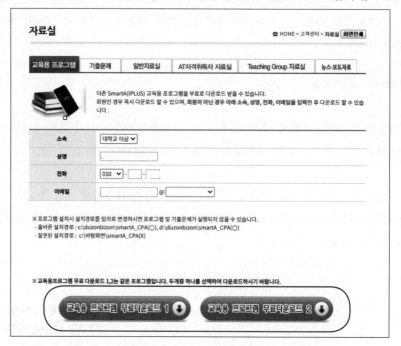

④ 바탕화면에 있는 압축프로그램 [AT자격시험 더존 Smart A(iPLUS) 수험용 프로그램]에서 마우스 오른쪽을 선택하여 "SmartA_Cpa_2024032101 ₩"에 압축풀기라는 글자를 클릭하면 그림과 같이 노란 폴더가 나타납니다.

⑤ Setup.exe 실행 아이콘을 더블클릭하여 실행 → [사용권 계약의 조항에 동의합니다]를
   체크하여 "다음" 버튼을 누릅니다.

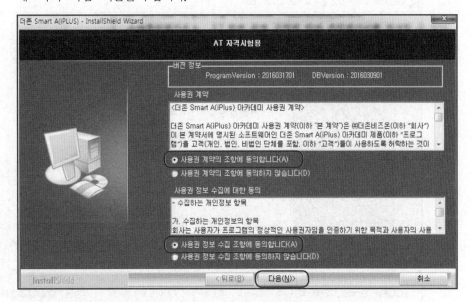

⑥ 시스템 최적화모드를 거쳐서 최종 프로그램 설치가 완료된 화면이 나타납니다.

이 책의 **학습안내**

⑦ 메인화면에서 "2024년" 버전인지 확인합니다.

📶 실무수행 및 기출문제 백데이터 다운로드

① 박문각 출판사 홈페이지(http://www.pmgbooks.co.kr)에 접속합니다.
② 화면 상단의 [자료실]을 클릭하고, 좌측 화면의 [학습자료실] – [전산세무·회계/IT]를
   클릭합니다.
③ 자료실 리스트 중에서 [2024 독공 FAT 2급 백데이터]를 클릭하여 자료를 바탕화면에
   다운로드합니다.
④ 다운로드한 백데이터 파일을 더블클릭하여 설치합니다.

CONTENTS

이 책의 **차례**

FAT(회계실무) 2급
기출문제
(이론+실무)

FAT(회계실무) 2급
기출문제
정답 및 해설

PART

01

FAT(회계실무) 2급
이론

01 | 회계의 기초

제1절 회계의 기본 개념 및 내부통제

01 부기·회계의 정의와 종류

1) 부기(장부기록)

기업의 일정시점의 재무 상태와 일정기간의 경영성과를 명백히 파악하는 것을 말한다.

2) 회계

정보이용자들이 합리적인 의사결정을 할 수 있도록 기업의 경영활동을 화폐단위로 파악하여 기록·계산·정리하여 그 결과를 전달하는 활동과정을 말한다.

> **사례 1**
>
> **회계의 목적을 설명한 것으로 바르지 않은 것은?**
> ① 회사의 일정시점의 재무상태를 파악한다.
> ② 회사의 일정기간 동안의 경영성과를 측정한다.
> ③ 종업원을 관리하기 위해 인식한다.
> ④ 다양한 이해관계자들이 합리적인 의사결정을 할 수 있도록 유용한 정보를 제공한다.
>
> **정답** ③ 종업원을 관리하기 위한 것은 회계의 목적이 아니다.

3) 복식부기(기업회계기준 원칙, 자기검증 가능함)와 영리부기(이익추구)를 적용한다.

02 회계의 구분

구분	정보이용자	작성기준	보고서류
재무회계	외부(주주, 채권자, 소비자, 금융기관 등)	일반기업회계기준	재무제표 (과거지향적)
관리회계	내부(경영자, 종업원)	일정한 기준 없음	원가보고서 (미래지향적)
세무회계	외부(국세청 등)	세법 적용	세무서식

03 회계범위

1) 회계단위

기업이 경제적으로 변화된 사실을 기록·계산하기 위한 장소적 범위를 말한다(예 본점과 지점, 본사와 공장).

2) 회계연도(회계기간)

인위적으로 정해진 1년 이내의 기간적 범위를 말한다.
(현행 상법에서는 회계연도를 1년을 초과하지 못하도록 규정하고 있다.)

제2절 자산·부채·자본 및 재무상태표

01 재무상태표의 정의와 양식

1) 정의

기업에 있어 일정시점의 재무상태에 관한 정보를 제공하는 정태적 보고서를 말하며, 구성요소는 자산, 부채, 자본이다.

자 산 = 부 채 + 자 본	재무상태표 등식
부 채 = 자 산 - 자 본	
자 본 = 자 산 - 부 채	자본 등식

2) 개인회사가 작성하는 재무상태표 양식

(1/1)기초재무상태표		(12/31)기말재무상태표		
기초자산 2,500,000	기초부채 2,000,000	기말자산 3,000,000	기말부채	2,200,000
	기초자본 500,000		기초자본 500,000	기말자본 800,000
			당기순이익 300,000	

기말자본 - 기초자본 = 당기순이익
기초자본 - 기말자본 = 당기순손실

재산법 등식

3) 기업회계기준에 의한 재무상태표 양식

재무상태표

박문각   20××년 12월 31일 현재   (단위 : 원)

자산	금액	부채와 자본	금액
자산		부채	
Ⅰ. 유 동 자 산	×××	Ⅰ. 유 동 부 채	×××
1. 당 좌 자 산	×××	Ⅱ. 비유동부채	×××
2. 재 고 자 산	×××	자본	
Ⅱ. 비유동자산	×××	Ⅰ. 자 본 금	×××
1. 투 자 자 산	×××		
2. 유 형 자 산	×××		
3. 무 형 자 산	×××		
4. 기타비유동자산	×××		
	×××		×××

02 자산

1) 정의

과거의 거래나 사건의 결과로서 현재 기업실체에 의해 지배되고 미래 경제적 효익을 창출할 것으로 기대되는 자원을 말한다.

2) 자산에 속하는 계정과목 분류

① 유동자산

당좌자산	• 정의 : 판매과정을 통하지 않고 즉시 현금화되는 자산 • 계정과목 : 현금 및 현금성자산(현금+당좌예금+보통예금+현금성자산), 단기금융상품, 단기매매증권, 매출채권(외상매출금+받을어음), 단기대여금, 미수금, 미수수익, 선급금, 선급비용 등
재고자산	• 정의 : 생산·판매목적으로 보유하는 자산 • 계정과목 : 상품, 소모품, 원재료, 재공품, 제품 등

② 비유동자산

보고기간 종료일로부터 1년 이후에 현금화할 수 있는 자산을 말한다.

투자자산	• 정의 : 장기간에 걸쳐 이득을 도모할 목적 또는 타 회사를 지배·통제할 목적으로 보유하는 자산 • 계정과목 : 장기금융상품, 매도가능증권, 만기보유증권, 장기대여금, 투자부동산 등

유형자산	• 정의 : 업무용으로 사용되며 미래 경제적 효익이 유입될 가능성이 높고, 취득원가를 신뢰성 있게 측정 가능하며 물리적 실체가 있는 자산 • 계정과목 : 토지, 건물, 기계장치, 차량운반구, 비품, 구축물, 건설중인자산 등
무형자산	• 정의 : 용역의 제공, 타인에 대한 임대 또는 관리에 사용할 목적으로 기업이 보유하고 있고 장기간에 걸쳐 경제적 효익을 가져올 것으로 예상되는 자산으로 물리적 실체가 없는 자산 • 계정과목 : 영업권, 산업재산권, 광업권, 개발비 등
기타 비유동자산	• 정의 : 투자, 유형, 무형자산에 속하지 않는 비유동자산 • 계정과목 : 보증금, 장기성매출채권, 장기미수금, 이연법인세차, 장기선급금 등

03 부채

1) 정의

과거의 거래나 사건의 결과로서 현재 기업실체가 부담하고 미래에 자원의 유출 또는 사용이 예상되는 의무를 말한다.

2) 부채에 속하는 계정과목의 분류

유동부채	• 정의 : 보고기간 종료일로부터 1년 이내에 만기가 도래하는 부채 • 계정과목 : 매입채무(외상매입금+지급어음), 단기차입금, 미지급금, 미지급비용, 선수금, 선수수익, 예수금 등
비유동부채	• 정의 : 보고기간 종료일로부터 1년 이후에 만기가 도래하는 부채 • 계정과목 : 사채, 장기차입금, 퇴직급여충당부채 등

04 자본

기업실체의 자산총액에서 부채총액을 차감한 잔여액, 순자산으로서 기업실체의 자산에 대한 소유주 잔여청구권, 소유주 지분, 순자산이라고도 한다. 단, 개인회사는 자본금과 인출금만 사용한다.

사례 2

당기의 자산과 부채의 변동금액이다. 기말자본은 얼마인가?

• 기초자산 : 200,000원	• 당기자산 증가분 : 120,000원
• 기초부채 : 100,000원	• 당기부채 감소분 : 40,000원

① 140,000원   ② 180,000원
③ 200,000원   ④ 260,000원

정답 ④ • 기말자산 320,000원 = 기초자산 200,000원 + 당기자산 증가분 120,000원
   • 기말부채 60,000원 = 기초부채 100,000원 − 당기부채 감소분 40,000원
   • 기말자본 260,000원 = 기말자산 320,000원 − 기말부채 60,000원

05 재산법에 의한 순손익 계산

1) 재산법을 적용한 당기순손익 계산 공식

기말자본 − 기초자본 = 당기순이익
기초자본 − 기말자본 = 당기순손실

2) 자산, 부채, 자본 분류

사례 3

계정 과목의 해당여부란에 자산계정은 "자산", 부채계정은 "부채", 자본계정은 "자본"이라 기입하시오.

No	계정과목	해당여부	No	계정과목	해당여부
보기	기 계 장 치	자 산	(16)	받 을 어 음	
(1)	현 금		(17)	미 지 급 금	
(2)	예 수 금		(18)	토 지	
(3)	주임종단기채권		(19)	소 모 품	
(4)	단 기 매 매 증 권		(20)	미 수 금	
(5)	외 상 매 출 금		(21)	외 상 매 입 금	
(6)	단 기 차 입 금		(22)	단 기 대 여 금	
(7)	선 급 금		(23)	미 지 급 비 용	
(8)	건 물		(24)	보 통 예 금	
(9)	선 수 금		(25)	제 품	
(10)	당 좌 예 금		(26)	미 수 수 익	
(11)	자 본 금		(27)	선 급 비 용	
(12)	차 량 운 반 구		(28)	선 수 수 익	
(13)	지 급 어 음		(29)	유 동 성 장 기 부 채	
(14)	비 품		(30)	퇴 직 급 여 충 당 부 채	
(15)	상 품				

정답▶

(1)	(2)	(3)	(4)	(5)	(6)	(7)	(8)	(9)	(10)
자산	부채	자산	자산	자산	부채	자산	자산	부채	자산
(11)	(12)	(13)	(14)	(15)	(16)	(17)	(18)	(19)	(20)
자본	자산	부채	자산	자산	자산	부채	자산	자산	자산
(21)	(22)	(23)	(24)	(25)	(26)	(27)	(28)	(29)	(30)
부채	자산	부채	자산	자산	자산	자산	부채	부채	부채

사례 4

다음 빈칸을 채우시오.

기초			기말			순손익
자산	부채	자본	자산	부채	자본	(−는 손실)
550,000	(1)	450,000	850,000	(2)	(3)	150,000
950,000	(4)	(5)	(6)	230,000	770,000	70,000
830,000	330,000	(7)	770,000	310,000	(8)	−40,000

정답▶

(1)	(2)	(3)	(4)
100,000	250,000	600,000	250,000
(5)	(6)	(7)	(8)
700,000	1,000,000	500,000	460,000

제3절 **수익 · 비용 및 손익계산서**

01 손익계산서의 정의와 양식

1) 정의

일정기간 동안 기업의 경영성과를 보고하기 위하여 수익과 비용을 적정하게 표시하여 당기순손익을 산출하는 표를 말한다.

2) 계정식 손익계산서 양식

손익계산서

박문각   20××년 1. 1. ~ 12.31.   (단위 : 원)

비용	금액	수익	금액
급 여	300,000	매 출 액	500,000
임 차 료	100,000	임 대 료	100,000
세 금 과 공 과 금	80,000	이 자 수 익	120,000
이 자 비 용	40,000		
당 기 순 이 익	200,000		
	720,000		720,000

3) 일반기업회계기준에 의한 보고식 손익계산서

손익계산서

박문각   20××년 1. 1. ~ 12.31.   (단위 : 원)

과목	금액
Ⅰ. 매 출 액	×××
Ⅱ. 매 출 원 가	×××
Ⅲ. 매 출 총 이 익	×××
Ⅳ. 판 매 비 와 관 리 비	×××
Ⅴ. 영 업 이 익	×××
Ⅵ. 영 업 외 수 익	×××
Ⅶ. 영 업 외 비 용	×××
Ⅷ. 소 득 세 차 감 전 순 이 익	×××
Ⅸ. 소 득 세 비 용	×××
Ⅹ. 당 기 순 이 익	×××

02 수익

1) 정의
기업실체의 경영활동과 관련된 재화의 판매, 용역의 제공 등의 대가로 발생하는 자산의 유입 또는 부채의 감소를 의미한다.

2) 손익계산서 수익 계정과목 분류

영업수익	• 정의 : 총매출액 − 매출에누리 및 환입, 매출할인 • 계정과목 : 상품매출, 제품매출 등
영업외수익	• 정의 : 영업활동 외 발생하는 수익과 차익 • 계정과목 : 이자수익, 배당금수익, 임대료, 유형자산처분이익, 단기매매증권평가이익, 단기매매증권처분이익, 잡이익, 채무면제이익, 자산수증이익 등

03 비용

1) 정의
기업실체의 경영활동과 관련된 재화의 판매, 용역의 제공 등의 대가로 발생하는 자산의 유출 또는 부채의 증가를 의미한다.

2) 손익계산서 비용 계정과목 분류

매출원가	• 상품매출원가 = 기초상품재고액 + 당기순매입액 − 기말상품재고액 • 제품매출원가 = 기초제품재고액 + 당기제품제조원가 − 기말제품재고액
판매비와 관리비	• 정의 : 영업활동에 발생하는 비용 • 계정과목 : 급여, 퇴직급여, 복리후생비, 감가상각비, 접대비(기업업무추진비), 대손상각비, 잡비, 운반비, 수선비, 보험료, 임차료 등
영업외비용	• 정의 : 영업활동 외에 발생하는 비용 • 계정과목 : 이자비용, 유형자산처분손실, 단기매매증권평가손실, 단기매매증권처분손실, 잡손실, 외환차손, 외화환산손실 등
소득세비용	• 정의 : 회계기간에 납부해야 할 소득세액

3) 손익법에 의한 순손익 계산
① 손익법을 적용한 당기순손익 계산 공식

> 총수익 − 총비용 = 당기순이익
> 총비용 − 총수익 = 당기순손실

② 수익, 비용 분류

사례 5

계정 과목의 해당여부란에 수익계정은 "수익", 비용계정은 "비용"이라 기입하시오.

No	계정과목	해당여부	No	계정과목	해당여부
보기	매 출 액	수 익	(16)	유형자산처분손실	
(1)	수수료비용		(17)	수수료수익	
(2)	단기매매증권평가손실		(18)	단기매매증권처분손실	
(3)	보 험 료		(19)	임 차 료	
(4)	잡 손 실		(20)	퇴 직 급 여	
(5)	여비교통비		(21)	외화환산손실	
(6)	외화환산이익		(22)	외 환 차 손	
(7)	잡 이 익		(23)	법인세비용	
(8)	이 자 비 용		(24)	기타의대손상각비	
(9)	통 신 비		(25)	재 해 손 실	
(10)	이 자 수 익		(26)	소 모 품 비	
(11)	세금과공과금		(27)	감가상각비	
(12)	수도광열비		(28)	기 부 금	
(13)	급 여		(29)	수 선 비	
(14)	광고선전비		(30)	복리후생비	
(15)	임 대 료				

정답

(1)	(2)	(3)	(4)	(5)	(6)	(7)	(8)	(9)	(10)
비용	비용	비용	비용	비용	수익	수익	비용	비용	수익
(11)	(12)	(13)	(14)	(15)	(16)	(17)	(18)	(19)	(20)
비용	비용	비용	비용	수익	비용	수익	비용	비용	비용
(21)	(22)	(23)	(24)	(25)	(26)	(27)	(28)	(29)	(30)
비용	비용	비용	비용	비용	비용	비용	비용	비용	비용

사례 6

다음 빈칸을 채우시오.

No	총수익	총비용	순이익	No	총수익	총비용	순손실
(1)	450,000	250,000		(2)	750,000	830,000	

정답

(1)	(2)
200,000	−80,000

제4절 재무제표 작성기준과 회계 이론 정립

01 재무상태표의 작성기준

1) 구분표시의 원칙

유동자산, 비유동자산, 유동부채, 비유동부채, 자본금, 자본잉여금, 자본조정, 기타포괄손익누계액, 이익잉여금으로 구분한다.

2) 총액표시

원칙은 총액에 의하여 기재하고, 자산, 부채는 상계표시 불가능하다. 단, 매출채권에 대한 대손충당금은 차감하여 표시가능하다.

3) 1년 기준 원칙

1년 기준 또는 정상영업주기로 구분한다.

4) 유동성배열법

자산, 부채는 유동성이 큰 항목부터 배열한다.

5) 잉여금구분의 원칙

자본거래에서 발생한 자본잉여금과 손익거래에서 발생한 이익잉여금을 구분한다.

6) 미결산계정, 비망계정 표시금지

가지급금, 가수금, 현금과부족, 미결산항목은 그 내용을 나타내는 적절한 과목으로 표시한다.

┃사례 7

> **다음 〈보기〉에서 밑줄 친 (가)의 의미는?**
>
> ─────── 〈보기〉 ───────
>
> 재무상태표에 기재하는 자산과 부채의 항목 배열은 (가) 현금화가 빠른 것부터 먼저 기재하는 것을 말한다. 즉, 자산은 유동자산·비유동자산 순서로……(생략)
>
> ① 총액표시의 원칙   ② 잉여금구분의 원칙
> ③ 유동성배열법의 원칙   ④ 구분표시의 원칙
>
> **정답** ③ 유동성배열법의 원칙에 따라 현금화가 빠른 것부터 먼저 기재한다.

02 손익계산서의 작성기준

1) 총액표시

원칙은 총액으로 표시한다.

2) 구분표시

매출총손익, 영업손익, 소득세차감전순손익, 당기순손익으로 구분표시한다.

3) 수익비용대응의 원칙

비용은 수익에 대응하여 표시한다.

4) 실현주의와 발생주의

모든 수익과 비용은 그것이 발생한 기간에 정당하게 배부되도록 처리한다. 다만 수익은 실현시기를 기준으로 계상하고, 미실현수익은 당기의 손익계산에 산입하지 아니함을 원칙으로 한다.

03 재산법과 손익법에 의한 당기순손익

| 사례 | 8

다음의 자료에서 기초자본액은 얼마인가?

• 기초자본	( )	• 총수익	100,000원
• 기말자본	200,000원	• 총비용	80,000원

① 170,000원   ② 180,000원
③ 190,000원   ④ 200,000원

정답

② 재산법과 손익법 모두 당기순손익이 일치해야 한다.
- 손익법 : 총수익 100,000원 - 총비용 80,000원 = 당기순이익 20,000원
- 재산법 : 기말자본 200,000원 - 기초자본(X) = 당기순이익 20,000원
따라서 기초자본은 180,000원이 된다.

04 재무제표의 종류

1) 재무상태표

일정 시점의 재무상태를 나타내는 정태적 보고서이다.

2) 손익계산서

일정 기간의 경영성과를 나타내는 동태적 보고서이다.

3) 자본변동표

일정 기간의 자본의 크기와 그 변동에 관한 정보를 제공하는 재무보고서이다.

4) 현금흐름표

일정 기간의 영업활동, 투자활동, 재무활동에 의한 현금유입과 현금유출 등의 증감활동을 나타내는 보고서이다.

영업활동	상품매매, 급여, 이자지급, 단기매매증권 구입·처분
재무활동	현금 차입·상환, 주식발행, 어음발행, 배당금지급
투자활동	현금 대여·회수, 유형·무형자산 취득·처분

5) 주석

재무제표의 본문에 있는 관련 항목에 대한 설명으로, 기업의 재무상태와 재무성과에 대한 불완전한 정보에 추가적인 정보를 제공하는 것이다.

제5절 회계의 순환과정

01 거래

1) 정의

자산·부채·자본의 증감변화 발생, 수익·비용을 발생시키는 모든 경제적 사건을 말한다.

회계상 거래가 아닌 것	상품 등의 주문, 근로자 채용, 담보제공, 임대차·매매계약, 약속 등
회계상 거래인 것	상품매매, 채권과 채무의 발생·소멸, 파손, 도난, 분실, 감가상각 등

> **사례 9**
>
> **다음 사항 중 회계상의 거래인 것은 ○표, 회계상의 거래가 아닌 것은 ×표를 하시오.**
> (1) 상품을 매입하고 대금은 현금지급하다.　　(　　　)
> (2) 상품을 외상으로 매출하다.　　　　　　　(　　　)
> (3) 상품을 창고회사에 보관하다.　　　　　　(　　　)
> (4) 건물을 빌리기로 계약을 맺다.　　　　　　(　　　)
> (5) 금고에 보관 중이던 현금을 도난당하다.　(　　　)
>
> **정답** (1) ○ (2) ○ (3) × (4) × (5) ○

2) 거래요소의 결합관계(거래의 8요소)

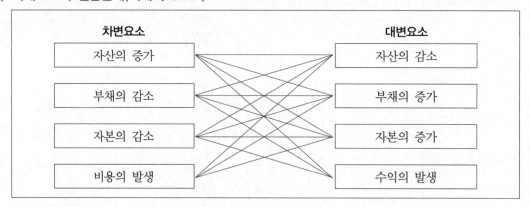

차변요소	대변요소
자산의 증가	자산의 감소
부채의 감소	부채의 증가
자본의 감소	자본의 증가
비용의 발생	수익의 발생

3) 거래의 이중성

복식부기에서는 한 거래가 발생 시 반드시 차변과 대변에 항상 같은 금액이 동시에 발생하는데, 이것을 거래의 이중성이라고 한다.

4) 대차평균의 원리

거래의 이중성의 원리에 따라 차변과 대변을 작성할 때는 차변의 금액과 대변의 금액이 일치해야 한다.

02 거래의 종류와 결합관계

1) 현금의 수입과 지출에 따른 분류

① 입금거래 : 차변에 전부 현금이 입금되는 거래로서 입금전표를 만들 수 있다.

거래	(거래) 은행 예금에 대한 이자 10,000원을 현금으로 받다.
결합관계 (분개)	(차) 자산의 증가(현금) 10,000원 / (대) 수익의 발생(이자수익) 10,000원

② 출금거래 : 대변에 전부 현금이 출금되는 거래로서 출금전표를 만들 수 있다.

거래	(거래) 여비교통비 20,000원을 현금으로 지급하다.
결합관계 (분개)	(차) 비용의 발생(여비교통비) 20,000원 / (대) 자산의 감소(현금) 20,000원

③ 대체거래 : 현금의 거래가 아니거나 또는 1전표로 전부 처리하는 경우에 현금의 일부 거래로서 대체전표를 만들 수 있다.

거래	(거래) 상품 50,000원을 매입하고 대금 중 40,000원은 현금으로 지급하고 잔액은 외상으로 하다.
결합관계 (분개)	(차) 자산의 증가(상품) 50,000원 / (대) 자산의 감소(현금)　　　40,000원 부채의 증가(외상매입금) 10,000원

2) 손익의 발생여부에 따른 분류

① 교환거래 : 자산·부채·자본에서만 증감변화하는 거래이다.

거래	(거래) 비품 80,000원을 외상으로 매입하다.
결합관계 (분개)	(차) 자산의 증가(비품) 80,000원 / (대) 부채의 증가(미지급금) 80,000원

② 손익거래 : 거래 총액이 수익이나 비용으로 발생하는 거래이다.

거래	(거래) 전화요금 60,000원을 현금으로 지급하다.
결합관계 (분개)	(차) 비용의 발생(통신비) 60,000원 / (대) 자산의 감소(현금) 60,000원

③ **혼합거래** : 하나의 거래에서 교환거래와 손익거래가 동시에 발생하는 거래이다.

거래	(거래) 대여금 100,000원과 이자 5,000원을 현금으로 받다.
결합관계 (분개)	(차) 자산의 증가(현금) 105,000원 / (대) 자산의 감소(단기대여금) 100,000원 수익의 발생(이자수익) 5,000원

사례 10

다음 중 거래요소의 결합관계에 대한 설명이 잘못된 것은?

① 현금 200,000원 출자 : 자산의 증가 – 자본의 증가
② 비품 100,000원 현금으로 구입 : 자산의 증가 – 자산의 감소
③ 급여 300,000원 미지급 : 비용의 발생 – 자산의 감소
④ 차량유지비 50,000원 미지급 : 비용의 발생 – 부채의 증가

정답 ③ (차) 급여(비용의 발생) 300,000 / (대) 미지급금(부채의 증가) 300,000

03 분개와 전기

1) 분개

회계상의 거래를 차변요소와 대변요소로 분류하고 어떤 계정과목을 기입하고 얼마의 금액을 기입할 것인가를 결정하는 절차를 분개라 한다.

2) 전기

분개를 해당 원장에 옮겨 적는 것을 말한다. 분개의 차변에 있는 계정을 당해 계정의 차변에 기입하고, 대변에 있는 계정을 당해 계정의 대변에 기입한다.

3) 분개와 전기의 예제

거래) 3/10 상품 100,000원을 현금으로 매입하다.
분개) 3/10 (차) 상품 100,000 (대) 현금 100,000
전기)

상품	현금
3/10 현금 100,000		3/10 상품 100,000

04 장부

1) 정의

기업의 경영활동에서 발생하는 모든 거래를 기록·계산·정리하는 지면을 장부라 하며, 기업의 경영활동에 관한 원인과 결과를 명백히 하기 위한 기록상의 서류이다.

2) 장부의 종류

주요부	• 분개장 : 모든 거래내용을 발생한 순서대로 분개를 기입하는 장부로 총계정원장에 전기하는 데 기초가 된다. • 총계정원장 : 분개장에서 분개한 것을 계정과목별로 계정계좌를 세워 거래를 계정단위로 기입하는 장부이다.
보조부	• 보조기입장 : 현금출납장, 당좌예금출납장, 매입장, 매출장, 받을어음기입장, 지급어음기입장 등이 있다. • 보조원장 : 상품재고장, 매입처원장, 매출처원장 등이 있다.

05 결산예비절차

1) 결산

기업의 경영활동에서 발생한 거래를 분개하고 총계정원장에 전기 마감하고, 기업의 재무 상태와 경영성과를 명확하게 파악하는 절차를 말한다.

2) 시산표

거래를 분개하여 총계정원장에 전기하는 과정이 정확한지를 검증하는 자기검증기능이 있는 표이다.

① 수정전시산표 : 수정분개를 반영하기 전의 시산표이다.

  ㉠ 합계시산표 : 각 계정원장의 차변 합계액과 대변 합계액을 모아서 작성한 표이다.

  ㉡ 잔액시산표 : 각 계정원장의 대·차 차액인 잔액으로 작성한 표이다.

> 기말자산 + 총비용 = 기말부채 + 기초자본 + 총수익

  ㉢ 합계잔액시산표 : 합계시산표와 잔액시산표를 동시에 나타낸 표이다.

② 재고조사표작성 – 기말정리사항 분개

③ 수정후시산표(정산표) 작성 : 기말수정분개를 반영하여 작성하는 시산표이다.

> ■ 시산표에서 발견할 수 있는 오류
> 차변과 대변의 금액을 다르게 기록할 경우에는 파악이 가능하다.

11

> **다음 중 시산표 작성 시 발견이 가능한 오류는?**
>
> ① 분개할 때 성격이 다른 계정과목을 사용하였다.
> ② 거래 내용의 전체가 누락되었다.
> ③ 같은 거래를 이중으로 기록하였다.
> ④ 차변과 대변의 금액을 다르게 기록하였다.
>
> **정답** ④ 차변과 대변의 금액을 다르게 기록할 경우에는 파악이 가능하다.

06 결산본절차

총계정원장의 마감 → 분개장의 마감 → 기타 보조장부의 마감 → 손익(수익, 비용)계정의 마감
→ 이월시산표(자산, 부채, 자본) 작성 → 재무제표 작성

 12

> **다음 〈보기〉에서 결산의 절차를 바르게 나열한 것은?**
>
> ───────── 〈보기〉 ─────────
>
> ㄱ. 시산표의 작성   ㄴ. 재무제표의 작성
> ㄷ. 수익과 비용계정의 마감   ㄹ. 자산, 부채, 자본계정의 마감
> ㅁ. 결산정리사항의 수정   ㅂ. 정산표의 작성
>
> ① ㄴ → ㄷ → ㅂ → ㄱ → ㅁ → ㄹ   ② ㄱ → ㄷ → ㅁ → ㄴ → ㅂ → ㄹ
> ③ ㅂ → ㄱ → ㅁ → ㄷ → ㄹ → ㄴ   ④ ㄱ → ㅁ → ㅂ → ㄷ → ㄹ → ㄴ
>
> **정답** ④ 결산의 절차 : 시산표 작성 → 결산정리사항의 수정 → 정산표의 작성 → 주요부와 보조부
> 마감 → 재무제표의 작성

제6절 | 기초 분개연습

※ 다음은 각 계정요소별 분개이다. 알맞은 분개를 표시하시오. (단, 상품매출 시에는 상품매출계정을 사용한다.)

유동자산 중 당좌자산에 해당하는 계정과목의 거래

[1] 국민은행에 현금 5,000,000원을 당좌예입하다.
(차)   (대)

[2] 대우증권에서 단기시세차익을 목적으로 (주)인천의 주식 200주(1주당 5,000원)를 1,000,000원에 매입하고, 대금은 현금으로 지급하였다.
(차)   (대)

[3] 천일상점에 상품 600,000원을 매출하고 상품대금 중 100,000원은 현금으로 받고, 잔액은 당사 보통예금통장에 입금되었다.
(차)   (대)

[4] 수원상점에 상품 1,000,000원을 판매하고 대금 중 500,000원은 약속어음으로 받고, 나머지는 동점발행 당좌수표로 받다.
(차)   (대)

[5] 외상매출금 350,000원이 당사 보통예금계좌에 입금되었음을 확인하였다.
(차)   (대)

[6] 진주상회에서 상품 700,000원을 매입하고 500,000원은 물품대금으로 받아 보관 중인 약속어음으로 지급하고 잔액은 당사 보통예금계좌에서 이체 지급하였다.
(차)   (대)

[7] 종업원 원빈에게 지방출장을 명하고 여비개산액 200,000원을 현금으로 지급하였다.
(차)   (대)

[8] 종로상회에 상품매입 계약을 체결하고 계약금 250,000원을 현금으로 지급하였다.
(차)   (대)

[9] 종로상회에 계약 체결한 상품 2,500,000원을 매입하고 계약금 250,000원을 차감한 잔액은 당좌수표를 발행하여 지급하였다.
(차)   (대)

[10] 거래처 통일상회에 5개월 후에 받기로 하고 현금 2,000,000원을 빌려주었다.
(차)   (대)

[11] 통일상회에 대여한 현금 2,000,000원을 회수하여 보통예입하였다.
(차)   (대)

[12] 사원 강동원에게 급여지급 시 공제하기로 하고 현금 300,000원을 가불해주었다.
(차)   (대)

유동자산 중 재고자산에 해당하는 계정과목의 거래

[1] 평화상점에서 상품 10개(1개당 30,000원)를 매입하고, 대금 중 100,000원을 현금지급하고 나머지는 외상으로 하였다.
(차)   (대)

[2] 평화상회에서 상품 600,000원을 매입하고 대금은 약속어음을 발행하여 지급하고 매입 시 당사 부담의 운반비 20,000원은 대한용달에 현금으로 지급하였다.
(차)   (대)

[3] 최선상회에서 상품 6,000,000원을 매입하고 대금 중 절반은 약속어음을 발행하여 지급하고, 잔액은 당좌수표를 발행하여 지급하다.
(차)   (대)

[4] 천안상점에서 상품 1,500,000원을 매입하고 대금 중 거래처에서 받아 보관 중인 약속어음 1,000,000원을 지급하고 나머지는 1개월 후에 지급하기로 하였다.
(차)   (대)

비유동자산 중 투자자산에 해당하는 계정과목의 거래

[1] 비영업용 토지를 3,000,000원에 현금 매입하다.
(차)   (대)

[2] 3년 만기의 정기예금을 가입하고 현금 5,000,000원을 입금하다.
(차)   (대)

[3] 2년 후에 받기로 하고 천호상점에 2,000,000원의 당좌수표를 발행하여 대여하였다.
(차)   (대)

비유동자산 중 유형자산에 해당하는 계정과목의 거래

[1] 회사사옥을 신축하기 위해 토지 15,000,000원을 매입하고 당좌수표를 발행하여 지급하였다.
 (차)   (대)

[2] 명일상점 소유의 창고건물을 30,000,000원에 매입하고 대금 중 25,000,000원은 당좌수표를 발행하여 지급하고 나머지는 현금으로 지급하였다.
 (차)   (대)

[3] 업무용 책상과 의자를 120,000원에 현금 구입하였다.
 (차)   (대)

[4] 공장에 사용할 기계를 1,300,000원에 구입하고 대금은 외상으로 하였다.
 (차)   (대)

[5] 상품배달용 화물차를 중고자동차매매상에서 4,500,000원에 구입하고 대금 중 2,000,000원은 당좌수표를 발행하여 지급하고 잔액은 10개월 할부로 하였다.
 (차)   (대)

[6] 당사 소유의 건물 4,000,000원을 미래기업으로 5,000,000원에 매각처분하고 대금은 동점 발행 당좌수표로 받았다.
 (차)   (대)

[7] 당사 소유의 중고 화물자동차 2,000,000원을 1,500,000원에 매각처분하고 대금은 일전에 발행한 당점 당좌수표로 받았다.
 (차)   (대)

비유동자산 중 무형자산에 해당하는 계정과목의 거래

[1] 특허권 출원 비용 20,000,000원을 당좌수표 발행하여 지급하고 특허권을 취득하다.
 (단, 기업회계기준 계정사용)
 (차)   (대)

[2] 신제품 개발을 위하여 대학의 산학협력팀에게 개발비용 2,000,000원을 현금 지급하였다.
 (단, 무형자산 처리)
 (차)   (대)

[3] 업무전산화에 따른 소프트웨어를 웨스트소프트사에서 2,500,000원에 구입하고 대금은 일
주일 후에 지급하기로 하였다.
(차)   (대)

유동부채에 해당하는 계정과목의 거래

[1] 상품 500,000원을 외상으로 매입하다.
(차)   (대)

[2] 외상매입금 500,000원 중 200,000원을 현금으로 지급하였다.
(차)   (대)

[3] 상품 300,000원을 매입하고 대금은 약속어음을 발행하여 지급하였다.
(차)   (대)

[4] 당사가 발행 지급한 약속어음 300,000원이 만기가 도래하여 당좌예금계좌에서 지급 결제
되었다.
(차)   (대)

[5] 중고 자동차 1대를 1,400,000원에 구입하고 대금은 외상으로 하였다.
(차)   (대)

[6] 일전에 구입한 자동차 대금 1,400,000원을 당좌수표 발행하여 지급하였다.
(차)   (대)

[7] 상품 3,000,000원의 판매계약을 하고 계약금 300,000원을 현금으로 받았다.
(차)   (대)

[8] 일전에 판매 계약한 상품 3,000,000원을 전달하고 계약금 300,000원을 차감한 잔액은 약
속어음으로 받았다.
(차)   (대)

[9] 현대자동차에서 업무용 승용차 15,000,000원을 10개월 할부로 구입하였다.
(차)   (대)

[10] 승용차 할부금 1회분 1,500,000원을 현금으로 지급하였다.
(차)   (대)

[11] 외상매입금 450,000원을 약속어음을 발행하여 지급하였다.
(차)   (대)

[12] 외상매입금 1,500,000원 중 500,000원은 현금으로 지급하고 나머지는 보통예금계좌에서
　　　이체 지급하였다.
　　　(차)　　　　　　　　　　　　　　(대)

[13] 우리은행에서 현금 1,000,000원을 6개월 후에 상환하기로 하고 대출받다.
　　　(차)　　　　　　　　　　　　　　(대)

[14] 우리은행의 차입금 1,000,000원을 현금 상환하다.
　　　(차)　　　　　　　　　　　　　　(대)

[15] 종업원 급여 1,200,000원을 지급함에 있어 소득세 25,000원을 차감한 잔액은 현금으로
　　　지급하였다.
　　　(차)　　　　　　　　　　　　　　(대)

[16] 종업원 급여지급 시 예수한 소득세 25,000원을 세무서에 현금으로 납부하다.
　　　(차)　　　　　　　　　　　　　　(대)

[17] 당사 보통예금계좌에 원인불명의 금액 150,000원이 입금되었다.
　　　(차)　　　　　　　　　　　　　　(대)

비유동부채에 해당하는 계정과목의 거래

[1] 성문은행으로부터 3년 후에 상환하기로 하고 3,000,000원을 차입하여 보통예금계좌에 입
　　금하였다.
　　(차)　　　　　　　　　　　　　　(대)

[2] 당사는 자금을 조달할 목적으로 사채액면 10,000,000원을 발행하고 대금은 보통예금계좌
　　로 입금받았다.
　　(차)　　　　　　　　　　　　　　(대)

[3] 당사는 사원들의 퇴직금확보를 위해 결산 시에 퇴직금 50,000,000원을 설정하다.
　　(차)　　　　　　　　　　　　　　(대)

자본에 해당하는 계정과목의 거래

[1] 현금 500,000원, 상품 400,000원, 건물 500,000원을 출자하여 영업을 개시하다.
　　(차)　　　　　　　　　　　　　　(대)

영업외수익에 해당하는 계정과목의 거래

[1] 당사 보통예금계좌에 결산이자 150,000원이 입금되었다.
(차)   (대)

[2] 도림상회에 대여한 대여금 이자 30,000원을 현금으로 받았다.
(차)   (대)

[3] 상품 중개수수료 100,000원을 현금으로 받았다.
(차)   (대)

[4] 건물 임대에 대한 집세 300,000원이 보통예금계좌에 이체 입금되었다.
(차)   (대)

[5] 빈 박스 등 폐품을 매각하고 매각대금 17,000원을 현금으로 받았다.
(차)   (대)

[6] 당사 보유주식 500,000원을 600,000원에 매각처분하고 대금은 수표로 받았다.
(차)   (대)

[7] 불용비품 200,000원을 250,000원에 처분하고 대금은 일주일 후에 받기로 하다.
(차)   (대)

판매비와관리비에 해당하는 계정과목의 거래

[1] 급여
① 종업원 조성모의 월급 1,500,000원을 지급함에 있어 국민연금 60,000원, 건강보험 10,000원, 소득세 80,000원을 차감한 잔액은 현금으로 지급하였다.
(차)   (대)

[2] 복리후생비
① 다음 종업원을 위한 경비 자료 내역에 대해 회사신용카드로 결제하였다.

내역	금액	내역	금액
회식대금	150,000원	홍길동 축의금	100,000원
회사 작업복	600,000원	일직비	38,000원
야유회비	300,000원	비상의약품	20,000원
직원 조의금	200,000원	명절 선물	1,000,000원

[3] 접대비(기업업무추진비)

① 다음 매출처 직원을 위한 경비 자료 내역에 대해 현금으로 지급하다.

내역	금액	내역	금액
담당자와 저녁식사	23,000원	거래처 직원 축의금	50,000원
개업 축하화분	100,000원	추석명절 선물	400,000원

[4] 여비교통비

① 종업원의 업무차 교통비조로 지하철이용권 4,800원과 버스카드 11,000원을 현금으로 구입하여 지급하였다.

(차)   (대)

② 종업원 지국희의 출장여비를 다음과 같이 정산하고 잔액은 현금으로 회수하다. (단, 출장 시 출장여비 개산액 200,000원을 지급함)

• 왕복교통비   70,000원   • 숙박료   50,000원   • 식대   60,000원

(차)   (대)

[5] 통신비

① 업무에 사용한 다음 경비 자료 내역에 대해 우리은행 보통예금계좌에서 이체지급하였다.

내역	금액	내역	금액
핸드폰요금	30,000원	전화요금	450,000원
우표 및 엽서	40,000원	등기우편료	3,600원
인터넷 모바일 사용료	55,000원		

(차)   (대)

[6] 수도광열비

① 업무에 사용한 다음 경비 자료 내역에 대해 국민은행 보통예금계좌에서 이체지급하였다.

내역	금액	내역	금액
난방용 석유	150,000원	수도요금	20,000원
도시가스요금	79,000원	난방용가스	25,000원

(차)   (대)

[7] 세금과공과금

① 업무와 관련한 다음 조세와 공과 자료 내역에 대해 현금으로 납부하다.

내역	금액	내역	금액
승용차의 자동차세	150,000원	건물 재산세	170,000원
화물차 면허세	15,000원	교통환경분담금	25,000원
조합회비	50,000원	적십자회비	60,000원
상공회의소회비	150,000원	수입인지	150,000원

(차)   (대)

[8] 임차료

① 상품 판매를 위한 점포를 임차하고 집세 300,000원을 현금으로 지급하다.

(차)   (대)

② 봉고차 1대를 금호렌트카에서 1개월간 렌트하고 렌트료 400,000원을 자기앞수표로 지급하였다.

(차)   (대)

[9] 수선비

① 사무실 에어컨을 수리하고 수리비 20,000원을 현금으로 지급하였다.

(차)   (대)

[10] 보험료

① 상품판매계약에 따른 계약이행보증보험을 대한보증보험에 가입하고 보험료 300,000원을 현금으로 지급하였다.

(차)   (대)

[11] 차량유지비

① 영업용 차량 전체에 대한 다음 자료 내역에 대해 현금으로 납부하다.

내역	금액	내역	금액
화물차의 유류대금	62,000원	승용차의 주차요금	12,000원
오일교환 등	3,000원	자동차 수리비	24,000원
트럭의 정기검사비	60,000원	승용차 세차비	70,000원

(차)   (대)

[12] 운반비

① 판매상품에 대한 배달료 20,000원을 천안화물에 현금으로 지급하다.

(차)   (대)

[13] 도서인쇄비

① 업무상 필요한 도서구입 등에 사용한 다음 자료 내역을 현금으로 지급하다.

내역	금액	내역	금액
도서구입비	30,000원	날인용 고무인 제작	6,000원
서식 인쇄제작	130,000원	명함 제작	10,000원
사진 현상비	13,000원	신문 구독료	12,000원

(차)   (대)

[14] 소모품비

① 사무용장부 및 볼펜 구입대금 30,000원을 현금 지급하다.

(차)   (대)

② 형광등 및 청소용품 20,000원을 구입하고 현금 지급하다.

(차)   (대)

[15] 수수료비용

① 업무와 관련하여 다음 수수료 자료 내역을 현금으로 지급하다.

내역	금액	내역	금액
도난방지장치 관리유지비	150,000원	법률자문 수수료	250,000원
전기안전관리 유지보수료	120,000원	온라인 송금수수료	3,500원

(차)   (대)

[16] 광고선전비

① 문화일보에 직원채용 모집광고를 게재하고 광고료 700,000원을 자기앞수표로 지급하였다.

(차)   (대)

[17] 잡비

① 폐기물 처리비용 20,000원을 현금으로 지급하였다.

(차)   (대)

영업외비용에 해당하는 계정과목의 거래

[1] 시티은행의 차입금에 대한 이자 320,000원이 보통예금계좌에서 이체 출금되었다.

(차)   (대)

[2] KBS방송국에 수재의연금 3,000,000원을 당좌수표를 발행하여 지급하였다.

(차)   (대)

[3] 현금 100,000원을 도난당했다.

(차)   (대)

[4] 중고자동차 900,000원을 600,000원에 처분하고 대금은 나중에 받기로 하였다.

(차)   (대)

분개연습 정답

유동자산 중 당좌자산에 해당하는 계정과목의 거래			
[1] (차) 당좌예금	5,000,000	(대) 현금	5,000,000
[2] (차) 단기매매증권	1,000,000	(대) 현금	1,000,000
[3] (차) 현금	100,000	(대) 상품매출	600,000
보통예금	500,000		
[4] (차) 받을어음	500,000	(대) 상품매출	1,000,000
현금	500,000		
[5] (차) 보통예금	350,000	(대) 외상매출금	350,000
[6] (차) 상품	700,000	(대) 받을어음	500,000
		보통예금	200,000
[7] (차) 가지급금	200,000	(대) 현금	200,000
[8] (차) 선급금	250,000	(대) 현금	250,000
[9] (차) 상품	2,500,000	(대) 선급금	250,000
		당좌예금	2,250,000
[10] (차) 단기대여금	2,000,000	(대) 현금	2,000,000
[11] (차) 보통예금	2,000,000	(대) 단기대여금	2,000,000
[12] (차) 주임종단기채권	300,000	(대) 현금	300,000

유동자산 중 재고자산에 해당하는 계정과목의 거래			
[1] (차) 상품	300,000	(대) 현금	100,000
		외상매입금	200,000
[2] (차) 상품	620,000	(대) 지급어음	600,000
		현금	20,000
[3] (차) 상품	6,000,000	(대) 지급어음	3,000,000
		당좌예금	3,000,000
[4] (차) 상품	1,500,000	(대) 받을어음	1,000,000
		외상매입금	500,000

비유동자산 중 투자자산에 해당하는 계정과목의 거래

[1]	(차)	투자부동산	3,000,000	(대)	현금	3,000,000
[2]	(차)	장기성예금	5,000,000	(대)	현금	5,000,000
[3]	(차)	장기대여금	2,000,000	(대)	당좌예금	2,000,000

비유동자산 중 유형자산에 해당하는 계정과목의 거래

[1]	(차)	토지	15,000,000	(대)	당좌예금	15,000,000
[2]	(차)	건물	30,000,000	(대)	당좌예금	25,000,000
					현금	5,000,000
[3]	(차)	비품	120,000	(대)	현금	120,000
[4]	(차)	기계장치	1,300,000	(대)	미지급금	1,300,000
[5]	(차)	차량운반구	4,500,000	(대)	당좌예금	2,000,000
					미지급금	2,500,000
[6]	(차)	현금	5,000,000	(대)	건물	4,000,000
					유형자산처분이익	1,000,000
[7]	(차)	당좌예금	1,500,000	(대)	차량운반구	2,000,000
		유형자산처분손실	500,000			

비유동자산 중 무형자산에 해당하는 계정과목의 거래

[1]	(차)	특허권	20,000,000	(대)	당좌예금	20,000,000
[2]	(차)	개발비	2,000,000	(대)	현금	2,000,000
[3]	(차)	소프트웨어	2,500,000	(대)	미지급금	2,500,000

유동부채에 해당하는 계정과목의 거래

[1]	(차)	상품	500,000	(대)	외상매입금	500,000
[2]	(차)	외상매입금	200,000	(대)	현금	200,000
[3]	(차)	상품	300,000	(대)	지급어음	300,000
[4]	(차)	지급어음	300,000	(대)	당좌예금	300,000
[5]	(차)	차량운반구	1,400,000	(대)	미지급금	1,400,000
[6]	(차)	미지급금	1,400,000	(대)	당좌예금	1,400,000
[7]	(차)	현금	300,000	(대)	선수금	300,000

[8]	(차) 선수금	300,000	(대) 상품매출	3,000,000
	받을어음	2,700,000		
[9]	(차) 차량운반구	15,000,000	(대) 미지급금	15,000,000
[10]	(차) 미지급금	1,500,000	(대) 현금	1,500,000
[11]	(차) 외상매입금	450,000	(대) 지급어음	450,000
[12]	(차) 외상매입금	1,500,000	(대) 현금	500,000
			보통예금	1,000,000
[13]	(차) 현금	1,000,000	(대) 단기차입금	1,000,000
[14]	(차) 단기차입금	1,000,000	(대) 현금	1,000,000
[15]	(차) 급여	1,200,000	(대) 예수금	25,000
			현금	1,175,000
[16]	(차) 예수금	25,000	(대) 현금	25,000
[17]	(차) 보통예금	150,000	(대) 가수금	150,000

비유동부채에 해당하는 계정과목의 거래

[1]	(차) 보통예금	3,000,000	(대) 장기차입금	3,000,000
[2]	(차) 보통예금	10,000,000	(대) 사채	10,000,000
[3]	(차) 퇴직급여	50,000,000	(대) 퇴직급여충당부채	50,000,000

자본에 해당하는 계정과목의 거래

[1]	(차) 현금	500,000	(대) 자본금	1,400,000
	상품	400,000		
	건물	500,000		

영업외수익에 해당하는 계정과목의 거래

[1]	(차) 보통예금	150,000	(대) 이자수익	150,000
[2]	(차) 현금	30,000	(대) 이자수익	30,000
[3]	(차) 현금	100,000	(대) 수수료수익	100,000
[4]	(차) 보통예금	300,000	(대) 임대료	300,000
[5]	(차) 현금	17,000	(대) 잡이익	17,000
[6]	(차) 현금	600,000	(대) 단기매매증권	500,000
			단기매매증권처분이익	100,000
[7]	(차) 미수금	250,000	(대) 비품	200,000
			유형자산처분이익	50,000

판매비와관리비에 해당하는 계정과목의 거래

[1] 급여

①	(차) 급여	1,500,000	(대) 예수금	150,000
			현금	1,350,000

[2] 복리후생비

①	(차) 복리후생비	2,408,000	(대) 미지급금	2,408,000

[3] 접대비(기업업무추진비)

①	(차) 접대비(기업업무추진비)	573,000	(대) 현금	573,000

[4] 여비교통비

①	(차) 여비교통비	15,800	(대) 현금	15,800
②	(차) 여비교통비	180,000	(대) 가지급금	200,000
	현금	20,000		

[5] 통신비

①	(차) 통신비	578,600	(대) 현금	578,600

[6] 수도광열비

①	(차) 수도광열비	274,000	(대) 보통예금	274,000

[7] 세금과공과금

①	(차) 세금과공과금	770,000	(대) 현금	770,000

[8] 임차료

①	(차) 임차료	300,000	(대) 현금	300,000
②	(차) 임차료	400,000	(대) 현금	400,000

[9] 수선비

①	(차) 수선비	20,000	(대) 현금	20,000

[10] 보험료

①	(차) 보험료	300,000	(대) 현금	300,000

[11] 차량유지비

①	(차) 차량유지비	231,000	(대) 현금	231,000

[12] 운반비

①	(차) 운반비	20,000	(대) 현금	20,000

[13] 도서인쇄비
① (차) 도서인쇄비   201,000   (대) 현금   201,000

[14] 소모품비
① (차) 소모품비   30,000   (대) 현금   30,000
② (차) 소모품비   20,000   (대) 현금   20,000

[15] 수수료비용
① (차) 수수료비용   523,500   (대) 현금   523,500

[16] 광고선전비
① (차) 광고선전비   700,000   (대) 현금   700,000

[17] 잡비
① (차) 잡비   20,000   (대) 현금   20,000

영업외비용에 해당하는 계정과목의 거래			
[1] (차) 이자비용	320,000	(대) 보통예금	320,000
[2] (차) 기부금	3,000,000	(대) 당좌예금	3,000,000
[3] (차) 잡손실	100,000	(대) 현금	100,000
[4] (차) 미수금	600,000	(대) 차량운반구	900,000
유형자산처분손실	300,000		

02 | 계정과목별 회계처리

제1절 유동(당좌자산) – 현금 및 현금성자산 회계처리

01 현금 및 현금성자산

1) 현금

통화	주화, 지폐(동전)
통화대용증권	자기앞수표, 타인(거래처, 동점)발행당좌수표, 가계수표, 송금수표, 배당금지급표, 송금환증서, 우편환증서, 전신환증서, 만기도래한 공사채이자표, 국고지급통지서 등

※ 현금으로 인식하지 않는 것 : 사용이 제한된 예금(특정현금과 예금), 차용증서(대여금 또는 차입금), 선일자수표(어음), 수입인지(세금과공과금), 엽서·우표(통신비) 등

 13

> **다음 대화에서 밑줄 친 ㉠의 계정과목으로 옳은 것은?**
>
> 박 부장 : 지난달 10월의 외상매출금 500,000원은 어떠한 방법으로 회수했습니까?
> 김 대리 : 네! ㉠ 200,000원은 타인발행수표로, 300,000원은 어음으로 받았습니다.

정답 타인(=거래처)발행수표는 현금계정과목으로 표시한다.

2) 당좌예금
   은행과 당좌계약을 맺고 당좌예입하지만 인출은 반드시 당점(우리회사)이 당좌수표를 발행하는 경우이다.

3) 보통예금
   고객이 예금과 인출을 자유롭게 할 수 있는 예금이다.

4) 현금성자산
   큰 거래비용 없이 현금으로 전환이 용이하고 이자율 변동에 따른 가치변동의 위험이 크지 않은 유가증권 및 단기금융상품으로서 취득 당시 만기(또는 상환일)가 3개월 이내에 도래하는 것을 말한다.

① 취득 당시 만기가 3개월 이내에 도래하는 채권
② 취득 당시 상환일까지의 기간이 3개월 이내인 상환우선주
③ 3개월 이내에 환매조건인 환매채
④ 취득 당시 만기가 3개월 이내에 도래하는 양도성예금증서 등

사례 14

박문각이 결산일 현재에 보유하고 있는 유동자산의 일부이다. 현금 및 현금성자산으로 계상할 금액은 얼마인가?

• 자기앞수표	200,000원	• 수입인지	300,000원
• 당좌예금	250,000원	• 우편환	70,000원
• 보통예금	110,000원	• 선일자수표	80,000원
• 종로상회발행수표	200,000원	• 배당금지급통지표	70,000원
• 차용증서	500,000원		

정답 200,000원(자기앞수표) + 250,000원(당좌예금) + 70,000원(우편환) + 110,000원(보통예금) + 200,000원(종로상회발행수표) + 70,000원(배당금지급통지표) = 900,000원이 된다.

02 현금과부족(임시계정)

장부상 현금 잔액과 실제 현금 잔액이 계산의 착오나 거래의 누락 등에 의해서 일치하지 않는 경우에 처리하며 재무상태표에는 표시 금지한다.

기중	기말(12/31)
현금과부족 임시계정 처리	과잉(잡이익)
→ 원인조사 후 해당계정 대체	부족(잡손실)

사례 15

12월 1일(기중)에 장부상 현금보다 실제 현금이 부족하여 현금과부족 계정으로 처리해 두었던 금액 40,000원 중 12월 5일(기중) 32,000원은 판매직원의 시내교통비 누락분으로 밝혀졌으며, 잔액은 12월 31일(결산일)까지 그 내역을 알 수 없다. 올바른 분개는?

정답

날짜	전표처리
12/1(기중)	(차) 현금과부족 40,000 / (대) 현금 40,000 (임시계정) (자산의 감소)
12/5(기중)	(차) 여비교통비 32,000 / (대) 현금과부족 32,000 (비용의 발생) (임시계정)
12/31(기말)	(차) 잡손실 8,000 / (대) 현금과부족 8,000 (비용의 발생) (임시계정)

03 당좌차월(단기차입금) 주의 유동부채로 표시함

사전 약정에 의하여 당좌예금 잔액이 없더라도 당좌수표를 발행할 수 있는데, 이때 당좌예금잔액을 초과하여 지급된 금액을 말한다.

│사례 16

> 업무용 토지를 3억에 구입하고 대금은 당좌수표를 발행하여 지급하였을 때, 올바른 분개는?
> (단, 당좌예금잔액은 1억, 5억의 당좌차월계약 체결)
>
> **정답**▶ (차) 토지(자산의 증가)　300,000,000 ／ (대) 당좌예금(자산의 감소)　100,000,000
> 　　　　　　　　　　　　　　　　　　　　　단기차입금(=당좌차월)　200,000,000
> 　　　　　　　　　　　　　　　　　　　　　(부채의 증가)

☑️ 분개연습 | 유동(당좌자산) - 현금 및 현금성자산 회계처리

단, 상품판매는 상품매출계정 사용, 결합관계 표시, 부가가치세는 고려하지 말 것

[1] 우리은행의 당좌예금계좌에 현금 3,000,000원을 입금하였다.

차변	대변

[2] 뚝섬상사에 상품 2,500,000원을 판매하고 대금 중 1,500,000원은 당점발행한 수표로 받고 잔액은 동점발행수표로 받다.

차변	대변

[3] 호남상사에 상품을 판매하고 상품대금 3,000,000원이 당사 당좌예금계좌에 입금되었다.

차변	대변

[4] (주)낙원의 외상매출금 200,000원이 전액 당사 거래은행의 보통예금계좌로 입금되었다.

차변	대변

[5] 제일상사에 차용증서(상환기일 : 6개월)를 받고 현금 2,000,000원을 대여하였다.

차변	대변

[6] 당사는 당좌거래개설보증금 9,000,000원과 당좌예금계좌에 1,000,000원을 현금으로 입금하여 국민은행 당좌거래를 개설하고 당좌수표용지와 약속어음용지를 교부받았다.

차변	대변

[7] 12월 31일에 장부상 현금이 실제 현금보다 50,000원이 과잉됨을 확인하였으나 원인을 판명하지 못하였다.

차변	대변

[8] 상록상사는 상품 2,000,000원을 매입하고, 대금은 수표를 발행하여 지급하다. (단, 당좌예금 잔고는 1,500,000원이 있다.)

차변	대변

📌 분개연습 정답

번호	차변		대변	
1	당좌예금(자산의 증가)	3,000,000	현금(자산의 감소)	3,000,000
2	당좌예금(자산의 증가)	1,500,000	상품매출(수익의 발생)	2,500,000
	현금(자산의 증가)	1,000,000		
3	당좌예금(자산의 증가)	3,000,000	상품매출(수익의 발생)	3,000,000
4	보통예금(자산의 증가)	200,000	외상매출금(자산의 감소)	200,000
5	단기대여금(자산의 증가)	2,000,000	현금(자산의 감소)	2,000,000
6	특정현금과예금 (자산의 증가)	9,000,000	현금(자산의 감소)	10,000,000
	당좌예금(자산의 증가)	1,000,000		
7	현금(자산의 증가)	50,000	잡이익(수익의 발생)	50,000
8	상품(자산의 증가)	2,000,000	당좌예금(자산의 감소)	1,500,000
			단기차입금(부채의 증가)	500,000

이론문제 | 유동(당좌자산) - 현금 및 현금성자산 회계처리

01 다음 중 현금계정으로 회계처리하기에 타당하지 않은 것은?

① 송금수표
② 당점발행수표
③ 타인발행수표
④ 자기앞수표

02 다음 중 현금 및 현금성자산에 해당되는 것만으로 묶인 것은?

㉮ 타인발행수표	㉯ 보험증권
㉰ 장기금융상품	㉱ 수입인지
㉲ 보통예금	㉳ 주식

① ㉯, ㉱
② ㉯, ㉰
③ ㉮, ㉲
④ ㉮, ㉳

03 다음 설명에 해당되는 계정과목은?

> 예금잔액의 범위를 초과하여 수표를 발행하여도 일정 한도까지는 은행이 부도처리하지 않고 수표를 발행할 수 있도록 하는 것

① 당좌예금
② 당좌차월
③ 당좌이월
④ 이월당좌

04 회계기간 중 장부상 현금잔액과 실제 현금잔액이 일치하지 않는 경우 가장 적절한 회계처리 방법은?

① 단기대여금 계정으로 처리
② 현금과부족 계정으로 처리
③ 보통예금 계정으로 처리
④ 선수금 계정으로 처리

05 현금과부족에 대한 설명으로 잘못된 것은?

① 기중에 실제잔액보다 장부잔액이 많음을 발견 시 [(차) 현금 / (대) 현금과부족]으로 분개한다.

② 현금 실제액이 장부잔액과 일치하지 않을 때 사용하는 계정과목이다.

③ 기말재무상태표상에는 표시되지 않는 임시계정이다.

④ 결산 시에 현금부족액의 원인을 발견하지 못한 경우 잡손실로 처리한다.

06 다음 중 현금성자산으로 분류될 수 없는 것은?

① 취득 당시 만기가 3개월 이내에 도래하는 채권

② 3개월 이내의 환매조건부 채권

③ 사용이 제한된 예금

④ 당좌예금

07 다음 중 기업회계기준상 현금 및 현금성자산이 아닌 것은?

① 통화

② 통화대용증권

③ 요구불예금

④ 취득 당시 만기가 1년 이내 도래하는 유가증권

08 다음 자료에 의하여 현금 및 현금성자산으로 기록될 금액은 얼마인가?

• 지폐	400,000원	• 타인발행수표	200,000원
• 자기앞수표	100,000원	• 당좌예금	300,000원
• 정기예금(만기 6개월)	200,000원	• 우편환증서	100,000원
• 수입인지	50,000원		

① 1,200,000원 ② 1,300,000원

③ 1,500,000원 ④ 1,100,000원

PART
01

📌 이론문제 정답 및 해설

01 ② 당점발행수표는 당좌예금계정으로 처리한다.
현금(통화, 통화대용증권)계정에는 타인발행당좌수표, 배당금지급표, 송금환, 우편환, 만기도래한 공사채이자표 등이 해당된다.

02 ③ 타인발행수표와 보통예금은 현금 및 현금성자산에 해당된다.

03 ② 당좌차월(단기차입금)은 예금잔액의 범위를 초과하여 수표를 발행하여도 일정 한도까지는 은행이 부도처리하지 않고 수표를 발행할 수 있도록 하는 것이다.

04 ② 회계기간 중 장부상 현금잔액과 실제 현금잔액이 일치하지 않는 경우 임시로 설정하는 계정과목이 현금과부족 계정이다.

05 ① 장부잔액 > 실제잔액일 경우의 회계처리 : (차) 현금과부족 / (대) 현금

06 ③ 사용이 제한된 예금은 특정현금과예금 계정과목에 해당한다.

07 ④ 취득 당시 만기가 1년 이내 도래하는 유가증권은 단기매매증권계정으로 처리한다.

08 ④ 지폐 400,000원 + 타인발행수표 200,000원 + 자기앞수표 100,000원 + 당좌예금 300,000원 + 우편환증서 100,000원 = 현금 및 현금성자산 1,100,000원

제2절 유동(당좌자산) – 단기투자자산 회계처리

◀ 01 단기금융상품

금융기관이 취급하는 정기예금, 정기적금, 사용이 제한되어 있는 예금 및 기타 정형화된 상품 등으로 단기적 자금운용목적으로 소유하거나 기한이 1년 내에 도래하는 것을 말한다. 단기금융상품에는 양도성예금증서(CD), 신종기업어음(CP), 어음관리계좌(CMA), 중개어음, 표지어음 등이 있다.

◀ 02 단기매매증권

1) 분류방법

분류	보유목적에 따른 분류	계정과목	자산 종류	평가방법
지분 증권 (주식)	① 시장성이 있고 단기시세차익 목적으로 취득 시(중대한 영향력 행사 목적이 없다.)	단기매매증권	당좌자산	공정가액법
	② 장기투자목적으로 취득 시	매도가능증권	투자자산	공정가액법
채무 증권 (채권)	① 시장성이 있고 단기시세차익 목적으로 취득 시(만기보유할 목적이 없다.)	단기매매증권	당좌자산	공정가액법
	② 만기보유할 목적이 있다.	만기보유증권	투자자산	원가법
	③ 장기투자목적으로 취득 시	매도가능증권	투자자산	공정가액법

2) 단기매매증권의 구입

취득한 경우에는 매입가액과 별도로 수수료비용(영업외비용)으로 회계처리한다.

> **│사례│ 17**
>
> **다음 거래를 분개하시오.**
>
> 주식 10주(1주당 5,000원)를 6,000원에 구입하고, 대금은 수수료 1,000원과 함께 현금으로 지급하다.
>
> **정답**
> (차) 단기매매증권(자산의 증가) 60,000 / (대) 현금(자산의 감소) 61,000
>   수수료비용(영업외비용)   1,000

PART
01

3) 단기매매증권의 평가(결산시점에 시가로 평가함)

① 시가(공정가액) > 장부가액 : 단기매매증권평가이익
② 시가(공정가액) < 장부가액 : 단기매매증권평가손실

위의 평가손익을 손익계산서 영업외손익 항목으로 보고한다.

③ 단가는 개별법, 총평균법, 이동평균법 또는 기타 합리적인 방법에 의하여 산정한다.

 사례 18

> 위 [사례 17]의 주식을 보유하는 중 결산일 현재 공정가치가 6,500원이 된 경우, 올바른 분개는?
>
> **정답**
> • 장부가액 10주 × 6,100 = 61,000원
> • 공정가액 10주 × 6,500 = 65,000원
> (차) 단기매매증권   4,000 / (대) 단기매매증권평가이익 4,000
>   (자산의 증가)   (영업외수익)

4) 단기매매증권의 관련 수익

① 소유 공채, 사채 등에 대한 이자를 받은 경우

> (차) 현금(자산의 증가)   ××× / (대) 이자수익(영업외수익)   ×××

② 소유 주식에 대한 배당금을 받은 경우

> (차) 현금(자산의 증가)   ××× / (대) 배당금수익(영업외수익)   ×××

5) 단기매매증권의 처분

① 처분가액 > 장부가액 : 단기매매증권처분이익(영업외수익)
② 처분가액 < 장부가액 : 단기매매증권처분손실(영업외비용)

단, 처분가액은 매각금액에서 처분에 따른 수수료를 차감한 금액으로 하며, 처분손익은 손익계산서 항목에 보고한다.

 사례 19

> 위 [사례 18]의 주식 10주를 7,000원에 매각하고, 매각수수료 3,000원을 차감하고 현금으로 받은 경우, 올바른 분개는?
>
> **정답**
> • 장부가액 : 10주 × 6,500 = 65,000원
> • 처분가액 : (10주 × 7,000) − 3,000 = 현금수령액 67,000원
> (차) 현금(자산의 증가)   67,000 / (대) 단기매매증권(자산의 감소)   65,000
>   단기매매증권처분이익(수익의 발생)   2,000

✅ 분개연습 | 유동(당좌자산) - 단기투자자산 회계처리

단, 상품판매는 상품매출계정 사용, 결합관계 표시, 부가가치세는 고려하지 말 것

[1] (주)두원은 단기시세차익목적으로 주식 1,000주(1주당 액면 500원, 취득원가 550원)를 취득하고, 취득수수료 25,000원과 함께 당좌수표를 발행하여 지급하다.

차변	대변

[2] (주)노란은 단기시세차익을 목적으로 공채액면 10,000,000원(액면 10,000원)을 9,800원에 취득하고, 대금은 동점발행수표로 지급하다.

차변	대변

[3] (주)두원은 위 [1]의 주식을 1주당 650원으로 매각처분하고, 대금은 매각수수료 10,000원을 차감한 잔액을 당좌예금에 입금하였다.

차변	대변

[4] (주)노란은 위 [2]의 공채를 10,000원에 대하여 9,000원에 매각처분하고, 대금은 보통예금에 입금하였다.

차변	대변

[5] (주)건영은 주식 2,000주(1주당 1,000원)를 1주당 1,200원에 단기시세차익을 목적으로 취득하고, 대금은 현금으로 지급하다.

차변	대변

[6] (주)건영은 위 [5]의 주식을 결산 시에 1주당 1,500원의 공정가액으로 평가하다.

차변	대변

[7] (주)건영의 주식을 보유하고 있는 상태에서 배당금영수증 50,000원을 받다.

차변	대변

📌 분개연습 정답

번호	차변		대변	
1	단기매매증권(자산의 증가)	550,000	당좌예금(자산의 감소)	575,000
	수수료비용(비용의 발생)	25,000		
2	단기매매증권(자산의 증가)	9,800,000	현금(자산의 감소)	9,800,000
3	당좌예금(자산의 증가)	640,000	단기매매증권(자산의 감소)	550,000
			단기매매증권처분이익 (수익의 발생)	90,000
	처분가액 : (1,000주 × 650원) − 매각수수료 10,000원 = 당좌예금수령액 640,000원			
4	보통예금(자산의 증가)	9,000,000	단기매매증권(자산의 감소)	9,800,000
	단기매매증권처분손실 (비용의 발생)	800,000		
5	단기매매증권(자산의 증가)	2,400,000	현금(자산의 감소)	2,400,000
6	단기매매증권(자산의 증가)	600,000	단기매매증권평가이익 (수익의 발생)	600,000
7	현금(자산의 증가)	50,000	배당금수익(수익의 발생)	50,000

☑️ 이론문제 | 유동(당좌자산) - 단기투자자산 회계처리

01 단기보유목적으로 주당 액면 5,000원인 회사의 주식 50주를 주당 9,000원에 구입하고 수수료 10,000원을 지급하였다. 유가증권의 취득원가는 얼마인가?

① 250,000원　　　　　　　　　　② 260,000원
③ 450,000원　　　　　　　　　　④ 460,000원

02 (주)청주의 주식 1,000주를 1주당 3,000원에 매입하고 그 대금은 수수료 200,000원과 함께 현금으로 지급한 경우 옳은 분개는?

① (차) 단기매매증권　　3,000,000원　　(대) 현금　　　　　　3,200,000원
　　　　수수료비용　　　　200,000원
② (차) 현금　　　　　　3,200,000원　　(대) 단기매매증권　　3,000,000원
　　　　수수료수익　　　　200,000원
③ (차) 단기매매증권　　3,200,000원　　(대) 현금　　　　　　3,200,000원
④ (차) 현금　　　　　　3,200,000원　　(대) 단기매매증권　　3,200,000원

03 다음 계정 기입에 대하여 바르게 설명한 것은?

단기매매증권평가이익	
	단기매매증권　　43,000

① 단기매매증권을 43,000원에 구입하였다.
② 단기매매증권의 시가가 43,000원 하락하였다.
③ 결산 시 단기매매증권평가손실에서 43,000원 회복하였다.
④ 결산 시 단기매매증권의 시가가 장부가액보다 43,000원 상승하였다.

04 소유하고 있는 주식에 대한 현금배당금(㉠)과, 채권에 대한 이자를 받았을 때 기입하는 계정과목(㉡)을 바르게 나열한 것은?

	㉠	㉡		㉠	㉡
①	배당금수익	이자수익	②	배당금수익	사채이자
③	이자수익	이자수익	④	유가증권이자	사채이자

05 다음 자료에 의할 때 단기매매증권의 처분이익은 얼마인가?

> • 20×1년 9월 25일, 주식 1,000주를 현금 6,000,000원으로 구입(1주당 액면 5,000원)
> • 20×1년 12월 31일, 결산 시 주식 1,000주의 공정가액(시가) 6,500,000원
> • 20×2년 3월 31일, 주식 500주를 3,500,000원에 현금으로 받고 처분

① 250,000원   ② 500,000원

③ 750,000원   ④ 1,000,000원

06 20×1년 1월 30일에 주식 200주를 1주당 1,000원에 취득하였으며, 20×1년 6월 25일에 주식 100주를 1주당 1,200원에 처분한 경우 옳은 분개는?

① (차) 현금	120,000원	(대) 단기매매증권	100,000원
		단기매매증권처분이익	20,000원
② (차) 단기매매증권	100,000원	(대) 현금	120,000원
단기매매증권처분손실	20,000원		
③ (차) 현금	120,000원	(대) 단기매매증권	120,000원
④ (차) 단기매매증권	120,000원	(대) 현금	120,000원

07 당좌자산에 속하는 단기매매증권의 요건이 아닌 것은?

① 시장성 있는 주식   ② 단기적 자금운용목적

③ 일시소유의 목적   ④ 특수관계자가 발행한 주식

📌 이론문제 정답 및 해설

01 ③ 50주 × 9,000원 = 450,000원을 취득원가로 하며 수수료 10,000원은 별도로 영업외비용으로 회계처리한다.

02 ① 1,000주 × 3,000원 = 3,000,000원을 취득원가로 하며 수수료 200,000원은 별도로 영업외비용으로 회계처리한다.

03 ④ "(차) 단기매매증권(자산의 증가) 43,000 / (대) 단기매매증권평가이익(수익의 발생) 43,000"으로 회계처리한다.

04 ① 소유하고 있는 주식에 대한 현금배당금은 "배당금수익"으로 처리하고, 채권에 대한 이자를 받았을 때 "이자수익"으로 기입한다.

05 ① 단기매매증권은 결산일 현재 공정가치로 평가할 때 결산 평가 후의 금액이 새로운 장부가액인 처분 시 원가이다.
- 20×1년 12월 31일 : 1주당 장부가액 6,500원 = 6,500,000원 ÷ 1,000주
- 20×2년 3월 31일 : 처분손익 250,000원 = 3,500,000원 - (500주 × 6,500원)

06 ① 취득원가 100주 × 1,000원 = 100,000원
처분가격 100주 × 1,200원 = 120,000원
따라서 처분이익 20,000원이 발생한다.

07 ④ 단기매매증권은 시장성이 있는 주식, 채권 등과 같은 유가증권 중 단기적 자금운영, 단기시세차익 목적으로 소유한 것을 말한다.

제3절 유동(당좌자산) – 외상채권 및 대손 회계처리

01 외상매출금(자산)

1) 정의

영업활동 거래를 하면서 상품매출 또는 제품매출을 외상으로 판매한 경우를 말한다.

2) 회계처리 방법

분류	거래내용	차변		대변	
상품 매출	① 상품 50,000원을 외상으로 매출하다.	외상매출금 (자산의 증가)	50,000	상품매출 또는 제품매출 (수익의 발생)	50,000
	② ①의 외상매출금을 현금으로 회수하다.	현금 (자산의 증가)	50,000	외상매출금 (자산의 감소)	50,000
상품 매출 외	① 비품 10,000원을 외상으로 매출하다.	미수금 (자산의 증가)	10,000	비품 (자산의 감소)	10,000
	② 기계장치 20,000원을 외상으로 매각하다.	미수금 (자산의 증가)	20,000	기계장치 (자산의 감소)	20,000
	③ 차량운반구 30,000원을 월말에 받기로 하다.	미수금 (자산의 증가)	30,000	차량운반구 (자산의 감소)	30,000

02 받을어음 수취(자산의 증가)

1) 정의

영업활동 거래를 하면서 상품매출 또는 제품매출을 외상으로 판매하고 약속어음, 환어음, 전자어음으로 거래한 것을 말한다.

2) 회계처리 방법

① 수취하는 경우에는 차변에 받을어음을 기록한다.
② 만기결제(추심), 배서양도, 할인, 부도(대손) 등의 경우에는 대변에 받을어음을 기록한다.

분류	거래내용	차변	대변
상품 매출	상품 50,000원을 판매하고 대금은 전자어음으로 받다.	받을어음　　　50,000 (자산의 증가)	상품매출 또는 제품매출 50,000 (수익의 발생)
상품 매출 외	기계장치 30,000원을 매각 하고 약속어음으로 받다.	미수금　　　　30,000 (자산의 증가)	비품　　　　　　30,000 (자산의 감소)
	현금 45,000원을 대여하고 약속어음으로 받다.	단기대여금　　45,000 (자산의 증가)	현금　　　　　　45,000 (자산의 감소)

◢ 03 대변에 받을어음 처리(자산의 감소)

분류	거래내용	차변	대변
만기 결제	정의 : 어음 만기일에 추심하는 것을 말하며 추심수수료는 "수수료비용"으로 회계처리한다.		
	보유한 어음 55,000원이 만기가 되어 현금으로 받다.	현금　　　　　55,000 (자산의 증가)	받을어음　　　　55,000 (자산의 감소)
배서 양도	정의 : 만기일 전에 기명날인하여 어음상의 채권을 타인에게 양도하는 것을 말한다.		
	보유한 어음 80,000원을 외상매 입금을 지급하기 위해 배서양도 하다.	외상매입금　　80,000 (부채의 감소)	받을어음　　　　80,000 (자산의 감소)
할인	정의 : 만기일 전에 금융기관에서 할인료를 차감하고 자금을 융통하는 것을 말한다. 이때 어음의 할인료[만기금액 × 할인율 × 할인기간]는 매각거래(매출채권처분손실)와 차입거래(이자비용) 로 처리할 수 있다.		
	보유한 어음 90,000원을 할인율 12%, 할인월수 4개월로 우리은 행에서 할인하고 나머지는 당좌 예금으로 입금받았다.	매출채권처분손실　3,600 (비용의 발생) 당좌예금　　　86,400	받을어음　　　　90,000 (자산의 감소)
	※ 할인료 : 90,000원 × 12% × 4/12 = 3,600원		

◢ 04 기중에 대손처리

1) 정의

거래처의 부도나 파산 등의 이유로 인하여 채권 중 일부는 회수할 수 없는 경우가 발생하게
되는데 이를 대손이라 한다.

① 매출채권의 대손 = 대손상각비(판매비와관리비)

② 미수금, 단기대여금 등의 대손 = 기타의 대손상각비(영업외비용)

2) 회계처리 방법

분류	거래내용	차변	대변
매출 채권	정의 : 외상매출금 또는 받을어음을 기중에 거래처가 파산, 부도 등으로 회수가 불가능한 경우에 하는 회계처리를 말한다.		
	외상매출금 50,000원을 파산으로 대손처리하다. (단, 대손충당금 없음)	대손상각비　　　50,000 (비용의 발생)	외상매출금　　　50,000 (자산의 감소)
	외상매출금 50,000원을 파산으로 대손처리하다. (단, 대손충당금 40,000원 있음)	대손충당금　　　40,000 (자산의 증가) 대손상각비　　　10,000 (비용의 발생)	외상매출금　　　50,000 (자산의 감소)
	외상매출금 50,000원을 파산으로 대손처리하다. (단, 대손충당금 80,000원 있음)	대손충당금　　　50,000 (자산의 증가)	외상매출금　　　50,000 (자산의 감소)
기타 채권	정의 : 단기대여금 또는 미수금을 기중에 거래처가 파산 등으로 회수가 불가능한 경우를 말하며 영업외비용으로 회계처리한다.		
	단기대여금 50,000원을 파산으로 대손처리하다. (단, 대손충당금 40,000원 있음)	대손충당금　　　40,000 (자산의 증가) 기타의 대손상각비 10,000 (비용의 발생)	단기대여금　　　50,000 (자산의 감소)

05 기말에 대손충당금 설정방법

1) 직접차감법

회수 불가능한 채권 금액을 당기비용으로 인식하고 동시에 채권에서 직접 차감하는 방법을 말한다.

2) 대손충당금설정법(기업회계기준)

결산일에 회수 불가능한 금액을 추정하여 대손충당금을 설정하고 대손이 발생하는 경우에 대손충당금을 감액시키고 동시에 채권을 차감하는 방법을 말한다. 매출채권이 순실현가능가액으로 평가된다.

3) 대손의 추정 방법

① **매출채권잔액비율법** : 회계기말 현재의 매출채권 잔액에 과거의 대손율을 적용하는 방법을 말한다.

> 기말 매출채권 잔액 × 대손예상률 – 대손충당금 잔액 = 보충액, 환입액
> ↳ 당기 대손충당금

거래내용	차변	대변
㉠ 기말 결산 시 매출채권 잔액 3,000,000원에 대하여 2% 대손충당금을 설정하다. (단, 대손충당금 잔액 30,000원 있음)	대손상각비 30,000 (비용의 발생)	대손충당금 30,000 (자산의 감소)
㉡ 기말 결산 시 매출채권 잔액 3,000,000원에 대하여 2% 대손충당금을 설정하다. (단, 대손충당금 잔액 80,000원 있음)	대손충당금 20,000 (자산의 증가)	대손충당금환입 20,000 (판매관리비에서 차감항목)

② **연령분석법** : 회계기말 현재의 채권 잔액을 경과기일에 따라 분류하고, 분류된 채권에 각각 다른 대손율을 적용하는 방법을 말한다.

06 대손상각 금액의 회수

1) 전기에 대손처리하였던 매출채권을 회수 시 무조건 대손충당금으로 대변에 처리하는 것으로 기중에 회수하게 되면 대손충당금이 증가하므로 결산 시 증가한 만큼 대손을 설정할 수는 없다.

2) 당기에 발생하여 회계처리하였던 채권을 회수 시에는 대손충당금, 대손상각비를 상계하는 반대의 분개를 한다.

> 20
>
> 전기에 대손처리한 외상매출금 500,000원을 현금으로 회수한 경우 올바른 분개는?
>
> **정답** (차) 현금(자산의 증가) 500,000 / (대) 대손충당금(자산의 감소) 500,000

◢ 07 기타채권·채무에 관한 기장

거래내용	채권(자산처리)		채무(부채처리)	
① 상품 등의 매입, 매출 전 계약금을 주고 받은 경우	(차) 선급금 (자산의 증가) (대) 현금 (자산의 증가)	10,000 10,000	(차) 현금 (자산의 감소) (대) 선수금 (부채의 증가)	10,000 10,000
② 상품 이외의 자산을 외상(월말)거래한 경우	(차) 미수금 (자산의 증가) (대) 기계장치 (자산의 증가)	15,000 15,000	(차) 기계장치 (자산의 감소) (대) 미지급금 (부채의 증가)	15,000 15,000
③ 금전을 빌려주거나(대여) 빌려온(차입) 경우	(차) 단기대여금 (자산의 증가) (대) 현금 (자산의 증가)	8,000 8,000	(차) 현금 (자산의 감소) (대) 단기차입금 (부채의 증가)	8,000 8,000
④ 종업원 등이 가불한 경우	(차) 주임종단기채권 (자산의 증가) (대) 현금 (자산의 감소)	5,000 5,000	–	
⑤ 사원에게 여비개산액(출장비)을 지급한 경우	(차) 가지급금 (자산의 증가) (대) 현금 (자산의 감소)	3,000 3,000	–	
⑥ 내용불명의 돈을 회수한 경우	–		(차) 현금 (자산의 증가) (대) 가수금 (부채의 증가)	4,000 4,000

✅ 분개연습 | 유동(당좌자산) - 외상채권 및 대손 회계처리

단, 상품판매는 상품매출계정 사용, 결합관계 표시, 부가가치세는 고려하지 말 것

[1] (주)안양의 외상매출금 15,000,000원 중 10,000,000원은 약속어음으로 받고 나머지는 현금으로 받았다.

차변	대변

[2] (주)남성에 상품 3,000,000원을 매출하고, 대금 중 2,000,000원은 (주)남성이 발행한 당좌수표로 받고, 잔액은 (주)남성이 발행한 약속어음으로 받다.

차변	대변

[3] (주)기아자동차로부터 화물자동차 5,000,000원을 구입하고, 대금 중 3,000,000원은 당좌수표를 발행하여 지급하고 잔액은 약속어음을 발행하여 지급하다.

차변	대변

[4] (주)춘천에 현금 2,500,000원을 6개월간 대여하고 대금은 약속어음을 교부받았다.

차변	대변

[5] (주)호양은 거래처의 파산으로 인하여 받을어음 6,000,000원을 대손처리하다. (단, 대손충당금 잔액은 4,000,000원이 있다.)

차변	대변

[6] 전기에 대손처리한 외상매출금 3,000,000원을 회수하여 보통예금에 입금하였다.

차변	대변

[7] 종업원 이태식의 가불요청이 있어 이를 승인하고, 현금 500,000원을 가불하여 주다.

차변	대변

[8] 종업원 이태식에게 급여 3,500,000원을 지급함에 있어, 가불금 500,000원과 소득세원천징수세액 150,000원(주민세 포함), 건강보험료 등 280,000원을 공제한 잔액을 종업원 보통예금계좌에 자동 이체하여 주다.

차변	대변

[9] 직원 조귀훈에게 출장을 명하고 여비개산액 500,000원을 현금으로 지급하다.

차변	대변

[10] 직원 조귀훈이 출장 중에 내용을 알 수 없는 송금액 4,000,000원을 당사 보통예금계좌로 보내오다.

차변	대변

[11] 직원 조귀훈이 출장을 다녀와 아래와 같이 보고하였다. 출장비는 정산 후 추가로 현금 지급하였다.

〈자료〉

① 여비개산액 정산내역 : 숙박비 및 식대 등 540,000원
② 가수금 내역 : 거래처 외상매출금 회수액 2,650,000원
　　　　　　　　거래처 상품주문대금 계약금 1,350,000원

차변	대변

[12] (주)상주는 상품 8,000,000원을 매입하기로 계약하고, 대금 중 계약금 800,000원을 동점발행수표로 지급하다.

차변	대변

[13] (주)영동은 상품 10,000,000원을 매출하기로 계약하고, 대금 중 계약금 1,000,000원은 당사 보통예금계좌에 입금되었다.

차변	대변

[14] (주)공주에게서 받아 보관 중인 약속어음 10,000,000원을 만기일 이전에 우리은행에서 할인하고, 할인료 1,000,000원을 차감한 잔액은 당좌예입하다. (단, 어음할인에 대한 회계처리는 매각거래로 한다.)

차변	대변

[15] 외상매입금 4,500,000원을 지급하기 위하여 (주)목포로부터 받아 보관 중인 약속어음을 배서 양도하다. (단, 어음할인에 대한 회계처리는 매각거래로 한다.)

차변	대변

분개연습 정답

번호	차변		대변	
1	받을어음(자산의 증가)	10,000,000	외상매출금(자산의 감소)	15,000,000
	현금(자산의 증가)	5,000,000		
2	현금(자산의 증가)	2,000,000	상품매출(수익의 발생)	3,000,000
	받을어음(자산의 증가)	1,000,000		
3	차량운반구(자산의 증가)	5,000,000	당좌예금(자산의 감소)	3,000,000
			미지급금(부채의 증가)	2,000,000
4	단기대여금(자산의 증가)	2,500,000	현금(자산의 감소)	2,500,000
5	대손충당금(자산의 증가)	4,000,000	받을어음(자산의 감소)	6,000,000
	대손상각비(비용의 발생)	2,000,000		
6	보통예금(자산의 증가)	3,000,000	대손충당금(자산의 감소)	3,000,000
7	주임종단기채권 (자산의 증가)	500,000	현금(자산의 감소)	500,000
8	급여(비용의 발생)	3,500,000	주임종단기채권 (자산의 감소)	500,000
			예수금(부채의 증가)	430,000
			보통예금(자산의 감소)	2,570,000
9	가지급금(자산의 증가)	500,000	현금(자산의 감소)	500,000
10	보통예금(자산의 증가)	4,000,000	가수금(부채의 증가)	4,000,000
11	여비교통비(비용의 발생)	540,000	가지급금(자산의 감소)	500,000
			현금(자산의 감소)	40,000
	가수금(부채의 감소)	4,000,000	외상매출금(자산의 감소)	2,650,000
			선수금(부채의 증가)	1,350,000
12	선급금(자산의 증가)	800,000	현금(자산의 감소)	800,000
13	보통예금(자산의 증가)	1,000,000	선수금(부채의 증가)	1,000,000
14	매출채권처분손실 (비용의 발생)	1,000,000	받을어음(자산의 감소)	10,000,000
	당좌예금(자산의 증가)	9,000,000		
15	외상매입금(부채의 감소)	4,500,000	받을어음(자산의 감소)	4,500,000

이론문제 | 유동(당좌자산) – 외상채권 및 대손 회계처리

01 다음 중 매출채권계정에 해당하는 것은?

① 외상매입금과 받을어음
② 외상매출금과 받을어음
③ 외상매출금과 지급어음
④ 외상매입금과 지급어음

02 다음 중 매입채무계정에 해당하는 것은?

① 외상매출금과 받을어음
② 외상매입금과 지급어음
③ 외상매입금과 받을어음
④ 외상매출금과 지급어음

03 다음은 한국상사의 상품매출과 관련된 내용이다. 당월에 회수한 외상매출금은 얼마인가?

• 외상매출금 월초 잔액 : 250,000원	• 당월 외상매출액 : 400,000원
• 외상매출액 중 환입액 : 70,000원	• 외상매출금 월말 잔액 : 120,000원

① 390,000원
② 460,000원
③ 530,000원
④ 600,000원

04 다음 중 받을어음계정 차변에 기입하는 내용은?

① 어음의 부도
② 어음의 수취
③ 어음의 배서양도
④ 어음대금의 회수

05 다음 중 받을어음계정의 대변에 올 수 없는 거래는?

① 어음대금의 회수
② 약속어음의 수취
③ 어음의 예치
④ 소지한 어음의 부도

06 매출채권에 대한 대손충당금계정의 성격으로 옳은 것은?

① 자산계정   ② 부채계정

③ 차감적평가계정   ④ 수익계정

07 경기상점에 받은 받을어음 55,000,000원을 국민은행에서 할인하고 할인료를 차감한 잔액을 당좌예금하였다. 매각거래로 처리하며, 할인율은 연 10%이고 할인 후 만기일까지 기간은 60일이다. 올바른 분개는? (단, 원 미만 버림)

①	(차) 당좌예금	54,095,891원	(대) 받을어음	55,000,000원
	매출채권처분손실	904,109원		
②	(차) 매출채권처분손실	904,109원	(대) 매출채권	904,109원
③	(차) 당좌예금	54,095,891원	(대) 단기차입금	55,000,000원
	이자비용	904,109원		
④	(차) 매출채권처분손실	5,000원	(대) 단기차입금	5,000원

08 다음 중 대손상각할 수 있는 계정과목에 속하지 않는 것은?

① 받을어음   ② 외상매출금

③ 선수금   ④ 미수금

09 거래처에 매출하여 받은 약속어음 1,000,000원이 거래처의 파산으로 회수불가능한 것으로 판명(12월 10일)되었다. 올바른 분개는? (단, 이미 대손충당금 400,000원이 설정되어 있다.)

①	(차) 대손상각비	1,000,000원	(대) 매출채권	1,000,000원
②	(차) 대손충당금	1,000,000원	(대) 매출채권	1,000,000원
③	(차) 대손충당금	400,000원	(대) 매출채권	1,000,000원
	대손상각비	600,000원		
④	(차) 대손충당금	600,000원	(대) 매출채권	1,000,000원
	대손상각비	400,000원		

10 외상매출금 20,000원이 회수불능되었다. 기업회계기준에 따라 회계처리할 경우 다음 각 상황별로 계상되어야 할 대손상각비는 얼마인가?

> • 상황 1 : 대손충당금 잔액이 없는 경우
> • 상황 2 : 대손충당금 잔액이 13,000원인 경우
> • 상황 3 : 대손충당금 잔액이 23,000원인 경우

① 20,000원, 13,000원, 3,000원   ② 20,000원, 7,000원, 0원
③ 20,000원, 7,000원, 3,000원   ④ 20,000원, 13,000원, 0원

11 현금수입이 발생하였으나 계정과목이나 금액이 미확정인 경우 일시적으로 처리하는 계정을 무엇이라 하는가?

① 예수금   ② 가수금
③ 선수금   ④ 미수금

📌 이론문제 정답 및 해설

01 ② 매출채권은 외상매출금과 받을어음을 통합하여 나타내는 계정이다.

02 ② 매입채무는 외상매입금과 지급어음을 통합하여 나타내는 계정이다.

03 ② 외상매출금 전월이월 250,000원 + 당월 외상매출액 400,000원 - 외상매출액 중 환입액 70,000원 - 외상매출금 차기이월 120,000원 = 460,000원

04 ② 어음을 수취하는 경우에는 받을어음을 차변에 기재한다. 그러나 부도, 배서양도, 어음대금의 회수, 할인인 경우에는 대변에 받을어음을 기재한다.

05 ② 약속어음의 수취는 수취인 입장에서 회계처리를 하므로 차변에 받을어음을 기재한다.

06 ③ 대손충당금액은 매출채권과 기타채권에서 차감되는 평가계정이다.

07 ① (차) 당좌예금   54,095,891원   (대) 받을어음   55,000,000원
　　　　매출채권처분손실   904,109원
　　＊ 매출채권처분손실 : 55,000,000원 × 10% × 60/365 = 904,109원

08 ③ 선수금은 유동부채로서 대손상각을 할 수 없다.

09 ③ 매출채권이 회수불능되어 대손처리하게 되면 대손충당금을 먼저 상계하고 나머지 금액은 대손상각비로 처리한다.

10 ② 외상매출금이 회수불능 시 대손충당금 잔액을 차감하고 대손처리하게 되어 있다. 상황별 대손상각비를 계상하면 다음과 같다.
- 상황 1 : 전액 대손상각비 20,000원
- 상황 2 : 대손충당금 13,000원, 대손상각비 7,000원
- 상황 3 : 전액 대손충당금 20,000원

11 ② 가수금은 현금수입이 발생하였으나 계정과목이나 금액이 미확정인 경우 일시적으로 처리하는 계정을 말한다.

제4절 유동(재고자산) – 상품매매 기장에 관한 회계처리

01 재고자산의 정의와 분류

1) 정의

정상적인 영업활동과정에서 판매목적으로 보유하고 있는 자산과 제품으로 생산과정에 사용되는 자산을 말한다.

2) 분류

① **상품** : 판매를 목적으로 구입한 상품

② **제품** : 판매를 목적으로 제조한 생산품과 부산물

③ **반제품** : 자가 제조한 중간제품과 부분품

④ **재공품** : 제품 또는 반제품의 제조를 위하여 제조과정에 있는 것

⑤ **원재료** : 제품제조를 위하여 매입한 원료와 재료

⑥ **저장품(소모품 등)** : 소모공구기구비품, 수선용부분품 등

사례 21

> **재고자산으로 볼 수 없는 것은?**
>
> ① 부동산매매기업에서 판매를 목적으로 구입한 건물
> ② 도자기제조기업에서 생산을 목적으로 구입한 흙
> ③ 가전제품제조기업에서 직원 사무실에 비치한 에어컨
> ④ 우유제조기업에서 생산한 치즈
>
> **정답** ③ 가전제품제조기업에서 직원 사무실에 비치한 에어컨은 복리후생비 또는 비품으로 회계처리한다.

02 재고자산의 취득원가결정

> 상품의 취득원가 = 매입가액 + 매입부대비용 – 매입할인·매입에누리·환출
> ※ 매입부대비용(매입수수료, 운반비, 하역비 등)

사례 22

상품의 매입원가에 가산하는 항목이 아닌 것은?

① 매입운임   ② 매입하역료   ③ 매입수수료   ④ 매입할인

정답 ▶ ④ 재고자산의 매입원가는 매입금액에 매입운임, 하역료 및 수수료 등 취득과정에서 정상적으로 발생한 부대원가를 가산한 금액이다. 매입과 관련된 할인, 에누리 및 기타 유사한 항목은 매입원가에서 차감한다.

03 상품계정 회계처리방법

1) 분기법(순수계정)

상품계정을 순수한 자산계정으로 보고 상품매출 시 발생하는 "상품매출손익"을 상품계정과 별도로 처리하는 방법이다.

상품을 외상매출 시	외상매출금	×××	상품(원가) 상품매출이익	××× ×××

2) 총기법(혼합계정)

상품계정을 자산계정과 손익계정의 혼합계정으로 보고 상품매출 시 발생하는 "상품매출손익"을 상품계정에서 일괄적으로 계산할 수 있는 방법이다.

상품을 외상매출 시	외상매출금	×××	상품(매가)	×××

3) 3분법

이월상품, 매입, 매출계정을 두어 회계처리하는 방법으로 총액법과 순액법이 있다.

① **총액법** : 이월상품은 매입계정에 대체하고 매입계정은 손익계정에 대체하고 매출계정도 손익계정에 대체하므로, 손익계정 차변에는 매출원가가 기록되며 손익계정 대변에는 순매출액이 기록되므로 순매출액에서 매출원가를 차감하여 매출총이익(상품매출이익)을 구할 수 있다.

② **순액법** : 이월상품계정을 매입계정에 대체하고 매입은 매출계정에 대체하고 매출계정은 손익으로 마감하므로 손익계정 대변에 나타나는 것은 매출총이익(상품매출이익)이 된다.

04 재고자산 금액결정방법

1) 재고자산의 수량결정방법

① **계속기록법(= 매입순법, 장부재고조사법)** : 입·출고 시마다 계속적으로 기록 → 이동평균법, 계속적인 통제관리가 가능

기초수량 + 매입수량 − 매출수량 = 장부의 기말재고수량

② **실지재고조사법(실사법)** : 월말에 재고조사를 실시 → 총평균법, 실제 재고수량 파악

> 기초수량 + 매입수량 - 기말재고수량 = 매출수량

③ **혼합법** : 계속기록법 + 실지재고조사법

> 재고자산 감모수량 = 계속기록법의 재고수량 - 실지재고조사법의 재고수량
> (장부상의 수량)   (실제수량)

※ 재고자산감모손실이 없을 경우 선입선출법과 동일하게 된다.

 사례 23

다음 중 재고자산의 수량결정방법으로 맞는 것은?

① 계속기록법   ② 후입선출법   ③ 이동평균법   ④ 선입선출법

정답 ① 계속기록법(장부재고법)은 재고자산의 입출고수량을 계속적으로 기록하는 방법으로 매입순법이라고도 한다.

2) 재고자산의 단가결정방법

① **개별법** : 재고자산에 가격표 등을 붙여 매입상품별로 매입가격을 알 수 있도록 함으로써 매입가격별로 판매된 것과 기말재고로 남은 것을 구별하여 가격을 결정하는 방법이다.

장점	단점
㉠ 원가흐름과 실제물량흐름이 일치한다. ㉡ 실제수익에 실제원가가 대응되어 정확한 수익·비용이 대응되므로 가장 이상적인 방법이다.	㉠ 재고자산의 종류와 수량이 많은 경우 현실적으로 적용이 어렵고 비용이 많이 소요되어 현실적으로 적용하기가 어렵다. ㉡ 실무적으로 너무 번거롭기 때문에 귀금속 등과 같은 고가품으로 거래가 빈번하지 않은 항목에 제한적으로 사용된다.

② **선입선출법(FIFO)과 후입선출법(LIFO) 비교**

구분	선입선출법	후입선출법
장점	㉠ 물량흐름은 먼저 들어온 것이 먼저 판매되므로 원가흐름가정이 실물흐름과 일치한다. ㉡ 기말재고는 최근에 구입한 상품의 원가가 되므로 재무상태표상 재고자산가액은 공정가액에 가깝다. ㉢ 디플레이션 시 절세효과를 가질 수 있다.	㉠ 현행수익에 최근원가가 대응되므로 수익비용의 대응이 적절하게 이루어진다. ㉡ 물가상승 시 이익이 과소계상되므로 물가변동에 유연하다. ㉢ 세금이연효과로 인해 현금흐름이 유리하다.
단점	㉠ 현행수익에 과거원가가 대응되므로 수익·비용의 대응이 부적절하다. ㉡ 물가상승 시 이익이 과대계상되므로 법인세부담과 배당 압력이 높아진다.	㉠ 물량흐름은 나중에 들어온 것이 먼저 판매되므로 실물흐름과 반대이다. ㉡ 재고자산이 현재가치를 표시하지 못한다.

③ **이동평균법** : 계속기록법에서만 기록이 가능하고 실지재고조사법에서는 불가능한 방법이며 자산을 매입할 때마다 평균단가를 산출한다.

$$\frac{\text{매입직전재고금액} + \text{매입금액}}{\text{매입직전재고수량} + \text{매입수량}} = \text{이동평균단가}$$

④ **총평균법** : 실지재고조사법에서만 기록이 가능하고 장부재고조사법에서는 불가능한 방법이다.

05 매출액과 매출총이익 계산

- 순매출액 = 총매출액 − 매출에누리 및 환입품 − 매출할인
  ※ 매출운임은 별도로 판매비와관리비의 "운반비" 계정과목으로 처리한다.
- 매출원가 = 기초상품재고액 + 당기순매입액 − 기말상품재고액
- 당기순매입액 = (총매입액 + 매입운임 등 제비용) − 매입에누리 및 환출품 − 매입할인
- 매출총이익 = 순매출액 − 매출원가

사례 24

상품의 매입과 매출에 관련된 자료가 다음과 같을 때 기업회계기준에 따른 매출총이익은 얼마인가?

• 총매출액	100,000원	• 총매입액	30,000원
• 매입운임	2,000원	• 기말상품재고액	8,000원
• 매입에누리액	4,000원	• 기초상품재고액	2,000원

① 100,000원   ② 78,000원

③ 22,000원   ④ 6,000원

정답
  ② • 매출원가 = 기초상품재고액 + 당기순매입액 − 기말상품재고액
    22,000원 = 2,000원 + (30,000원 + 2,000원 − 4,000원) − 8,000원
  • 매출총이익 = 순매출액 − 매출원가
    78,000원 = 100,000원 − 22,000원

☑ 이론문제 │ **유동(재고자산) - 상품매매 기장에 관한 회계처리**

01 다음 중 재고자산인 것은?

① 상품　　　　　　　　　　　　　② 비품
③ 미수금　　　　　　　　　　　　④ 차량운반구

02 다음 자료에서 재고자산을 구하면 얼마인가?

• 제품	5,000,000원	• 재공품	2,500,000원
• 매출채권	1,000,000원	• 원재료	1,200,000원

① 6,200,000원　　　　　　　　　② 7,500,000원
③ 8,700,000원　　　　　　　　　④ 9,700,000원

03 다음 중 재고자산의 취득원가에 차감되는 항목인 것은?

① 매입운임　　　　　　　　　　　② 매입수수료
③ 매입관세　　　　　　　　　　　④ 매입할인

04 외상으로 매입한 상품 중 불량품 5,000원을 반품한 경우, 상품계정을 3분법으로 처리한 올바른 분개는?

① (차변) 외상매입금　　5,000원　　(대변) 매입　　　　5,000원
② (차변) 매입　　　　　5,000원　　(대변) 외상매입금　5,000원
③ (차변) 매입　　　　　5,000원　　(대변) 외상매출금　5,000원
④ (차변) 상품　　　　　5,000원　　(대변) 외상매입금　5,000원

05 다음 중 재고자산평가방법에 해당하지 않는 것은?

① 선입선출법　　　　　　　　　　② 후입선출법
③ 연수합계법　　　　　　　　　　④ 이동평균법

06 다음 설명 중 옳지 않은 것은?

① 상품 매입관련 비용은 상품원가에 포함한다.
② 매출에누리와 매출할인은 상품재고장에 기록하지 않는다.
③ 매출장은 상품의 매출을 거래의 순서대로 원가로 기입하는 보조기입장이다.
④ 상품재고장의 단가와 금액은 매입 시와 매출 시 모두 매입원가로 기록한다.

07 다음 장부만으로 모든 거래내용을 나타낼 수 있는 것은?

매출장, 상품재고장, 매출처원장

① 상품 40,000원을 외상으로 매출하다.
② 외상으로 매입한 상품 중 40,000원을 반품하다.
③ 외상매출금 40,000원을 현금으로 회수하다.
④ 상품 40,000원을 매출하고 대금은 수표로 받다.

08 상품매출에 의한 매출에누리와 매출환입에 대한 올바른 회계처리방법은?

① 매출에누리는 매출액에서 차감하고 매출환입은 비용처리한다.
② 매출에누리와 매출환입 모두 비용처리한다.
③ 매출에누리와 매출환입 모두 매출액에서 차감한다.
④ 매출에누리는 비용처리하고, 매출환입은 외상매출금에서 차감한다.

09 외상매입금을 매입처에 약속한 기일보다 빨리 지급함으로써 외상매입금에서 일정액을 할인받는 경우와 관련 있는 항목인 것은?

① 매입환출
② 매입할인
③ 매출에누리
④ 매입에누리

10 기업회계기준상 매출원가에 대한 설명 중 틀린 것은?

① 판매업에 있어서의 매출원가는 기초상품재고액과 당기상품매입액의 합계액에서 기말상품재고액을 차감하는 형식으로 기재한다.

② 제조업에 있어서의 매출원가는 기초제품재고액과 당기제품제조원가의 합계액에서 기말제품재고액을 차감하는 형식으로 기재한다.

③ 상품매입에 직접 소요된 상품매입액과 제비용은 구분하여 기재한다.

④ 매출액에서 매출총이익을 차감하면 매출원가가 나온다.

11 (주)신화는 재고자산에 대하여 후입선출법을 적용한다. 다음 자료를 이용한 경우에 기말재고금액 및 매출원가는 얼마인가?

날짜	내용	수량	단가	금액
01월 01일	기초재고	150개	100원	15,000원
01월 10일	매입	100개	120원	12,000원
01월 15일	매출	200개	?	?
01월 31일	기말재고	50개	?	?

	매출원가	기말재고액		매출원가	기말재고액
①	22,000원	5,000원	②	27,000원	6,000원
③	23,000원	5,000원	④	12,000원	15,000원

12 다음의 재고자산 평가방법 중 실물흐름에 따른 기말재고자산의 단가결정방법으로서 수익·비용의 대응이 가장 정확하게 이루어지는 방법은?

① 개별법   ② 선입선출법
③ 후입선출법   ④ 평균법

13 다음과 같은 특징이 있는 재고자산의 평가방법으로 옳은 것은?

> • 일반적으로 물량흐름과 원가흐름의 가정이 일치하지 않는다.
> • 기말재고자산은 오래전에 구입한 원가로 구성되어 현재가치를 표시하지 못한다.
> • 다른 방법에 비하여 현재의 수익에 현재의 원가가 대응되므로 수익·비용의 대응이 적절히 이루어진다.

① 후입선출법   ② 선입선출법
③ 이동평균법   ④ 총평균법

14 다음 거래에서 상품의 취득원가와 순매출액을 구하면 얼마인가?

> • 상품 50개를 1개당 10,000원에 구입하고 운반비 10,000원을 지급하다.
> • 상품 50개를 1개당 15,000원에 판매하고 운반비 20,000원을 지급하다.

① 상품 510,000원, 매출액 730,000원
② 상품 510,000원, 매출액 750,000원
③ 상품 500,000원, 매출액 750,000원
④ 상품 500,000원, 매출액 730,000원

15 다음 자료에서 당기순매출액을 계산하면 얼마인가?

> • 기초상품재고액   1,000원   • 기말상품재고액   3,000원
> • 당기순매입액   8,000원   • 매출총이익   2,000원

① 7,000원   ② 8,000원
③ 9,000원   ④ 10,000원

16 외국에 제품을 수출하기 위해 수출업자에게 제품을 200,000원에 외상매출하면서 30일 이내에 대금을 지급하면 5%를 할인해 주기로 하였다. 실제로 30일 이내에 대금을 받았다면 기업회계 기준상 매출액은 얼마인가?

① 190,000원   ② 195,000원
③ 200,000원   ④ 205,000원

17 다음 자료를 이용하여 매출원가를 계산하면 얼마인가?

• 기초상품재고액	5,000,000원	• 당기매입액	150,000,000원
• 매입환출액	2,000,000원	• 매입할인액	3,000,000원
• 기말상품재고액	6,000,000원		

① 147,000,000원   ② 146,000,000원

③ 144,000,000원   ④ 134,000,000원

18 다음 자료를 이용하여 매출원가를 계산하면 얼마인가?

• 기초상품재고액	1,500,000원	• 매입에누리	90,000원
• 당기매입액	3,000,000원	• 기말상품재고액	2,000,000원
• 매입운임	200,000원		

① 2,560,000원   ② 2,580,000원

③ 2,610,000원   ④ 2,700,000원

19 주어진 자료에서 기초상품재고액을 계산하면 얼마인가?

• 당기매출액	3,800,000원	• 당기매입액	3,000,000원
• 기말상품재고액	1,000,000원	• 매출총이익	500,000원

① 1,000,000원   ② 1,100,000원

③ 1,300,000원   ④ 1,500,000원

20 다음 자료에 의하여 기말상품재고액을 계산하면 얼마인가?

• 당기상품 순매출액	100,000원	• 당기 매출총이익	30,000원
• 당기상품 순매입액	70,000원	• 기초상품재고액	20,000원

① 10,000원   ② 20,000원

③ 30,000원   ④ 40,000원

21 다음 자료에 의하여 기말상품재고액을 계산하면 얼마인가?

• 기초상품재고액	400,000원	• 당기총매입액	600,000원
• 매입에누리액	50,000원	• 매출원가	800,000원

① 150,000원   ② 200,000원
③ 250,000원   ④ 300,000원

22 다음 자료를 이용하여 상품 매출총이익을 구하면 얼마인가?

• 총매출액	350,000원	• 총매입액	230,000원
• 매입운임	20,000원	• 매출환입	50,000원

① 50,000원   ② 70,000원
③ 90,000원   ④ 150,000원

23 상품의 매입과 매출에 관련된 자료가 다음과 같을 때 기업회계기준에 따른 매출총이익은 얼마인가?

• 총매출액	20,000원	• 총매입액	12,000원
• 매입운임	2,000원	• 기초상품재고액	3,000원
• 기말상품재고액	2,000원		

① 3,000원   ② 4,000원
③ 5,000원   ④ 6,000원

24 주어진 자료에서 영업이익을 계산하면 얼마인가?

• 당기매출액	1,000,000원	• 기초상품재고액	400,000원
• 당기매입액	500,000원	• 기말상품재고액	200,000원
• 급여	200,000원	• 이자비용	20,000원

① 80,000원   ② 100,000원
③ 120,000원   ④ 140,000원

📌 이론문제 정답 및 해설

01 ① 재고자산에는 상품, 제품, 반제품, 저장품, 원재료, 재공품 등이 있다. 비품과 차량운반구는 유형자산, 미수금은 당좌자산에 해당한다.

02 ③ 제품 5,000,000원 + 재공품 2,500,000원 + 원재료 1,200,000원 = 8,700,000원이다.

03 ④ 재고자산의 취득원가에 매입운임, 매입수수료, 매입관세 등은 가산하나 매입할인은 차감한다.

04 ① 상품계정을 3분법으로는 매입으로 표현하며, 외상매입금 중 불량품만큼 차변에는 외상매입금(부채의 감소)과 대변에는 매입(매출원가 감소)으로 상계한다.

05 ③ 연수합계법은 유형자산을 감가상각하는 방법이다.
재고자산평가방법에는 개별법, 선입선출법, 후입선출법, 이동평균법, 총평균법, 매출가격환원법 등이 있다.

06 ③ 매출장은 상품의 매출을 거래의 순서대로 매가로 기입하는 보조기입장이다.

07 ① (차) 외상매출금 40,000 / (대) 상품매출 40,000
②는 매입장, 매입처원장, 상품재고장, ③은 현금출납장, 매출처원장, ④는 현금출납장, 상품재고장, 매출장 등이 필요하다.

08 ③ 총매출액 – 매출환입 – 매출에누리 – 매출할인 = 순매출액이 된다.

09 ② 매입할인은 외상매입금을 매입처에 약속한 기일보다 빨리 지급함으로써 외상매입금에서 일정액을 할인받는 경우를 말한다.

10 ③ 상품매입에 직접 소요된 상품매입액과 제비용은 구분하여 기재하지 않고 취득원가에 포함한다.

11 ① 후입선출법은 나중에 매입한 상품을 먼저 매출하는 방법으로, 이에 따라 매출원가를 계산하면
(최근에 당기 매입한)100개 × (단가)120원 + (기초재고)100개 × (단가)100원 = 22,000원
기말재고액은 마지막 남은 기초재고수량금액을 계산금액으로 한다.
(01/01 기초재고액)50개 × (단가)100원 = 5,000원

12 ① 개별법은 실물흐름에 따른 단가결정방법이나, 다른 방법은 모두 원가흐름에 일정한 가정을 하고 있는 단가결정방법이다.

13 ① 제시된 내용은 재고자산의 평가방법 중 후입선출법에 해당한다.

14 ② 운반비는 상품을 매입할 경우에는 매입원가에 포함시키나, 상품을 매출할 경우에는 판매비와관리비로 비용처리한다.

15 ② 매출원가 6,000원 = 기초상품재고액 1,000원 + 당기매입액 8,000원 – 기말상품재고액 3,000원
매출총이익 2,000원 = 순매출액(8,000원) – 매출원가 6,000원

16 ① 매출액 = 200,000원 – (200,000원 × 5%) = 190,000원

매출액은 총매출액에서 매출에누리와 환출 및 매출할인을 차감한 금액으로 한다.

17 ③ 매출원가(144,000,000원) = 기초상품재고액 5,000,000원 + 당기매입액 145,000,000원 – 기말상품 재고액 6,000,000원이다. 이때 당기매입액은 매입환출액과 매입할인액을 차감한 순매입액으로 계산한다.

18 ③ 기초상품재고액 1,500,000원 + 당기매입액 3,000,000원 + 매입운임 200,000원 – 매입에누리 90,000원 – 기말상품재고액 2,000,000원 = 매출원가(2,610,000원)이 된다.

19 ③ 당기매출액 3,800,000원 – 매출총이익 500,000원 = 매출원가(3,300,000원)이 된다. 따라서 매출 원가 3,300,000원 = 기초상품재고액(1,300,000원) + 당기매입액 3,000,000원 – 기말상품재고액 1,000,000원이다.

20 ② 당기매출액 100,000원 – 매출총이익 30,000원 = 매출원가(70,000원)이 된다. 따라서 매출원가 70,000원 = 기초상품재고액 20,000원 + 당기매입액 70,000원 – 기말상품재고액(20,000원)이다.

21 ① 매출원가 800,000원 = 기초상품재고액 400,000원 + 당기총매입액 600,000원 – 매입에누리액 50,000원 – 기말상품재고액(150,000원)

22 ③ [(총매출액 350,000원 – 매출환입 50,000원) – (총매입액 230,000원 – 매입운임 20,000원)] = 매출총이익(90,000원)

23 ③ • 기초상품재고액 3,000원 + (총매입액 12,000원 + 매입운임 2,000원) – 기말상품재고액 2,000원 = 상품매출원가 15,000원
  • 매출액 20,000원 – 상품매출원가 15,000원 = 매출총이익(5,000원)

24 ② • 매출원가(700,000원) = 기초상품재고액 400,000원 + 당기매입액 500,000원 – 기말상품재고액 200,000원
  • 매출총이익(300,000원) = 매출액 1,000,000원 – 매출원가 700,000원
  • 영업이익(100,000원) = 매출총이익 300,000원 – 급여 200,000원

단, 이자비용은 영업외비용에 해당하므로 계산에 넣지 않는다.

제5절 │ 비유동자산 – 투자, 유형, 무형, 기타비유동자산 회계처리

01 투자자산의 정의와 분류

1) 정의

기업의 정상적인 영업활동과 무관하게 타 회사를 지배하거나 통제할 목적 또는 장기적인 투자
이윤을 얻을 목적으로 투자한 자산을 말한다.

2) 분류

① **투자부동산** : 영업활동과 무관하게 투자목적으로 보유하는 토지나 건물 등의 부동산을 말한다.

② **매도가능증권** : 장기간 투자를 목적으로 취득한 주식, 채권 등을 말한다.

③ **만기보유증권** : 만기가 확정된 채무증권으로서 상환금액이 확정되었거나 확정이 가능한 채
무증권을 만기까지 보유할 적극적인 의도와 능력이 있는 것을 말한다.

④ **장기대여금** : 1년 이후에 상환할 목적으로 현금 등을 빌려주는 경우(= 대여)를 말한다.

02 유형자산의 정의와 취득

1) 정의

재화의 생산이나 용역의 제공, 타인에 대한 임대 또는 자체적으로 사용할 목적으로 1년 이상
장기간 소유하며 물리적 형태가 있는 비화폐자산을 말한다.

2) 유형자산의 종류

① **토지** : 영업용 대지, 임야, 전답, 잡종지 등

② **건물** : 영업용 건물과 냉난방, 조명, 통풍, 기타 부속설비 등

③ **구축물** : 교량, 안벽, 부교, 저수지, 갱도, 정원설비 등

④ **기계장치** : 기계장치, 운송설비와 기타 부속설비 등

⑤ **건설중인자산** : 유형자산의 건설을 위하여 완성될 때까지 지출한 도급금액 등

⑥ **차량운반구** : 철도차량, 자동차 및 기타 육상운반구 등

⑦ **비품** : 업무용 책상, 의자, 캐비닛 등

사례 25

유형자산에 대한 설명으로 틀린 것은?

① 판매를 목적으로 하는 자산

② 1년을 초과하여 사용할 것이 예상되는 자산

③ 물리적 형체가 있는 자산

④ 재화의 생산을 목적으로 보유하는 자산

> **정답** ① 판매를 목적으로 하는 자산은 재고자산에 해당한다.

3) 유형자산의 취득 원가

취득원가 = 구입가액 + 설치비 + 시운전비 + 취득세 + 등록세 + 외부운송 및 취급비 + 외부구입
(구)건물 철거비용 등 + 매입한 국·공채 등의 매입가액과 현재가치의 차액

 사례 26

다음 거래를 분개하시오.

업무용 승용차 5,000,000원을 구입하면서, 액면가액 500,000원(공정가액 350,000원)의 공
채를 구입하고 대금은 현금으로 지급하다. (단, 공채는 단기매매증권으로 할 것)

> **정답** (차) 차량운반구(자산의 증가)   5,150,000 / (대) 현금(자산의 감소)   5,500,000
>   단기매매증권(자산의 증가)   350,000

03 자본적 지출과 수익적 지출

구분	자본적 지출	수익적 지출
분류	① 본래의 용도를 변경하기 위한 개조 ② 엘리베이터 및 에스컬레이터 설치 ③ 냉난방 및 피난시설 설치 ④ 내용연수가 연장되는 지출 ⑤ 중고품을 구입하고 사용 전 수리비 지급 ⑥ 기타 개량, 확장, 증설 등 자산의 가치를 증 가시키는 것	① 오래된 건물, 벽의 도색 ② 파손된 유리, 기와의 대체 ③ 기계의 소모된 부속품과 벨트의 대체 ④ 자동차의 타이어, 배터리 교체 ⑤ 건물 내부의 조명기구 교환 ⑥ 유지나 원상회복 등을 위한 것
효과	① 자산의 과대계상 ② 당기순이익 과대계상 ③ 법인세 과대계상	① 비용의 과대계상 ② 당기순이익 과소계상 ③ 법인세 과소계상
분개	(차) 유형자산(건물, 기계장치 등)　××× 　　　(자산의 증가) (대) 현금(자산의 감소)　×××	(차) 수선비(비용의 발생)　××× (대) 현금(자산의 감소)　×××

│사례│ 27

> **(주)동진은 영업용 건물을 10,000,000원에 구입한 후에 다음과 같이 지출하였다. 이때 건물계정의 잔액은 얼마인가?**
>
> | | |
> |---|---|
> | 가. 건물 외벽의 도색비용 | 1,000,000원 |
> | 나. 파손된 유리 및 전등교체비 | 600,000원 |
> | 다. 건물 증축비용 | 500,000원 |
> | 라. 엘리베이터 설치비 | 2,500,000원 |
>
> ① 11,160,000원 　　　　　　　　② 12,100,000원
> ③ 13,000,000원 　　　　　　　　④ 14,600,000원
>
> **정답** ③ 건물계정의 금액은 자본적 지출(건물 증축비용, 엘리베이터 설치비)을 합하여 구한다.

04 유형자산의 감가상각

1) 유형자산의 감가상각

유형자산의 취득원가에서 잔존가치를 차감한 감가상각대상 금액을 시간 경과에 따라 체계적이고 합리적인 방법으로 배부하는 과정을 말한다. (단, 토지, 건설중인자산은 제외한다.)

PART
01

2) 감가상각요소

① **취득원가** : 유형자산을 최초 구입시점에 취득한 가격을 말한다.

② **내용연수** : 유형자산을 얼마의 기간에 걸쳐 비용화할 것인가에 대한 연수를 말한다.

③ **잔존가액** : 유형자산을 내용연수 기간까지 사용한 후에 처분하였을 때 받을 수 있는 가액을 말한다.

3) 감가상각방법

① **정액법**

㉠ 감가상각기초가액을 내용연수 동안 균등하게 할당하는 방법으로 매기 동일한 금액을 상각한다.

㉡ 계산이 간편하지만 감가가 시간의 경과에 따라 일정하지 않은 경우 수익·비용의 대응이 왜곡된다.

$$감가상각비 \ = \ \frac{취득원가 - 잔존가액}{내용연수}$$

② **정률법(가속상각법, 체감법)**

초기에 감가상각비를 많이 계상하고 기간이 경과할수록 감가상각비를 적게 계상하는 방법이다. 이는 수익·비용 대응에 적합하다는 장점이 있다.

$$감가상각비 \ = \ (취득가액 \ - \ 감가상각누계액) \ \times \ 정률$$

③ **생산비례법**

생산량이나 사용량에 따라 감가상각비가 결정된다고 보고 감가상각비를 생산량이나 작업시간 등에 비례하여 계산하는 방법이다.

$$감가상각비 \ = \ (취득원가 \ - \ 잔존가액) \ \times \ \frac{실제 \ 생산량(작업시간)}{추정 \ 총생산량(작업시간)}$$

④ **연수합계법**

감가상각기초가액에 내용연수합계에 대한 잔여내용연수 비율을 상각률로 하여 감가상각비를 계산하는 방법이다.

$$감가상각비 \ = \ (취득원가 \ - \ 잔존가액) \ \times \ \frac{잔존내용연수}{내용연수합계}$$

4) 감가상각비 회계처리 방법

(차) 감가상각비(비용의 발생) × × × / (대) 감가상각누계액(자산의 감소)   × × ×

재무상태표

유형자산	× × ×	
감가상각누계액	× × ×	× × ×

손익계산서

판매및관리비
1. 감가상각비   × × ×
2. ⋮

사례 28

다음의 자료에서 제2기 20×2년 말 결산 시 정액법과 정률법으로 계상하여야 할 감가상각비
와 감가상각누계액을 각각 계산하고 회계처리하시오.

- 취득일 : 20×1년 1월 1일
- 취득원가 : 5,000,000원
- 내용연수 : 10년
- 정률 : 10%
- 잔존가액 0원

정답
- 정률법 : (차) 감가상각비 450,000 / (대) 감가상각누계액 450,000
- 정액법 : (차) 감가상각비 500,000 / (대) 감가상각누계액 500,000
⟨정률법 계산⟩
1년차 20×1년 : (5,000,000 − 0) × 10% = 500,000
2년차 20×2년 : (5,000,000 − 500,000) × 10% = 450,000
⟨정액법 계산⟩
1년차 20×1년 : (5,000,000 − 0) ÷ 10년 = 500,000
2년차 20×2년 : (5,000,000 − 0) ÷ 10년 = 500,000

05 유형자산의 처분

처분할 때까지의 감가상각비를 추가로 계상한 후 당해 자산의 장부금액(취득원가 - 감가상각누계액)과 처분금액을 비교하여 유형자산처분손익으로 처리한다.

내용	차변		대변	
처분금액 > 장부금액	감가상각누계액(자산의 증가)	×××	유형자산(취득원가, 자산의 감소) 유형자산처분이익(수익의 발생)	××× ×××
처분금액 < 장부금액	감가상각누계액(자산의 증가) 미수금(처분가액, 자산의 증가) 유형자산처분손실(비용의 발생)	××× ××× ×××	유형자산(취득원가, 자산의 감소)	×××

사례 29

다음 거래를 분개하시오.

화물자동차를 2,500,000원에 매각처분하고, 대금은 월말에 받기로 하다. (단, 이 자동차의 취득원가는 3,000,000원이며 감가상각누계액은 450,000원이다.)

정답

(차) 감가상각누계액(자산의 증가)	450,000	(대) 차량운반구	3,000,000
미수금(자산의 증가)	2,500,000	(자산의 감소)	
유형자산처분손실(비용의 발생)	50,000		

06 무형자산의 정의와 인식요건

1) 정의

기업이 장기간 영업활동에 사용할 목적으로 보유하고 있는 물리적 실체가 없는 자산이다.

2) 인식요건

① 식별가능성
② 자원의 통제
③ 미래의 경제적 효익

3) 무형자산의 종류

① **영업권** : 외부에서 유상 취득한 영업권만을 무형자산으로 인정하고 내부적으로 창출한 영업권은 인정하지 않는다.
② **산업재산권** : 특허권, 실용신안권, 의장권, 상표권

③ **기타** : 라이선스와 프랜차이즈, 저작권, 컴퓨터소프트웨어, 임차권리금, 광업권, 어업권 등을 포함한다. 다만 이들 항목이 중요한 경우에는 개별 표시한다.

④ **개발비** : 신제품·신기술의 개발과 관련하여 발생한 비용 중 미래 경제적 효익이 기업에 유입될 가능성이 높으며, 취득원가를 신뢰성 있게 측정 가능한 것을 말한다.

4) 무형자산의 상각

① 관계 법령이나 계약에 의한 경우를 제외하고 20년을 초과할 수 없다. 상각은 자산이 사용 가능한 때부터 시작한다.

② 현행 기준서에는 직접법을 원칙으로 하고 간접법을 선택할 수 있으며 잔존가액은 "0"을 원칙으로 한다.

③ 상각방법은 자산의 경제적 효익이 소비되는 행태를 반영한 합리적인 방법으로 정액법, 체감잔액법(정률법 등), 연수합계법, 생산량비례법 등을 적용하며 합리적인 상각방법을 정할 수 없는 경우는 정액법을 사용한다. 그러나 영업권의 경우는 합병준칙에 따라 반드시 정액법으로 상각해야 한다.

④ 무형자산 상각금액 회계처리

(차) 무형자산상각비(비용의 발생)   ××× / (대) 무형자산(자산의 감소)   ×××

◢ 07 기타비유동자산

1) 정의

투자자산, 유형자산, 무형자산에 속하지 않는 비유동자산으로서 투자수익이 없고 다른 자산으로 분류하기 어려운 자산을 말한다.

2) 분류

① **이연법인세자산** : 차감할 일시적 차이 등으로 인하여 미래에 경감될 법인세부담액으로서 유동자산으로 분류되는 이연법인세자산을 제외한 부분을 말한다.

② **보증금** : 전세권, 회원권, 임차보증금 및 영업보증금을 말한다.

③ **장기성매출채권** : 유동자산에 속하지 아니하는 일반적 상거래에서 발생한 장기의 매출채권을 말한다.

④ 장기선급비용, 장기선급금, 장기미수금 등을 포함한다.

✔분개연습 | 비유동자산 – 투자, 유형, 무형, 기타비유동자산 회계처리

[1] 비업무용 토지 5,000,000원을 취득하면서 취득세와 등록세로 200,000원 및 매입수수료 50,000원을 현금으로 지급하다.

차변	대변

[2] 현금 10,000,000원을 2년 상환조건으로 대여하다.

차변	대변

[3] 공장에 새로운 기계장치를 9,500,000원에 취득하고 시운전비 300,000원과 함께 대금은 당좌수표를 발행하여 지급하다.

차변	대변

[4] 업무용 토지 100,000,000원을 취득하고, 대금 중 30,000,000원은 당좌수표를 발행하여 지급하고 잔액 중 50,000,000원은 약속어음을 발행하여 지급하고 잔액은 월말에 지급하기로 하다. (단, 취득세와 등록세 등 1,000,000원은 현금으로 지급하다.)

차변	대변

[5] 20×1년 1월 1일에 비품을 취득하여 3년간 사용하기로 하였다. 20×2년의 감가상각비를 계산하여 회계처리하시오. (단, 취득원가 10,000,000원, 정률법 연 10%, 간접법으로 처리)

차변	대변

[6] 업무용 자동차를 처분하고, 그 대금 1,800,000원 중 1,500,000원은 거래처발행의 자기앞수표로 받고, 잔액은 월말에 받기로 하다. (단, 취득가액 2,500,000원, 내용연수 10년, 정액법, 간접법, 2년간 감가상각하여 왔음)

차변	대변

[7] 공장에 업무용으로 사용하고 있던 차량에 대해 수선을 하고 당좌수표를 발행하여 지급하다. (단, 수리비용 6,000,000원, 자본적 지출 70%, 수익적 지출 30%)

차변	대변

📌 분개연습 정답

번호	차변		대변	
1	투자부동산(자산의 증가)	5,250,000	현금(자산의 증가)	5,250,000
2	장기대여금(자산의 증가)	10,000,000	현금(자산의 증가)	10,000,000
3	기계장치(자산의 증가)	9,800,000	당좌예금(자산의 감소)	9,800,000
4	토지(자산의 증가)	101,000,000	당좌예금(자산의 감소)	30,000,000
			미지급금(부채의 증가)	70,000,000
			현금(자산의 증가)	1,000,000
5	감가상각비(비용의 발생)	900,000	감가상각누계액(자산의 감소)	900,000
6	감가상각누계액(자산의 증가)	500,000	차량운반구(자산의 감소)	2,500,000
	현금(자산의 증가)	1,500,000		
	미수금(자산의 증가)	300,000		
	유형자산처분손실(비용의 발생)	200,000		
7	차량운반구(자산의 증가)	4,200,000	당좌예금(자산의 감소)	6,000,000
	차량유지비(비용의 발생)	1,800,000		

☑️ 이론문제 | 비유동자산 - 투자, 유형, 무형, 기타비유동자산 회계처리

01 다음 중 투자자산에 해당되지 않는 것은?

① 경상개발비   ② 투자부동산
③ 매도가능증권   ④ 장기대여금

02 다음 중 기업회계기준서에 따른 유가증권의 분류에 속하지 않는 것은?

① 만기보유증권   ② 단기매매증권
③ 매도가능증권   ④ 보유양도증권

03 다음 유형자산에 대한 설명 중 틀린 것은?

① 물리적인 형태가 있다.
② 1년 이상 장기에 걸쳐 사용된다.
③ 모든 유형자산은 감가상각의 대상이 된다.
④ 취득 시 부대비용은 취득원가에 포함된다.

04 본사 건물을 신축하기 위해 총 공사비 중 일부를 계약금으로 지급하였다. 차변에 기입되는 계정으로 옳은 것은?

① 건설중인자산   ② 건물
③ 보증금   ④ 선급금

05 다음 중 유형자산의 취득원가에 포함되지 않는 것은?

① 취득세   ② 시운전비
③ 하역비   ④ 취득완료 후 발생한 이자비용

06 회사업무용 차량을 구입한 후 전체 금액을 모두 현금으로 지급하였다고 했을 때 가장 적절한 분개는? (단, 부가가치세는 고려하지 않음)

• 차량가액 10,000,000원	• 취득세 200,000원
• 등록세 300,000원	• 보험료 500,000원

① (차) 차량운반구   11,000,000   (대) 현금   11,000,000
② (차) 차량운반구   10,500,000   (대) 현금   11,000,000
        보험료   500,000
③ (차) 차량운반구   10,000,000   (대) 현금   11,000,000
        세금과공과   500,000
        보험료   500,000
④ (차) 차량운반구   10,200,000   (대) 현금   11,000,000
        세금과공과   300,000
        보험료   500,000

07 다음 중 취득원가에 포함되지 않는 것은?

① 수입한 기계장치의 시운전비
② 토지 구입 시 중개수수료
③ 상품을 수입해 오는 과정에서 가입한 당사 부담의 운송보험료
④ 건물 구입 후 가입한 화재보험료

08 다음 중 자본적 지출로 회계처리하여야 할 것은?

① 비유동자산의 내용연수를 연장시키는 지출
② 비유동자산의 원상을 회복시키는 지출
③ 비유동자산의 능률을 유지하기 위한 지출
④ 지출의 효과가 일시적인 지출

09 건물 일부를 수리하고 수리비 300,000원을 보유 중이던 타인발행 자기앞수표로 지급하였
다. 이 중 200,000원은 자본적 지출이고 나머지는 수익적 지출인 경우의 옳은 분개는?

① (차) 건물   100,000원   (대) 당좌예금   300,000원
      수선비   200,000원

② (차) 건물   200,000원   (대) 당좌예금   300,000원
      수선비   100,000원

③ (차) 건물   100,000원   (대) 현금   300,000원
      수선비   200,000원

④ (차) 건물   200,000원   (대) 현금   300,000원
      수선비   100,000원

10 다음 중 감가상각을 필요로 하지 않는 자산인 것은?

① 건물   ② 비품
③ 기계장치   ④ 토지

11 유형자산에 대한 감가상각을 가장 잘 설명한 것은?

① 새로운 유형자산 취득을 위한 자금의 적립
② 매기간 잔존가치의 수정
③ 가치감소 부분의 평가
④ 원가의 기간배부

12 다음 중 감가상각비 계산과 관련이 없는 항목인 것은?

① 취득원가   ② 판매가격
③ 내용연수   ④ 잔존가액

13 유형자산의 장부가액(미상각잔액)에 일정한 상각률을 곱하여 당기의 감가상각비를 산출하는 방법에 해당하는 것은?

① 정액법 ② 정률법
③ 생산량비례법 ④ 연수합계법

14 감가상각방법 중 유형자산의 내용연수 동안 매기 동일한 금액으로 감가상각비를 인식하는 방법에 해당하는 것은?

① 생산량비례법 ② 정률법
③ 정액법 ④ 이중체감잔액법

15 다음 중 유형자산에 대한 설명으로 틀린 것은?

① 감가상각이란 유형자산의 취득원가를 비용으로 배부하는 과정이다.
② 보유기간 중에 내용연수를 증가시키는 지출은 수익적 지출로 처리한다.
③ 취득원가에서 감가상각누계액을 차감한 후의 잔액을 장부가액(book value)이라 한다.
④ 기업회계기준상 감가상각방법에는 정액법, 정률법, 연수합계법 등이 있다.

16 20×1년 1월 1일에 취득한 기계의 취득원가는 100,000원이고 잔존가치는 5,000원이며 내용연수는 5년이다. 이 기계를 정률법으로 감가상각하는 경우 20×2년 감가상각비는 얼마인가? (단, 감가상각률은 0.45로 가정한다.)

① 45,000원 ② 42,845원
③ 25,770원 ④ 24,750원

17 취득원가 50,000,000원, 잔존가액 5,000,000원, 내용연수가 10년인 건물을 정액법으로 상각하는 경우의 연간 감가상각비는 얼마인가?

① 500,000원 ② 4,500,000원
③ 5,000,000원 ④ 5,500,000원

18 다음 자료에 의해 정액법으로 계산할 경우, 20×3년 12월 31일 결산 이후 기계장치 장부가액은 얼마인가?

• 기계장치 취득원가 : 20,000,000원 ・ 취득시기 : 20×1년 1월 1일 • 잔존가치 : 2,000,000원 ・ 내용연수 : 5년 • 전기말 감가상각누계액 : 7,200,000원

① 3,600,000원 ② 4,000,000원
③ 9,200,000원 ④ 10,800,000원

19 다음 자료를 연수합계법으로 감가상각할 경우 2차 회계연도에 계상될 감가상각비는 얼마인가?

• 취득원가 2,450,000원 ・ 잔존가치 200,000원 ・ 내용연수 5년

① 750,000원 ② 600,000원
③ 450,000원 ④ 300,000원

20 내용연수 10년, 잔존가액이 100,000원인 기계장치를 1,000,000원에 구입하여 정액법으로 상각해 왔다. 기계장치 구입 후 3년이 되는 연도 말에 이 기계장치를 800,000원에 처분하였을 경우 처분손익은 얼마인가?

① 100,000원 이익 ② 100,000원 손실
③ 70,000원 이익 ④ 70,000원 손실

21 주어진 자료만으로 계산하면 비품 취득가액은 얼마인가? (단, 처분가액은 1,200,000원, 유형자산처분이익 100,000원이 존재한다.)

재무상태표		
비품	?	
감가상각누계액	1,000,000	

① 2,000,000원 ② 2,100,000원
③ 2,200,000원 ④ 2,300,000원

22 다음에서 설명하는 자산에 해당하는 것은?

> 판매를 목적으로 하지 않고, 장기간에 걸쳐 영업활동에 사용되는 물리적 실체가 없는 자산

① 산업재산권   ② 차량운반구
③ 기계장치   ④ 토지

23 다음 계정과목 중 기업회계기준에 의할 경우 무형자산에 해당하는 항목은?

> ㉠ 연구비   ㉡ 개발비
> ㉢ 경상개발비   ㉣ 영업권

① ㉠, ㉡   ② ㉠, ㉢
③ ㉡, ㉢   ④ ㉡, ㉣

24 다음의 무형자산에 대한 설명 중 올바른 것은?

① 무형자산은 진부화되거나 시장가치가 급격히 하락해도 감액손실을 인식할 수 없다.
② 연구비와 개발비는 전액 비용처리한다.
③ 자가 창설(내부창출)된 영업권(goodwill)은 무형자산으로 계상할 수 없다.
④ 무형자산은 5년 이내의 기간 내에 정액법으로 상각해야 한다.

25 다음 중 기업회계기준상 무형자산에 해당하지 않는 것은?

① 특허권   ② 영업권
③ 광업권   ④ 매출채권

📌 이론문제 정답 및 해설

01 ① 경상개발비는 판매비와관리비에 속한다.

02 ④ 유가증권은 보유기간 및 시장성유무에 따라 단기매매증권과 장기투자증권(만기보유증권, 매도가능증권 등)으로 분류한다.

03 ③ 유형자산 중 토지와 건설중인자산 등은 비상각자산에 해당한다. 따라서 모든 유형자산을 감가상각하지는 않는다.

04 ① 본사 건물을 신축하기 위해 총 공사비 중 일부를 계약금으로 지급하는 것은 건설중인자산으로 처리한다.

05 ④ 취득완료 후 발생한 이자비용은 취득원가에 산입하지 않는다.

06 ② 차량가액에 취득세 및 등록세는 포함하지만 차량보험료는 별도의 비용으로 회계처리한다.

07 ④ 건물 구입 후 가입한 화재보험료는 판매비와관리비에 포함되어 비용으로 처리한다.

08 ① 자본적 지출이고 ②, ③, ④는 수익적 지출이다.

09 ④ 자본적 지출은 건물로, 수익적 지출은 수선비로 처리한다.

10 ④ 토지와 건설중인자산은 감가상각 대상 자산이 아니다.

11 ④ 유형자산에 대한 감가상각은 내용연수 동안 합리적으로 원가의 기간배부를 하는 것을 말한다.

12 ② 유형자산에 대한 감가상각 3요소 : 취득원가, 내용연수, 잔존가액

13 ② 정률법 : (취득원가 - 감가상각누계액) × 정률

14 ③ 정액법은 매년 일정한 금액을 상각한다.

15 ② 내용연수를 증가시키는 거래는 자본적 지출로 처리한다.

16 ④ • 20×1년 12월 31일 : 100,000원 × 0.45 = 45,000원
  • 20×2년 12월 31일 : (100,000원 - 45,000원) × 0.45 = 24,750원

17 ② 정액법의 감가상각비는 (취득원가 - 잔존가액) ÷ 내용연수이므로 (50,000,000원 - 5,000,000원) ÷ 10년 = 4,500,000원이 연간 감가상각비가 된다.

18 ③ (취득가액 20,000,000원 - 잔존가치 2,000,000원) ÷ 내용연수 5년

= 20×1년 12월 31일 감가상각비 3,600,000원

20×2년 12월 31일 감가상각비 3,600,000원

20×3년 12월 31일 감가상각비 3,600,000원

20×3년 12월 31일 감가상각누계액 10,800,000원

∴ 취득가액 20,000,000원 - 20×3년 12월 31일 감가상각누계액 10,800,000원 = 9,200,000원

19 ② 먼저 연수합계법 공식을 이해한다.

(취득원가 - 잔존가액) × [역연수(1차 : 5, 2차 : 4, 3차 : 3, 4차 : 2, 5차 : 1)]

∴ 2차 회계연도의 감가상각비 = (2,450,000 - 200,000) × (4 ÷ 15) = 600,000원

20 ③ 정액법의 감가상각비 = (취득원가 - 잔존가액) ÷ 내용연수

90,000 = (1,000,000 - 100,000) ÷ 10년이므로 3년 동안의 감가상각누계액은 270,000원이 된다.

| (차) 감가상각누계액 | 270,000 | (대) 기계장치 | 1,000,000 |
| 현금 | 800,000 | 유형자산처분이익 | 70,000 |

21 ② 유형자산처분이익 = 처분가액 - (취득가액 - 감가상각누계액), 취득가액 = 2,100,000원

| (차) 현금(미수금) | 1,200,000 | (대) 비품 | ××× |
| 감가상각누계액 | 1,000,000 | 유형자산처분이익 | 100,000 |

22 ① 판매를 목적으로 하지 않고, 장기간에 걸쳐 영업활동에 사용되는 물리적 실체가 없는 자산을 무형자산으로 본다. 산업재산권은 무형자산에 해당한다.

23 ④ 개발비와 영업권은 무형자산에 해당한다.

24 ③ 내부적으로 창출한 영업권은 자산으로 인식하지 않는다. 무형자산도 일정한 사유가 있는 경우 감액손실을 인식할 수 있고, 개발비는 무형자산으로 계상할 수 있으며 무형자산의 내용연수는 관계법령이나 계약에 정해진 경우를 제외하고는 20년을 초과할 수 없다.

25 ④ 매출채권은 유동자산 중 당좌자산에 해당한다.

제6절 부채 – 유동부채와 비유동부채 회계처리

01 부채의 정의

1) 부채란 특정기업이 과거의 거래나 사건의 결과로 인해, 현재 기업실체가 부담하고 그 이행에 자원의 유출이 예상되는 의무이다.

2) 기업회계기준에서는 매입채무, 미지급비용 등 영업활동과 관련된 부채는 1년 기준과 정상영업 순환주기기준 중·장기를 기준으로 구분하며 기타의 부채는 1년 기준으로 유동부채로 분류하도록 하고 있다.

02 유동부채 중 매입채무

분류	거래내용	차변		대변	
외상매입금	① 상품 30,000원을 외상으로 매입하다.	상품 또는 원재료 (자산의 증가)	30,000	외상매입금 (부채의 증가)	30,000
	② ①의 외상매입금을 현금으로 지급하다.	외상매입금 (부채의 감소)	30,000	현금 (자산의 감소)	30,000
지급어음	① 상품 35,000원을 매입하고 대금은 약속어음을 발행하여 지급하다.	상품 (자산의 증가)	35,000	지급어음 (부채의 증가)	35,000
	② ①의 약속어음을 현금으로 지급하다.	지급어음 (부채의 감소)	35,000	현금 (자산의 감소)	35,000

03 유동부채 중 기타부채

분류	거래내용	차변		대변	
미지급금	① 비품 20,000원을 외상으로 매입하다.	비품 (자산의 증가)	20,000	미지급금 (부채의 증가)	20,000
	② ①의 미지급금을 현금으로 지급하다.	미지급금 (부채의 감소)	20,000	현금 (자산의 감소)	20,000
선수금	① 상품을 주문받고 계약금 70,000원을 현금으로 받다.	현금 (자산의 증가)	70,000	선수금 (부채의 증가)	70,000
	② ①에 대해 실제 상품을 발송하다.	선수금 (부채의 감소)	70,000	상품매출 (수익의 발생)	70,000
예수금	① 급여 50,000원 중 원천징수세액 5,000원을 제외하고 현금으로 지급하다.	급여 (비용의 발생)	50,000	예수금 (부채의 증가) 현금 (자산의 감소)	5,000 45,000
	② ①의 원천징수세액을 세무서에 현금으로 납부하다.	예수금 (부채의 감소)	5,000	현금 (자산의 감소)	5,000
선수수익	① 1년분 임대료 60,000원을 현금으로 받다.	현금 (자산의 증가)	60,000	선수수익 (부채의 증가)	60,000
	② ① 중 당기분 임대료 48,000원을 계상하다.	선수수익 (부채의 감소)	48,000	이자수익 (수익의 증가)	48,000
미지급 비용	결산일 현재 미지급 급여 20,000원을 계상하다.	급여 (비용의 발생)	20,000	미지급비용 (부채의 증가)	20,000
유동성 장기부채	장기차입금 80,000원이 상환기간이 1년 내로 도래하다.	장기차입금 (부채의 감소)	80,000	유동성장기부채 (부채의 증가)	80,000

04 비유동부채 - 퇴직급여충당부채

1) 인식요건 3가지

　① 장래에 지출될 것이 확실할 것

　② 당해 지출의 원인이 당기에 있을 것

　③ 당해 지출금액을 합리적으로 추정할 수 있을 것

2) 결산시점에 퇴직급여 설정 회계처리

(차) 퇴직급여(비용의 발생)	1,000 / (대) 퇴직급여충당부채(부채의 증가)	1,000

3) 퇴직금지급 시

(차) 퇴직급여충당부채(부채의 감소)	1,000 / (대) 현금(자산의 감소)	1,200
퇴직급여(비용의 발생)	200	

05 가지급금과 가수금

1) 가지급금의 정의

임직원의 출장경비를 먼저 처리하는 경우 또는 현금을 지급하였으나 계정과목이나 금액을 확정할 수 없을 경우 차변에 먼저 처리한 후에 구체적인 계정과목이나 금액이 확정되면 대변에 상계처리한다.

거래내용	차변		대변	
① 영업직원 마동탁에게 광주 출장을 명하고 100,000원을 현금으로 지급하다.	가지급금 (자산의 증가)	100,000	현금 (자산의 감소)	100,000
② 출장을 다녀 온 후 출장비 120,000원을 지출함을 확인하고 차액은 현금으로 지급하다.	여비교통비 (비용의 발생)	120,000	현금 (자산의 감소)	20,000
			가지급금 (자산의 감소)	100,000

2) 가수금의 정의

현금의 수입이 있었으나 처리할 계정과목 또는 금액을 확정할 수 없을 경우 대변에 먼저 처리한 후에 구체적인 계정과목이나 금액이 확정되면 차변에 상계처리한다.

거래내용	차변		대변	
① 영업직원 마동탁이 내용을 알 수 없는 금액 150,000원을 보통예금에 보내왔다.	보통예금 (자산의 증가)	150,000	가수금 (부채의 증가)	150,000
② 가수금은 외상매출금 회수금액으로 판명되다.	가수금 (부채의 감소)	150,000	외상매출금 (자산의 감소)	150,000

✅ 분개연습 | 부채 - 유동부채와 비유동부채 회계처리

[1] 우리은행으로부터 현금 20,000,000원을 차입하였다. 상환기간은 6개월이다.

차변	대변

[2] 위 [1]번의 차입 원금과 이자 2,800,000원을 현금으로 상환하였다.

차변	대변

[3] (주)효성에서 기계장치를 50,000,000원에 10개월 단기할부로 구입하였다.

차변	대변

[4] 위 [3]번의 1회분 기계대금을 보통예금계좌에서 이체하여 지급하다.

차변	대변

[5] 당사는 (주)대교에게 상품 8,000,000원을 매출하기로 계약을 맺고, 대금 중 800,000원을 현금으로 받아 당좌예금하다.

차변	대변

[6] 위 [5]번의 상품을 (주)대교에 발송하고 계약금을 제외한 나머지는 월말에 받기로 하다.

차변	대변

[7] 당사는 20×1년 1월 1일에 은행으로부터 장기차입금 10,000,000원을 현금으로 빌리고 3년 뒤에 만기에 일시상환을 하기로 하였다.

차변	대변

[8] 위 [7]번의 장기차입금이 그동안 이자는 적정하게 지급되었다고 가정하고, 20×2년 12월 31일 결산일 현재 시점에 회계처리를 하시오.

차변	대변

[9] (주)대도에서 상품 1,500,000원을 매입하고, 대금은 약속어음을 발행하여 지급하다.

차변	대변

[10] 위 [9]번에서 발행한 어음이 만기가 도래하여 국민은행 당좌수표를 발행하여 지급하다.

차변	대변

[11] 9월분 급여 3,000,000원을 지급하고 소득세 등 원천징수세액 125,000원을 공제하고 차인지급액은 우리은행 보통예금계좌에서 이체하여 지급하다.

차변	대변

[12] 위 [11]번에서 원천징수한 세액 125,000원을 양천세무서에 현금으로 납부하다.

차변	대변

[13] 당사의 전 직원이 당해 연도 말에 퇴직할 것을 가정할 경우에 퇴직급여추계액은 150,000,000원이다. 또한 기초퇴직급여충당부채 잔액은 120,000,000원이며, 실제로 퇴직한 종업원들에게 지급한 금액은 25,000,000원이다. 당해 말에 퇴직급여충당부채 설정액에 대한 회계처리를 하시오.

차변	대변

📌 분개연습 정답

번호	차변		대변	
1	현금(자산의 증가)	20,000,000	단기차입금(부채의 증가)	20,000,000
2	단기차입금(부채의 감소)	20,000,000	현금(자산의 감소)	22,800,000
	이자비용(비용의 발생)	2,800,000		
3	기계장치(자산의 증가)	50,000,000	미지급금(부채의 증가)	50,000,000
4	미지급금(부채의 감소)	5,000,000	보통예금(자산의 감소)	5,000,000
5	당좌예금(자산의 증가)	800,000	선수금(부채의 증가)	800,000
6	선수금(부채의 감소)	800,000	상품매출(수익의 발생)	8,000,000
	외상매출금(자산의 증가)	7,200,000		
7	현금(자산의 증가)	10,000,000	장기차입금(부채의 증가)	10,000,000
8	장기차입금(부채의 감소)	10,000,000	유동성장기부채(부채의 증가)	10,000,000
9	상품(자산의 증가)	1,500,000	지급어음(부채의 증가)	1,500,000
10	지급어음(부채의 감소)	1,500,000	당좌예금(자산의 감소)	1,500,000
11	급여(비용의 발생)	3,000,000	예수금(부채의 증가)	125,000
			보통예금(자산의 감소)	2,875,000
12	예수금(부채의 감소)	125,000	현금(자산의 감소)	125,000
13	퇴직급여(비용의 발생)	55,000,000	퇴직급여충당부채(부채의 증가)	55,000,000

이론문제 | 부채 - 유동부채와 비유동부채 회계처리

01 다음 중 부채에 해당하지 않는 것은?

① 단기매매증권
② 장기충당부채
③ 장기차입금
④ 미지급금

02 다음 중 부채에 대한 설명으로 틀린 것은?

① 미지급금 중 재무상태표일로부터 만기가 1년 이내에 도래하는 것은 유동부채로 표시한다.
② 재무상태표일로부터 차입기간이 1년 이상인 경우에는 장기차입금계정을 사용하여 표시한다.
③ 가수금은 영구적으로 사용하는 부채계정으로서 결산 시에도 재무제표에 표시된다.
④ 상품을 인도하기 전에 상품대금의 일부를 미리 받았을 때에는 선수금계정의 대변에 기입한다.

03 다음 중 기업회계기준상 유동부채에 해당하지 않는 것은?

① 미지급비용
② 단기차입금
③ 유동성장기차입부채
④ 퇴직급여충당부채

04 다음 자료에 의하여 재무상태표에 계상될 외상매입금은 얼마인가?

가. 외상매입대금 지급액	500,000원
나. 기초외상매입금	300,000원
다. 당기외상매입액	700,000원

① 100,000원
② 500,000원
③ 900,000원
④ 1,500,000원

05 다음 중 지급어음계정이 차변에 기입되는 거래는?

① 상품 1,000,000원을 매입하고 약속어음을 발행하여 지급하다.
② 상품 3,000,000원을 매입하고 소지하고 있던 약속어음을 배서양도하다.
③ 외상매입금 5,000,000원을 약속어음을 발행하여 지급하다.
④ 당점 발행의 약속어음 6,000,000원이 만기가 되어 현금으로 지급하다.

06 다음 계정과목 중 비유동부채에 해당하는 것은?

① 선수수익   ② 매입채무
③ 선수금   ④ 장기차입금

07 다음 자료에서 비유동부채 금액은 얼마인가?

| • 외상매입금 : 6,000,000원 | • 미지급비용 : 1,000,000원 |
| • 장기차입금 : 2,000,000원 | • 퇴직급여충당부채 : 5,000,000원 |

① 5,000,000원   ② 7,000,000원
③ 8,000,000원   ④ 11,000,000원

08 비유동부채 중 재무상태표일로부터 1년 이내에 상환될 금액을 대체할 경우 이용되는 계정과목은 무엇인가?

① 장기차입금   ② 유동성장기부채
③ 단기차입금   ④ 외상매입금

09 다음 중 평가성충당부채에 해당하는 것은?

① 퇴직급여충당부채   ② 장기차입금
③ 대손충당금   ④ 장기제품보증충당부채

📌 이론문제 정답 및 해설

01 ① 단기매매증권은 유동자산이며 당좌자산에 속한다.

02 ③ 가수금계정은 일시적으로 사용하는 부채계정으로 결산 시에는 그 계정의 내역을 밝혀내어 확정 계정과목으로 재무제표에 표시한다.

03 ④ 퇴직급여충당부채는 비유동부채이다.

04 ② 기초외상매입금 300,000원 + 당기외상매입금 700,000원 - 당기외상매입금지급액 500,000원 = 기말외상매입금 500,000원

05 ④ (차) 지급어음   6,000,000원   (대) 현금   6,000,000원
　　① (차) 상품   1,000,000원   (대) 지급어음   1,000,000원
　　② (차) 상품   3,000,000원   (대) 받을어음   3,000,000원
　　③ (차) 외상매입금   5,000,000원   (대) 지급어음   5,000,000원

06 ④ 장기차입금은 비유동부채이며, 선수수익, 매입채무, 선수금은 유동부채에 속한다.

07 ② 7,000,000원 = 2,000,000원(장기차입금) + 5,000,000원(퇴직급여충당부채)

08 ② 비유동부채 중 재무상태표일로부터 1년 이내에 상환될 금액을 대체할 경우에는 "유동성장기부채" 계정으로 표시한다.

09 ③ 평가성충당부채는 대손충당금과 감가상각누계액이다.

제7절 **자본 – 개인기업의 자본금 회계처리**

01 개인기업의 자본금

개인기업의 자본과 순자산은 자본금계정에서 처리하는데 최초의 출자액과 당기의 순이익은 자본금계정의 대변에 기입하고, 당기의 순손실은 차변에 기입한다.

자본금			
인 출 액	×××	원시출자액	×××
순 손 실	×××	추가출자액	×××
현재자본금	×××	순 이 익	×××

02 인출금

자본인출이 자주 있는 경우에는 자본금계정으로 처리하면 자본금계정이 복잡해지므로 이를 피하기 위하여 인출금계정을 따로 설정하여 여기에서 처리하였다가, 기말에 그 합계액을 자본금계정에 일괄해서 대체하면 편리하다.

(차) 자본금 ××× / (대) 인출금 ×××

03 회계처리

거래내용	차변	대변
① 현금 200,000원을 출자하여 개업하다.	현금 200,000 (자산의 증가)	자본금 200,000 (자본의 증가)
② 대표이사가 현금 80,000원을 인출하다.	인출금 80,000 (자본차감)	현금 80,000 (자산의 감소)
③ 인출금을 자본금에 대체하다.	자본금 80,000 (자본의 감소)	인출금 80,000 (자본차감)

제8절 | 수익과 비용 인식

◢01 수익

1) 정의

주요 경영활동에서 재화의 생산·판매, 용역의 제공 등에 따른 경제적 효익의 유입으로서 이는 자산의 증가 또는 부채의 감소 및 그 결과에 따른 자본의 증가로 나타난다.

2) 수익의 인식

수익의 발생시점과 관련하여 수익이 귀속되는 회계기간을 결정하는 것을 말한다.

3) 현금주의, 발생주의, 실현주의

① **현금주의** : 기업의 경제적 사건의 발생여부와 무관하게 영업활동으로 인한 현금유입(수익인식)과 현금유출(비용인식)이 수익과 비용의 기준이 되는 방식이다. 단점은 현금주의는 수익을 창출하기 부적절하고, 정확한 기간손익계산이 되지 않아 현행회계에서는 원칙적으로 인정되지 않는다.

② **발생주의** : 순자산에 영향을 미치는 경제적 사건이 발생한 시점(화폐적 금액으로 측정하여 수익과 비용 인식)에서 경영성과를 측정하기 때문에 현행회계의 기간손익계산의 기본원리가 되고 있다.

③ **실현주의** : 수익획득과정이 진행됨에 따라 일정한 요건이 충족되면 수익이 발생하였다고 보아 수익을 인식하게 되지만 매우 주관적이며 실무적으로도 복잡하다.

4) 특수매매 시 인식기준 적용

① **위탁판매** : 수탁자가 제3자에게 위탁품을 판매한 날

② **시용판매** : 고객이 구매의사를 표시한 날

③ **할부판매** : 원칙은 단기와 장기 구분 없이 판매한 날

　　※ 특례 : 기업회계기준은 중소기업 특례로서 장기할부판매 시 회수기준과 단기용역매출 시 완성기준 적용을 할 수 있도록 규정함

④ **부동산판매** : 소유권이전등기일, 매입자가 사용가능한 날 중 가장 빠른 날

⑤ **상품권판매** : 선수금(상품권선수금 계정 등)으로 처리한 후 상품권을 회수한 날(물품 등을 제공하거나 판매한 때)

02 비용

1) 정의

영업활동과 관련하여 재화를 생산·공급하고 용역을 제공함으로써 발생하게 되는 기업의 자산 감소 및 소비, 부채의 증가를 의미한다.

2) 비용의 인식기준

수익비용대응의 원칙에 근거한다.

① **직접대응** : 수익과 비용이 직접적인 인과관계가 성립할 때 수익인식시점에서 비용을 인식하는 것이다(**예** 매출원가, 판매수수료, 매출운임 등).

② **간접대응** : 특정수익과 직접적인 인과관계를 명확히 알 수 없지만 발생원가가 일정기간 동안 수익창출활동에 기여한 경우 해당 기간에 걸쳐 합리적이고 체계적인 방법에 의해 배부해야 한다(**예** 감가상각비, 보험료기간배부).

③ **즉시인식** : 당기의 발생원가가 미래효익을 제공하지 못하거나 전기에 자산으로 기록된 항목이 미래의 경제적 효익을 상실할 때는 발생 즉시 당기의 비용으로 인식한다(**예** 일반관리비, 광고선전비, 이자비용 등).

☑️ 이론문제 | 수익과 비용 인식

01 회계용어 중 수익인식이나 비용인식에서 인식이란 다음 중 어느 것을 뜻하는 것인가?

① 수익 또는 비용이 어느 회계기간에 귀속하는 것인지를 확정짓는 일
② 수익 또는 비용의 발생과정을 설명하는 일
③ 수익 또는 비용에 해당하는 현금을 받거나 또는 지출하는 일
④ 수익 또는 비용을 측정하는 일

02 다음 중 기업회계기준에 의할 경우 수익의 인식시점으로 옳지 않은 것은?

① 위탁매출은 수탁자가 상품을 판매한 날
② 단기할부매출은 상품 등을 인도한 날
③ 용역매출은 진행기준에 따름
④ 상품권매출은 상품권을 고객에게 제공한 날

03 다음 중 기업회계기준에 의한 수익인식기준으로 틀린 것은?

① 단기건설공사(비상장 중소기업 제외) – 완성기준
② 장기건설공사 – 진행기준
③ 위탁판매 – 수탁자가 적송품(위탁품)을 판매한 날
④ 시용판매 – 매입자가 매입의사표시를 한 날

04 다음 중 기업회계기준에 의할 경우 수익의 인식시점으로 옳지 않은 것은?

① 용역매출은 진행기준(비상장 중소기업의 단기용역은 완성기준 가능)
② 단기할부판매는 상품 등을 인도한 날
③ 수출의 경우 관세청에 수출신고를 한 날
④ 상품권매출은 재화의 판매로 상품권을 회수한 시점

📌 이론문제 정답 및 해설

01 ① 인식이란 수익 또는 비용이 어느 회계기간에 귀속하는 것인지를 확정짓는 일이다.

02 ④ 상품권매출 : 상품권을 고객이 물건을 구입하면서 상품권과 교환할 때

03 ① 건설형 공사계약의 경우 장·단기를 불문하고 진행기준에 따라 수익을 인식하도록 규정하고 있다.

04 ③ 수출의 경우에도 수익의 인식시점은 일반적인 상품매출과 마찬가지로 인도시점이다.

제9절 | 결산절차 및 기말결산수정분개

01 프로그램의 결산 방법

1) 정의

1년간의 전표입력 등 회계처리에 대해 12월 31일에 장부를 마감하고 재무제표를 작성하는 과정을 말한다.

2) 수동결산 ▸ 실무편 'Chapter 04. 결산처리와 재무제표 작성' 참조할 것

[일반전표입력]메뉴에 12월 31일자로 결산 대체 분개를 직접 입력한다.

① 선급비용, 미수수익   ② 미지급비용, 선수수익 ③ 가수금, 가지급금 정리   ④ 현금과부족잔액 정리 ⑤ 소모품정리   ⑥ 외화자산, 부채 평가 ⑦ 단기매매증권 평가   ⑧ 총액법 적용 시 대손충당금의 환입

3) 자동결산 ▸ 실무편 'Chapter 04. 결산처리와 재무제표 작성' 참조할 것

[결산자료입력]메뉴에 해당금액을 입력한 후 "전표추가" 키를 이용하여 결산을 완료한다.

① 기말재고자산   ② 퇴직급여충당부채 ③ 유형자산, 무형자산 감가상각   ④ 매출채권에 대한 대손충당금설정 ⑤ 미지급법인세계상

02 수동결산(손익의 이연과 예상)

구분	기준서
비용의 이연	(차) 선급비용 ××× / (대) 해당비용 ×××
수익의 이연	(차) 해당수익 ××× / (대) 선수수익 ×××
비용의 발생	(차) 해당비용 ××× / (대) 미지급비용 ×××
수익의 발생	(차) 미수수익 ××× / (대) 해당수익 ×××

사례 30

다음 자료에 대하여 분개하시오.

본사건물 화재보험에 가입하여 1년분(20×1년 10/1 ~ 20×2년 9/30) 보험료 1,200,000원을 전액 보험회사에 현금으로 지급하였다. (단, 월할계산할 것)

 [1년분 보험료 ÷ 12월 = 월 보험료 100,000원]이다. 따라서 귀속연도를 구분하면 다음과 같다.

20×1년 당해 보험료	20×2년 차기 선급비용
3개월 × 100,000 = 300,000	9개월 × 100,000 = 900,000

20×2년 차기분을 12월 31일자에 다음과 같이 수정분개한다.
(차) 선급비용 900,000 / (대) 보험료 900,000

사례 31

다음 자료에 대하여 분개하시오.

건물에 대해 임대계약을 맺고 임대료 1년분 240,000원(20×1년 7/1 ~ 20×2년 6/30)을 전액 현금으로 받았다. (단, 월할계산할 것)

 [1년분 임대료 ÷ 12월 = 월 임대료 20,000원]이다. 따라서 귀속연도를 구분하면 다음과 같다.

20×1년 당해 임대료	20×2년 차기 선수수익
6개월 × 20,000 = 120,000	6개월 × 20,000 = 120,000

20×2년 차기분을 12월 31일자에 다음과 같이 수정분개한다.
(차) 임대료 120,000 / (대) 선수수익 120,000

사례 32

다음 자료에 대하여 분개하시오.

12월분 급여 1,500,000원을 결산시점에서 미지급하였다.

정답 12월 31일자에 다음과 같이 수정분개한다.
(차) 급여 1,500,000 / (대) 미지급비용 1,500,000

사례 33

다음 자료에 대하여 분개하시오.

은행 정기예금 7,500,000원에 대한 결산이자를 계산하여 원본에 전입하였다. (단, 연이율 5%, 예금가입일 20×1년 9월 1일, 만기 3년)

 정답

이자는 7,500,000원 × 5% × 4/12 = 125,000원
12월 31일자에 다음과 같이 수정분개한다.
(차) 미수수익 125,000 / (대) 이자수익 125,000

03 수동결산분개(일반전표입력)

기타 거래내용 및 결산 수정분개
① 단기매매증권평가이익(장부가액 10,000 < 결산 공정가액 12,000) 　(차) 단기매매증권(자산의 증가)　　　2,000　(대) 단기매매증권평가이익(수익의 발생)　2,000
② 단기매매증권평가손실(장부가액 15,000 > 결산 공정가액 12,000) 　(차) 단기매매증권평가손실(비용의 발생) 3,000　(대) 단기매매증권(자산의 감소)　　　3,000
③ 장부상현금 1,600,000 < 실제현금 1,680,000 　(차) 현금(현금과부족, 자산의 증가)　80,000　(대) 잡이익(수익의 발생)　　　　80,000
④ 장부상현금 1,660,000 > 실제현금 1,600,000 　(차) 잡손실(비용의 발생)　　　　60,000　(대) 현금(현금과부족, 자산의 감소)　60,000
⑤ 장기차입금을 유동성장기부채로 대체 　(차) 장기차입금(부채의 감소)　　　10,000　(대) 유동성장기부채(부채의 증가)　10,000
⑥ 장부상 외화금액 800,000 < 결산 시 외화금액 1,000,000 　(차) 외상매출금(자산의 감소)　　200,000　(대) 외화환산이익(수익의 발생)　200,000 　※ 외상매입금(부채)이 감소하면 외화환산이익으로 처리한다.

◢ 04 수동결산분개(소모품과 소모품비)

1) 소모품비로 나올 경우

소모품 미사용액 분개로 한다.

(차) 소모품   ××× / (대) 소모품비   ×××

2) 소모품으로 나올 경우

소모품 사용액 분개로 한다.

(차) 소모품비   ××× / (대) 소모품   ×××

| 사례 34

다음 자료에 대하여 분개하시오.

본사 사무실에서 구입하여 사용하는 소모품(구입 시 전액 비용계정으로 회계처리했음) 중 미사용 잔액은 100,000원이다.

정답 (차) 소모품 100,000   (대) 소모품비   100,000

◢ 05 자동결산분개(결산자료입력) ▶ 실무편 'Chapter 04. 결산처리와 재무제표작성' 참조할 것

PART
01

이론문제 | 결산절차 및 기말결산수정분개

01 다음 중 기말결산정리분개 대상이 아닌 것은?

① 기계장치에 대한 감가상각비 계상
② 보험료 미지급분 지급
③ 정기적금에 대한 미수이자 계상
④ 건물 화재보험료의 기간 미경과분을 선급비용으로 계상

02 다음 중 결산분개와 가장 관련이 없는 것은?

① 선수임대료의 계상 ② 법인세비용의 계상
③ 대손충당금의 설정 ④ 단기매매증권의 취득

03 보험기간이 20×1년 9월 1일부터 20×2년 2월 28일까지인 보험료 600,000원을 지급하였다. 20×1년도 결산 시 선급비용은 얼마인가? (단, 기간은 월 단위로 계산할 것)

① 200,000원 ② 300,000원
③ 400,000원 ④ 600,000원

04 20×1년 10월 1일 영업용 차량의 보험료 1년분 120,000원을 현금으로 지급한 경우 20×1년 12월 31일 결산 시 선급보험료에 해당하는 금액은 얼마인가? (단, 월할계산할 것)

① 100,000원 ② 110,000원
③ 80,000원 ④ 90,000원

05 삼일상점은 20×1년 7월 1일 건물의 1년분 임대료 60,000원을 전액 현금으로 받고 수익계정으로 회계처리하였다. 20×1년 12월 31일 결산 재무상태표에 보고되는 선수임대료는 얼마인가?

① 20,000원 ② 25,000원
③ 30,000원 ④ 40,000원

06 20×1년 9월 1일 건물임대료 6개월분 30,000원을 현금으로 받고 수익으로 회계처리하였다. 12월 31일 결산 시 선수임대료에 해당하는 금액은 얼마인가? (단, 월할계산할 것)

① 10,000원   ② 15,000원

③ 20,000원   ④ 25,000원

07 차입금에 의해 발생된 이자를 결산 시까지 지급하지 않았을 경우의 결산정리분개는?

(차변)	(대변)		(차변)	(대변)
① 매출채권	이자수익		② 이자비용	미지급비용
③ 미수수익	이자수익		④ 선급비용	이자비용

08 미지급 이자비용을 당기에 계상하지 않을 경우 당기에 어떤 영향을 미치는가?

① 부채가 과대평가된다.   ② 자산이 과소평가된다.

③ 이익이 과대평가된다.   ④ 순이익이 적어진다.

09 다음의 사항을 통해 기말(12월 31일)에 행해질 결산분개는 어떤 것인가?

> • 7월 1일 사무용 소모품 2,000,000원을 구입하고 대금은 현금으로 지급하고 다음과 같이 회계처리하였다.
> (차) 소모품   2,000,000원   (대) 현금   2,000,000원
> • 12월 31일 결산일 현재 소모품 미사용금액 1,200,000원

① (차) 소모품   800,000원   (대) 소모품비   800,000원

② (차) 소모품비   800,000원   (대) 소모품   800,000원

③ (차) 소모품   1,200,000원   (대) 소모품비   1,200,000원

④ 분개없음

10 기말 현재 단기매매증권 보유상황은 다음과 같다. 올바른 분개를 한 것은?

구분	취득원가	공정가액
A사 주식	210,000원	250,000원
B사 주식	180,000원	150,000원

① (차) 단기매매증권   40,000원   (대) 단기매매증권평가이익   40,000원
② (차) 단기매매증권평가손실   30,000원   (대) 단기매매증권   30,000원
③ (차) 단기매매증권   10,000원   (대) 단기매매증권평가이익   10,000원
④ (차) 단기매매증권평가손실   30,000원   (대) 단기매매증권   30,000원

11 결산 결과 당기순이익이 300,000원이었으나 아래의 사항이 누락되었음을 발견하였다. 수정 후 정확한 당기순이익을 계산하면 얼마인가?

• 임대료 선수분	30,000원	• 보험료 미지급액	50,000원

① 220,000원   ② 280,000원
③ 320,000원   ④ 380,000원

12 결산 결과 당기순이익 10,000원이 산출되었으나 아래 사항이 누락된 것을 추후에 발견하였다. 수정 후 당기순이익을 계산하면 얼마인가?

• 보험료 선급분	2,000원	• 이자 미지급분	1,000원

① 9,000원   ② 11,000원
③ 12,000원   ④ 13,000원

13 다음 결산절차 중 가장 마지막에 수행하는 절차인 것은?

① 결산수정분개   ② 손익계산서계정의 마감
③ 재무상태표계정의 마감   ④ 수정전시산표의 작성

14 다음 중 결산 순서가 바르게 나열된 것은?

1.거래의 발생   2. 시산표 작성   3. 총계정원장 기록   4. 재무제표 작성

① 1 → 2 → 3 → 4   ② 1 → 2 → 4 → 3
③ 1 → 3 → 2 → 4   ④ 1 → 4 → 2 → 3

🎏 이론문제 정답 및 해설

01 ② 보험료 미지급분 지급은 기말결산정리 분개 대상이 아니다.

02 ④ 단기매매증권의 취득은 기중의 회계처리로서 결산과 관련이 없다.

03 ① 보험료 600,000원을 6개월로 나누면 1개월분은 100,000원이다. 결산시점에서 20×2년 2개월분 (100,000원 × 2 = 200,000원)이 선급비용이 된다.

04 ④ 보험료 120,000원을 12개월로 나누면 1개월분은 10,000원이다. 결산시점에서 20×2년 9개월분 (10,000원 × 9 = 90,000원)이 선급비용이 된다.

05 ③ 임대료 60,000원을 12개월로 나누면 1개월분은 5,000원이다. 결산시점에서 20×2년 6개월분 (5,000원 × 6 = 30,000원)이 선수수익이 된다.

06 ① 임대료 30,000원을 6개월로 나누면 1개월분은 5,000원이다. 결산시점에서 20×2년 2개월분(5,000 원 × 2 = 10,000원)이 선수수익이 된다.

07 ② (차) 이자비용 ××× / (대) 미지급비용 ×××

08 ③ 미지급비용을 계상하지 않으면 비용이 과소계상되며, 이익이 과대계상된다.

09 ② 800,000원(소모품사용액) = 2,000,000원(소모품구입액) - 1,200,000원(소모품미사용액)

10 ③ 취득원가의 공정가액의 차액을 보면, A사 주식(평가이익 40,000원)과 B사 주식(평가손실 30,000원) 을 합하여 평가이익 10,000원이 발생하게 된다.

11 ① 정확한 당기순이익 : 수정 전 당기순이익 + (수익증가, 비용감소) - (수익감소, 비용증가) 300,000원 - 30,000원 - 50,000원 = 220,000원이 된다.

12 ② 당기순이익 10,000원 + 선급보험료 2,000원 - 이자미지급 1,000원 = 11,000원이 수정 후 당기순 이익이 된다.

13 ③ • 결산의 예비절차 순서 : 수정전시산표 작성, 재고조사표 작성, 수정후시산표 작성(정산표)
  • 결산본절차 순서 : 총계정원장 마감, 재무제표 작성

14 ③ <u>거래의 발생</u> → 분개장에 분개 → <u>총계정원장에 전기</u> → <u>시산표 작성</u> → 재고조사표 작성 → 정산표 작성 → 총계정원장 마감 → <u>재무제표 작성</u>

FAT(회계실무) 2급
실무

회계정보시스템 운용
(프로그램의 설치 및 기초정보관리)

FAT 2급의 일반적인 작업 프로세스의 순서는 아래와 같다.

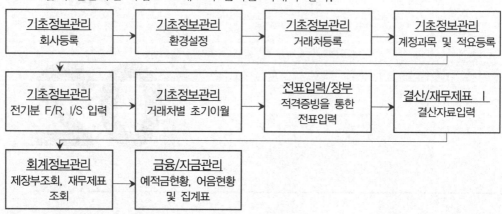

```
┌──────────────┐   ┌──────────────┐   ┌──────────────┐   ┌──────────────┐
│  기초정보관리   │   │  기초정보관리   │   │  기초정보관리   │   │  기초정보관리   │
│   회사등록     │ → │   환경설정     │ → │  거래처등록    │ → │ 계정과목 및 적요등록│
└──────────────┘   └──────────────┘   └──────────────┘   └──────────────┘
        ↓
┌──────────────┐   ┌──────────────┐   ┌──────────────┐   ┌──────────────┐
│  기초정보관리   │   │  기초정보관리   │   │  전표입력/장부  │   │ 결산/재무제표 Ⅰ │
│전기분 F/R, I/S 입력│ → │ 거래처별 초기이월 │ → │ 적격증빙을 통한 │ → │  결산자료입력   │
│              │   │              │   │   전표입력    │   │              │
└──────────────┘   └──────────────┘   └──────────────┘   └──────────────┘
        ↓
┌──────────────┐   ┌──────────────┐
│  회계정보관리   │   │  금융/자금관리  │
│제장부조회, 재무제표│ → │예적금현황, 어음현황│
│    조회       │   │   및 집계표    │
└──────────────┘   └──────────────┘
```

재무회계				✕
기초정보관리	**전표입력/장부**	**결산/재무제표 Ⅰ**	**금융/자금관리**	
환경설정	일반전표입력	결산자료입력	일일자금명세(경리일보)	
회사등록	일/월계표	합계잔액시산표	예적금현황	
거래처등록	합계잔액시산표	재무상태표	받을어음현황	
계정과목및적요등록	적요별원장	손익계산서	지급어음현황	
전기분 재무상태표	계정별원장		어음집계표	
전기분 손익계산서	거래처원장			
거래처별초기이월	전표출력			
	분개장			
	총계정원장			
	현금출납장			
데이터관리				
데이터 백업				
백업데이터 복구				
회사코드변환(회사코드/기수)				
코드변환(거래처/계정과목/사원/부서				
데이터체크/매입매출/자금관리자료정리				
마감후이월				

01 회사등록

1) 더존 실무교육프로그램 실행하기

기출문제 백데이터를 복구한 경우에는 회사를 선택하여 로그인할 수 있지만 실습을 위해서는 회사
등록을 먼저 수행하고 로그인을 해야 한다.

한국공인회계사회 AT자격시험 홈페이지(https://at.kicpa.or.kr/)에서 교육용 프로그램 더존
Smart A(iPLUS)를 다운로드하고 설치를 한 후 바탕화면에서 아이콘을 실행하면 다음
화면을 확인할 수 있다.

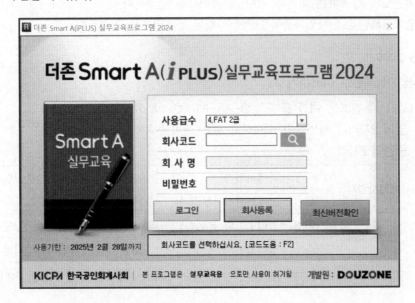

① **사용급수** : 작업하고자 하는 사용급수[예 4. FAT 2급]를 단추(▼)를 클릭하여 선택한다.
② **회사코드** : 기출문제 백데이터를 복구한 경우에는 [F2 코드도움]을 클릭하여 실습하고자 하는
회사를 선택하면 된다. 처음 회사를 등록하여 실습한다면 회사등록 버튼을 클릭하여 신규회
사를 등록한 후 작업을 한다.
③ **회사명** : 회사코드에서 실습할 회사를 선택하면 자동으로 회사명이 나타난다.
④ **비밀번호** : 필요에 의해 사용하지만 교육용에서는 생략한다.

2) 회사등록

재무회계 ⇨ 기초정보관리 ⇨ 회사등록

프로그램을 운용하기 위해서는 회사등록이 가장 먼저 선행되어야 한다. 회사의 사업자등록증상의
내용을 정확하게 등록하여야 한다. FAT 2급은 개인사업자를 가정하여 시험을 수행한다.

[회사등록 왼쪽 화면]

1. 회사코드 : 0101~9999 사이의 코드를 입력한다.
2. 회사명 : 사업자등록증상의 상호(영문 30자, 한글 30자 내)를 입력한다.
3. 구분 : 법인사업자 0번, 개인사업자 1번
4. 사용 : 사용 0번, 미사용 1번

[기본사항 탭]

1. 회계연도 : 등록하는 회사의 기수, 회계연도를 입력한다.
2. 사업자등록번호 : 사업자등록증상에 기재된 등록번호를 입력한다.

🐾 알아두기

사업자등록번호 이해하기

사업자등록번호는 예를 들면 123-45-67890으로 표시한다.

▶ 앞의 3자리 : 사업장이 소재하고 있는 관할세무서 코드를 의미한다.
▶ 중간의 2자리

	01 ~ 79	과세사업자	89	법인이 아닌 종교단체
개인사업자	80	아파트관리사무소 등	90 ~ 99	면세사업자
법인사업자	81,86,87	영리법인의 본점	82	비영리법인의 본/지점
	85	영리법인의 지점	84	외국법인의 본/지점

▶ 뒤의 5자리 : 4자리까지는 일련번호이며, 마지막 1자리는 검증번호를 의미한다.

3. 과세유형 : 일반과세자 0번, 간이과세자 1번, 면세사업자 2번

🐾 알아두기

과세유형 이해하기

▶ 일반과세자 : 법인사업자도 해당하며 개인사업자 중에서도 직전연도 공급대가 합계액이 연 8,000만원을 초과하는 사업자를 말한다.
▶ 간이과세자 : 법인사업자는 해당 없으며 개인사업자 중에서 직전연도 공급대가 합계액이 연 8,000만원에 미달하는 사업자를 말한다.
▶ 면세사업자 : 법인세법 또는 소득세법상에 따라 사업자등록을 하였으며 부가가치세법에서는 신고의무가 있으나 납부의무는 없는 사업자를 말한다.

4. **대표자명** : 사업자등록증에 기재된 대표자 이름을 입력한다.

5. **거주구분** : 소득세법상의 거주자 여부에 따라 "거주자 0번, 비거주자 1번"을 입력한다.

6. **대표자주민번호** : 사업자등록증에 기재된 주민등록번호를 입력한다.

7. **대표자구분** : 일반적으로 "1. 정상, 공동여부 : 0. 부"를 선택한다.

8. ~ 10. **사업장 주소, 전화번호, FAX번호** : 사업자등록증에 기재분을 입력한다.

11. ~ 13. **업종코드, 업태, 종목** : 주업종코드, 업태, 종목을 입력한다. 프로그램은 업종코드에서 업태와 종목을 자동으로 반영할 수 있는 기능을 갖추고 있다. 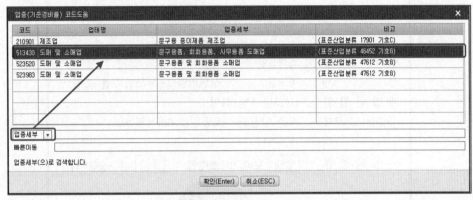단추 또는 F2를 클릭하여 다음과 같은 화면이 나타나면 업종세부에서 검색하여 등록한다. 업종세부를 입력하면 업태와 종목이 자동 반영된다.

14. **사업장세무서** : 관할세무서는 [?]단추 또는 F2를 클릭하여 세무서명을 검색하여 반영할 수 있고 사업장주소를 입력하면 자동으로 반영된다.

15. **소득구분** : 소득의 종류는 [?]단추 또는 F2를 클릭하여 "40. 사업소득"을 입력한다.

16. **지방세법정동코드** : [?]단추 또는 F2를 클릭하여 검색한 후 등록할 수 있고 사업장주소를 입력하면 자동으로 반영된다.

17. **개업년월일** : 사업자등록증상에 기재된 개업년월일을 입력한다.

18. **폐업년월일** : 폐업 시 폐업년월일을 입력한다.

19. **국세환급금계좌, 지점, 계좌번호, 은행** : 국세환급금 발생 시에 환급받기 위한 정보를 입력한다.

실습하기

자료설명	스마트문구(회사코드 : 1000, 10기, 회계기간 : 2024.01.01. ~ 2024.12.31)는 문구를 도소매하는 개인사업자이다. 다음의 참고자료를 이용한다. [대표자 주민등록번호 : 750728-1774915, 사업장전화번호 : 02-3333-1111, 사업장팩스번호 : 02-3333-3333, 업종코드 : 513430]
수행과제	사업자등록증을 참고하여 회사등록을 수행하시오.

사 업 자 등 록 증

(일반과세자)

등록번호 : 117-23-24750

상   호 : 스마트문구

성   명 : 공도윤   생년월일 : 1975년 7월 28일

개 업 년 월 일 : 2015년 1월 21일

사업장 소재지 : 서울 양천구 가로공원로 66(신월동)

사 업 의 종 류 : 업태 도매 및 소매업   종목 문구용품 외

교 부 사 유 : 신규

공 동 사 업 자 :

사업자단위과세 적용사업자여부 여( ) 부(√)

전자세금계산서 전용 메일주소 :

2015년 1월 21일

양천세무서장   (인)

NTS 국세청

실습하기 작업순서

① 더존 Smart A(iPLUS) 실무교육프로그램 첫 화면에서 "사용급수 : 4. FAT 2급" 선택, 회사등록 을 클릭하여 회사정보를 입력한다.

② 회사등록 후 창을 닫고 등록한 회사로 재로그인을 한다.

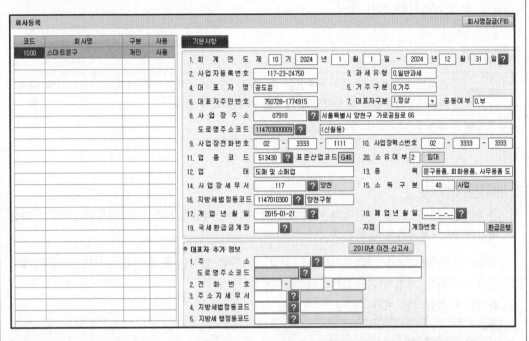

02 환경설정

재무회계 ⇨ 기초정보관리 ⇨ 환경설정

회사의 시스템환경을 설정하기 위한 메뉴이며 시스템전반에 걸쳐 영향을 미치기 때문에 가급적 초기
설정값을 수정하지 않는 것이 좋다.

실습하기

자료설명	스마트문구는 문구 도·소매업을 운영하는 개인기업으로 카드채권과 카드채무에 대하여 "외상매출금과 외상매입금"계정을 사용하고자 한다.
수행과제	환경설정을 수정 등록하시오.

실습하기 작업순서

① 환경설정 메뉴의 회계(1) 탭에서 카드채권에는 "108. 외상매출금", 카드채무에는 "251. 외상
매입금"의 계정과목을 입력한다.

계정과목을 찾는 방법은 ? 를 눌러서 "외상" 2글자를 입력한 후 확인을 누르면 "외상"이라는
글자가 포함된 계정과목을 검색하여 등록할 수 있다.

② 환경등록 실습화면 보기

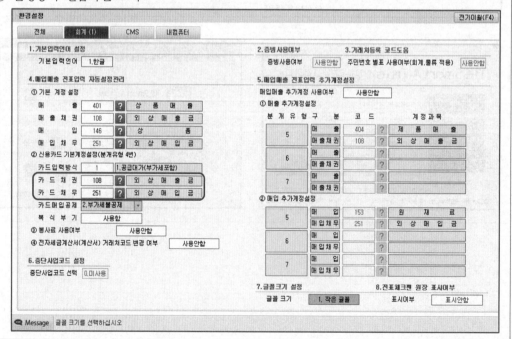

03 거래처등록

재무회계 ⇨ 기초정보관리 ⇨ 거래처등록

거래처등록 메뉴는 경영활동에서 발생할 수 있는 매출처, 매입처, 사업자등록증이 없는 개인거래처 등을 등록하여 관리하고자 할 경우 사용한다. 기업의 채권, 채무의 관리목적과 세금계산서, 계산서, 신용카드매출전표 등의 증빙발행목적으로도 사용된다. 거래처등록 메뉴는 일반거래처, 금융기관, 카드탭으로 구성되어 있다.

1) 일반거래처등록

[일반거래처등록 왼쪽 화면]

1. **거래처코드** : 00101~97999 사이의 코드를 입력한다.
2. **거래처명** : 거래처의 사업자등록증에 기재된 거래처명을 입력한다.
3. **사업자등록번호** : 거래처를 구분하여 [0. 사업자등록번호, 1. 주민등록번호, 2. 외국인번호]를 입력한다.
4. **대표자** : 거래처의 대표자명을 입력한다.
5. **구분** : 거래처의 형태를 구분하여 [0. 전체, 1. 매출, 2. 매입] 중 해당하는 것을 선택하여 입력한다.
6. **사용** : 거래처를 프로그램에서 사용할 것인가의 여부를 판단하는 것으로 만약 [1. ×]로 입력하면 전표를 입력할 때 거래처명이 검색되지 않게 되므로 [0. ○]를 선택해야 한다.

[일반거래처등록 기본사항 탭]

1. ~ 3. **사업자등록번호, 주민등록번호, 대표자명** : 거래처 사업자등록증에 기재된 것으로 왼쪽 화면에서 입력하면 자동으로 반영된다.
4. ~ 5. **업태, 종목** : 거래처의 사업자등록증에 기재된 업태와 종목을 입력한다.
6. ~ 7. **우편번호, 사업장주소** : 거래처의 사업자등록증에 기재된 사업장주소를 입력한다.

[일반거래처등록 추가사항 탭]

FAT 2급을 제외하고 다른 급수의 자격증 시험에서는 전자세금계산서를 발급 및 전송하는 문제가 출제되므로 추가사항 탭에서 `4. 담당자메일주소 [      ] @ [      ] [선택해주세요 ▼] [추가]` 거래처 담당자의 이메일주소를 반드시 입력하여야 한다.

2) 금융거래처등록

> **[금융거래처등록 왼쪽 화면]**
>
> 1. **금융거래처코드** : 98000 ~ 99599 사이의 코드를 입력한다.
> 2. **금융기관명** : 금융기관의 상호를 입력한다.
> 3. **계좌번호** : 개인사업자의 사업용계좌번호를 입력한다.
> 4. **구분** : 금융기관에 가입된 통장을 구분하여 [0. 일반(보통예금, 당좌예금), 1. 정기적금, 2. 정기예금] 중 해당하는 것을 선택하여 입력한다.

> **[금융거래처등록 기본사항 탭]**
>
> 1. **계좌번호** : 왼쪽 화면에서 입력된 계좌번호가 자동으로 반영된다.
> 2. ~ 17. **관련항목** : 문제에서 주어진 자료를 입력한다.

> **[금융거래처등록 추가사항 탭]**
>
> 기업이 급여이체, 4대 보험, 공과금 등 자동납부를 할 경우에 등록한다.

3) 카드거래처등록

> **[카드거래처등록 왼쪽 화면]**
>
> 1. **카드거래처코드** : 99600 ~ 99999 사이의 코드를 입력한다.
> 2. **카드(사)명** : 카드명 또는 카드사명을 입력한다.
> 3. **카드(가맹점)번호** : 구분항목의 분류에 따라 [0. 매입 : 카드번호 입력]과 [1. 매출 : 가맹점번호]를 입력한다.
> 4. **구분** : [0. 매입]과 [1. 매출] 중 해당하는 카드구분을 선택한다.

> **[카드거래처등록 중 구분을 "0. 매입"카드로 사용할 경우]**
>
> 왼쪽 화면에 카드번호를 입력한 내용이 자동으로 반영되며, 프로그램 하단에 나타난 메시지에 따라 [0. 회사], [1. 개인], [2. 회사카드가 국세청에 등록한 사업용카드인 경우], [3. 개인카드가 국세청에 등록한 사업용카드인 경우(법인제외)]를 선택하여 관련 자료를 입력한다.

> **[카드거래처등록 중 구분을 "1. 매출"카드로 사용할 경우]**
>
> 왼쪽 화면에 카드번호(가맹점번호)가 자동으로 반영되며 관련 자료를 입력한다.

실습하기

자료설명	스마트문구(회사코드 : 1000)는 다음의 일반거래처, 금융기관, 카드거래처를 사용하고 자 한다. 단, 거래시작일은 실습의 편의를 위해 2024년 1월 1일로 시작한다.
수행과제	거래처등록에 반영하시오.

일반							
코드	거래처	사업자 등록번호	구분	대표자	업태	종목	사업장주소
101	대성문구	122-56-12346	전체	이신영	도매	문구	서울 강남구 강남대로 238
102	서남문구	305-09-37894	전체	박영진	소매	문구	서울 동대문구 망우로 121
103	한영잡화	112-85-34528	전체	이진숙	소매	문구잡화	서울 동작구 동작대로 103
104	행복물산	107-26-34039	전체	송민국	도매	사무용품	서울 강북구 덕릉로 100
105	현대상사	110-13-34068	전체	김일승	도매	문구	서울 강서구 가로공원로 174
106	나이스택배	135-43-11116	전체	홍명희	서비스	택배	서울 양천구 오목로 100-11
107	베스트전자	117-23-11236	전체	손윤기	도매	전자제품	경기도 고양시 일산동구 강석로 113
200	송중기	주민등록번호 : 850531-1774911					
금융							
98001	국민은행	계좌번호 : 804601-02-100265 계좌개설일 : 2015년 1월 25일 예금종류 : 당좌예금					
98002	신한은행	계좌번호 : 342-56-12345 계좌개설일 : 2015년 1월 25일 예금종류 : 보통예금					
카드							
99601	신한카드	카드번호 : 2279-8852-1234-1234, 구분 : 매입, 카드종류(매입) : 0. 회사					
99602	우리카드사	가맹점번호 : 123123123, 구분 : 매출					
은행							
100	국민은행	어음관리 등을 하기 위해 `기능모음(F11) ▼` 에서 `등록` / `은행등록 F8` 을 한다.					
200	신한은행						

실습하기 작업순서

① 대성문구(일반거래처 등록)

알아두기

거래처등록 삭제 및 변경

거래처등록은 상대거래처를 입력하는 것으로 중요한 정보이므로 정확하게 입력을 해야 한다. 만약, 거래처코드를 잘못 입력했다면 변경이 불가능하므로 코드 앞에 커서를 체크한 후 화면 상단에 있는 🗑 삭제 버튼을 클릭하여 삭제한 후 재입력하며, 거래처명을 잘못 입력한 경우에는 거래처명만 수정하면 된다.

② 102. 서남문구부터 200. 송중기까지 등록

[일반거래처 등록 후 화면 살펴보기]

③ 금융기관 등록

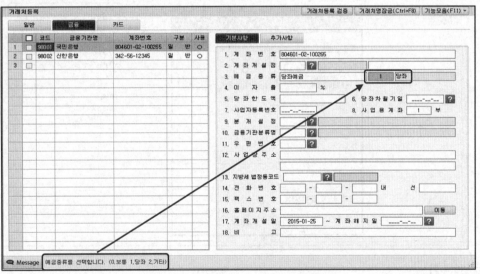

[금융거래처 등록 후 화면 살펴보기]

④ 신용카드 등록

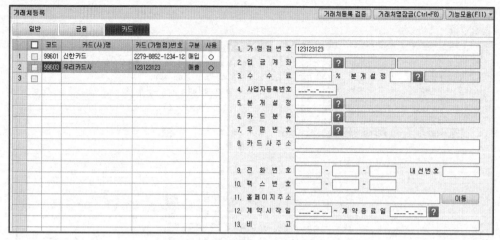

[카드거래처 등록 후 화면 살펴보기]

⑤ 은행등록

☕ 알아두기

은행등록

은행등록은 어음을 관리하거나 정기예적금 등을 구분하여 관리하는 것으로 오른쪽 상단에 있는 기능모음(F11) 메뉴를 클릭하여 은행등록(F8)을 하면 된다.

04 계정과목및적요등록

재무회계 ⇨ 기초정보관리 ⇨ 계정과목및적요등록

거래가 발생하면 기업의 자산, 부채, 자본, 수익, 비용의 증감변동 금액이 발생하는데, 이러한 증감변화를 구체적인 항목을 세워 기록 및 계산을 하여야 한다. 이러한 단위를 계정이라 하며 계정에 표현하는 이름을 계정과목이라고 말한다.

계정과목은 일반기업회계기준에 따라 가장 일반적인 체계로 설정되어 있으며 필요에 따라 추가 등록하거나 기존에 사용하고 있는 계정과목을 수정하여 사용할 수 있으며, 계정과목에 필요한 적요사항(현금적요와 대체적요)도 기본적으로 등록된 것 이외에도 추가로 등록하여 사용할 수 있다.

[계정과목등록 메뉴 이해하기]
1. **대분류** : 왼쪽에 있는 전체(자산, 부채, 자본, 수익(매출), 비용(매출원가, 판관비), 기타, 제조, 도급, 분양) 분류항목 중에서 선택한다.
2. **중분류** : 대분류에서 선택된 항목 아래에서 중분류 항목을 선택한다.

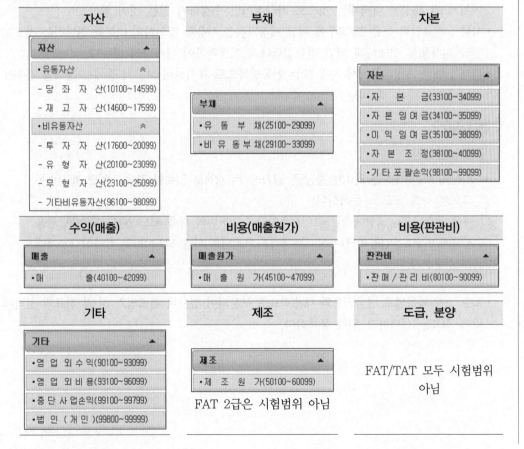

3. 소분류 : 오른쪽 화면에서 사용자가 중분류에서 선택한 항목에 대한 계정과목코드, 계정과목, 구분, 사용여부, 과목, 관계, 관리항목, 출력항목명, 영문명, 현금적요, 대체적요를 나타낸다.

- 계정과목코드 : 101번 ~ 999번까지 등록되어 있다.
- 계정과목 : 기업회계기준에 따라 가장 일반적인 계정과목은 이미 등록되어 있으며 회사의 특성에 따라 수정하거나 추가할 수 있다.

알아두기

시험에서 계정과목 추가 또는 수정방법

▶ 신규 계정과목 등록 : 계정과목 중 회사 설정계정과목 은 신규계정과목을 등록할 수 있는 곳이므로 추가하고자 하는 계정과목을 입력하면 된다.

▶ 계정과목 수정 : 검정색 계정과목은 수정하고자 하는 계정과목을 직접 입력하여 수정하고 붉은색 계정과목의 수정은 붉은색 계정과목을 클릭하고 [Ctrl + F1]을 동시에 누른 후 수정하고자 하는 계정과목을 입력한다.

- 구분 : 해당 계정과목이 재무상태표 또는 손익계산서, 제조원가명세서 등 보고서에 영향을 미치게 될 특성을 나타내는 것으로 가급적이면 수정하지 않는 것이 좋다.
- 사용 : 전표입력 등을 할 경우에 해당 계정과목을 사용할 것인가의 여부를 판단하는 것으로 만약 미사용을 선택하게 되면 전표입력에서 계정과목이 나타나지 않는다.
- 관계 : 해당 계정과목에서 차감 또는 연동항목으로 표시하여 보고서 등에서 출력할 경우에 나타나도록 하는 것이다.

알아두기

구분 보충설명

▶ 자산의 차감적평가항목 대손충당금, 감가상각누계액을 입력할 경우 : 해당 계정과목 코드의 다음 코드로 등록한다.
예를 들어 108. 외상매출금의 대손충당금은 108번의 다음 코드 109. 대손충당금을 사용하며 202. 건물의 감가상각누계액은 202번의 다음 코드 203. 감가상각누계액을 사용한다.

- 적요 : 각 과목별로 현금적요와 대체적요로 구분되어 있으며 전표입력 시 각 전표의 성격에 맞게 적요를 선택하기 위해 등록한다.

알아두기

현금적요와 대체적요

▸ 현금적요 : 전표입력에서 입금전표와 출금전표와 같은 현금거래에서 해당 거래에 대한 사유를 입력하는 것으로 추가 또는 내용을 수정할 수 있다.

▸ 대체적요 : 전표입력에서 대체전표의 거래에서 해당 거래에 대한 사유를 입력하는 것으로 추가 또는 내용을 수정할 수 있다.

실습하기

자료설명	다음의 수정 및 추가 자료를 스마트문구의 계정과목 및 적요 등록에 반영하시오. 단, 빨간색 글씨를 수정할 경우에는 [Ctrl + F1]을 누른 후 수정한다.
수행과제	1. 811. 복리후생비계정과목의 대체적요 3번에 "종업원 명절선물대금"을 등록하시오. 2. 120.미수금 계정과목의 현금적요 1번에 "카드매출 미수금액 입금"을 등록하시오. 3. "852. 회사설정계정과목"을 "피복비"로 수정하여 등록하고 현금적요와 대체적요를 등록하시오. (계정구분 : 4. 경비) <table><tr><td>현금적요</td><td>1. 작업복 구입 시 현금 지급</td></tr><tr><td>대체적요</td><td>2. 작업복 구입 시 미지급금 발생</td></tr></table>4. 138번 "전도금"을 "소액현금"으로 수정하여 등록하시오.

실습하기 작업순서

코드란에 계정과목 코드를 입력하면 해당 계정과목으로 이동한다. 또는 [Ctrl+F]를 눌러 계정과목을 찾아 이동하여 실습한다.

① 811. 복리후생비계정과목을 클릭 ⇨ 대체적요 3번에 입력한다.

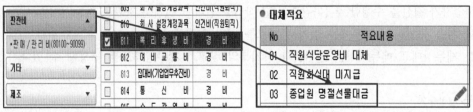

② 120. 미수금 클릭 ⇨ 현금적요 1번에 입력한다.

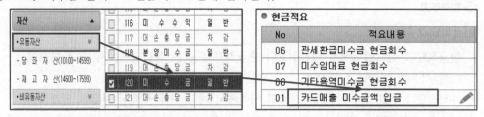

③ 852. 회사설정계정과목을 "피복비"로 수정한 후 구분은 경비로 선택한다.
현금적요와 대체적요를 각각 입력한다.

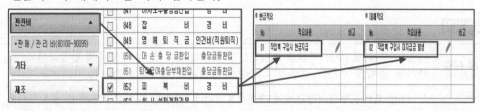

④ 138번 "전도금"을 클릭하고 [Ctrl + F1]을 누른 후 "소액현금"으로 수정 입력한다.

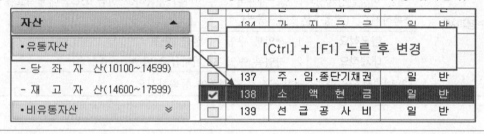

05 전기분 재무상태표

재무회계 ⇨ 기초정보관리 ⇨ 전기분 재무상태표

계속사업자가 결산을 수행한 후 [마감후이월] 작업을 한다면 전기분 자료는 자동 반영되지만, 프로그램을 처음 구입하는 경우에는 전기분 자료를 직접 입력해야 한다.

전기분 재무상태표 메뉴에서는 전기분과 당기분의 비교식 재무상태표를 작성할 수 있다.

😋 알아두기

1. 계정과목을 입력하는 방법

① [F2 코드도움]을 눌러서 계정과목을 검색하여 입력한다.
② 코드란에 찾고자 하는 계정과목 2글자를 입력한 후 엔터를 치면 계정과목코드도움창이 뜨고 계정과목을 선택하면 된다.

2. 금액을 입력하는 방법

금액을 입력할 경우에는 키보드 오른쪽에서 "+"를 누르면 "000"이 입력되어 큰 금액을 입력할 경우 유용하게 사용할 수 있다.

예를들어 2,000,000원을 입력할 경우 2++를 누르면 된다.

3. 대손충당금과 감가상각누계액 입력하는 방법

대손충당금과 감가상각누계액은 자산의 차감적 평가항목으로서 해당 자산 계정과목 코드의 다음 코드를 사용한다.

예를 들어 108. 외상매출금 → 109. 대손충당금

110. 받을어음 → 111. 대손충당금

202. 건물 → 203. 감가상각누계액

208. 차량운반구 → 209. 감가상각누계액

212. 비품 → 213. 감가상각누계액

🍜 알아두기

FAT 2급에서 전기분 재무상태표 학습 Point

▶ 대차차액의 불일치 : 시험에서는 기본적 자료가 입력되어 있지만 대차차액을 발생시켜 놓은 경우로서 누락된 계정과목이나 오류금액 등이 원인이 되므로 해당 계정과목과 금액을 수정하여 반드시 대차차액을 일치시키고 차액이 0원인 것을 확인하여야 한다.

▶ 기말상품재고액의 반영 : 전기분 재무상태의 [상품]은 기말상품재고액을 나타내므로 반드시 전기분 손익계산서의 [상품매출원가 중 기말상품재고액]과 일치시켜 주어야 한다.

실습하기

수행과제	다음의 자료를 이용하여 스마트문구의 전기분 재무상태표에 입력하시오.

전기분재무상태표

제9기 2023년 12월 31일 현재

회사명 : 스마트문구 (단위 : 원)

과목	금액		과목	금액
현 금		16,000,000	외 상 매 입 금	16,000,000
당 좌 예 금		10,000,000	지 급 어 음	15,500,000
보 통 예 금		17,000,000	미 지 급 금	6,500,000
외 상 매 출 금	12,000,000		단 기 차 입 금	36,000,000
대 손 충 당 금	120,000	11,880,000	자 본 금	65,995,000
받 을 어 음	3,500,000			
대 손 충 당 금	35,000	3,465,000		
미 수 금		650,000		
상 품		6,000,000		
장 기 대 여 금		2,000,000		
차 량 운 반 구	21,000,000			
감가상각누계액	4,000,000	17,000,000		
비 품	8,500,000			
감가상각누계액	2,500,000	6,000,000		
임 차 보 증 금		50,000,000		
자 산 총 계		**139,995,000**	**부채와자본총계**	**139,995,000**

[계정과목 코드별 금액]

코드	금액	코드	금액	코드	금액	코드	금액
101	16,000,000	111	35,000	212	8,500,000	331	65,995,000
102	10,000,000	120	650,000	213	2,500,000	962	50,000,000
103	17,000,000	146	6,000,000	251	16,000,000		
108	12,000,000	179	2,000,000	252	15,500,000		
109	120,000	208	21,000,000	253	6,500,000		
110	3,500,000	209	4,000,000	260	36,000,000		

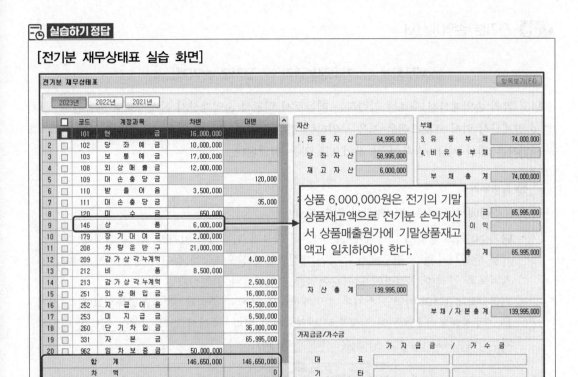

실습하기 정답

[전기분 재무상태표 실습 화면]

전기분 재무상태표 항목보기(F4)

2023년 2022년 2021년

	□	코드	계정과목	차변	대변
1	□	101	현 금	16,000,000	
2	□	102	당 좌 예 금	10,000,000	
3	□	103	보 통 예 금	17,000,000	
4	□	108	외 상 매 출 금	12,000,000	
5	□	109	대 손 충 당 금		120,000
6	□	110	받 을 어 음	3,500,000	
7	□	111	대 손 충 당 금		35,000
8	□	120	미 수 금	650,000	
9	□	146	상 품	6,000,000	
10	□	179	장 기 대 여 금	2,000,000	
11	□	208	차 량 운 반 구	21,000,000	
12	□	209	감 가 상 각 누 계 액		4,000,000
13	□	212	비 품	8,500,000	
14	□	213	감 가 상 각 누 계 액		2,500,000
15	□	251	외 상 매 입 금		16,000,000
16	□	252	지 급 어 음		15,500,000
17	□	253	미 지 급 금		6,500,000
18	□	260	단 기 차 입 금		36,000,000
19	□	331	자 본 금		65,995,000
20	□	962	임 차 보 증 금	50,000,000	
			합 계	146,650,000	146,650,000
			차 액		0

자산

1. 유 동 자 산 64,995,000
   당 좌 자 산 58,995,000
   재 고 자 산 6,000,000

부채

3. 유 동 부 채 74,000,000
4. 비 유 동 부 채
   부 채 총 계 74,000,000

상품 6,000,000원은 전기의 기말 상품재고액으로 전기분 손익계산서 상품매출원가에 기말상품재고액과 일치하여야 한다.

자 산 총 계 139,995,000

금 65,995,000
이 익

계 65,995,000

부 채 / 자 본 총 계 139,995,000

가지급금/가수금

가 지 급 금 / 가 수 금

대   표

기   타

◢ 06 전기분 손익계산서

재무회계 ⇨ 기초정보관리 ⇨ 전기분 손익계산서

전년도 말의 손익계산서 자료를 입력하는 메뉴로서 비교식 손익계산서 작성자료로 제공된다. 전기분 손익계산서 역시 프로그램을 처음 구입하는 경우 전기의 자료가 없으므로 입력하여야 한다. 계속사업자는 결산 시 [마감후이월] 작업으로 자동 반영된다.

⚱️ 알아두기

FAT 2급에서 전기분 손익계산서 학습 Point

▶ **당기순이익의 불일치** : 시험에서는 기본적 자료가 입력되어 있지만 당기순이익에 대해 오류를 발생시켜 놓은 경우로서 누락된 계정과목이나 오류금액 등이 원인이 되므로 해당 계정과목과 금액을 수정하여 당기순이익을 시험문제와 일치시키면 된다.

▶ **기말상품재고액의 반영** : 전기분 손익계산서의 [상품매출원가 중 기말상품재고액]은 전기분 재무상태표의 [상품]이 자동으로 반영되어야 한다. 따라서 만약 금액이 없다면 전기분 재무상태표에서 [상품과 금액]을 선행 입력해야 한다.

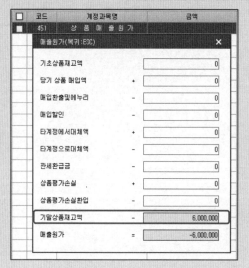

실습하기

수행과제	다음의 자료를 이용하여 스마트문구의 전기분 손익계산서에 입력하시오.

전기분손익계산서
제9기 2023년 1월 1일부터 2023년 12월 31일까지

회사명 : 스마트문구   (단위 : 원)

과목	금액	
Ⅰ. 매　　　　출　　　　액		75,900,000
상　　품　　매　　출	75,900,000	
Ⅱ. 상　품　매　출　원　가		58,600,000
기　초　상　품　재　고　액	3,900,000	
당　기　상　품　매　입　액	60,700,000	
기　말　상　품　재　고　액	6,000,000	
Ⅲ. 매　　출　　총　　이　　익		17,300,000
Ⅳ. 판　매　비　와　관　리　비		12,550,000
급　　　　　　　　　여	5,000,000	
복　　리　　후　　생　　비	1,300,000	
여　　비　　교　　통　　비	300,000	
수　　도　　광　　열　　비	1,000,000	
세　　금　　과　　공　　과　　금	800,000	
감　　가　　상　　각　　비	400,000	
임　　　　차　　　　료	1,200,000	
보　　　　험　　　　료	1,200,000	
차　　량　　유　　지　　비	300,000	
소　　　모　　　품　　　비	280,000	
광　　고　　선　　전　　비	770,000	
Ⅴ. 영　　　　업　　　　이　　　　익		4,750,000
Ⅵ. 영　　업　　외　　수　　익		0
Ⅶ. 영　　업　　외　　비　　용		130,000
이　　　자　　　비　　　용	130,000	
Ⅷ. 당　　기　　순　　이　　익		4,620,000

코드	금액	코드	금액	코드	금액	코드	금액
401	75,900,000	812	300,000	819	1,200,000	833	770,000
451	58,600,000	815	1,000,000	821	1,200,000	931	130,000
801	5,000,000	817	800,000	822	300,000		
811	1,300,000	818	400,000	830	280,000		

실습하기 작업순서

상품매출원가 입력방법

① 코드 "451. 상품매출원가"를 입력하면 보조입력창이 나타나며, 해당되는 내용을 입력한다.
② 기초상품재고액과 당기상품매입액 등을 입력한다.
③ 기말상품재고액은 [전기분 재무상태표]에서 입력한 금액이 자동으로 반영된다.

[전기분 손익계산서 실습 화면]

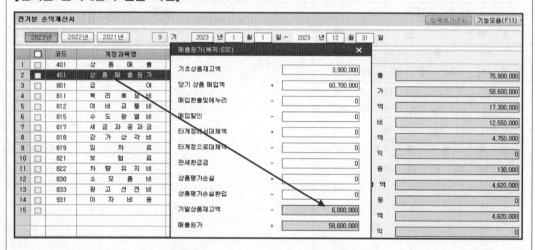

→ 기말상품재고액 6,000,000원은 전기분 재무상태표의 상품 금액과 일치하여야 한다.
당기순이익 금액을 확인한다.

07 거래처별 초기이월

재무회계 ⇨ 기초정보관리 ⇨ 거래처별 초기이월

전기분 재무상태표의 데이터가 자동반영되므로 반드시 전기분 재무상태표를 먼저 입력하여야 한
다. 거래처별 초기이월은 거래처별로 채권, 채무 등을 관리하기 위한 목적으로 입력하는 메뉴이며
입력 후 거래처원장 전기이월란에 표기된다.

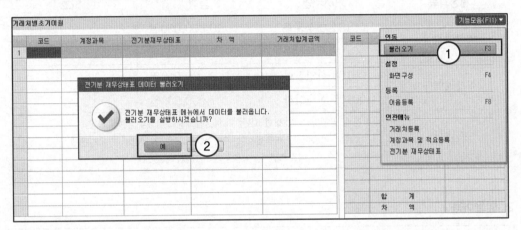

👀 **알아두기**

FAT 2급에서 거래처별 초기이월 학습 Point

▶ 시험문제에서 주어진 해당 계정과목에서 세부내역 등을 입력할 때 : 화면 왼쪽에 있는 계정
과목 코드에서 Tab키 또는 더블클릭을 이용하여 입력한다.

▶ 화면 오른쪽에서 거래처 코드를 입력할 경우 : F2를 눌러 해당 거래처코드를 검색하여 입
력한다.

▶ 차액의 일치성 : 계정과목별 거래처와 금액을 입력한 후 반드시 차액이 0원이 되는 것을
확인해야 한다.

실습하기 거래처별 초기이월 등록 및 수정

자료설명	스마트문구의 거래처별 초기이월 자료는 다음과 같다.
수행과제	거래처별 초기이월 사항을 수정 및 입력하시오.

1. 외상매출금과 외상매입금, 지급어음

계정과목	거래처명	금액	비고
외상매출금	00101.대성문구	10,000,000원	
	00102.서남문구	2,000,000원	
외상매입금	00103.한영잡화	9,000,000원	
	00105.현대상사	7,000,000원	
지급어음	수령일과 발행일 : 2023년 12월 25일, 만기일 : 2024년 2월 25일 어음종류 : 약속어음, 어음번호 : 자가78945612, 지급장소 : 국민은행 수취인 : 00107.베스트전자, 어음금액 : 15,500,000원		

2. 받을어음

받 을 어 음 기 입 장

거래일 (발행일)			적요	금액	어음 종류	어음번호	지급인	발행인 (배서인)	만기일			지급 은행
년	월	일							년	월	일	
2023	10	5	상품 매출	1,000,000원	전자	00420231005123456789	행복물산	행복물산	2024	03	05	국민 은행
2023	11	11	외상 대금	2,500,000원	약속 (일반)	자가00071692	현대상사	현대상사	2024	03	11	국민 은행

3. 단기차입금

■ 단기차입금명세서

코드	거래처명	적요	금액	비고
98002	신한은행	운영자금	36,000,000원	차입일자: 2023.11.1. / 만기일자: 2024.10.31. 상환조건: 일시 / 이자지급방식: 후급(일할)

📋 실습하기 작업순서 **1. 외상매출금과 외상매입금, 지급어음**

※ 기능모음(F11)에서 █불러오기█ (F3)버튼을 클릭하여 "전기분 재무상태표 메뉴에서 데이터를 불러옵니다. 불러오기를 실행하시겠습니까?"라는 메시지가 나오면 "예"를 클릭한다.

① 외상매출금 또는 외상매입금 계정과목 선택 ⇨ 오른쪽 거래처코드 더블클릭 또는 F2 ⇨ 거래처 검색한 후 Enter를 누르고 금액을 입력한다.

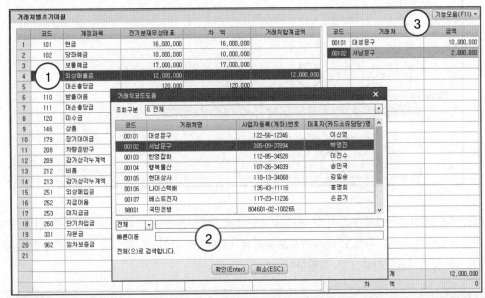

② 기능모음(F11)에서 어음등록 (F8)을 선택하여 먼저 지급어음 자료를 입력한다.

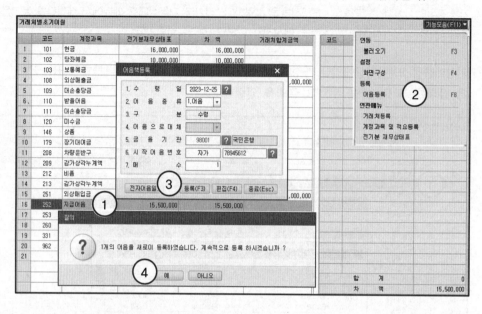

③ 지급어음 계정과목에서 Tab키를 누르고 코드에서 F2를 눌러 거래처와 만기일자를 입력한다. 어음번호에서 F2를 누르고 어음코드도움에서 어음번호 확인 후 확인을 눌러 반영한 다음, ESC를 눌러 원래 화면으로 복원한다.

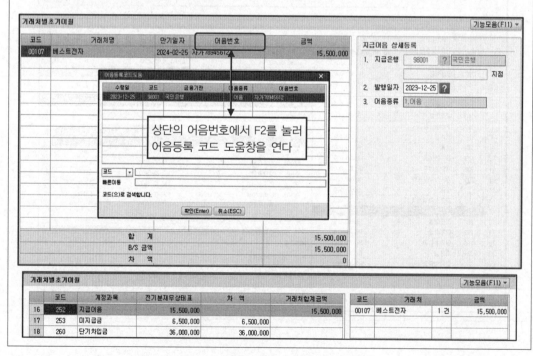

실습하기 작업순서 **2. 받을어음**

받을어음 계정과목에서 더블클릭 또는 Tab키를 눌러 상세한 내역을 입력한 다음 ESC를 눌러
원래 화면으로 복원한다.

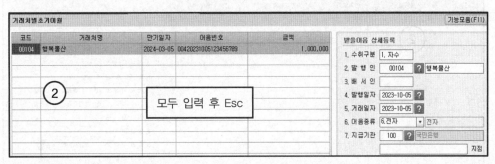

🔟 실습하기 작업순서 3. 단기차입금

단기차입금 계정과목에서 더블클릭 또는 Tab키를 눌러 상세한 내역을 입력한 다음 ESC를 눌러
원래 화면으로 복원한다.

02 | 전표관리(일반전표입력)

📄 01 전표입력

기업은 경영활동상에서 회계상의 거래가 발생하였을 경우 거래의 8요소에 의해서 전표를 발행하게 된다. 전표는 부가가치세와 관련이 없는 일반전표와 부가가치세와 관련이 있는 매입매출전표로 나뉘게 되며, 일반전표는 입금전표, 출금전표, 대체전표로 구분할 수 있다.

입금전표는 거래총액이 전액 현금으로 입금된 경우에 발행하며, 출금전표는 거래총액이 전액 현금으로 지출된 경우에 발행한다. 대체전표는 거래총액 중 현금을 전혀 수반하지 않은 거래이거나 거래총액 중 일부가 현금의 수입과 지출이 있는 경우에 해당한다.

1) 입금전표, 출금전표, 대체전표 이해하기

구분	내용	분개			
입금전표	전액 현금으로 입금된 경우	(차) 현금	×××	(대) 상품매출	×××
출금전표	전액 현금으로 지출된 경우	(차) 이자비용	×××	(대) 현금	×××
대체전표	현금거래가 전혀 없는 경우	(차) 비품	×××	(대) 미지급금	×××
	거래금액 중 일부 현금의 수입과 지출이 있는 경우	(차) 현금 받을어음	××× ×××	(대) 상품매출	×××

2) 입금전표 10문제 연습하기

① 부산상점에 상품 900,000원을 매출하고 대금은 현금으로 받다.

(차)   (대)

② 자갈치상점에 상품 1,500,000원을 매출하고 대금은 자기앞수표로 받다.

(차)   (대)

③ 진주상점에 상품 2,500,000원을 매출하고 대금은 동점발행수표로 받다.

(차)   (대)

④ 울산상점에 외상매출금 2,580,000원을 회수하고 대금은 우편환증서로 받다.

(차)   (대)

⑤ 당사 소유의 건물 4,000,000원을 미래기업에 매각처분하고 대금은 동점발행당좌수표로 받았다.

(차)   (대)

⑥ 거래처 마산상점과 상품 3,000,000원의 판매계약을 하고 계약금 300,000원을 현금으로 받았다.

(차)   (대)

⑦ 당사가 보유하고 있는 주식에 대한 배당금 500,000원을 현금으로 받다.

(차)   (대)

⑧ 우리은행에서 현금 1,000,000원을 6개월 후에 상환하기로 하고 대출을 받다.

(차)   (대)

⑨ 현금 50,000,000원을 출자하여 영업을 개시하다.

(차)   (대)

⑩ 당사 소유의 상가건물을 임대하고 월 집세 800,000원을 현금으로 받다.

(차)   (대)

해설

현금은 통화 및 통화대용증권으로 이루어진다. 통화는 주화 또는 지폐를 이용하지만 통화대용증권은 자기앞수표, 동점(=거래처)발행당좌수표, 배당금영수증, 우편환증서, 일람출급환어음 등이 현금으로 사용된다. 입금전표는 차변에 현금으로 모두 수입된 것을 말한다.

번호	차변	금액	대변	금액
①	현 금	900,000	상 품 매 출	900,000
②	현 금	1,500,000	상 품 매 출	1,500,000
③	현 금	2,500,000	상 품 매 출	2,500,000
④	현 금	2,580,000	외 상 매 출 금	2,580,000
⑤	현 금	4,000,000	건 물	4,000,000
⑥	현 금	300,000	선 수 금	300,000
⑦	현 금	500,000	배 당 금 수 익	500,000
⑧	현 금	1,000,000	단 기 차 입 금	1,000,000
⑨	현 금	50,000,000	자 본 금	50,000,000
⑩	현 금	800,000	임 대 료	800,000

3) 출금전표 10문제 연습하기

① 광주상사에서 상품 3,000,000원을 구입하고 대금은 전액 현금지급하다.

(차)   (대)

② 한화증권에서 단기시세차익을 목적으로 (주)목포의 주식 200주(1주당 5,000원)를 1,000,000원에 매입하고, 대금은 현금으로 지급하였다.

(차)   (대)

③ 종업원 김연아에게 지방출장을 명하고 여비개산액 200,000원을 현금으로 지급하였다.

(차)   (대)

④ 종로상회에 상품매입 계약을 체결하고, 계약금 250,000원을 현금으로 지급하였다.

(차)   (대)

⑤ 비영업용 토지 3,000,000원을 매입하고, 대금은 자기앞수표로 지급하였다.

(차)   (대)

⑥ 회사사옥을 신축하기 위해 토지 15,000,000원을 매입하고, 동점발행당좌수표로 지급하였다.

(차)   (대)

⑦ 당사 직원들에 대한 명절 선물 1,000,000원을 현대백화점에서 구입하고, 대금은 현금으로 지급하였다.

(차)   (대)

⑧ 봉고차 1대를 금호렌트카에서 1개월간 렌트하고, 렌트료 400,000원을 자기앞수표로 지급하였다.

(차)   (대)

⑨ 영업부 업무용 승용차의 자동차세 150,000원을 현금으로 납부하다.

(차)   (대)

⑩ 일전에 거래처 여수상점에서 상품을 외상으로 구입한 대금 600,000원을 현금으로 지급하였다.

(차)   (대)

해설

번호	차변	금액	대변	금액
①	상　　품	3,000,000	현　　금	3,000,000
②	단기매매증권	1,000,000	현　　금	1,000,000
③	가 지 급 금	200,000	현　　금	200,000
④	선 급 금	250,000	현　　금	250,000
⑤	투 자 부 동 산	3,000,000	현　　금	3,000,000
⑥	토　　지	15,000,000	현　　금	15,000,000
⑦	복 리 후 생 비	1,000,000	현　　금	1,000,000
⑧	임 차 료	400,000	현　　금	400,000
⑨	세금과공과금	150,000	현　　금	150,000
⑩	외 상 매 입 금	600,000	현　　금	600,000

4) 대체전표 10문제 연습하기

① 안성상사에 상품 600,000원을 매출하고 상품대금 중 100,000원은 현금으로 받고, 잔액은 당사 보통예금통장으로 계좌이체받았다.

(차)　　　　　　　　　　　　　(대)

② 명학상사에 계약 체결한 상품 2,500,000원을 매입하고, 계약금 250,000원을 차감한 잔액은 수표를 발행하여 지급하였다.

(차)　　　　　　　　　　　　　(대)

③ 평화상회에서 상품 600,000원을 매입하고 대금은 약속어음을 발행하여 지급하고 매입 시 당사 부담의 운반비 20,000원은 대한용달에 현금으로 지급하였다.

(차)　　　　　　　　　　　　　(대)

④ 상품배달용 화물차를 중고자동차매매상에서 4,500,000원에 구입하고 대금 중 2,000,000원은 당좌수표를 발행하여 지급하고 잔액은 10개월 할부로 하였다.

(차)　　　　　　　　　　　　　(대)

⑤ 새로운 기계를 구입하기 위하여 사용 중인 공장기계를 800,000원에 매각처분하고 매각대금은 10일 후에 받기로 하다. (단, 취득원가는 1,000,000원이었다.)

(차)　　　　　　　　　　　　　(대)

⑥ 외상매입금 1,500,000원 중 500,000원은 현금으로 지급하고 나머지는 보통예금 계좌에서 이체 지급하였다.

(차)　　　　　　　　　　　　　(대)

⑦ 종업원 급여 1,200,000원을 지급함에 있어 소득세 25,000원을 차감한 잔액은 현금으로 지급하였다.

(차)   (대)

⑧ 국민은행으로부터 3년 후에 상환하기로 하고 3,000,000원을 차입하여 보통예금 계좌에 입금하였다.

(차)   (대)

⑨ 현금 500,000원, 상품 400,000원, 건물 500,000원을 출자하여 영업을 개시하다.

(차)   (대)

⑩ 종업원 김영호의 출장여비를 다음과 같이 정산하고 잔액은 현금으로 회수하다. (단, 앞서 출장 시 출장여비 개산액 200,000원을 지급한 적이 있다.)

| • 왕복교통비　70,000원 | • 숙박료　50,000원 | • 식대　60,000원 |

(차)   (대)

해설

번호	차변	금액	대변	금액
①	현　　　　　금 보　통　예　금	100,000 500,000	상　품　매　출	600,000
②	상　　　　　품	2,500,000	선　　급　　금 당　좌　예　금	250,000 2,250,000
③	상　　　　　품	620,000	지　급　어　음 현　　　　　금	600,000 20,000
④	차　량　운　반　구	4,500,000	당　좌　예　금 미　지　급　금	2,000,000 2,500,000
⑤	미　　수　　금 유형자산처분손실	800,000 200,000	기　계　장　치	1,000,000
⑥	외　상　매　입　금	1,500,000	현　　　　　금 보　통　예　금	500,000 1,000,000
⑦	급　　　　　여	1,200,000	예　　수　　금 현　　　　　금	25,000 1,175,000
⑧	보　통　예　금	3,000,000	장　기　차　입　금	3,000,000
⑨	현　　　　　금 상　　　　　품 건　　　　　물	500,000 400,000 500,000	자　　본　　금	1,400,000
⑩	여　비　교　통　비 현　　　　　금	180,000 20,000	가　지　급　금	200,000

5) 일반전표입력 메뉴

재무회계 ⇨ 전표입력/장부 ⇨ 일반전표입력

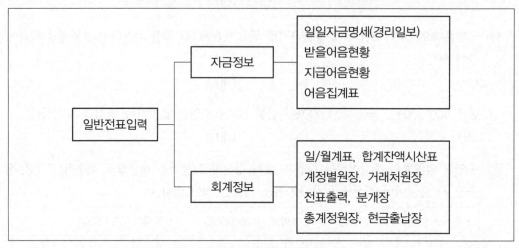

[일반전표 입력 시에 반영되는 장부]

일반전표입력 메뉴는 부가가치세와 관련 없는 거래를 입력하는 메뉴이다. 부가가치세와 관련이 있는 거래(세금계산서, 계산서, 수입세금계산서, 신용카드와 현금영수증 거래) 외의 모든 거래 자료를 입력한다. FAT 2급 시험은 부가가치세와 관련이 없는 일반전표의 거래자료입력만 시험 범위에 해당한다. 전표를 입력하면 각종 제장부에 자동으로 반영된다.

[일반전표입력 메뉴 입력 시 유의사항]

1. **일자** : 전표를 입력할 월과 일을 입력하면 화면 아래 일자에 자동으로 반영된다.
2. **번호** : 차대변이 일치하는 전표를 입력하면 전표번호가 자동으로 부여된다. 전표번호를 수정하고자 하는 경우에는 `기능모음(F11) ▼` `번호수정          F7` 을 클릭하여 수정한다.
3. **구분** : 입력할 전표유형을 하단의 메시지 중에서 선택한다.
   `전표의 구분을 입력합니다.[1:출금, 2:입금, 3:차변, 4:대변, 5:결산차변, 6:결산대변],`
4. **계정과목 코드**
   ▸ **계정과목을 입력하는 방법**
     ① 계정과목의 코드에 커서를 두고 입력하고자 하는 계정과목명 두 글자를 입력하고 엔터를 누르면 두 글자가 포함된 계정과목들이 계정코드도움창에 나타난다. 입력하고자 하는 계정과목을 선택하여 확인을 눌러 반영한다.
     ② 계정과목의 코드에 커서를 두고 [F2 코드도움]을 누르면 계정코드도움창이 나타난다. 해당 화면 상단에서 입력하고자 하는 계정과목 두 글자를 입력하면 하단에 두 글자가 포함된 계정과목들이 조회되며, 입력하고자 하는 계정과목을 선택하고 확인을 누르면 된다.

---

5. 거래처명과 코드

▶ 거래처코드를 입력하는 방법

① 커서를 거래처코드란에 두고 [F2 코드도움]을 누르면 거래처가 거래처도움창에 뜬다. 해당 화면에서 입력하고자 하는 거래처를 선택하고 확인을 누른다.

② 커서를 거래처코드란에 두고 입력하고자 하는 거래처명을 두 글자 입력하면 해당 글자가 포함된 거래처가 거래처도움창에 뜬다. 해당 화면에서 입력하고자 하는 거래처를 선택하고 확인을 누른다.

③ 거래처코드를 알고 있는 경우에는 거래처코드란에 코드를 입력하면 자동으로 반영된다.

▶ 신규거래처를 등록하는 경우

커서가 거래처코드란에 있을 때 "+"를 누르면 "00000"이 자동으로 표기가 된다. 입력하고자 하는 거래처명을 입력하고 엔터를 누르면 거래처등록창이 뜬다. 등록하고자 하는 거래처 코드를 입력하고 등록을 누르면 거래처가 등록된다. 거래처의 사업자등록증상의 상세 정보를 등록하고자 할 경우에는 수정을 누르고 거래처내용수정에서 상세 정보를 입력하고 확인을 누른다.

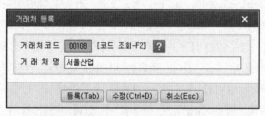

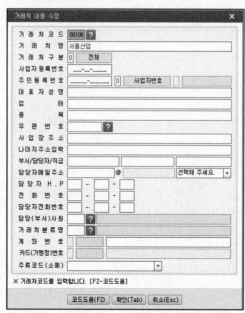

[기초정보관리] ⇨ [거래처등록] 메뉴에서 신규거래처를 등록해도 되고 수정 및 삭제도 가능하다.

▸ 실무시험 수행 시 거래처를 반드시 입력해야 하는 계정과목

채권	채무
외상매출금	외상매입금
받을어음	지급어음
미수금	미지급금
대여금(장기, 단기)	차입금(장기, 단기)
선급금	선수금
보통예금, 당좌예금, 정기예금, 정기적금, 장기성예금	유동성장기부채
가지급금	가수금
임차보증금	임대보증금

6. **적요** : [F2 코드도움]을 눌러서 적요도움 창에서 해당하는 적요를 선택하여 등록한다. 화면 하단에 보이는 적요는 내장적요이며, 사업장에서 필요하다고 판단되는 적요를 등록하고자 하는 경우에는 [F8 수정적요등록]을 눌러서 내장적요를 수정할 수도 있고 추가로 등록하여 사용할 수도 있다. <u>적요는 타계정 대체와 관련된 적요만 채점대상이다.</u>

7. **금액** : 금액을 입력할 경우에는 키보드 오른쪽에서 "+"를 누르면 "000"이 입력되어 큰 금액을 입력할 경우 유용하게 사용할 수 있다. 예를 들어 2,000,000원을 입력할 경우 2++를 누르면 된다.

6) 입금전표 입력하기

입금전표는 거래총액이 전액 현금으로 입금된 경우에 해당하며 차변에 현금으로 회계처리한다.

실습하기 입금전표

거래명세서				(공급자 보관용)					
공급자	등록번호	117-23-24750			**공급받는자**	등록번호	122-56-12346		
	상호	스마트문구	성명	공도윤		상호	대성문구	성명	이신영
	사업장 주소	서울 양천구 가로공원로 66				사업장 주소	서울 강남구 강남대로 238		
	업태	도매 및 소매업	종사업장번호			업태	도매		종사업장번호
	종목	문구용품 외				종목	문구		

거래일자	미수금액	공급가액	세액	총 합계금액
2024.01.11.		3,000,000		3,000,000

NO	월	일	품목명	규격	수량	단가	공급가액	세액	합계
1	1	11	문구		100	30,000	3,000,000		3,000,000

자료설명	거래처 대성문구에 상품을 매출하고 대금은 현금으로 받고 발급한 거래명세서이다.
수행과제	거래자료를 입력하시오.

실습하기 작업순서 입금전표

① 2024년 1월 11일 분개를 한다.

　(차) 101. 현금　　　　　　3,000,000 / (대) 401. 상품매출　　　　3,000,000

② 일반전표입력 메뉴를 열어 위의 분개를 입금전표 유형으로 입력한다.

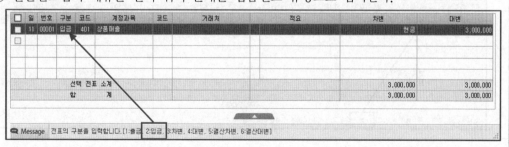

7) 출금전표 입력하기

출금전표는 거래총액이 전액 현금으로 지출된 경우에 해당하며 대변에 현금으로 회계처리한다.

실습하기 출금전표

거래명세서				(공급받는자 보관용)					

공급자	등록번호	107-26-34039			공급받는자	등록번호	117-23-24750		
	상호	행복물산	성명	송민국		상호	스마트문구	성명	공도윤
	사업장 주소	서울 강북구 덕릉로 100				사업장 주소	서울 양천구 가로공원로 66		
	업태	도매	종사업장번호			업태	도매 및 소매업	종사업장번호	
	종목	사무용품				종목	문구용품 외		

거래일자		미수금액		공급가액		세액		총 합계금액	
2024.2.22.				1,500,000				1,500,000	

NO	월	일	품목명	규격	수량	단가	공급가액	세액	합계
1	2	22	사무용품		25	60,000	1,500,000		1,500,000

자료설명	상품을 구입하고 대금은 현금으로 지급하였다.
수행과제	거래자료를 입력하시오.

실습하기 작업순서 출금전표

① 2024년 2월 22일 분개를 한다.

(차) 146. 상품   1,500,000 / (대) 101. 현금   1,500,000

② 일반전표입력 메뉴를 열어 위의 분개를 출금전표 유형으로 입력한다.

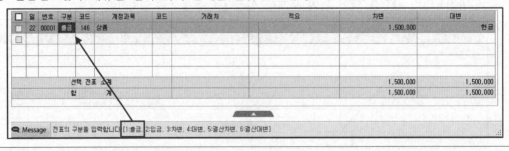

8) 대체전표 입력하기

대체전표는 거래총액 중 현금을 전혀 수반하지 않은 거래이거나 거래총액 중 일부가 현금의 수입과 지출이 있는 경우에 해당한다.

실습하기 대체전표

자료설명	관리부에서 사무실에서 사용할 스피커를 구입하고 대금은 월말에 지급하기로 하였다. (단, 비용으로 회계처리하시오.)
수행과제	거래자료를 입력하시오.

실습하기 작업순서 대체전표

① 2024년 3월 8일 분개를 한다.

(차) 830. 소모품비   80,000 / (대) 253. 미지급금   80,000
                                              (00107. 베스트전자)

② 일반전표입력 메뉴를 열어 위의 분개를 대체전표 유형으로 입력한다.
차변은 3번, 대변은 4번을 입력하여 분개를 한다.

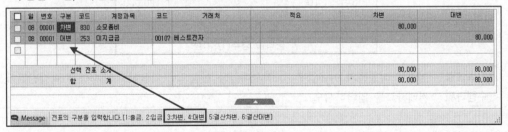

알아두기

시험에서는 입금전표와 출금전표를 대체전표로 입력가능하며 정확한 계정과목과 금액으로 분개를 하는 것이 중요하다.

02 적격증빙

1) 적격증빙의 의의

기업은 경영활동을 하면서 매일 일어나는 거래를 전표에 입력한다. 이때 발생한 비용은 반드시 업무와 관련성이 있어야 하며, 이것을 증명하는 것을 적격증빙이라고 말한다. 과거나 현재에도 실무에서는 전표를 작성하고 영수증 보관의무 및 세무조사, 자료제출용으로 전산파일을 만들며 작성된 전표 뒷면에는 원본 또는 사본 적격증빙을 부착하여 놓는다.

2) 적격증빙의 종류

적격증빙에는 전자세금계산서, 전자계산서, 신용카드매출전표, 현금영수증, 영수증(3만원 이하)등이 있다.

3) 적격증빙의 관리

현행 세법에서는 기업에서 5년간 보관하는 것으로 되어 있다.

4) 증빙을 이용한 일반전표 입력하기

🔲 실습하기 영수증 거래

<table>
<tr><td colspan="6" align="center"><h2>영 수 증</h2> (공급받는자용)</td></tr>
<tr><td colspan="3">NO</td><td colspan="2" align="center">스마트문구</td><td>귀하</td></tr>
<tr><td rowspan="5">공급자</td><td>사 업 자
등록번호</td><td colspan="4" align="center">211-26-11112</td></tr>
<tr><td>상 호</td><td colspan="2">신정맛집</td><td>성명</td><td>김수환</td></tr>
<tr><td>사 업 장
소 재 지</td><td colspan="4">서울특별시 양천구 목동동로12길 38
(신정동, 목동그린빌라트)</td></tr>
<tr><td>업 태</td><td colspan="2">서비스업</td><td>종목</td><td>식당</td></tr>
<tr><td colspan="5"></td></tr>
<tr><td colspan="2" align="center">작성일자</td><td colspan="2" align="center">공급대가총액</td><td colspan="2">비고</td></tr>
<tr><td colspan="2" align="center">2024.03.03.</td><td colspan="2" align="center">120,000원</td><td colspan="2"></td></tr>
<tr><td colspan="6" align="center">공 급 내 역</td></tr>
<tr><td>월/일</td><td>품명</td><td>수량</td><td colspan="2">단가</td><td>금액</td></tr>
<tr><td>3/3</td><td>식대</td><td></td><td colspan="2"></td><td>120,000</td></tr>
<tr><td></td><td></td><td></td><td colspan="2"></td><td></td></tr>
<tr><td colspan="2" align="center">합 계</td><td colspan="3" align="center">₩ 120,000</td><td></td></tr>
<tr><td colspan="6" align="center">위 금액을 영수(청구)함</td></tr>
</table>

자료설명	영업부 직원들의 야근업무 시 식사대금을 현금으로 지급하고 영수증을 발급받았다.
수행과제	거래자료를 입력하시오.

실습하기 작업순서

① 2024년 3월 3일 분개를 한다.

(차) 811. 복리후생비　　　　120,000 / (대) 101. 현금　　　　120,000

② 일반전표입력 메뉴를 열어 위의 분개를 출금전표 또는 대체전표 유형으로 입력한다.

□	일	번호	구분	코드	계정과목	코드	거래처	적요	차변	대변
□	03	00001	출금	811	복리후생비				120,000	현금
□										
			선택 전표 소계						120,000	120,000
			합　　　계						120,000	120,000

실습하기 계산서 거래

<table>
<tr><td colspan="5" align="center">계 산 서</td><td colspan="2">(공급받는자 보관용)</td><td colspan="2">승인번호</td></tr>
<tr><td rowspan="4">공급자</td><td colspan="2">등록번호</td><td colspan="3">108-86-13711</td><td rowspan="4">공급받는자</td><td colspan="2">등록번호</td><td colspan="2">117-23-24750</td></tr>
<tr><td>상호</td><td>박문각</td><td>성명
(대표자)</td><td colspan="2">박용</td><td>상호</td><td>스마트문구</td><td>성명
(대표자)</td><td>공도윤</td></tr>
<tr><td>사업장
주소</td><td colspan="4">서울 동작구 노량진로 171</td><td>사업장
주소</td><td colspan="3">서울 양천구 가로공원로 66
(신월동)</td></tr>
<tr><td>업태</td><td>서비스업</td><td>종목</td><td colspan="2">출판</td><td>업태</td><td>도매 및 소매업</td><td>종목</td><td>문구용품 외</td></tr>
<tr><td colspan="3">작성일자</td><td colspan="2">2024.3.18.</td><td>공급가액</td><td colspan="2">300,000</td><td>비고</td><td></td></tr>
<tr><td>월</td><td>일</td><td colspan="2">품목명</td><td>규격</td><td>수량</td><td>단가</td><td colspan="2">공급가액</td><td>비고</td></tr>
<tr><td>3</td><td>18</td><td colspan="2">마케팅전략의 이해</td><td></td><td>10</td><td>30,000</td><td colspan="2">300,000</td><td></td></tr>
<tr><td>합계금액</td><td colspan="2">현금</td><td colspan="2">수표</td><td>어음</td><td>외상미수금</td><td colspan="2" rowspan="2">이 금액을</td><td rowspan="2">● 영수
○ 청구　함</td></tr>
<tr><td>300,000</td><td colspan="2"></td><td colspan="2">300,000</td><td></td><td></td></tr>
</table>

자료설명	1. 영업부에 필요한 도서를 구입하고 발급받은 계산서이다. 2. 대금은 보관 중인 자기앞수표로 지급하였다.
수행과제	거래자료를 입력하시오.

실습하기 작업순서

① 2024년 3월 18일 분개를 한다.

(차) 826. 도서인쇄비　　　　300,000 / (대) 101. 현금　　　　300,000

② 일반전표입력 메뉴를 열어 위의 분개를 출금전표 또는 대체전표 유형으로 입력한다.

□	일	번호	구분	코드	계정과목	코드	거래처	적요	차변	대변
□	18	00001	출금	826	도서인쇄비				300,000	현금
□										
			선택 전표 소계						300,000	300,000
			합　　　계						300,000	300,000

실습하기 신용카드매출전표 거래

신용카드매출전표

가 맹 점 명 하얀미소 (02)2601-3771
사 업 자 번 호 211-65-35525
대 표 자 명 이숙희
주　　　소 서울 강남구 역삼로 369

신한카드　　　　　　　　　　　　신용승인
거래일시　　　　　　 2024-04-11 오전 12:18:31
카드번호　　　　　　　2279-8852-****-12**
유효기간　　　　　　　　　　　　　　　**/**
가맹점번호　　　　　　　　　　　 456456456
매 입 사　　 신한카드(전자서명전표)

화장품세트(특대호)　　 10set　　　 880,000원
합　　계　　　　　　　　　　　　 880,000원
··
캐셔:033307 김상희

|||||||||||||||||||||||||||
20240411/10062411/00046160

자료설명	신규 거래처에 선물할 화장품세트를 구입하고 신용카드로 결제하였다.
수행과제	거래자료를 입력하시오.

실습하기 작업순서

① 2024년 4월 11일 분개를 한다.

　(차) 813. 접대비(기업업무추진비)　　　 880,000 / (대) 253. 미지급금　　　　　 880,000
　　　　　　　　　　　　　　　　　　　　　　　　　　　　　　(99601.신한카드)

② 일반전표입력 메뉴를 열어 위의 분개를 대체전표 유형으로 입력한다.

□	일	번호	구분	코드	계정과목	코드	거래처	적요	차변	대변
□	11	00001	차변	813	접대비(기업업무추진비)				880,000	
□	11	00001	대변	253	미지급금	99601	신한카드			880,000

알아두기

기업이 대금결제 수단으로 신용카드를 이용할 경우 유의할 점은 상품 등과 같은 재고자산 거래이면 외상매출금 또는 외상매입금을 사용하여야 하며, 재고자산 거래가 아닌 거래일 경우에는 미수금 또는 미지급금을 사용하여야 한다.

[매출]
• 상품을 매출하고 신용카드 결제를 받은 경우
  → 외상매출금   ××× / 상품매출   ×××
• 상품 외의 매출을 하고 신용카드 결제를 받은 경우
  → 미수금   ××× / 차량운반구   ×××

[매입]
• 상품을 매입하고 신용카드 결제를 한 경우
  → 상품   ××× / 외상매입금   ×××
• 상품 외의 매입을 하고 신용카드 결제를 한 경우
  → 비품   ××× / 미지급금   ×××

실습하기 자동차세 신고납부서 거래

	2024 **년분 자동차세 신고납부서**				납세자 보관용 영수증	

납 세 자 주　　소	공도윤 서울 양천구 가로공원로 66					

납세번호	기관번호　5465223		제목　10240002	납세년기　202406		과세번호　506985

과세대상	85타 9445 (1.5톤트럭)	구 분	자동차세	지방교육세	납부할 세액 합계
		당 초 산 출 세 액	451,040		
과세기간	2024.01.01. ~2024.06.30.	선납공제액(10%)	–		451,040원
		요일제감면액(5%)	–		
		납 부 할 세 액	451,040	0	

〈납부장소〉

위의 금액을 영수합니다.
2024 년　　6 월　30 일

*수납인이 없으면 이 영수증은 무효입니다　　*공무원은 현금을 수납하지 않습니다.

자료설명	[6월 30일] 스마트문구는 상품 배송용 트럭에 대한 자동차세를 현금으로 납부하였다.
수행과제	거래자료를 입력하시오.

실습하기 작업순서

① 2024년 6월 30일 분개를 한다.

　(차) 817. 세금과공과금　　　　　　451,040 / (대) 101. 현금　　　　　　451,040

② 일반전표입력 메뉴를 열어 위의 분개를 출금전표 또는 대체전표 유형으로 입력한다.

	일	번호	구분	코드	계정과목	코드	거래처	적요	차변	대변
☐	30	00001	차변	817	세금과공과금				451,040	
☐	30	00001	대변	101	현금					451,040
☐										
			선택 전표 소계						451,040	451,040
			합　　　　계						451,040	451,040

실습하기 전화요금 청구서 거래

<table>
<tr><td colspan="2" align="center">**2024년 6월 청구서**</td></tr>
<tr><td colspan="2">작성일자: 2024.07.15
납부기한: 2024.07.20</td></tr>
<tr><td>금 액</td><td align="right">267,000원</td></tr>
<tr><td>고객명</td><td align="right">스마트문구</td></tr>
<tr><td>이용번호</td><td align="right">02-2601-1234</td></tr>
<tr><td>**명세서번호**</td><td align="right">**66051**</td></tr>
<tr><td>이용기간</td><td align="right">6월1일 ~ 6월30일</td></tr>
<tr><td>6월 이용요금</td><td align="right">267,000원</td></tr>
<tr><td>공급자등록번호</td><td align="right">121-81-12646</td></tr>
<tr><td>공급받는자 등록번호</td><td align="right">117-23-24750</td></tr>
<tr><td>공급가액</td><td align="right">242,727원</td></tr>
<tr><td>부가가치세(VAT)</td><td align="right">24,273원</td></tr>
<tr><td>10원미만 할인요금</td><td align="right">0원</td></tr>
<tr><td>입금전용계좌</td><td align="right">신한은행</td></tr>
<tr><td></td><td align="right">1234-567-8-901</td></tr>
</table>

이 청구서는 부가가치세법 시행령 제53조 제4항에 따라 발행하는 전자세금계산서입니다.

(주)케이티 양천지점(전화국)장

자료설명	[7월 15일] 사무실 영업용 전화요금 청구서이다. 대금은 신한은행 보통예금 계좌에서 이체하여 납부하였다.
수행과제	거래자료를 입력하시오.

실습하기 작업순서

① 2024년 7월 15일 분개를 한다.

　(차) 814. 통신비　　　　267,000 / (대) 103. 보통예금　　　267,000
　　　　　　　　　　　　　　　　　　　　　(98002.신한은행)

② 일반전표입력 메뉴를 열어 위의 분개를 대체전표 유형으로 입력한다.

□	일	번호	구분	코드	계정과목	코드	거래처	적요	차변	대변
□	15	00001	차변	814	통신비				267,000	
□	15	00001	대변	103	보통예금	98002	신한은행			267,000
□										
			선택 전표 소계						267,000	267,000
			합　　　계						267,000	267,000

실습하기 현금영수증 거래

```
** 현금영수증 **
(RECEIPT)

사업자등록번호 : 214-09-12321 김태형
사업자명      : 양천인테리어
단말기ID      : 73453259(tel:02-2642-0370)
가맹점주소    : 서울특별시 양천구 목동동로 379 (목동)

현금영수증 회원번호
117-23-24750                          스마트문구
승인번호     : 83746302    (PK)
거래일시     : 2024년 07월 20일 15시40분10초
-------------------------------------------------
공급금액                              650,000원
부가세금액
총합계                                650,000원
-------------------------------------------------
휴대전화, 카드번호 등록
http://현금영수증.kr
국세청문의(126)
38036925-GCA10106-3870-U490
    <<<<<<이용해 주셔서 감사합니다.>>>>>>
```

자료설명	[7월 20일] 사무실 외벽이 너무 낡아 도색작업을 하였고, 대금은 현금으로 지급하고 현금영수증을 수취하였다.
수행과제	거래자료를 입력하시오.

실습하기 작업순서

① 2024년 7월 20일 분개를 한다.

  (차) 820. 수선비　　　　　　650,000 / (대) 101. 현금　　　　　　650,000

② 일반전표입력 메뉴를 열어 위의 분개를 출금전표 또는 대체전표 유형으로 입력한다.

□	일	번호	구분	코드	계정과목	코드	거래처	적요	차변	대변
□	20	00001	차변	820	수선비				650,000	
□	20	00001	대변	101	현금					650,000
□										
			선택 전표 소계						650,000	650,000
			합　　　계						650,000	650,000

실습하기 재산세 영수증 거래

서울특별시	**2024년 7월 (건물분) 재산세** 도시지역분 지역자원세 지방교육세 **고지서** 납세자 보관용					

납세번호	기관번호	120-25	세목	333	납세년월기	202407	과세번호	555
납세자	공도윤							
주소	서울 양천구 가로공원로 66							
과세대상	건물							

※ 이 영수증은 과세증명서로 사용할 수 있습니다.

세목	납기내금액	납기후금액
재산세	565,000	578,065
도시지역분		
지역자원시설세		
지방교육세		
세액합계	565,000	578,065

납기내	
2024.7.31. 까지	565,000 원

납기후	
2024.8.31. 까지	578,065 원

※ 납기가 토요일·공휴일인 경우 다음날까지 납부가능합니다.

위의 금액을 납부하시기 바랍니다.　　위의 금액을 영수합니다.

년　월　일　　**2024년 7월 22일**

서울특별시　　양천 구청장

수납인
2024/7/22

전자납부번호
175254123363

자료설명	[7월 22일] 매장건물의 재산세를 현금으로 납부하였다.
수행과제	거래자료를 입력하시오.

실습하기 작업순서

① 2024년 7월 22일 분개를 한다.

(차) 817. 세금과공과금　　　　565,000 / (대) 101. 현금　　　　565,000

② 일반전표입력 메뉴를 열어 위의 분개를 출금전표 또는 대체전표 유형으로 입력한다.

□	일	번호	구분	코드	계정과목	코드	거래처	적요	차변	대변
□	22	00001	차변	817	세금과공과금				565,000	
□	22	00001	대변	101	현금					565,000
□										
			선택 전표 소계						565,000	565,000
			합　　계						565,000	565,000

실습하기 자동차보험증권 거래

자동차보험증권

증 권 번 호	1234567	계 약 일	2024년 8월 1일
보 험 기 간	2024 년 8 월 1 일 00:00부터		2025 년 8월 1일 24:00까지
보 험 계 약 자	스마트문구	주민(사업자)번호	117-23-24750
피 보 험 자	스마트문구	주민(사업자)번호	117-23-24750

보험료 납입사항

총보험료	120 만원	납입보험료	120 만원	미납입보험료	

자료설명	[8월 1일] 본사 소유의 승용차에 대한 보험료를 신한은행 보통예금 계좌에서 이체하여 지급하고, 자동차보험증권을 교부받았다. (단, 비용으로 회계처리할 것)
수행과제	거래자료를 입력하시오.

실습하기 작업순서

① 2024년 8월 1일 분개를 한다.

   (차) 821. 보험료   1,200,000 / (대) 103. 보통예금   1,200,000

                                                    (98002.신한은행)

② 일반전표입력 메뉴를 열어 위의 분개를 대체전표 유형으로 입력한다.

□	일	번호	구분	코드	계정과목	코드	거래처	적요	차변	대변
□	01	00001	차변	821	보험료				1,200,000	
□	01	00001	대변	103	보통예금	98002	신한은행			1,200,000
□										
				선택 전표 소계					1,200,000	1,200,000
				합 계					1,200,000	1,200,000

실습하기 전기요금 고지서 거래

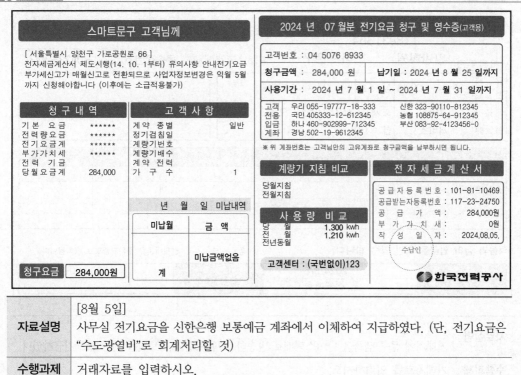

자료설명	[8월 5일] 사무실 전기요금을 신한은행 보통예금 계좌에서 이체하여 지급하였다. (단, 전기요금은 "수도광열비"로 회계처리할 것)
수행과제	거래자료를 입력하시오.

실습하기 작업순서

① 2024년 8월 5일 분개를 한다.

(차) 815. 수도광열비   284,000 / (대) 103. 보통예금   284,000

(98002.신한은행)

② 일반전표입력 메뉴를 열어 위의 분개를 대체전표 유형으로 입력한다.

□	일	번호	구분	코드	계정과목	코드	거래처	적요	차변	대변
□	05	00001	차변	815	수도광열비				284,000	
□	05	00001	대변	103	보통예금	98002	신한은행			284,000
□										
			선택 전표 소계						284,000	284,000
			합 계						284,000	284,000

실습하기 택배영수증 거래

나이스택배	주문번호 118931654		영수증작성일 2024/8/6		영 수 증	
회원등급 일반회원 스마트문구			귀하 고객메세지 운송장번호: 3331 – 0433 – 5474			

등 록 번 호	135-43-11116	상 호	나이스택배	문구/파손주의
대표자	홍명희	소 재 지	서울시 양천구 오목로 100-11	
업 태	서비스	업 태	택배	

제조자명	내 용	수량	판매가	ISBN
스마트문구	문구	1		

다음과 같이 입금을 확인 영수 합니다.　　　　단 품목은 출고기준, 결제내용은 주문기준으로 기록됩니다.

입 금 일 자	2024/8/6	배 송 비	20,000원
배 송 유 형	전체배송	총결제 금액	

자료설명	[8월 6일] 거래처에 문구 샘플을 나이스택배로 발송하고 배송료 20,000원을 현금으로 지급하였다.
수행과제	거래자료를 입력하시오.

실습하기 작업순서

① 2024년 8월 6일 분개를 한다.

　　(차) 824. 운반비　　　　　20,000 / (대) 101. 현금　　　　　20,000

② 일반전표입력 메뉴를 열어 위의 분개를 출금전표 또는 대체전표 유형으로 입력한다.

□	일	번호	구분	코드	계정과목	코드	거래처	적요	차변	대변
□	06	00001	차변	824	운반비				20,000	
□	06	00001	대변	101	현금					20,000
□										
			선택 전표 소계						20,000	20,000
			합　　계						20,000	20,000

실습하기 도시가스 고지서 거래

🌐 2024년 8월 청구분	**도시가스요금** 지로영수증(고객용)		

고객번호		3154892						납부마감일	2024.09.30.
지로번호	4	0	0	0	5	2	8	미납금액	0 원
고지금액		167,750 원							0 원

주소/성명		서울 양천구 가로공원로 66	기 본 요 금	25,000 원
당월 사용량	금월지침	7,526 m³	사 용 요 금	127,500 원
	전월지침	6,429 m³	계 량 기 교 체 비 용	원
	사용량	1,097 m³	공 급 가 액	152,500 원
사용량 비교	전월	1,020 m³	부 가 세	15,250 원
	전년동월	1,105 m³	가 산 금	원
계량기번호		A0231	정 산 금 액	원
검 침 원 명		장백기	고 지 금 액	167,750 원
			공 급 받 는 자 등 록 번 호	117-23-24750
			공 급 자 등 록 번 호	101-81-25259

작성일자 **2024년 9월 20일**
입금전용계좌

※ 본 영수증은 부가가치세법 시행령 제53조 3항에 따라 발행하는 **전자세금계산서**입니다.　　**한국도시가스(주)**

자료설명	[9월 20일] 도시가스 요금 고지서를 확인하여 작성일자 기준으로 전표를 발행하시오. (신규거래처코드 108)
수행과제	거래자료를 입력하고 신규거래처 등록을 수행하시오. (단, 신규거래처 등록 시 사업자등록번호만 입력한다.)

실습하기 작업순서

① 2024년 9월 20일 분개를 한다.

　(차) 815. 수도광열비　　　167,750 / (대) 253. 미지급금　　　　　　167,750
　　　　　　　　　　　　　　　　(00108.한국도시가스(주))

② 일반전표입력 메뉴를 열어 위의 분개를 대체전표 유형으로 입력한다.
　거래처 코드에서 "+"를 입력하면 코드란에 00000이 반영된다. 한국도시가스(주)를 입력하고
　Enter를 눌러 거래처등록창이 뜨면 수정을 누른다.

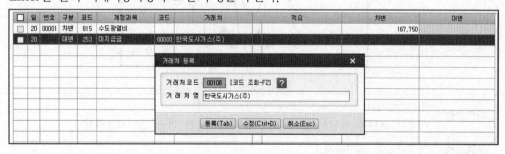

거래처내용수정창에서 사업자등록번호를 입력하고 확인을 눌러 반영시킨다.

	거래처 내용 수정			✕
거 래 처 코 드	00108 ?			
거 래 처 명	한국도시가스(주)			
거 래 처 구 분	0 전체			
사 업 자 등 록 번 호	101-81-25259			
주 민 등 록 번 호	--------------- 0	사업자번호		
대 표 자 성 명				
업 태				
종 목				
우 편 번 호	?			
사 업 장 주 소				
나머지주소입력				
부서/담당자/직급				
담당자메일주소	@	선택해 주세요. ▾		
담 당 자 H . P	- -			
전 화 번 호	- -			
담당자전화번호	- -			
담당(부서)사원	?			
거 래 처 분 류 명	?			
계 좌 번 호				
카드(가맹점)번호				
주류코드(소매)	▾			

※ 대표자성명를 입력합니다.

코드도움(F2) 확인(Tab) 취소(Esc)

	일	번호	구분	코드	계정과목	코드	거래처	적요	차변	대변
☐	20	00001	차변	815	수도광열비				167,750	
☐	20	00001	대변	253	미지급금	00108	한국도시가스(주)			167,750
☐										
			선택 전표 소계						167,750	167,750
			합 계						167,750	167,750

🕐 실습하기 청첩장 거래

결 혼 합 니 다

윤 민 주
강 성 준

자료설명	[9월 25일] 재경부 윤민주 사원의 결혼축하금 200,000원을 현금으로 지급하였다.
수행과제	거래자료를 입력하시오.

실습하기 작업순서

① 2024년 9월 25일 분개를 한다.

    (차) 811. 복리후생비   200,000 / (대) 101. 현금   200,000

② 일반전표입력 메뉴를 열어 위의 분개를 출금전표 또는 대체전표 유형으로 입력한다.

	일	번호	구분	코드	계정과목	코드	거래처	적요	차변	대변
☐	25	00001	차변	811	복리후생비				200,000	
☐	25	00001	대변	101	현금					200,000
☐										
			선택 전표 소계						200,000	200,000
			합 계						200,000	200,000

실습하기   월세계약서 거래

<table>
<tr><td colspan="6" align="center"><h2>(사 무 실) 월 세 계 약 서</h2></td><td>☐ 임 대 인 용
■ 임 차 인 용
☐ 사무소보관용</td></tr>
<tr><td rowspan="2">부동산의 표시</td><td>소재지</td><td colspan="5">서울 구로구 경인로 638</td></tr>
<tr><td>구 조</td><td>철근콘크리트조</td><td>용도</td><td colspan="2">사무실</td><td>면적</td><td>45㎡</td></tr>
<tr><td colspan="2" align="center">월 세 보 증 금</td><td>금</td><td colspan="2">50,000,000원정</td><td colspan="2">월세 1,650,000원정</td></tr>
<tr><td colspan="7">제 1 조 위 부동산의 임대인과 임차인 합의하에 아래와 같이 계약함.</td></tr>
<tr><td colspan="7">제 2 조 위 부동산의 임대차에 있어 임차인은 보증금을 아래와 같이 지불키로 함.</td></tr>
<tr><td colspan="2">계 약 금</td><td colspan="5">5,000,000 원정은 계약 시 지불하고</td></tr>
<tr><td colspan="2">중 도 금</td><td colspan="5">원정은   년 월 일 지불하며</td></tr>
<tr><td colspan="2">잔   금</td><td colspan="5">45,000,000 원정은 2024년 10월 1일 중개업자 입회하에 지불함.</td></tr>
<tr><td colspan="7">제 3 조 위 부동산의 명도는 2024년 10월 1일로 함.</td></tr>
<tr><td colspan="7">제 4 조 임대차 기간은 2024년 10월 1일로부터 (24)개월로 함.</td></tr>
<tr><td colspan="7">제 5 조 월세금액은 매월(1)일에 지불키로 하되 만약 기일내에 지불치 못할 시에는 보증금액에서 공제키로 함. (신한은행, 계좌번호: 123-88-99963, 예금주: 현대상사)</td></tr>
<tr><td colspan="7" align="center">～～～～～～～ 중 략 ～～～～～～～</td></tr>
<tr><td rowspan="2">임 대 인</td><td>주   소</td><td colspan="5">서울 구로구 경인로 638 8층 801호 현대빌딩</td></tr>
<tr><td>사업자등록번호</td><td>110-13-34068</td><td>전화번호</td><td>02-899-5544</td><td>성명</td><td colspan="2">현대상사 ㉑</td></tr>
</table>

자료설명	[9월 27일] 사무실 월세계약서를 작성하고 계약금 5,000,000원을 신한은행 보통예금 계좌에서 이체하여 지급하였다.
수행과제	거래자료를 입력하시오.

📌 **실습하기 작업순서**

① 2024년 9월 27일 분개를 한다.

(차) 131. 선급금   5,000,000 / (대) 103. 보통예금   5,000,000

    (00105.현대상사)   (98002.신한은행)

② 일반전표입력 메뉴를 열어 위의 분개를 출금전표 또는 대체전표 유형으로 입력한다.

☐	일	번호	구분	코드	계정과목	코드	거래처	적요	차변	대변
☐	27	00001	차변	131	선급금	00105	현대상사		5,000,000	
☐	27	00001	대변	103	보통예금	98002	신한은행			5,000,000
☐										
			선택 전표 소계						5,000,000	5,000,000
			합 계						5,000,000	5,000,000

📌 **실습하기**   견적서 거래

No.

견 적 서

2024 년 09 월 30 일

스마트문구   귀하

아래와 같이 견적합니다.

공급자	등록번호	119 - 81 - 24756		
	상호(법인명)	신정카센터	성명	배재호 ㉑
	사업장주소	서울 양천구 오목로3길 11		
	업태	서비스	종목	자동차정비

합계금액				사백칠십오만원정(₩ 4,750,000)	
품명	규격	수량	단가	공급가액	비고
엔진교체				4,500,000	
타이어교체				250,000	

이 하 여 백

자료설명	[9월 30일] 회사의 업무용 승용차의 엔진과 타이어를 교체하였고, 대금은 10일 뒤 지급하기로 하였다. (신규거래처코드 109)
수행과제	거래자료를 입력하고 신규거래처 등록을 수행하시오.

실습하기 작업순서

① 2024년 9월 30일 분개를 한다.

    (차) 208. 차량운반구   4,500,000 / (대) 253. 미지급금   4,750,000

         822. 차량유지비   250,000   (00109. 신정카센터)

② 일반전표입력 메뉴를 열어 위의 분개를 대체전표 유형으로 입력한 후 미지급금에 신규거래처 코드를 등록한다.

거래처코드에서 "+"를 입력하면 코드란에 00000이 반영된다. 신정카센터를 입력하고 엔터를 친 후 거래처등록창이 뜨면 수정을 누른다.

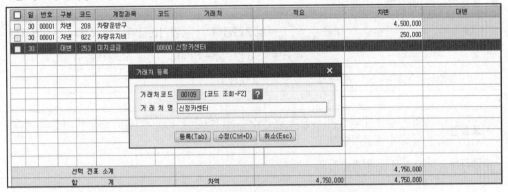

거래처내용수정창에서 거래처의 상세내용을 입력하고 확인을 누른다.

	일	번호	구분	코드	계정과목	코드	거래처	적요	차변	대변
☐	30	00001	차변	208	차량운반구				4,500,000	
☐	30	00001	차변	822	차량유지비				250,000	
☐	30	00001	대변	253	미지급금	00109	신정카센터			4,750,000
☐										
			선택 전표 소계						4,750,000	4,750,000
			합 계						4,750,000	4,750,000

🕒 실습하기 통장거래

■ 보통예금(신한은행) 거래내역

		내용	찾으신금액	맡기신금액	잔액	거래점
번호	거래일자	계좌번호 342-56-12345 스마트문구				
1	2024-10-01	송중기	400,000		×××	×××

자료설명	영업부 송중기 과장의 출장과 관련하여 여비개산액 400,000원을 송중기 과장의 계좌로 이체하여 지급하였다.
수행과제	거래자료를 입력하시오.

🕒 실습하기 작업순서

① 2024년 10월 1일 분개를 한다.

    (차) 134. 가지급금   400,000 / (대) 103. 보통예금   400,000

       (00200.송중기)   (98002.신한은행)

② 일반전표입력 메뉴를 열어 위의 분개를 대체전표 유형으로 입력한다.

	일	번호	구분	코드	계정과목	코드	거래처	적요	차변	대변
☐	01	00001	차변	134	가지급금	00200	송중기		400,000	
☐	01	00001	대변	103	보통예금	98002	신한은행			400,000
☐										
			선택 전표 소계						400,000	400,000
			합 계						400,000	400,000

실습하기 취득세 납부서 거래

취득세 납부서 겸 영수증 (납세자 보관용)

{등기후 납부시 가산세 부과}

납세번호	과세기간	검	회계	과목	세목	년도	월	기분	과세번호	검
750	2	10	101	001	2024	10	01	000005	1

납 세 자 : 공 도 윤 주민등록번호 : 750728-1******
주   소 : 서울 양천구 가로공원로 66

과 세 원 인 : 본사 건물 취득
과 세 대 상 :

세 (과) 목	납 부 세 액
취 득 세 액	450,000원
농 어 촌 특 별 세	45,000원
지 방 교 육 세	110,000원
합 계 세 액	605,000원

과 세 표 준 액
33,500,000원
전 자 납 부 번 호
21542366895

위의 금액을 영수합니다.
2024년 10 월 05 일

담 당 자 : 홍길동
전   화 : 02-3541-8888

수납인

자료설명	[10월 5일] 행복물산으로부터 본사 건물을 취득하고 건물대금은 다음 달 말일에 지급하기로 하였으며, 취득세는 현금으로 납부하였다.
수행과제	거래자료를 입력하시오.

실습하기 작업순서

① 2024년 10월 5일 분개를 한다.

  (차) 202. 건물   34,105,000 / (대) 253. 미지급금   33,500,000
                                      (00104.행복물산)
                                      101. 현금   605,000

② 일반전표입력 메뉴를 열어 위의 분개를 대체전표 유형으로 입력한다.

□	일	번호	구분	코드	계정과목	코드	거래처	적요	차변	대변
□	05	00001	차변	202	건물				34,105,000	
□	05	00001	대변	253	미지급금	00104	행복물산			33,500,000
□	05	00001	대변	101	현금					605,000
□										
			선택 전표 소계						34,105,000	34,105,000
			합 계						34,105,000	34,105,000

실습하기 자동차매매계약서 거래

자동차매매계약서

※ 매도인과 매수인은 쌍방 합의하에 매매 계약을 다음과 같이 체결한다.

1. 매매할 자동차의 표시

등록번호	75로1111	차대 번호	SJ1234K
차종	화물차	차명	점보트럭

2. 계약내용(약정사항)

제1조 위 자동차를 매매함에 있어 금액을 아래와 같이 지불하기로 한다.

매매금액	-金 일천이백만원정(₩12,000,000)
계약금	-金
잔금	-金 일천이백만원정은 2024년 11월 10일 지불한다.

제1조 (당사자 표시) 매도인을 "갑"이라 하고 매수인을 "을"이라 한다.

제2조 (동시이행 등) "갑"은 잔금을 수령하고 즉시 자동차와 소유권이전등록에 필요한 서류를 "을"에게 인도한다.

2024년 10월 7일

※ 특약사항

자동차 이전 시 모든 권리관계 압류나 설정은 매도인이 잔금 지급 시까지 책임지고 말소하기로 한다.

3. 계약당사자 인적사항

매도인	주소	서울시 양천구 가로공원로 66			
	사업자등록번호	117-23-24750	성명	스마트문구	(인)
매수인	주소	서울시 동대문구 망우로 121			
	사업자등록번호	305-09-37894	성명	서남문구	(인)

자료설명	[10월 7일] 1. 영업부에서 사용하던 화물차를 서남문구에 매각하고 대금은 전액 다음 달 10일에 받기로 하였다. 2. 매각시점의 자산 내역은 다음과 같다. 表格1
수행과제	거래자료를 입력하시오.

표格1:

계정과목	자산명	취득원가	감가상각누계액
차량운반구	화물차(점보트럭)	15,000,000원	4,000,000원

PART
02

실습하기 작업순서

① 2024년 10월 7일 분개를 한다.

| (차) 209. 감가상각누계액 | 4,000,000 | / (대) 208. 차량운반구 | 15,000,000 |
| 120. 미수금 | 12,000,000 | 914. 유형자산처분이익 | 1,000,000 |

(00102.서남문구)

② 일반전표입력 메뉴를 열어 위의 분개를 대체전표 유형으로 입력한다.

□	일	번호	구분	코드	계정과목	코드	거래처	적요	차변	대변
□	07	00001	차변	209	감가상각누계액				4,000,000	
□	07	00001	차변	120	미수금	00102	서남문구		12,000,000	
□	07	00001	대변	208	차량운반구					15,000,000
□	07	00001	대변	914	유형자산처분이익					1,000,000
□										
			선택 전표 소계						16,000,000	16,000,000
			합 계						16,000,000	16,000,000

실습하기 단기매매증권 구입 거래

■ 보통예금(신한은행) 거래내역

		내용	찾으신금액	맡기신금액	잔액	거래점
번호	거래일자	계좌번호 342-56-12345 스마트문구				
1	2024-10-08	주식취득	5,150,000		×××	×××

자료설명	[10월 8일] 단기매매차익을 목적으로 (주)현대의 주식 1,000주(1주 액면 5,000원)를 1주당 5,000원에 매입하고, 수수료 150,000원과 함께 신한은행 보통예금 계좌에서 이체 지급하였다. (단, 본 문제에 한해서 945. 수수료비용 계정과목을 등록하여 사용할 것)
수행과제	거래자료를 입력하시오.

실습하기 작업순서

① 2024년 10월 8일 분개를 한다.

    (차) 107. 단기매매증권   5,000,000 / (대) 103. 보통예금   5,150,000

        945. 수수료비용(영업외비용) 150,000   (98002.신한은행)

② [기초정보관리 ⇨ 계정과목 및 적요등록] 메뉴에서 [기타 ⇨ 영업외비용 ⇨ 945. 회사설정계정과목 ⇨ 수수료비용]으로 수정하여 등록한다.

계정과목및적요등록								
기타 ▲	☐	코드	계정과목	구분	사용	과목	관계	관리항목
	☐	945	수 수 료 비 용	일 반	○	945		거래처,부서/사원
• 영 업 외 수 익(90100~93099)	☐	946	회 사 설 정 계 정 과 목	일 반	○	946		거래처,부서/사원
• 영 업 외 비 용(93100~96099)	☐	947	회 사 채 이 자	지급이자	○	947		거래처,부서/사원,카드
• 중 단 사 업 손 익(99100~99799)	☐	948	사 채 상 환 손 실	일 반	○	948		거래처,부서/사원
• 법 인 (개 인)(99800~99999)	☐	949	보 상 비	일 반	○	949		거래처,부서/사원
	☐	950	유 형 자산처분손실	일 반	○	950		거래처,부서/사원

③ 일반전표입력 메뉴를 열어 위의 분개를 대체전표 유형으로 입력한다.

☐	일	번호	구분	코드	계정과목	코드	거래처	적요	차변	대변
☐	08	00001	차변	107	단기매매증권				5,000,000	
☐	08	00001	차변	945	수수료비용				150,000	
☐	08	00001	대변	103	보통예금	98002	신한은행			5,150,000
☐										
			선택 전표 소계						5,150,000	5,150,000
			합 계						5,150,000	5,150,000

실습하기 건강보험, 국민연금 고지서 거래

자료 1.

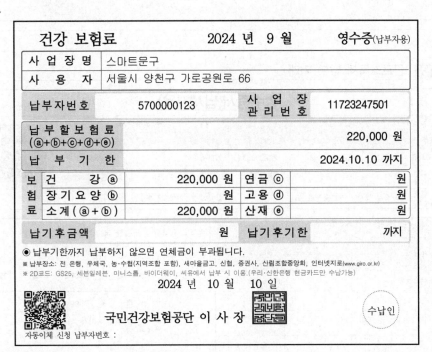

연금 보험료		2024 년 9 월		영수증(납부자용)	
사 업 장 명	스마트문구				
사 용 자	서울시 양천구 가로공원로 66				
납부자번호	5700000123		사 업 장 관 리 번 호	11723247501	
납 부 할 보 험 료 (ⓐ+ⓑ+ⓒ+ⓓ+ⓔ)				300,000 원	
납 부 기 한				2024.10.10 까지	
보험료	건 강 ⓐ	원	연금 ⓒ	300,000 원	
	장기요양 ⓑ	원	고용 ⓓ	원	
	소계(ⓐ+ⓑ)	300,000 원	산재 ⓔ	원	
납기후금액		원	납기후기한	까지	

◉ 납부기한까지 납부하지 않으면 연체금이 부과됩니다.
※ 납부장소: 전 은행, 우체국, 농·수협(지역조합 포함), 새마을금고, 신협, 증권사, 산림조합중앙회, 인터넷지로(www.giro.or.kr)
※ 2D코드: GS25, 세븐일레븐, 미니스톱, 바이더웨이, 씨유에서 납부 시 이용.(우리·신한은행 현금카드만 수납가능)

2024 년 10 월 10 일

국민건강보험공단 이 사 장   수납인

자동이체 신청 납부자번호 :

자료 2.

건강 보험료		2024 년 9 월		영수증(납부자용)	
사 업 장 명	스마트문구				
사 용 자	서울시 양천구 가로공원로 66				
납부자번호	5700000123		사 업 장 관 리 번 호	11723247501	
납 부 할 보 험 료 (ⓐ+ⓑ+ⓒ+ⓓ+ⓔ)				220,000 원	
납 부 기 한				2024.10.10 까지	
보험료	건 강 ⓐ	220,000 원	연금 ⓒ	원	
	장기요양 ⓑ	원	고용 ⓓ	원	
	소계(ⓐ+ⓑ)	220,000 원	산재 ⓔ	원	
납기후금액		원	납기후기한	까지	

◉ 납부기한까지 납부하지 않으면 연체금이 부과됩니다.
※ 납부장소: 전 은행, 우체국, 농·수협(지역조합 포함), 새마을금고, 신협, 증권사, 산림조합중앙회, 인터넷지로(www.giro.or.kr)
※ 2D코드: GS25, 세븐일레븐, 미니스톱, 바이더웨이, 씨유에서 납부 시 이용.(우리·신한은행 현금카드만 수납가능)

2024 년 10 월 10 일

국민건강보험공단 이 사 장   수납인

자동이체 신청 납부자번호 :

자료설명	[10월 10일] 자료 1과 자료 2는 국민연금보험료와 국민건강보험료를 현금으로 납부한 후 발급받은 영수증이다. 각 보험료에서 50%는 급여지급 시 원천징수한 금액이며, 50%는 회사부담분이다. (단, 국민연금보험료는 "세금과공과금"으로 처리하며, 국민건강보험료는 "복리후생비"로 처리하고 있다.)
수행과제	거래자료를 입력하시오.

실습하기 작업순서

① 2024년 10월 10일 거래를 분개한다.

(차) 254. 예수금   260,000 / (대) 101. 현금   520,000
811. 복리후생비   110,000
817. 세금과공과금   150,000

② 일반전표입력 메뉴를 열어 위의 분개를 대체전표 유형으로 입력한다.

□	일	번호	구분	코드	계정과목	코드	거래처	적요	차변	대변
□	10	00001	차변	254	예수금				260,000	
□	10	00001	차변	811	복리후생비				110,000	
□	10	00001	차변	817	세금과공과금				150,000	
□	10	00001	대변	101	현금					520,000
□										
				선택 전표 소계					520,000	520,000
				합 계					520,000	520,000

실습하기 근로소득세 납부 거래

영수증서(납세자용)

납부번호					수입징수관서			
분류기호	납부연월	납부구분	세목	발행번호	세무서명	서코드	계좌번호	
0126	2410	4	14	22223333	양천세무서		235175	
성명 (상호)	스마트문구			주민등록번호 (사업자등록번호)	117-23-24750		회계연도	2024
주소 (사업장)	서울시 양천구 가로공원로 66				일반회계	기획재정부소관	조세	

연도/기분									2024년		10월			왼쪽의 금액을 한국은행 국고(수납)대리점인 은행 또는 우체국 등에 납부합니다.
세목명	납부금액													(인터넷 등에 의한 전자납부 가능)
	조	천	백	십	억	천	백	십	만	천	백	십	일	
근로소득세									9	8	0	0	0	납부기한 2024년 10월 10일
														년 월 일
														은 행 지점 (수납인)
계									9	8	0	0	0	우체국 등

				지방소득세 특별징수 납부서 및 영수필통지서		

	성명(상호명)		스마트문구			
특별 징수 의무 자	주민(법인)등록번호					
	대표자		공도윤			
	사업자등록번호		117-23-24750			
	주소(소재지)		서울 양천구 가로공원로 66			
	전 화 번 호					

귀속 2024년 9월 (지급 2024년 10월)

① 세 목	지 방 소 득 세	②신고하는 특별자치시장·특별 자치도·시·군·구	양천구청
③ 납부액	일금	구천팔백원정	

구 분	인 원	과세표준	지방소득세
④ 이자소득			
⑤ 배당소득			
⑥ 사업소득			
⑦ 근로소득	2	98,000	9,800
⑧ 연금소득			
⑨ 기타소득			
⑩ 퇴직소득			
⑪ 저축해지추징세액 등			
⑫ 비거주자 양도소득			
⑬ 법인원천	내국법인		
	외국법인		
⑭ 가감세액(조정액)			
⑮ 가산세			
계	2	98,000	9,800

위 금액을 납부 합니다 2024년 10월 10일 ○○○ 인 특별자치시장·특별자치도지사 시장·군수·구청장 귀하	위의 금액을 영수하였음을 통지합니다. 2024년 10월 10일 ○○○ 수납기관 특별자치시장·특별자치도지사 시장·군수·구청장 귀하

자료설명	[10월 10일] 9월분 급여 지급 시 공제한 근로소득세 및 지방소득세를 현금으로 납부한 후 발급받은 영수증이다.
수행과제	거래자료를 입력하시오.

🕒 실습하기 작업순서

① 2024년 10월 10일 분개를 한다.

    (차) 254. 예수금   107,800 / (대) 101. 현금   107,800

② 일반전표입력 메뉴를 열어 위의 분개를 출금전표 또는 대체전표 유형으로 입력한다.

	일	번호	구분	코드	계정과목	코드	거래처	적요	차변	대변
☐	10	00002	차변	254	예수금				107,800	
■	10	00002	대변	101	현금					107,800
☐										
			선택 전표 소계						107,800	107,800
			합 계						107,800	107,800

📑 **실습하기** 출장비 정산 거래

여비정산서

소속	영업부		직위	과장	성명	송중기
출장일정	일시	2024년 10월 12일 ~ 2024년 10월 14일				
	출장지	제주도 산업단지				
출장비 지출내역	지급받은 금액	400,000원	실제 소요액	350,000원	차액 현금반납	50,000원
	숙박비	70,000원	식비	80,000원	교통비	200,000원
	2024년 10월 15일 신청인 성명 송중기 (인)					

자료설명	1. 영업부 송중기 과장이 제주도출장 후 제출한 여비정산서이다. 　(출장비는 10월 1일에 현금으로 지급하였다.) 2. 출장비 중 실제소요액을 차감한 차액에 대하여 현금으로 회수하였다. 3. 출장비는 통합하여 "여비교통비"로 처리하기로 한다.
수행과제	거래자료를 입력하시오.

📑 **실습하기 작업순서**

① 2024년 10월 15일 분개를 한다.

(차) 812. 여비교통비 　　　　350,000　/ (대) 134. 가지급금 　　　400,000
　　101. 현금 　　　　　　　50,000　　　　(00200.송중기)

② 일반전표입력 메뉴를 열어 위의 분개를 대체전표 유형으로 입력한다.

☐	일	번호	구분	코드	계정과목	코드	거래처	적요	차변	대변
☐	15	00001	차변	812	여비교통비				350,000	
☐	15	00001	차변	101	현금				50,000	
☐	15	00001	대변	134	가지급금	00200	송중기			400,000
☐										
			선택 전표 소계						400,000	400,000
			합　계						400,000	400,000

실습하기 급여지급 거래

■ 10월 급여대장(지급일자 : 2024.10.25.)

성명	급여	국민연금	건강보험료	소득세	주민세	이체금액
송중기	2,500,000	80,000	60,000	50,000	5,000	2,305,000
한지민	2,200,000	70,000	50,000	48,000	4,800	2,027,200
합계	4,700,000	150,000	110,000	98,000	9,800	4,332,200

■ 보통예금(신한은행) 거래내역

		내용	찾으신금액	맡기신금액	잔액	거래점
번호	거래일자	계좌번호 342-56-12345			스마트문구	
1	2024-10-25	급여지급	4,332,200		×××	×××

자료설명	[10월 25일] 10월분 급여에서 공제금액을 제외한 나머지를 신한은행 보통예금 계좌에서 이체하여 납부하였다.
수행과제	거래자료를 입력하시오.

실습하기 작업순서

① 2024년 10월 25일 분개를 한다.

　(차) 801. 급여　　　　4,700,000 / (대) 254. 예수금　　　　　367,800

　　　　　　　　　　　　　　　　　　 103. 보통예금　　　　4,332,200

　　　　　　　　　　　　　　　　　 (98002.신한은행)

② 일반전표입력 메뉴를 열어 위의 분개를 대체전표 유형으로 입력한다.

□	일	번호	구분	코드	계정과목	코드	거래처	적요	차변	대변
□	25	00001	차변	801	급여				4,700,000	
□	25	00001	대변	254	예수금					367,800
□	25	00001	대변	103	보통예금	98002	신한은행			4,332,200
□										
		선택 전표 소계							4,700,000	4,700,000
		합 계							4,700,000	4,700,000

📗 실습하기   단기매매증권 매각거래

■ 보통예금(신한은행) 거래내역

번호	거래일자	내용	찾으신금액	맡기신금액	잔액	거래점
		계좌번호 342-56-12345		스마트문구		
1	2024-10-28	주식매각		3,000,000	×××	×××

자료설명	[10월 28일] 단기매매차익을 목적으로 보유하고 있던 (주)현대의 주식 1,000주(1주 취득금액 5,000원) 중 500주를 1주당 6,000원에 매각하고 대금은 신한은행 보통예금 계좌에 입금하였다.
수행과제	거래자료를 입력하시오.

📗 실습하기 작업순서

① 2024년 10월 28일 분개를 한다.

   (차) 103. 보통예금   3,000,000 / (대) 107. 단기매매증권   2,500,000

     (98002.신한은행)   906. 단기매매증권처분이익   500,000

② 일반전표입력 메뉴를 열어 위의 분개를 대체전표 유형으로 입력한다.

□	일	번호	구분	코드	계정과목	코드	거래처	적요	차변	대변
□	28	00001	차변	103	보통예금	98002	신한은행		3,000,000	
□	28	00001	대변	107	단기매매증권					2,500,000
□	28	00001	대변	906	단기매매증권처분익					500,000
□										
			선택 전표 소계						3,000,000	3,000,000
			합 계						3,000,000	3,000,000

실습하기 입금표 거래

NO___	**입 금 표** (공급받는자용)		
	서남문구		귀하

공급자	사업자 등록번호	117-23-24750		
	상 호	스마트문구	성명	공도윤
	사업장 소재지	서울 양천구 가로공원로 66		
	업 태	도매 및 소매업	종목	문구용품 외

작성일	공급대가총액	비고
2024.11.04	2,000,000	

공 급 내 역			
월/일	품명	수량	단가	금액
11.04				2,000,000

합 계	₩2,000,000
위 금액을 **영수** 함	

자료설명	[11월 4일] 서남문구에 외상매출금 2,000,000원을 현금으로 회수하고 입금표를 발행하였다.
수행과제	거래자료를 입력하시오.

실습하기 작업순서

① 2024년 11월 4일 분개를 한다.

   (차) 101. 현금　　　　　　2,000,000 / (대) 108. 외상매출금　　　　　2,000,000
                                     (00102. 서남문구)

② 일반전표입력 메뉴를 열어 위의 분개를 입금전표 또는 대체전표 유형으로 입력한다.

	일	번호	구분	코드	계정과목	코드	거래처	적요	차변	대변
☐	04	00001	차변	101	현금				2,000,000	
☐	04	00001	대변	108	외상매출금	00102	서남문구			2,000,000
☐										
				선택 전표 소계					2,000,000	2,000,000
				합　　　계					2,000,000	2,000,000

실습하기 인출금 거래

매출전표

카드종류		거래일자				
신한카드		2024.11.18. 09:21:57				
카드번호(CARD NO)						
2279-8852-1234-1234						
승인번호		금액 AMOUNT	백	천		원
202411180005467			7 2 0	0 0		0
일반	할부	부가세 V.AT				
일시불						
	TV	봉사료 CASHBACK				
거래유형						
		합계 TOTAL	7 2 0	0 0		0
가맹점명						
하이마트						
대표자명		사업자번호				
성시경		211-22-00067				
전화번호		가맹점번호				
070-765-0987		845612456				
주소						
서울 양천구 신월동 100						

상기의 거래 내역을 확인합니다.   서명   공 도 윤

자료설명	[11월 18일] 대표이사 개인 가사용으로 사용할 TV를 구입하고, 대금은 신한카드로 결제하였다.
수행과제	거래자료를 입력하시오.

실습하기 작업순서

① 2024년 11월 18일 분개를 한다.

(차) 338. 인출금   720,000 / (대) 253. 미지급금   720,000
                                        (99601.신한카드)

② 일반전표입력 메뉴를 열어 위의 분개를 대체전표 유형으로 입력한다.

	일	번호	구분	코드	계정과목	코드	거래처	적요	차변	대변
☐	18	00001	차변	338	인출금				720,000	
☐	18	00001	대변	253	미지급금	99601	신한카드			720,000
☐										
				선택 전표 소계					720,000	720,000
				합 계					720,000	720,000

5) 통장사본에 의한 거래입력, 통장잔액 확인 등

기업은 일반적으로 대금결제를 할 때 현금거래가 아닌 보통예금, 당좌예금 등의 통장거래를 이용할 때가 있다. 이를 통하여 일일자금명세(경리일보) 또는 예적금현황을 조회 및 출력할 수 있다.

실습하기 통장사본에 의한 거래입력

■ 보통예금(신한은행) 거래내역

번호	거래일자	내용	찾으신금액	맡기신금액	잔액	거래점
		계좌번호 342-56-12345 스마트문구				
1	2024-08-10	한영잡화		3,000,000	×××	×××

자료설명	한영잡화에서 신한은행 보통예금 계좌로 입금된 내역이다. 입금액 중 외상매출금은 2,500,000원이며 나머지는 주문 상품대금을 미리 받은 것이다.
수행과제	거래자료를 입력하시오.

실습하기 작업순서

① 2024년 8월 10일 분개를 한다.

(차) 103. 보통예금   3,000,000 / (대) 108. 외상매출금   2,500,000
    (98002.신한은행)   (00103.한영잡화)
                                    259. 선수금   500,000
                                    (00103.한영잡화)

② 일반전표입력 메뉴를 열어 위의 분개를 대체전표 유형으로 입력한다.

□	일	번호	구분	코드	계정과목	코드	거래처	적요	차변	대변
□	10	00001	차변	103	보통예금	98002	신한은행		3,000,000	
□	10	00001	대변	108	외상매출금	00103	한영잡화			2,500,000
□	10	00001	대변	259	선수금	00103	한영잡화			500,000
□										
		선택 전표 소계							3,000,000	3,000,000
		합 계							3,000,000	3,000,000

③ 8월 10일자로 일일자금명세(경리일보)를 조회할 수 있다.

④ 8월 10일자로 예적금현황 원장을 조회할 수 있다.

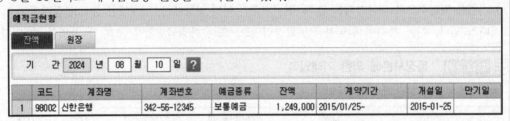

6) 어음거래

약속어음은 어음의 발행인이 수취인에게 지급기일에 어음금액을 지급할 것을 약속하는 증서이다. 어음을 수취하면 받을어음으로 회계처리하고 어음용지를 은행에서 수령하고, 약속어음을 발행하면 지급어음으로 회계처리한다.

[받을어음 회계처리]

구분	차변		대변	
어음의 수취	받을어음	×××	상품매출	×××
만기결제	당좌예금	×××	받을어음	×××
부도	부도어음과수표	×××	받을어음	×××
할인	당좌예금 매출채권처분손실	××× ×××	받을어음	×××
배서양도	외상매입금	×××	받을어음	×××

→ 어음의 수취인 경우에만 차변에 받을어음으로 회계처리하고 만기결제, 부도, 할인, 배서양도 모두 대변에 받을어음으로 회계처리한다.

실습하기 전자어음 수취 전표입력 [대체전표]

거래명세서 (공급자 보관용)

공급자	등록번호	117-23-24750			공급받는자	등록번호	122-56-12346		
	상호	스마트문구	성명	공도윤		상호	대성문구	성명	이신영
	사업장 주소	서울 양천구 가로공원로 66 (구로동)				사업장 주소	서울 강남구 강남대로 238		
	업태	도매 및 소매업	종사업장번호			업태	도매	종사업장번호	
	종목	문구용품 외				종목	문구		

거래일자	미수금액	공급가액	세액	총 합계금액
2024.08.12.		5,000,000		5,000,000

NO	월	일	품목명	규격	수량	단가	공급가액	세액	합계
1	8	12	문구세트		100	33,000	3,300,000		3,300,000
2	8	12	학생미니가방		100	17,000	1,700,000		1,700,000

전 자 어 음

스마트문구 귀하   08820240812123456789

금 사백오십만원정   4,500,000원

위의 금액을 귀하 또는 귀하의 지시인에게 지급하겠습니다.

지급기일	2024년 9월 12일	발행일 2024년 8월 12일
지 급 지	신한은행	발행지 주 소 서울 강남구 강남대로 252
지급장소	신정지점	발행인 대성문구

자료설명	[8월 12일] 대성문구에 상품 5,000,000원을 매출하고 계약금 500,000원을 제외한 나머지 대금을 전자어음으로 받았다.
수행과제	1. 거래자료를 입력하시오. 2. 자금관리정보를 입력하여 받을어음현황에 반영하시오.

실습하기 작업순서

① 2024년 8월 12일 분개를 한다.

    (차) 259. 선수금   500,000 / (대) 401. 상품매출   5,000,000

        (00101.대성문구)

        110. 받을어음   4,500,000

        (00101.대성문구)

② 일반전표입력 메뉴를 열어 위의 분개를 대체전표 유형으로 입력한다.

□	일	번호	구분	코드	계정과목	코드	거래처	적요	차변	대변
□	12	00001	차변	259	선수금	00101	대성문구		500,000	
□	12	00001	차변	110	받을어음	00101	대성문구		4,500,000	
□	12	00001	대변	401	상품매출					5,000,000
□										
				선택 전표 소계					5,000,000	5,000,000
				합　　계					5,000,000	5,000,000

③ 받을어음에 커서를 두고 오른쪽 화면 상단에 있는 기능모음(F11)▼ 중에서 자금관리 F3 을 클릭하거나 F3을 눌러 화면 하단의 받을어음 관리에서 어음의 상세정보를 정확하게 입력한다.

● 받을어음 관리								삭제(F5)
어음상태	1 보관	**어음종류**	6 전자	**어음번호**	08820240812123456789		**수취구분**	1 자수
발행인	00101 대성문구		**발행일**	2024-08-12	**만기일**	2024-09-12	배서인	
지급은행	200 신한은행	지점	신정	할인기관		지점	할인율(%)	
지급거래처				* 수령된 어음을 타거래처에 지급하는 경우에 입력합니다.				

실습하기 전자어음 수취 전표입력

전 자 어 음

스마트문구 귀하   08820240813987654321

金 삼백팔십만원정   <u>3,800,000원</u>

위의 금액을 귀하 또는 귀하의 지시인에게 지급하겠습니다.

지급기일 2024년 11월 13일   **발행일** 2024년 8월 13일
지 급 지 신한은행   **발행지**
지급장소 신정지점   **주 소** 서울 동대문구 망우로 121
                          발행인 서남문구

자료설명	[8월 13일] 서남문구에 상품 3,800,000원을 매출하고 대금은 전자어음으로 받았다.
수행과제	1. 거래자료를 입력하시오. 2. 자금관리정보를 입력하여 받을어음현황에 반영하시오.

실습하기 작업순서

① 2024년 8월 13일 분개를 한다.

　(차) 110. 받을어음　　　　3,800,000 / (대) 401. 상품매출　　　　3,800,000
　　(00102.서남문구)

② 일반전표입력 메뉴를 열어 위의 분개를 대체전표 유형으로 입력한다.

□	일	번호	구분	코드	계정과목	코드	거래처	적요	차변	대변
□	13	00001	차변	110	받을어음	00102	서남문구		3,800,000	
□	13	00001	대변	401	상품매출					3,800,000
□										
			선택 전표 소계						3,800,000	3,800,000
			합　　계						3,800,000	3,800,000

③ 받을어음에 커서를 두고 오른쪽 화면 상단에 있는 기능모음(F11) ▼ 중에서 자금관리 　F3 을 클릭하거나 F3를 눌러 화면 하단의 받을어음 관리에서 어음의 상세정보를 정확하게 입력한다.

● 받을어음 관리											삭제(F5)
어음상태	1 보관		어음종류	6 전자		어음번호	08820240813987654321			수취구분	1 자수
발 행 인	00102 서남문구			발 행 일		2024-08-13		만 기 일	2024-11-13	배 서 인	
지 급 은 행	200 신한은행		지 점 신정		할 인 기 관			지 점		할 인 율 (%)	
지급거래처						* 수령된 어음을 타거래처에 지급하는 경우에 입력합니다.					

실습하기　약속어음 수취 전표입력

약 속 어 음

스마트문구 귀하　　　　　　　　　　　자가18306678

금 이백오십만원정　　　　　　　　　　　2,500,000원

위의 금액을 귀하 또는 귀하의 지시인에게 지급하겠습니다.

지급기일　2024년 10월 15일　　　발행일　2024년 8월 15일
지 급 지　신한은행　　　　　　　발행지　경기도 고양시 일산동구 강석로 113
지급장소　신정지점　　　　　　　주　소
　　　　　　　　　　　　　　　　발행인　베스트전자

자료설명	[8월 15일] 매출처 베스트전자의 외상대금을 동점발행 약속어음으로 받았다.
수행과제	1. 거래자료를 입력하시오. 2. 자금관리정보를 입력하여 받을어음현황에 반영하시오.

실습하기 작업순서

① 2024년 8월 15일 분개를 한다.

    (차) 110. 받을어음   2,500,000 / (대) 108. 외상매출금   2,500,000

       (00107.베스트전자)   (00107.베스트전자)

② 일반전표입력 메뉴를 열어 위의 분개를 대체전표 유형으로 입력한다.

	일	번호	구분	코드	계정과목	코드	거래처	적요	차변	대변
☐	15	00001	차변	110	받을어음	00107	베스트전자		2,500,000	
☐	15	00001	대변	108	외상매출금	00107	베스트전자			2,500,000
☐										
				선택 전표 소계					2,500,000	2,500,000
				합　계					2,500,000	2,500,000

③ 받을어음에 커서를 두고 오른쪽 화면 상단에 있는 [기능모음(F11)▼] 중에서 [자금관리   F3]
을 클릭하거나 F3을 눌러 화면 하단에 있는 받을어음 관리에서 어음의 상세정보를 정확
하게 입력한다.

받을어음 관리   삭제(F5)

어음상태	1 보관	어음종류	1 약속(일반)		어음번호	자가18306678			수취구분	1 자수
발행인	00107	베스트전자		발행일		2024-08-15	만기일	2024-10-15	배서인	
지급은행	200	신한은행	지점	신정	할인기관			지점	할인율(%)	
지급거래처					* 수령된 어음을 타거래처에 지급하는 경우에 입력합니다.					

실습하기 전자어음 만기결제

■ 보통예금(신한은행) 거래내역

		내용	찾으신금액	맡기신금액	잔액	거래점
번호	거래일자	계좌번호 342-56-12345		스마트문구		
1	2024-11-13	서남문구		3,800,000	×××	×××

자료설명	[11월 13일] 보유하고 있던 서남문구 발행 어음이 만기가 되어 대금이 보통예금 계좌로 입금되었다.
수행과제	1. 거래자료를 입력하시오. 2. 자금관리정보를 입력하여 받을어음현황에 반영하시오.

실습하기 작업순서

① 2024년 11월 13일 분개를 한다.

   (차) 103. 보통예금   3,800,000 / (대) 110. 받을어음   3,800,000

     (98002.신한은행)   (00102.서남문구)

② 일반전표입력 메뉴를 열어 위의 분개를 대체전표 유형으로 입력한 후 [F3 자금관리]를 클릭하여
어음 정보를 관리한다.

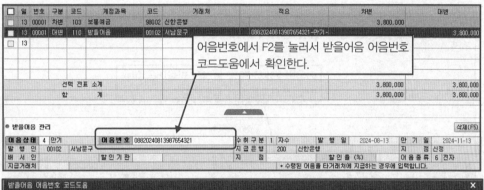

실습하기   전자어음 배서양도 전표입력

전 자 어 음

스마트문구 귀하   08820240812123456789

금 사백오십만원정   <u>4,500,000원</u>

위의 금액을 귀하 또는 귀하의 지시인에게 지급하겠습니다.

지급기일 2024년 9월 12일		**발행일** 2024년 8월 12일	
지 급 지 신한은행		**발행지**	서울 강남구 강남대로 252
지급장소 신정지점		**주 소**	
		발행인 대성문구	

자료설명	[9월 5일] 현대상사에 대한 외상대금을 일부 결제하기 위해 대성문구로부터 받은 전자어음을 배서 양도하였다.
수행과제	거래자료를 입력하시오.

실습하기 작업순서

① 2024년 9월 5일 분개를 한다.

　(차) 251. 외상매입금 　　　　4,500,000 / (대) 110. 받을어음 　　　　4,500,000

　　　(00105.현대상사) 　　　　　　　　　　　　　(00101.대성문구)

② 일반전표입력 메뉴를 열어 위의 분개를 대체전표 유형으로 입력한 후 [F3 자금관리]를 클릭하여 어음 정보를 관리한다.

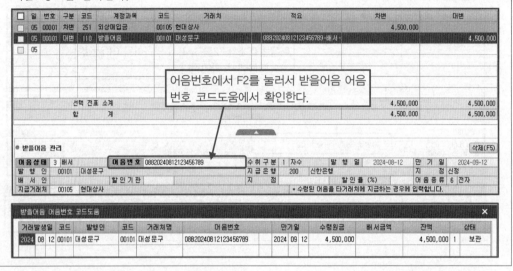

실습하기 약속어음 할인 거래 전표입력

■ 보통예금(신한은행) 거래내역

번호	거래일자	내용	찾으신금액	맡기신금액	잔액	거래점
		계좌번호 342-56-12345		스마트문구		
1	2024-09-15	어음할인		2,400,000	×××	×××

자료설명	[9월 15일] 베스트전자로부터 받아 보관 중인 약속어음을 만기일 이전에 신한은행에서 할인하고, 할인료 100,000원을 차감한 금액을 보통예금에 입금하였다. (단, 할인은 매각거래로 하며 할인율은 생략한다.)
수행과제	1. 거래자료를 입력하시오. 2. 자금관리정보를 입력하여 받을어음현황에 반영하시오.

실습하기 작업순서

① 2024년 9월 15일 분개를 한다.

(차) 103. 보통예금   2,400,000 / (대) 110. 받을어음   2,500,000

      (98002.신한은행)   (00107.베스트전자)

      936. 매출채권처분손실   100,000

② 일반전표입력 메뉴를 열어 위의 분개를 대체전표 유형으로 입력한 후 [F3 자금관리]를 클릭하여 어음 정보를 관리한다.

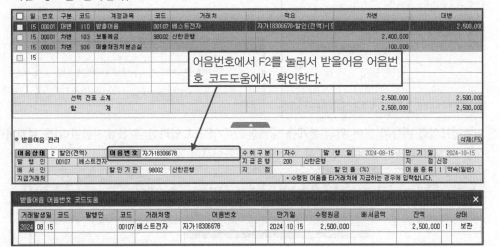

실습하기 지급어음 등록 및 발행 거래 전표입력

약 속 어 음

한영잡화 귀하   가다01234567

금 칠백만원정   **7,000,000원**

위의 금액을 귀하 또는 귀하의 지시인에게 지급하겠습니다.

지급기일 2024년 12월 16일   **발행일** 2024년 9월 16일
지 급 지 국민은행   **발행지** 서울시 양천구 가로공원로 66
지급장소 신정지점   **주 소**
                                   발행인 스마트문구

자료설명	[9월 16일] 한영잡화의 외상매입금에 대하여 약속어음을 발행하였다.
수행과제	1. 거래자료를 입력하시오. 2. 어음등록 후 자금관리정보를 입력하여 지급어음현황에 반영하시오.

🕐 **실습하기 작업순서**

① 2024년 9월 16일 분개를 한다.

(차) 251. 외상매입금   7,000,000 / (대) 252. 지급어음   7,000,000

    (00103.한영잡화)   (00103.한영잡화)

② 일반전표입력 메뉴에서 상단에 있는 [어음등록] 버튼을 클릭하여 어음을 먼저 등록한다.

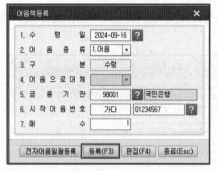

③ 일반전표입력 메뉴를 열어 위의 분개를 대체전표 유형으로 입력한 후 [F3 자금관리]를 클릭하여 어음 정보를 관리한다. 단, 반드시 만기일자는 확인하여 수정 입력한다.

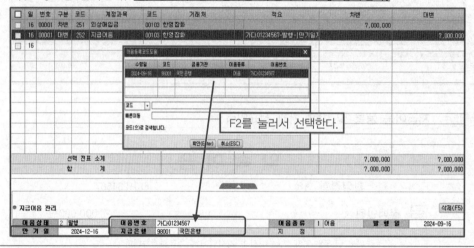

🍲 **알아두기**

지급어음 회계처리

구분	차변		대변	
지급어음 발행	상품	×××	지급어음	×××
만기결제	지급어음	×××	당좌예금	×××

03 | 전표관리(일반전표입력 수정)

◢ 01 전표수정

FAT 2급 자격증 시험에서는 이미 입력된 일반전표 중 통장거래내역과 불일치, 입력자료 누락, 회계처리된 계정과목의 오류 수정, 거래처 오류기입, 동일한 전표를 2번 입력하여 1개의 전표를 삭제하는 등의 문제가 출제된다.

🕐 실습하기 | 입력자료수정

자료설명	[9월 25일] 해당 거래는 매출거래처 영업부 직원과 식사대금 170,000원을 현금으로 지급한 거래이다.
수행과제	거래 자료를 참고하여 적절하게 수정하시오.

🕐 실습하기 작업순서

일반전표입력 메뉴를 열어 9월 25일에 811. 복리후생비 계정과목을 813. 접대비(기업업무추진비)계정과목으로 수정하고 금액도 170,000원으로 수정한다.

□	일	번호	구분	코드	계정과목	코드	거래처	적요	차변	대변
□	25	00001	차변	813	접대비(기업업무추진				170,000	
□	25	00001	대변	101	현금					170,000
□	25									
			선택 전표 소계						170,000	170,000
			합 계						170,000	170,000

실습하기 입력자료수정

** 현금영수증 **
(RECEIPT)

사업자등록번호 : 214-09-12321 김태형
사업자명 : 양천인테리어
단말기ID : 73453259(tel:02-2642-0370)
가맹점주소 : 서울특별시 양천구 목동동로 379 (목동)

현금영수증 회원번호
117-23-24750 **스마트문구**
승인번호 : **83746302** (PK)
거래일시 : 2024년 07월 20일 15시40분10초

공급금액 **560,000원**
부가세금액
총합계 **560,000원**

휴대전화, 카드번호 등록
http://현금영수증.kr
국세청문의(126)
38036925-GCA10106-3870-U490
<<<<<<이용해 주셔서 감사합니다.>>>>>>

자료설명	[7월 20일] 사무실 외벽이 너무 낡아 도색작업을 하고 대금은 현금으로 지급하고 현금영수증을 수취한 건의 금액을 착오로 잘못 입력하였다.
수행과제	거래자료를 입력하시오.

실습하기 작업순서

일반전표입력 메뉴를 열어 7월 20일에 금액 650,000원을 560,000원으로 수정한다.

☐	일	번호	구분	코드	계정과목	코드	거래처	적요	차변	대변
☐	20	00001	차변	820	수선비				560,000	
☐	20	00001	대변	101	현금					560,000
☐										
			선택 전표 소계						560,000	560,000
			합 계						560,000	560,000

실습하기 입력자료수정

영 수 증

2024/03/08

한영잡화　　　　Tel. (02)3122-6430

서울시 동작구 동작대로 103

112-85-34528

품 명	수 량	단 가	금 액
스피커			80,000

합계 : **80,000원**

감사합니다.

자료설명	관리부에서 사무실에서 사용할 스피커를 한영잡화에서 구입하고 대금은 월말에 지급하기로 하였다. 스피커는 소모품으로 회계처리하시오.
수행과제	거래자료를 입력하시오.

실습하기 작업순서

일반전표입력 메뉴를 열어 3월 8일에 830. 소모품비를 172. 소모품으로 변경하고 거래처를 베스트전자에서 한영잡화로 수정한다.

□	일	번호	구분	코드	계정과목	코드	거래처	적요	차변	대변
□	8	00001	차변	172	소모품				80,000	
□	8	00001	대변	253	미지급금	00103	한영잡화			80,000
□										
			선택 전표 소계						80,000	80,000
			합　　계						80,000	80,000

🕒 실습하기 입력자료수정

<table>
<tr><td colspan="7" align="center">거래명세서</td><td colspan="2" align="center">(공급자 보관용)</td></tr>
<tr><td rowspan="6">공급자</td><td>등록번호</td><td colspan="5">117-23-24750</td><td rowspan="6">공급받는자</td><td>등록번호</td><td colspan="4">122-56-12346</td></tr>
</table>

	등록번호	117-23-24750					등록번호	122-56-12346	
공급자	상호	스마트문구	성명	공도윤	공급받는자	상호	대성문구	성명	이신영
	사업장주소	서울 양천구 가로공원로 66				사업장주소	서울 강남구 강남대로 238		
	업태	도매 및 소매업		종사업장번호		업태	도매		종사업장번호
	종목	문구용품 외				종목	문구		

거래일자	미수금액	공급가액	세액	총 합계금액
2024.12.11.		32,000,000		32,000,000

NO	월	일	품목명	규격	수량	단가	공급가액	세액	합계
1	12	11	문구				32,000,000		32,000,000

자료설명	12월 11일 대성문구에 상품매출한 거래가 누락되어 있는 것을 확인하였다. 대금은 전액 국민은행 당좌예금계좌로 입금받았다.
수행과제	거래자료를 입력하시오.

🕒 실습하기 작업순서

일반전표입력 메뉴를 열어 12월 11일에 누락된 분개를 추가 입력한다.

☐	일	번호	구분	코드	계정과목	코드	거래처	적요	차변	대변
☐	11	00001	차변	102	당좌예금	98001	국민은행		32,000,000	
☐	11	00001	대변	401	상품매출					32,000,000
☐										
			선택 전표 소계						32,000,000	32,000,000
			합 계						32,000,000	32,000,000

04 | 결산처리와 재무제표작성

01 결산의 절차

결산이란 일 년 동안 기업의 경영활동에서 발생한 거래를 마감하고 외부정보이용자에게 정보전달을 하기 위한 수단인 재무제표를 작성하는 과정을 말한다.

1) **수동결산** → 일반전표입력 메뉴에서 12월 31일자로 입력한다.
2) **자동결산** → 결산자료입력 메뉴에서 결산정리 항목에 대한 금액을 결산반영금액란에 입력하면 자동으로 대체분개되어 결산이 완료된다. 고정자산등록 메뉴에서 등록하였던 고정자산의 감가상각비를 반영할 수 있다.
3) **손익계산서** → 손익계산서를 열어서 전표추가를 눌러 당기의 순손익을 확정하고 손익대체분개가 이루어진다.
4) **재무상태표** → 재무상태표를 열어서 결산자료를 확인한다.

[결산자료에 의한 수동결산과 자동결산 구분 및 실습]

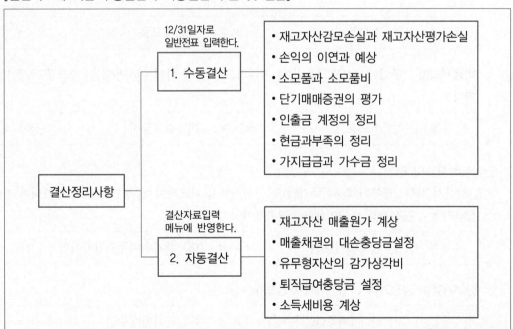

02 수동결산 항목

1) 재고자산감모손실과 재고자산평가손실

① 재고자산감모손실 : 장부상 재고수량과 실제 재고수량의 차이가 발생하였을 경우 회계처리
한다.

구분	회계처리	
정상적감모 (= 원가성이 있다.)	회계처리하지 않는다.	
비정상적감모 [수동결산] (= 원가성이 없다.)	(차) 재고자산감모손실 (대) 상품 　　(적요 8번: 타계정으로의 대체액)	××× ×××

② 재고자산평가손실 : 장부상 금액과 순실현가능액의 차이가 발생하였을 경우 회계처리한다.

[수동결산] (차) 재고자산평가손실　　×××　　(대) 상품평가충당금　　×××
　　　　　　　　(매출원가가산)　　　　　　　　　　(자산의 차감적 평가항목)

2) 소모품 미사용액과 소모품 사용액 처리

① 자산처리법 : 구입할 때 "소모품"으로 처리하고 기말에 당기 사용액을 "소모품비"로 대체
한다.

[수동결산] (차) 소모품비　　　×××　　(대) 소모품　　　×××

② 비용처리법 : 구입할 때 "소모품비"로 처리하고 기말에 차기 미사용액을 "소모품"으로 대체
한다.

[수동결산] (차) 소모품　　　×××　　(대) 소모품비　　　×××

3) 단기매매증권의 평가

기말 결산시점에서 장부가액(=취득가액)과 공정가액을 비교하여 "공정가액"으로 평가해야 한다.

① 장부가액 < 공정가액 : 단기매매증권평가이익

[수동결산] (차) 단기매매증권　　×××　　(대) 단기매매증권평가이익　×××

② 장부가액 > 공정가액 : 단기매매증권평가손실

[수동결산] (차) 단기매매증권평가손실　×××　　(대) 단기매매증권　　×××

4) 인출금계정의 정리

기업주가 개인적인 용도 또는 가사용도로 기업의 현금이나 상품 등을 사용할 경우에는 기중에는 "인출금"계정으로 회계처리하였다가 기말에 인출금 잔액을 "자본금"계정에서 차감하는 대체분개가 필요하다.

| [수동결산] (차) 자본금 | ××× | (대) 인출금 | ××× |

5) 손익의 예상과 이연

거래는 회계연도 중에 발생하였지만 거래 자체가 다음 연도로 이연(= 선급비용 또는 선수수익)되거나 당기 회계연도에 발생 또는 예상(= 미수수익 또는 미지급비용)되는 것을 회계기말에 결산분개를 만드는 것을 말한다.

구분	결산내용	결산분개
① 미수수익 (자산)	결산시점까지 이자(수익)에 대한 미수액이 있다면 결산분개한다.	[수동결산] (차) 미수수익 ××× (대) 이자수익 ××× (자산)
② 미지급비용 (부채)	결산시점까지 급여(비용)에 대한 미지급액이 있다면 결산분개한다.	[수동결산] (차) 급여 ××× (대) 미지급비용 ××× (부채)
③ 선수수익 (부채)	결산시점에서 차기(다음 연도)분의 임대료(수익)를 먼저 받은 것이 있다면 결산분개한다.	[수동결산] (차) 임대료 ××× (대) 선수수익 ××× (부채)
④ 선급비용 (자산)	결산시점에서 보험료(비용) 미경과(= 선급)분을 먼저 지급한 것이 있다면 결산분개한다.	[수동결산] (차) 선급비용 ××× (대) 보험료 ××× (자산)

알아두기

취득 시에 선급비용(자산)으로 처리한 경우

(차) 선급비용   10,000원   (대) 현금   10,000원
이 회계처리 방법은 자산처리법을 이용한 경우로서, 예를 들어 경과액 6,000원과 미경과액 4,000원이라면 경과액 6,000원을 당기비용으로 인식한다.
[수동결산] **결산분개 :** (차) 보험료   6,000원   (대) 선급비용   6,000원

6) 현금과부족의 정리

① 장부상 현금잔액 < 실제 현금잔액

| [수동결산] (차) 현금과부족 | ××× | (대) 잡이익 | ××× |

② 장부상 현금잔액 > 실제 현금잔액

> [수동결산] (차) 잡손실　　　　　×××　 (대) 현금과부족　　　×××

③ 결산일에 현금이 불일치하면 "잡손실" 또는 "잡이익"으로 바로 처리하며, 현금과부족 계정
과목은 사용하지 않는다.

7) 유동성대체

차입 당시의 비유동부채(1년을 초과하는)에 해당하는 장기차입금이 있는 경우로서 현재 결산시
점에서 미래에 상환기간이 1년 이내로 도래한 경우에는 유동부채로 볼 수 있다. 이것을 결산시
점에 회계처리를 하면 재무상태표 대변에 유동부채항목으로 표시가 되는데, 이것을 유동성장기
부채라고 한다. 반드시 차변과 대변에 거래처를 등록해주는 것을 잊지 말아야 한다.

> [수동결산] (차) 장기차입금　　　×××　 (대) 유동성장기부채　　　×××

◢ 03 자동결산 항목

1) 매출채권의 대손충당금 설정

① 합계잔액시산표상에서 매출채권(외상매출금, 받을어음)과 대손충당금의 기말잔액을 파악
한다.

② 대손추산액이 대손충당금보다 크면 "대손상각비"로 부족분을 설정하고, 대손추산액이 대손
충당금보다 작으면 "대손충당금환입"으로 초과분을 설정한다.

> ※(매출채권기말잔액×설정률) − 결산전대손충당금잔액 = 대손상각비 또는 대손충당금환입
> 　　　　　Ⓐ　　　　　　　　　　　Ⓑ
>
> [수동결산]
> Ⓐ > Ⓑ : (차) 대손상각비　×××　　(대) 대손충당금　　　×××
> Ⓐ < Ⓑ : (차) 대손충당금　×××　　(대) 대손충당금환입　×××
> 　　　　　　　　　　　　　　　　　　(판매비와관리비의 부(−)의 계정)
>
> [또는 자동결산]
> 대손충당금 추가설정액을 결산입력사항금액란에 입력하고 전표추가를 누른다.

2) 감가상각비 계상

토지, 건설중인자산, 투자부동산을 제외한 건물, 기계장치, 차량운반구, 비품 등을 사용하거나
시간의 경과 또는 기술적 진보에 따라 물리적·경제적으로 그 가치가 점차 감소되어 가는데
이러한 가치감소분을 재무상태와 경영성과에 반영시키는 절차를 감가상각이라고 한다.

> [수동결산]
> (차) 감가상각비　×××　　　　　(대) 감가상각누계액　×××

[또는 자동결산]
[F7 감가상각]을 누르면 고정자산등록에 등록되어 있는 감가상각대상 자산의 당기 감가상각비가 반영되며 결산반영을 누르면 결산반영금액란에 자동으로 반영되고 전표추가를 누른다. FAT 2급에서는 고정자산등록 메뉴가 없으므로 결산입력사항금액란에 입력하고 전표추가를 누른다.

3) 재고자산(상품매출원가)의 계상

결산자료입력 메뉴에서 기말상품재고액을 결산반영금액란에 입력한 후 전표추가를 클릭하면 상품매출원가의 분개가 일반전표입력 메뉴 12월 31일자로 자동반영된다.

[수동결산] 재고자산(상품매출원가)의 계상

수동결산을 하고자 하는 경우에는 합계잔액시산표를 12월로 열어서 상품계정 차변잔액금액(기초상품재고액 + 당기매입액)을 확인한다. 그리고 시험에서 제시한 기말상품재고액을 차감하면 매출원가 금액이 된다.

[상품매출원가 = 기초상품재고액 + 당기상품매입액 − 기말상품재고액]

금액을 산정하여 아래와 같이 일반전표입력 메뉴 12월 31일자로 직접 입력한다.

[수동결산]　　(차) 상품매출원가 ×××　　(대) 상품 ×××	
[또는 자동결산]　결산자료입력 메뉴에서 기말상품재고액을 입력하고 전표추가	

4) 퇴직급여충당부채

결산자료입력 메뉴에서 퇴직급여충당부채 설정액을 퇴직급여(전입액)란에 직접 입력하고 전표추가를 한다.

[결산자료입력 메뉴 설명]

1. **F3 전표추가** : 결산반영금액란에 금액을 입력하고 전표추가를 누르면 일반전표입력 메뉴에 결산분개가 자동으로 반영된다.

2. **F4 원가설정** : 매출원가 계정코드와 관련된 원가경비를 설정한다. FAT 2급에서 사용하는 상품매출원가는 확인을 누른다.

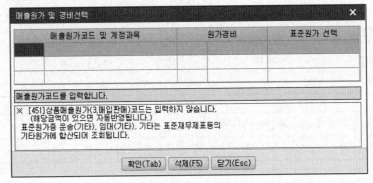

3. F7 감가상각반영 : 고정자산등록 메뉴에 입력된 유형자산 및 무형자산의 당기 감가상각비를 결산에 반영한다. F7 감가상각반영을 사용할 수도 있고 결산입력사항금액에 직접 금액을 입력하고 전표추가를 해도 되며 일반전표입력 메뉴에서 12월 31일자로 감가상각비의 분개를 직접 입력할 수도 있다.

실습하기

스마트문구의 결산을 수행하고 재무제표를 완성하시오. (단, 제시된 것 이외의 자료는 없다고 가정함)

① 손익의 예상과 이연(수동결산)

자료설명	2024년 말 보험료 중 미경과액(차기분) 900,000원을 계상하다.
수행과제	결산정리분개를 입력하여 당기순이익에 반영하시오.

② 기타 결산정리사항(수동결산)

자료설명	2024년 말 인출금을 정리하다.
수행과제	결산정리분개를 입력하여 당기순이익에 반영하시오.

③ 결산자료입력에 의한 자동결산

자료설명	받을어음에 대하여 2%의 대손충당금을 설정한다.
수행과제	결산자료입력 메뉴를 이용하여 결산을 완료하시오.

④ 결산자료입력에 의한 자동결산

자료설명	당기분 건물에 대한 감가상각비 1,200,000원, 비품에 대한 감가상각비 370,000원을 계상하다.
수행과제	결산자료입력 메뉴를 이용하여 결산을 완료하시오.

⑤ 결산자료입력에 의한 자동결산

재고자산 명세

2024년 12월 31일 현재

계정과목	품목명	수량	단가	금액
상품	문구	100개	10,000원	1,000,000원
합계				1,000,000원

자료설명	기말에 재고자산을 실사한 내역이다.
수행과제	결산자료입력 메뉴를 이용하여 결산을 완료하시오.

실습하기 작업순서

① 결산을 위해서는 합계잔액시산표(12월 31일)가 일치되어야 하는데 다음과 맞는지 확인해 본다.

합계잔액시산표

기능모음(F11)

과목별	제출용	표준용

기간 2024 년 12 월 31 일

차 변 잔 액	차 변 합 계	계 정 과 목	대 변 합 계	대 변 잔 액
106,927,960	149,180,000	◀유 동 자 산▶	42,407,040	155,000
99,347,960	141,600,000	◁당 좌 자 산▷	42,407,040	155,000
16,131,160	21,050,000	현 금	4,918,840	
42,000,000	42,000,000	당 좌 예 금		
12,566,800	29,200,000	보 통 예 금	16,633,200	
2,500,000	5,000,000	단 기 매 매 증 권	2,500,000	
5,000,000	12,000,000	외 상 매 출 금	7,000,000	
		대 손 충 당 금	120,000	120,000
3,500,000	14,300,000	받 을 어 음	10,800,000	
		대 손 충 당 금	35,000	35,000
12,650,000	12,650,000	미 수 금		
5,000,000	5,000,000	선 급 금		
	400,000	가 지 급 금	400,000	
7,580,000	7,580,000	◁재 고 자 산▷		
7,500,000	7,500,000	상 품		
80,000	80,000	소 모 품		
105,105,000	124,105,000	◀비 유 동 자 산▶	21,500,000	2,500,000
2,000,000	2,000,000	◁투 자 자 산▷		
2,000,000	2,000,000	장 기 대 여 금		
53,105,000	72,105,000	◁유 형 자 산▷	21,500,000	2,500,000
34,105,000	34,105,000	건 물		
10,500,000	25,500,000	차 량 운 반 구	15,000,000	
4,000,000	4,000,000	감 가 상 각 누 계 액	4,000,000	
8,500,000	8,500,000	비 품		
		감 가 상 각 누 계 액	2,500,000	2,500,000
50,000,000	50,000,000	◁기 타 비 유 동 자 산▷		
50,000,000	50,000,000	임 차 보 증 금		
	12,367,800	◀유 동 부 채▶	121,965,550	109,597,750
	11,500,000	외 상 매 입 금	16,000,000	4,500,000
		지 급 어 음	22,500,000	22,500,000
		미 지 급 금	46,597,750	46,597,750
	367,800	예 수 금	367,800	
	500,000	선 수 금	500,000	
		단 기 차 입 금	36,000,000	36,000,000
	720,000	◀자 본 금▶	65,995,000	65,275,000
		자 본 금	65,995,000	65,995,000
	720,000	인 출 금		-720,000
		◀매 출▶	43,800,000	43,800,000
		상 품 매 출	43,800,000	43,800,000
10,544,790	10,544,790	◀판 매 관 리 비▶		
4,700,000	4,700,000	급 여		
230,000	230,000	복 리 후 생 비		
350,000	350,000	여 비 교 통 비		
1,050,000	1,050,000	접대비(기업업무추진비)		
267,000	267,000	통 신 비		
451,750	451,750	수 도 광 열 비		
1,166,040	1,166,040	세 금 과 공 과 금		
560,000	560,000	수 선 비		
1,200,000	1,200,000	보 험 료		
250,000	250,000	차 량 유 지 비		
20,000	20,000	운 반 비		
300,000	300,000	도 서 인 쇄 비		
		◀영 업 외 수 익▶	1,500,000	1,500,000
		단 기 매 매 증 권 처 분 익	500,000	500,000
		유 형 자 산 처 분 이 익	1,000,000	1,000,000
250,000	250,000	◀영 업 외 비 용▶		
100,000	100,000	매 출 채 권 처 분 손 실		
150,000	150,000	수 수 료 비 용		
222,827,750	297,167,590	합 계	297,167,590	222,827,750

② 결산작업순서는 먼저 수동결산(① → ②) 순서대로 입력한다.

① [수동결산] 12월 31일 일반전표입력

합계잔액시산표에서 보험료 1,200,000원을 확인할 수 있다. 보험료 미경과액(차기분) 900,000원은 2024년 당기 비용이 아니므로 대변으로 소멸시켜주고, 차변은 선급비용으로 회계처리한다.

(차) 133. 선급비용　　900,000원　　　(대) 821. 보험료　　900,000원

□	일	번호	구분	코드	계정과목	코드	거래처	적요	차변	대변
□	31	00001	차변	133	선급비용				900,000	
□	31	00001	대변	821	보험료					900,000

② [수동결산] 12월 31일 일반전표입력

합계잔액시산표에서 인출금 −720,000원을 확인할 수 있다. 인출금은 반드시 자본금 계정으로 대체한다.

(차) 331. 자본금　　720,000원　　　(대) 338. 인출금　　720,000원

□	31	00002	차변	331	자본금				720,000	
□	31	00002	대변	338	인출금					720,000

③ 자동결산은 [결산/재무제표 Ⅰ ⇨ 결산자료입력] 메뉴에서 결산 일자를 "1월부터 12월"로 입력한 후 매출원가 및 경비선택 화면에서 [확인]버튼을 누른 후 진행한다. 자동결산은 (③ → ④ → ⑤) 순서대로 [결산입력사항금액]에 입력한다.

③ 합계잔액시산표에서 받을어음의 잔액과 대손충당금을 조회하여 대손충당금설정액을 계산한다.

받을어음 : 3,500,000 × 2% − 35,000 = 35,000원

방법 1 : [자동결산] 결산자료입력 메뉴의 "5) 대손상각"에서 받을어음에 35,000원을 입력한다.

방법 2 : [수동결산] 일반전표입력에 12월 31일자로 직접 입력한다.

(차) 835. 대손상각비　　35,000원　　　(대) 111. 대손충당금　　35,000원

5). 대손상각		35,000	35,000
외상매출금			
받을어음		35,000	

④ **방법 1** : [자동결산] 결산자료입력 메뉴의 "4) 감가상각비"에서 건물에 대한 감가상각비
1,200,000원, 비품에 대한 감가상각비 370,000원을 입력한다.

방법 2 : [수동결산] 12월 31일 일반전표입력

(차) 818. 감가상각비　1,570,000원　(대) 203. 건물감가상각누계액　1,200,000원
　　　　　　　　　　　　　　　　　　　 213. 비품감가상각누계액　　370,000원

4). 감가상각비			1,570,000	1,570,000
건물			1,200,000	
차량운반구				
비품			370,000	

⑤ **방법 1** : [자동결산] 1월~12월 결산자료입력

기말상품재고액 1,000,000원을 입력한 후 상단 툴바의 　전표추가(F3)　를 클릭하여 결산
분개를 생성한다.

방법 2 : [수동결산] 12월 31일 일반전표입력

(차) 451. 상품매출원가　　6,500,000원　　(대) 146. 상품　　6,500,000원

상품매출원가 = 기초상품재고액 + 당기상품매입액 – 기말상품재고액

6,500,000원 = 6,000,000원 + 1,500,000원 – 1,000,000원

2. 매출원가				6,500,000
상품매출원가			6,500,000	6,500,000
(1). 기초 상품 재고액			6,000,000	
(2). 당기 상품 매입액			1,500,000	
(10).기말 상품 재고액			1,000,000	

④ 결산입력사항금액을 모두 입력하면 반드시 상단에 　전표추가(F3)　 버튼을 클릭하여 아래와 같이
순서대로 결산분개를 일반전표에 추가한다.

 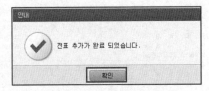

[일반전표입력 메뉴에 자동으로 반영된 결산전표 확인]

⑤ 전표추가 후에 12월 31일자로 일반전표를 조회하면 다음과 같다.

일	번호	구분	코드	계정과목	코드	거래처	적요	차변	대변
31	00001	차변	133	선급비용				900,000	
31	00001	대변	821	보험료		수동결산분개			900,000
31	00002	차변	331	자본금				720,000	
31	00002	대변	338	인출금					720,000
31	00003	결차	451	상품매출원가			01 상품매출원가 대체	6,500,000	
31	00003	결대	146	상품		자동결산분개	04 상품매출원가 대체		6,500,000
31	00004	결차	818	감가상각비			01 당기말 감가상각비계상	1,570,000	
31	00004	결대	203	감가상각누계액			04 당기감가충당금 설정		1,200,000
31	00004	결대	213	감가상각누계액			04 당기감가충당금 설정		370,000
31	00005	결차	835	대손상각비			01 외상매출금의 대손	35,000	
31	00005	결대	111	대손충당금			04 대손충당금 설정		35,000

알아두기

자동결산분개 삭제 방법

일반전표입력에서 자동결산분개를 삭제하고자 하는 경우에는 Shift + F5를 누르면 삭제할 수 있다.

04 재무제표작성하기

기업은 결산을 완료한 후 재무제표를 작성하여 회계정보이용자들에게 보고를 하여야 한다. FAT 2급은 개인기업을 중심으로 작성하며, 손익계산서를 먼저 작성하여 마감한 후 당기순손익에 대한 대체분개를 작성하여 재무상태표를 만든다.

1) 손익계산서

기업의 일정기간(1월 1일부터 12월 31일까지) 동안 발생한 수익과 비용을 활용하여 경영성과를 나타내는 동태적 보고서이다.

① 손익계산서 실습화면 보기

손익계산서		기능모음(F11)
기 간 2024 년 12 ▼ 월		

과목	제 10(당)기 [2024/01/01 ~ 2024/12/31] 금액		제 9(전)기 [2023/01/01 ~ 2023/12/31] 금액	
Ⅰ.매 출 액		43,800,000		75,900,000
상 품 매 출	43,800,000		75,900,000	
Ⅱ.매 출 원 가		6,500,000		58,600,000
상 품 매 출 원 가		6,500,000		58,600,000
기 초 상 품 재 고 액	6,000,000		3,900,000	
당 기 상 품 매 입 액	1,500,000		60,700,000	
기 말 상 품 재 고 액	1,000,000		6,000,000	
Ⅲ.매 출 총 이 익		37,300,000		17,300,000
Ⅳ.판 매 비 와 관 리 비		11,249,790		12,550,000
급 여	4,700,000		5,000,000	
복 리 후 생 비	230,000		1,300,000	
여 비 교 통 비	350,000		300,000	
접대비(기업업무추진비)	1,050,000		0	
통 신 비	267,000		0	
수 도 광 열 비	451,750		1,000,000	
세 금 과 공 과 금	1,166,040		800,000	
감 가 상 각 비	1,570,000		400,000	
임 차 료	0		1,200,000	
수 선 비	560,000		0	
보 험 료	300,000		1,200,000	
차 량 유 지 비	250,000		300,000	
운 반 비	20,000		0	
도 서 인 쇄 비	300,000		0	
소 모 품 비	0		280,000	
광 고 선 전 비	0		770,000	
대 손 상 각 비	35,000		0	
Ⅴ.영 업 이 익		26,050,210		4,750,000
Ⅵ.영 업 외 수 익		1,500,000		0
단 기 매 매 증 권 처 분 익	500,000		0	
유 형 자 산 처 분 이 익	1,000,000		0	
Ⅶ.영 업 외 비 용		250,000		130,000
이 자 비 용	0		130,000	
매 출 채 권 처 분 손 실	100,000		0	
수 수 료 비 용	150,000		0	
Ⅷ.소 득 세 차 감 전 이 익		27,300,210		4,620,000
Ⅸ.소 득 세 등		0		0
Ⅹ.당 기 순 이 익		27,300,210		4,620,000

② 손익계산서에서 오른쪽 상단에 있는 기능모음(F11) ▼ 중 추가(Ctrl + F2)버튼을 클릭하여 수익
· 비용에 대한 대체분개와 당기순손익에 대한 자본금계정에 대체분개를 한다.

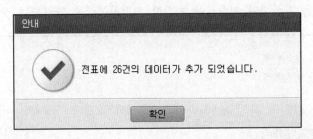

안내

✓ 전표에 26건의 데이터가 추가 되었습니다.

확인

일반전표입력 어음등록 복사(F4) 이동(Ctrl+F4) 기간입력(Ctrl+8) 기능모음(F11)

일자 2024 년 12 ▼ 월 31 일 현금잔액 16,131,160원

일	번호	구분	코드	계정과목	코드	거래처	적요	차변	대변
31	00001	대변	821	보험료					900,000
31	00002	차변	331	자본금				720,000	
31	00002	대변	338	인출금					720,000
31	00003	결차	451	상품매출원가			01 상품매출원가 대체	6,500,000	
31	00003	결대	146	상품			04 상품매출원가 대체		6,500,000
31	00004	결차	818	감가상각비			01 당기말 감가상각비계상	1,570,000	
31	00004	결대	203	감가상각누계액			04 당기감가충당금 설정		1,200,000
31	00004	결대	213	감가상각누계액			04 당기감가충당금 설정		370,000
31	00005	결차	835	대손상각비			01 외상매출금의 대손	35,000	
31	00005	결대	111	대손충당금			04 대손충당금 설정		35,000
31	00006	차변	401	상품매출			손익계정에 대체	43,800,000	
31	00006	차변	906	단기매매증권처분익			손익계정에 대체	500,000	
31	00006	차변	914	유형자산처분이익			손익계정에 대체	1,000,000	
31	00006	대변	400	손익			수익에서 대체		45,300,000
31	00007	차변	400	손익			비용에서 대체	17,999,790	
31	00007	대변	451	상품매출원가			손익계정에 대체		6,500,000
31	00007	대변	801	급여			손익계정에 대체		4,700,000
31	00007	대변	811	복리후생비			손익계정에 대체		230,000
31	00007	대변	812	여비교통비			손익계정에 대체		350,000
31	00007	대변	813	접대비(기업업무추진비)			손익계정에 대체		1,050,000
31	00007	대변	814	통신비			손익계정에 대체		267,000
31	00007	대변	815	수도광열비			손익계정에 대체		451,750
31	00007	대변	817	세금과공과금			손익계정에 대체		1,166,040
31	00007	대변	818	감가상각비			손익계정에 대체		1,570,000
31	00007	대변	820	수선비			손익계정에 대체		560,000
31	00007	대변	821	보험료			손익계정에 대체		300,000
31	00007	대변	822	차량유지비			손익계정에 대체		250,000
31	00007	대변	824	운반비			손익계정에 대체		20,000
31	00007	대변	826	도서인쇄비			손익계정에 대체		300,000
31	00007	대변	835	대손상각비			손익계정에 대체		35,000
31	00007	대변	936	매출채권처분손실			손익계정에 대체		100,000
31	00007	대변	945	수수료비용			손익계정에 대체		150,000
31	00008	차변	400	손익			당기순이익 자본에 대체	27,300,210	
31	00008	대변	331	자본금			당기순익 계상		27,300,210
31									
		선택 전표 소계							
		합 계						100,325,000	100,325,000

[손익계산서에서 전표추가 후 12월 31일 일반전표 입력된 화면]

2) 재무상태표

기업이 일정시점에 재무상태를 나타내는 정태적 보고서이며, 개인기업에서는 기초(전기)자본금
에서 당기순이익을 가산하여 인출금을 차감한 기말자본금을 파악하는 것이 중요하다.

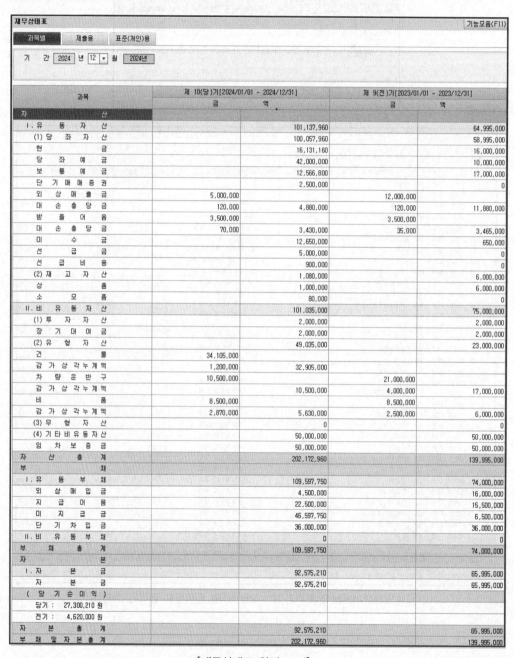

과목	제 10(당)기 [2024/01/01 ~ 2024/12/31]		제 9(전)기 [2023/01/01 ~ 2023/12/31]	
	금	액	금	액
자　　　　　　산				
Ⅰ. 유 동 자 산		101,137,960		64,995,000
(1) 당 좌 자 산		100,057,960		58,995,000
현　　　　　금		16,131,160		16,000,000
당 좌 예 금		42,000,000		10,000,000
보 통 예 금		12,566,800		17,000,000
단 기 매 매 증 권		2,500,000		0
외 상 매 출 금	5,000,000		12,000,000	
대 손 충 당 금	120,000	4,880,000	120,000	11,880,000
받 을 어 음	3,500,000		3,500,000	
대 손 충 당 금	70,000	3,430,000	35,000	3,465,000
미 수 금		12,650,000		650,000
선 급 금		5,000,000		0
선 급 비 용		900,000		0
(2) 재 고 자 산		1,080,000		6,000,000
상　　　　　품		1,000,000		6,000,000
소 모 품		80,000		0
Ⅱ. 비 유 동 자 산		101,035,000		75,000,000
(1) 투 자 자 산		2,000,000		2,000,000
장 기 대 여 금		2,000,000		2,000,000
(2) 유 형 자 산		49,035,000		23,000,000
건　　　　　물	34,105,000			
감 가 상 각 누 계 액	1,200,000	32,905,000		
차 량 운 반 구	10,500,000		21,000,000	
감 가 상 각 누 계 액		10,500,000	4,000,000	17,000,000
비　　　　　품	8,500,000		8,500,000	
감 가 상 각 누 계 액	2,870,000	5,630,000	2,500,000	6,000,000
(3) 무 형 자 산		0		0
(4) 기 타 비 유 동 자 산		50,000,000		50,000,000
임 차 보 증 금		50,000,000		50,000,000
자　산　총　계		202,172,960		139,995,000
부　　　　　　채				
Ⅰ. 유 동 부 채		109,597,750		74,000,000
외 상 매 입 금		4,500,000		16,000,000
지 급 어 음		22,500,000		15,500,000
미 지 급 금		46,597,750		6,500,000
단 기 차 입 금		36,000,000		36,000,000
Ⅱ. 비 유 동 부 채		0		0
부　채　총　계		109,597,750		74,000,000
자　　　　　　본				
Ⅰ. 자 본 금		92,575,210		65,995,000
자 본 금		92,575,210		65,995,000
(당 기 순 이 익)				
당기 : 27,300,210 원				
전기 : 4,620,000 원				
자　본　총　계		92,575,210		65,995,000
부 채 및 자 본 총 계		202,172,960		139,995,000

[재무상태표 화면 보기]

05 | 회계정보시스템 운용
(회계정보분석)

01 제장부의 조회

전표를 입력하게 되면 회계정보는 각종 제장부에 반영되어 조회할 수 있다.

1) 일/월계표

일별, 월별로 거래내역의 분개사항을 계정과목별로 집계한 메뉴이다. 현금을 수반한 거래와 현금을 수반하지 않은 거래로 나누어 각각 현금과 대체란에 반영된다.

- 차변란의 현금 : 각 계정별로 현금이 출금된 것을 의미한다.
- 차변란의 대체 : 각 계정별로 현금이 수반되지 않은 거래를 의미한다.
- 대변란의 현금 : 각 계정별로 현금이 입금된 것을 의미한다.
- 대변란의 대체 : 각 계정별로 현금이 수반되지 않은 거래를 의미한다.

① 일계표 화면보기

차	변		계 정 과 목	대	변	
계	대 체	현 금		현 금	대 체	계
34,105,000	33,500,000	605,000	[비 유 동 자 산]			
34,105,000	33,500,000	605,000	< 유 형 자 산 >			
34,105,000	33,500,000	605,000	건 물			
			[유 동 부 채]		33,500,000	33,500,000
			미 지 급 금		33,500,000	33,500,000
34,105,000	33,500,000	605,000	금 일 소 계		33,500,000	33,500,000
14,708,960		14,708,960	< 금일잔고 / 전일잔고 >	15,313,960		15,313,960
48,813,960	33,500,000	15,313,960	합 계	15,313,960	33,500,000	48,813,960

알아두기

일계표 해석방법

1. 10월 5일에 건물을 취득한 거래이며 건물취득가액 34,105,000원 중에서 605,000원을 현금으로 지급한 거래이다.
2. 현금의 〈금일잔고〉는 대변의 현금금일소계 + 대변의 전일잔고 − 차변의 현금소계로 계산한다.

② 월계표 화면보기

일/월계표						계정과목코드보기(F3)	기능모음(F11) ▼

일계표 **월계표**

조회기간 2024 년 03 ▼ 월 ~ 2024 년 03 ▼ 월

차	변		계 정 과 목	대	변	
계	대 체	현 금		현 금	대 체	계
80,000	80,000		[유 동 자 산]			
80,000	80,000		< 재 고 자 산 >			
80,000	80,000		소 모 품			
			[유 동 부 채]		80,000	80,000
			미 지 급 금		80,000	80,000
420,000		420,000	[판 매 관 리 비]			
120,000		120,000	복 리 후 생 비			
300,000		300,000	도 서 인 쇄 비			
500,000	80,000	420,000	금 월 소 계		80,000	80,000
17,080,000		17,080,000	< 금월잔고 / 전월잔고 >	17,500,000		17,500,000
17,580,000	80,000	17,500,000	합 계	17,500,000	80,000	17,580,000

소모품을 더블클릭하면 상세 분개내역을 볼 수 있다.

2) 적요별원장

회계상 거래가 발생하여 전표를 입력할 때 해당 거래에 대한 적요를 반영하게 된다. 이에 적요별로 [잔액], [내용]탭으로 구성되어 있다. 분개유형(0. 전체, 1. 현금, 2. 대체, 3. 결산), 해당 계정과목, 적요코드를 선택하여 적요별로 조회하는 원장이며 기간별로 거래를 조회 및 출력할 수 있다. 또한 전표수정도 가능하며 계정과목 및 적요등록, 일반전표입력, 매입매출전표입력, 계정별원장, 전기분 재무제표와도 연관이 있다.

3) 계정별원장

각 계정과목별로 거래내역을 세부적으로 기록한 장부이다.

11월 1일 ~ 11월 30일 '108.외상매출금'이 감소된 금액은 얼마인가?

[해설] '108.외상매출금'은 자산에 해당하는 계정과목이고 대변요소가 감소금액을 나타내어 정답은 2,000,000원이 된다.

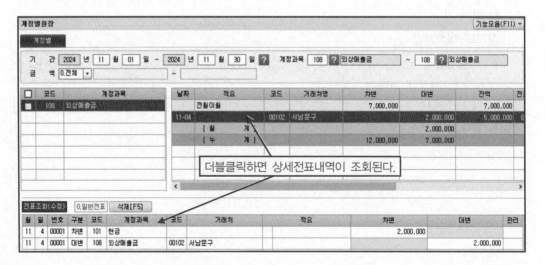

계정별원장										기능모음(F11) ▼

계정별

기 간 2024 년 11 월 01 일 ~ 2024 년 11 월 30 일 ? 계정과목 108 ? 외상매출금 ~ 108 ? 외상매출금
금 액 0.전체 ▼ ~

☐	코드	계정과목	날짜	적요	코드	거래처명	차변	대변	잔액	전
☐	108	외상매출금		전월이월			7,000,000		7,000,000	
			11-04		00102	서남문구		2,000,000	5,000,000	0
				[월 계]				2,000,000		
				[누 계]			12,000,000	7,000,000		

더블클릭하면 상세전표내역이 조회된다.

전표조회(수정) 0.일반전표 삭제[F5]

월	일	번호	구분	코드	계정과목	코드	거래처	적요	차변	대변	관리
11	4	00001	차변	101	현금				2,000,000		
11	4	00001	대변	108	외상매출금	00102	서남문구			2,000,000	

4) 거래처원장

당기(1월 ～ 12월) 거래처별 '253.미지급금' 잔액이 가장 많은 거래처명과 코드를 조회하시오.

[해설] '253.미지급금'은 계정과목을 나타내지만 질문의 핵심이 거래처명과 코드이므로 거래처
원장을 조회하면 정답은 잔액금액이 가장 많은 00104.행복물산이 된다.

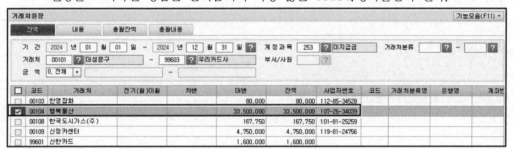

거래처원장

기능모음(F11) ▾

잔액	내용	총괄잔액	총괄내용

기 간 2024 년 01 월 01 일 ~ 2024 년 12 월 31 일 ? 계 정 과 목 253 ? 미지급금 거래처분류 [ ] ? ~ [ ] ?
거래처 00101 ? 대성문구 ~ 99603 ? 우리카드사 부서/사원 [ ] ?
금 액 0.전체 ▾ [ ] ~ [ ]

□	코드	거래처	전기(월)이월	차변	대변	잔액	사업자번호	코드	거래처분류명	은행명	계좌번
□	00103	한영잡화			80,000	80,000	112-85-34528				
☑	00104	행복물산			33,500,000	33,500,000	107-26-34039				
□	00108	한국도시가스(주)			167,750	167,750	101-81-25259				
□	00109	신정카센터			4,750,000	4,750,000	119-81-24756				
□	99601	신한카드			1,600,000	1,600,000					

5) 전표출력

일반전표입력 메뉴에서 입력된 내용을 모두 출력해주는 메뉴이다.

전표출력

전표정렬(F7) 전표집계표(F4) 기능모음(F11)

기 간 2024 년 01 월 01 일 ~ 2024 년 12 월 31 일 ? 구 분 0.전체 ▾ 유 형 00.전체 ▾
전표번호 00001 ~ 99999 부서/사원 처음 ? [ ] ~ 끝 ? [ ]
현 장 처음 ? [ ] ~ 끝 ? [ ] 프로젝트 처음 ? [ ] ~ 끝 ? [ ]

□	전표일자	전표번호	구분	코드	계정과목명	차변	대변	코드	거래처명	적요	코드	부서/사원명
□	2024-01-11	00001	입금	401	상품매출		3,000,000					
□	2024-02-22	00001	출금	146	상품	1,500,000						
□	2024-03-03	00001	출금	811	복리후생비(판)	120,000						
□	2024-03-08	00001	대체	172	소모품	80,000						
□	2024-03-08	00001	대체	253	미지급금		80,000	00103	한영잡화			
□	2024-03-18	00001	출금	826	도서인쇄비(판)	300,000						
□	2024-04-11	00001	대체	813	접대비(기업업무추진비)(판)	880,000						
□	2024-04-11	00001	대체	253	미지급금		880,000	99601	신한카드			
□	2024-06-30	00001	출금	817	세금과공과금(판)	451,040						
□	2024-07-15	00001	대체	814	통신비(판)	267,000						
□	2024-07-15	00001	대체	103	보통예금		267,000	98002	신한은행			
□	2024-07-20	00001	대체	820	수선비(판)	560,000						
□	2024-07-20	00001	대체	101	현금		560,000					
□	2024-07-22	00001	출금	817	세금과공과금(판)	565,000						
□	2024-08-01	00001	대체	821	보험료(판)	1,200,000						
□	2024-08-01	00001	대체	103	보통예금		1,200,000	98002	신한은행			
□	2024-08-05	00001	대체	815	수도광열비(판)	284,000						
□	2024-08-05	00001	대체	103	보통예금		284,000	98002	신한은행			

6) 분개장

3월(3/1~3/31) 동안의 전표 중 '전표: 1.일반, 선택: 1.출금' 전표의 건수는?

[해설] 분개장에서 조회하면 정답은 2건이 된다.

분개장

기능모음(F11) ▾

기 간 2024 년 03 월 01 일 ~ 2024 년 03 월 31 일 ? 전 표 1.일반 ▾ 선 택 1.출금 ▾
부 서 [ ] ? ~ [ ] ? 사 원 [ ] ? ~ [ ] ?

□	일자	전표번호	구분	코드	계정과목	차변	대변	코드	거래처	코드	적요	코드	신용카
■	2024-03-03	00001	출금	811	복리후생비 (판)	120,000							
□	2024-03-03	00001	출금	101	현금		120,000						
□	2024-03-18	00001	출금	826	도서인쇄비 (판)	300,000							
□	2024-03-18	00001	출금	101	현금		300,000						

7) 총계정원장

당기(1/1~12/31)에 '401.상품매출'이 가장 큰 월과 가장 작은 월의 차이금액은 얼마인가?

[해설] 가장 큰 12월과 가장 작은 1월을 조회하면 차이(32,000,000원 - 3,000,000원)금액은 29,000,000원이 된다.

코드	계정과목	날짜	차변	대변	잔액
401	상품매출	[전기이월]			
		2024년 01월		3,000,000	3,000,000
		2024년 02월			3,000,000
		2024년 03월			3,000,000
		2024년 04월			3,000,000
		2024년 05월			3,000,000
		2024년 06월			3,000,000
		2024년 07월			3,000,000
		2024년 08월		8,800,000	11,800,000
		2024년 09월			11,800,000
		2024년 10월			11,800,000
		2024년 11월			11,800,000
		2024년 12월	43,800,000	32,000,000	
		[합 계]	43,800,000	43,800,000	

8) 현금출납장

당기(1/1~12/31)에 현금출금액은 얼마인가?

[해설] 출금누계액을 조회하면 4,918,840원이 된다.

전표일자	코드	적요명	코드	거래처명	입금	출금	잔액
2024-08-06						20,000	15,483,960
		[일 계]				20,000	
		[월 계]				20,000	
		[누 계]			19,000,000	3,516,040	
2024-09-25						170,000	15,313,960
		[일 계]				170,000	
		[월 계]				170,000	
		[누 계]			19,000,000	3,686,040	
2024-10-05						605,000	14,708,960
		[일 계]				605,000	
2024-10-10						520,000	
2024-10-10						107,800	14,081,160
		[일 계]				627,800	
2024-10-15					50,000		14,131,160
		[일 계]			50,000		
		[월 계]			50,000	1,232,800	
		[누 계]			19,050,000	4,918,840	
2024-11-04					2,000,000		16,131,160
		[일 계]			2,000,000		
		[월 계]			2,000,000		
		[누 계]			21,050,000	4,918,840	

02 자금정보 조회(금융/자금관리)

기업에서 자금관리는 자금의 유입과 유출의 흐름을 파악할 수 있는 것뿐만 아니라 장래의 자금계획을 수립할 수 있는 기본적인 예산관리를 위한 방법이라고 할 수 있다.

1) 일일자금명세(경리일보)

기업의 경영활동 중 발생한 현금, 당좌예금, 보통예금, 현금성자산, 받을어음, 지급어음, 단기차입금, 장기차입금 등 매일의 자금 증감내역(경리내역을 포함)을 나타내는 명세서이다.
6월 30일의 '받을어음'의 당일잔액은 얼마인가?
[해설] 정답은 3,500,000원이 된다.

일일자금명세 (경리일보)						경리일보(F8)	기능모음(F11)
일 자 2024 년 06 월 30 일 ? 자금항목 0. 전체 ▼ 일일거래 구분 0. 전체 ▼ < 06월30일 >							
일일거래	세 금 과 공 과 금			451,040			
계	전일현금:17,080,000			451,040		당일현금:16,628,960	
구분	은행	전일잔액	당일증가	당일감소	당일잔액	한도잔액	계좌번호
당좌예금	초기미사용거래처	10,000,000			10,000,000	10,000,000	
계		10,000,000			10,000,000	10,000,000	
구분	은행	전일잔액	당일증가	당일감소	당일잔액	계좌계설점	계좌번호
보통예금	초기미사용거래처	17,000,000			17,000,000		
계		17,000,000			17,000,000		
<현금등가물>		44,080,000		451,040	43,628,960		
구분	거래처	전일잔액	당일증가	당일감소	당일잔액	어음번호	만기일
받을어음	행복물산	1,000,000			1,000,000	0042023100512345 6789	2024-03-05
	현대상사	2,500,000			2,500,000	자가00071692	2024-03-11
계		3,500,000			3,500,000		
구분	거래처	전일잔액	당일증가	당일감소	당일잔액	어음번호	만기일
지급어음	베스트전자	15,500,000			15,500,000	자가78945612	2024-02-25
계		15,500,000			15,500,000		
<자금>		19,000,000			19,000,000		
구분	차입거래처	총상환액	당일상환액	당일잔액	총대출액	차입금번호	차입거래처계좌번호
단기차입금	신한은행			36,000,000	36,000,000		342-56-12345
계				36,000,000	36,000,000		
구분	차입거래처	총상환액	당일상환액	당일잔액	총대출액	차입금번호	차입거래처계좌번호
계							
<차입금>				36,000,000	36,000,000		

[일일자금명세 화면보기]

2) 예적금현황

12월 말 국민은행 보통예금 잔액은 얼마인가?
[해설] 정답은 32,000,000원이 된다.

예적금현황											기능모음(F11) ▼
잔액 원장											
기 간 2024 년 12 월 31 일 ?											
	코드	계좌명	계좌번호	예금종류	잔액	계약기간	개설일	만기일	수령액/한도액	코드	금융기관	계좌 개설점
1	98001	국민은행	804601-02-100265	당좌예금	32,000,000	2015/01/25-	2015-01-25				
2	98002	신한은행	342-56-12345	보통예금	-4,433,200	2015/01/25-	2015-01-25				
3											

3) 받을어음현황

당기에 배서양도한 거래처명은 무엇인가?

[해설] 정답은 대성문구이다.

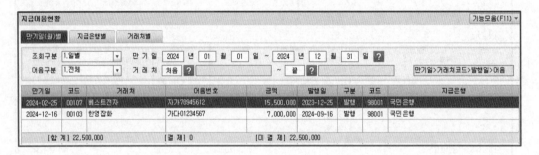

4) 지급어음현황

당기에 미결제 금액은 얼마인가?

[해설] 정답은 22,500,000원이다.

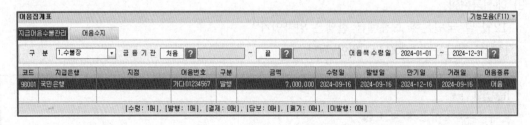

5) 어음집계표

당기에 '지급어음수불관리'에서 발행된 매수는 몇 매인가?

[해설] 정답은 1매이다.

코드	지급은행	지점	어음번호	구분	금액	수령일	발행일	만기일	거래일	어음종류
98001	국민은행		가다-01234567	발행	7,000,000	2024-09-16	2024-09-16	2024-12-16	2024-09-16	어음

[수령: 1매], [발행: 1매], [결제: 0매], [담보: 0매], [폐기: 0매], [미발행: 0매]

03 재무비율 분석

기업이 경영활동을 통해서 얻은 재무제표를 가지고 각 항목들 사이의 비율을 산출하여 기업의 재무상태와 경영성과 등을 파악하는 기법을 말한다. FAT 2급에서는 간단하게 비율분석 문제가 출제된다.

1) 분석자료에 의한 분류

① 정태비율 : 일정시점을 기준으로 한 재무자료에 기초하여 계산된 재무비율로서 재무상태표 비율이라고도 한다.

② 동태비율 : 일정기간을 기준으로 한 재무자료에 기초하여 계산된 재무비율로서 손익계산서 비율이라고도 한다.

2) 분석방법에 의한 분류

① 관계비율 : 재무제표상의 두 항목을 대응시켜 측정되는 재무비율로서 흔히 항목비율이라고도 부른다.

② 구성비율 : 총자산 또는 매출액에서 각 항목이 차지하는 비중을 비율로 나타낸 재무비율로서 공통형 재무상태표와 공통형 손익계산서에서 각 항목의 구성비율을 의미한다.

3) 분석목적에 의한 분류

① 유동성비율 : 기업이 채무를 지고 있을 때 단기간에 채무를 지급할 수 있는 능력을 측정하는 비율을 말한다. 주요 유동성비율의 예를 들면 다음과 같다.

종류	비율의 계산식	종류	비율의 계산식
유동비율	$\dfrac{유동자산}{유동부채}$	당좌비율	$\dfrac{(유동자산 - 재고자산)}{유동부채}$

② 자본구조비율 : 부채의존도를 나타내는 것으로 장기채무지급능력을 측정하는 비율이다. 주요 자본구조비율은 다음과 같다.

종류	비율의 계산식	종류	비율의 계산식
부채비율	$\dfrac{총부채}{자기자본}$ 또는 $\dfrac{총부채}{총자본}$	자기자본 비율	$\dfrac{자기자본}{총자본}$

③ 효율성비율 : 보유자산의 이용효율성을 측정하는 비율이다. 주요 효율성비율은 다음과 같다.

종류	비율의 계산식	비율의 내용
매출채권 회수기간	• 매출채권회전율 : $$\frac{매출액}{(전기매출채권 + 당기매출채권) \div 2}$$ • 평균회수기간 : 365일 ÷ 매출채권회전율	매출채권의 회전속도 측정
재고자산 회수기간	• 재고자산회전율 : $$\frac{매출원가}{(전기재고자산 + 당기재고자산) \div 2}$$ • 평균회수기간 : 365일 ÷ 재고자산회전율	재고자산의 현금화 속도 측정
비유동자산 회전율	$$\frac{매출액}{(전기비유동자산 + 당기비유동자산) \div 2}$$	고정자산의 효율적인 이용 측정
총자산 회전율	$$\frac{매출액}{(전기총자산 + 당기총자산) \div 2}$$	총자산의 효율적인 이용 측정

④ 수익성비율 : 매출 또는 투자에 대한 수익성을 나타내는 것으로 경영의 총괄적 효율성을 측정하려는 비율을 말한다. 주요 수익성비율은 다음과 같다.

종류	비율의 계산식	종류	비율의 계산식
매출 총이익률	$$\frac{매출총이익}{매출액}$$	매출액 영업이익률	$$\frac{영업이익}{매출액}$$
매출액 순이익률	$$\frac{순이익}{매출액}$$	총자산 수익률	$$\frac{순이익}{총자산}$$

⑤ 성장성비율 : 기업의 외형 및 수익의 성장가능성을 측정하는 비율을 말한다. 주요 성장성비율은 다음과 같다.

종류	비율의 계산식	비율의 내용
총자산증가율	$\dfrac{(\text{기말총자산} - \text{기초총자산})}{\text{기초총자산}}$	기업에 투자하여 운용된 총자산이 그 해에 얼마나 증가했는지를 측정한다.
매출액증가율	$\dfrac{(\text{당기매출액} - \text{전기매출액})}{\text{전기매출액}}$	기업의 외형적 신장세를 나타내는 대표적인 비율이다.
자기자본증가율	$\dfrac{(\text{기말자기자본} - \text{기초자기자본})}{\text{전기말 자기자본}}$	내부유보 또는 유상증자 등에 의한 자기자본의 증가를 측정한다.

⑥ 생산성비율 : 생산요소의 성과를 측정하는 비율이다. 주요 생산성비율은 다음과 같다.

종류	비율의 계산식	비율의 내용
부가가치율	$\dfrac{\text{부가가치}}{\text{매출액}}$	매출액 중 생산활동에 참여한 생산요소에 귀속되는 소득의 비율을 나타낸다.
자본생산성	$\dfrac{\text{부가가치}}{\text{총자본}}$	생산성 측정의 대표적인 비율이다. 부가가치를 설비투자로 나눈 설비투자효율이 보조비율로 이용된다.
노동생산성	$\dfrac{\text{부가가치}}{\text{종업원수}}$	노동력 한 단위당 성과를 나타내는 지표로 종업원 1인당 부가가치이다.

⑦ 시장가치비율 : 주식시장에서의 평가를 측정하는 비율이다. 주요 시장가치비율은 다음과 같다.

종류	비율의 계산식	비율의 내용
주당이익 (EPS)	$\dfrac{(\text{당기순이익} - \text{우선주배당금})}{\text{평균발행주식수}}$	예상주당이익과 현재의 주가는 매우 상관도가 높으므로 이의 예측이 중요하다.
주가수익비율 (PER)	$\dfrac{\text{현재의 주가}}{\text{주당이익}}$	주식가격의 고저를 판단하는 대표적인 비율로 기업의 자기자본비용 대용치로 이용된다.

자료 조회 문제풀이

[1] [일/월계표] 스마트문구의 9월 한 달간의 접대비(기업업무추진비) 현금 지출액은 얼마인가?

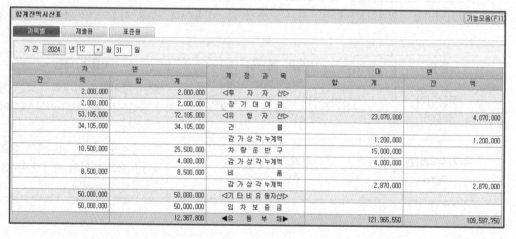

일/월계표　　　　　　　　　　　　　　　　계정과목코드보기(F3)　기능모음(F11)

일계표　｜　월계표

조회기간 2024 년 09 ▼ 월 ~ 2024 년 09 ▼ 월

차변			계정과목	대변		
계	대체	현금		현금	대체	계
7,400,000	7,400,000		[유 동 자 산]		12,000,000	12,000,000
7,400,000	7,400,000		< 당 좌 자 산 >		12,000,000	12,000,000
2,400,000	2,400,000		보 통 예 금		5,000,000	5,000,000
			받 을 어 음		7,000,000	7,000,000
5,000,000	5,000,000		선 급 금			
4,500,000	4,500,000		[비 유 동 자 산]			
4,500,000	4,500,000		< 유 형 자 산 >			
4,500,000	4,500,000		차 량 운 반 구			
11,500,000	11,500,000		[유 동 부 채]		11,917,750	11,917,750
11,500,000	11,500,000		외 상 매 입 금			
			지 급 어 음		7,000,000	7,000,000
			미 지 급 금		4,917,750	4,917,750
587,750	417,750	170,000	[판 매 관 리 비]			
170,000		170,000	접대비(기업업무추진비)			
167,750	167,750		수 도 광 열 비			
250,000	250,000		차 량 유 지 비			
100,000	100,000		[영 업 외 비 용]			
24,087,750	23,917,750	170,000	금 월 소 계		23,917,750	23,917,750
15,313,960		15,313,960	< 금월잔고 / 전월잔고 >	15,483,960		15,483,960
39,401,710	23,917,750	15,483,960	합 계	15,483,960	23,917,750	39,401,710

[2] [합계잔액시산표] 스마트문구의 12월 31일 현재까지 유형자산의 미상각잔액(장부금액)은 얼마인가?

합계잔액시산표　　　　　　　　　　　　　　　　　　　　기능모음(F11)

과목별　｜　제출용　｜　표준용

기간 2024 년 12 ▼ 월 31 일

차변		계정과목	대변	
잔액	합계		합계	잔액
2,000,000	2,000,000	◁투 자 자 산▷		
2,000,000	2,000,000	장 기 대 여 금		
53,105,000	72,105,000	◁유 형 자 산▷	23,070,000	4,070,000
34,105,000	34,105,000	건 물		
		감 가 상 각 누 계 액	1,200,000	1,200,000
10,500,000	25,500,000	차 량 운 반 구	15,000,000	
	4,000,000	감 가 상 각 누 계 액	4,000,000	
8,500,000	8,500,000	비 품		
		감 가 상 각 누 계 액	2,870,000	2,870,000
50,000,000	50,000,000	◁기 타 비 유 동 자 산▷		
50,000,000	50,000,000	임 차 보 증 금		
	12,367,800	◀유 동 부 채▶	121,965,550	109,597,750

[3] [계정별원장] 11월 30일 현재 외상매출금 잔액은 얼마인가?

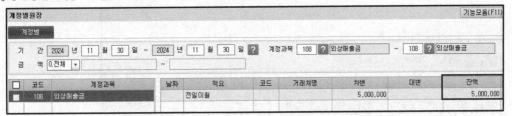

[4] [거래처원장] 8월 1일부터 12월 31일까지 외상매입금 상환액이 가장 많은 거래처와 상환금액은?

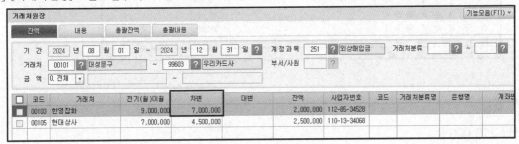

[5] [총계정원장] 스마트문구의 현금잔액을 확인하여 10월 잔액과 11월 잔액을 비교하였을 때 증가분은 얼마인가?

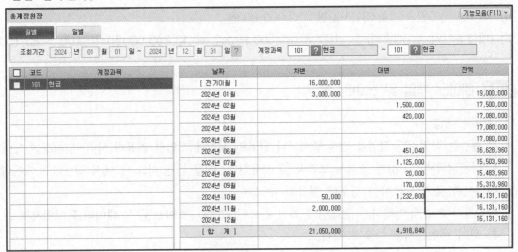

[6] [손익계산서] 스마트문구의 당기 매출총이익률은 몇 %인가?

손익계산서			

기 간 2024 년 12 ▼ 월

과목별	제출용	표준(개인)용

과목	제 10(당)기 [2024/01/01 ~ 2024/12/31]	
	금액	
Ⅰ. 매　　출　　액		43,800,000
상　품　매　출	43,800,000	
Ⅱ. 매　　출　　원　　가		6,500,000
상　품　매　출　원　가		6,500,000
기　초　상　품　재　고　액	6,000,000	
당　기　상　품　매　입　액	1,500,000	
기　말　상　품　재　고　액	1,000,000	
Ⅲ. 매　　출　　총　　이　　익		37,300,000
Ⅳ. 판　매　비　와　관　리　비		11,249,790

해설

[1] 170,000원

[2] 53,105,000원

[3] 5,000,000원

[4] 한영잡화 7,000,000원

[5] 16,131,160원 − 14,131,160원 = 2,000,000원

[6] (매출총이익 ÷ 매출액) × 100 = (37,300,000원 ÷ 43,800,000원) × 100 = 85.15%

◢04 데이터 백업 및 데이터 복구

1) 데이터 백업

본 메뉴는 작업자가 작업을 진행 중이거나 완료한 시점에 작업자 컴퓨터(서버)에 저장된 데이터를 다른 컴퓨터(서버)에 옮겨서 보관할 때 사용한다. 예를 들면 학교 PC에서 집 PC로 데이터를 백업시켜 옮기고자 하는 경우에 활용할 수 있다.

학습자가 손쉽게 이해하기 위해서 작업이 완료된 [1000. 스마트문구] 데이터를 백업시켜 보도록 하며 백업순서는 다음과 같다.

① 먼저, 작업된 모든 메뉴를 종료한다.

② 다음과 같은 백업메뉴를 선택한다.

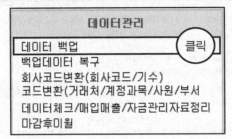

③ 백업하려고 하는 회사의 [회계, 물류, 법인개인]에 체크를 하고 백업하기를 누른다.

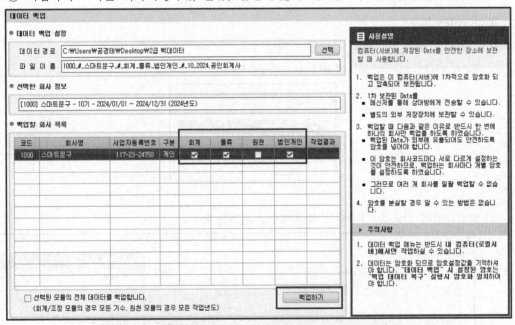

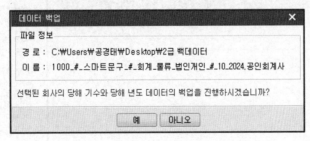

④ 백업이 성공한 후에 작업자가 원하는 위치를 경로 설정한다. USB에도 저장이 가능하다.

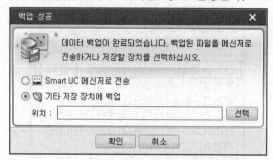

⑤ 작업결과가 "성공"인지를 확인한 후 백업받은 위치에서 백업파일을 확인할 수 있다.

2) 백업데이터 복구

이미 백업해 놓은 데이터를 복구하는 방법이다.

① 먼저, [데이터관리] ⇨ [백업데이터 복구] 메뉴를 선택한다.

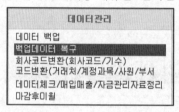

② 백업데이터 경로를 선택하고 복구하기를 선택한다.

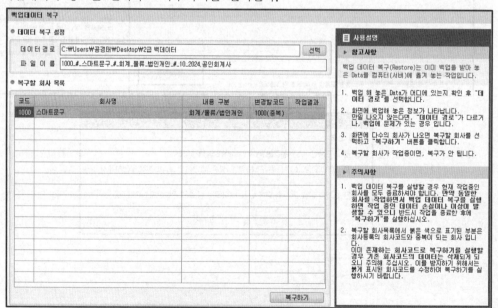

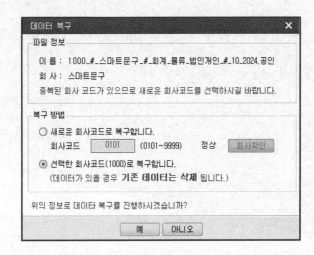

③ [데이터 복구] 화면에서 새로운 회사코드로 복구할지와 기존 회사의 데이터에 새로운 데이터를 덮어쓸지를 선택하고 [예]를 누른다. 기존 회사의 데이터에 새로운 데이터를 덮어쓰면 기존 데이터는 복구가 불가능하다는 것에 유의한다.

④ 백업데이터 복구가 완료되면 작업결과에 백업데이터 복구가 [성공]으로 나타난다.

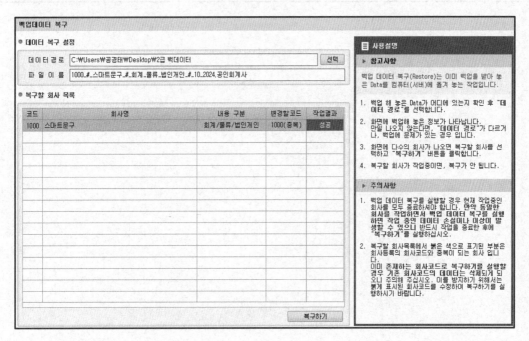

03

FAT(회계실무) 2급 기출문제
(이론 + 실무)

01 | FAT 2급 52회 기출문제(이론 + 실무)

✦ 실무이론평가 ✦

※ 아래 문제에서 특별한 언급이 없으면 기업의 보고기간(회계기간)은 매년 1월 1일부터 12월 31일까지입니다. 또한 기업은 일반기업회계기준 및 관련 세법을 계속적으로 적용하고 있다고 가정하고 물음에 가장 합당한 답을 고르시기 바랍니다.

01 재무제표의 기본요소에 대한 설명으로 옳지 않은 것은?

① 자산은 미래에 경제적 효익을 창출할 것으로 기대되는 자원이다.
② 부채는 미래에 자원의 유입이 예상되는 권리이다.
③ 부채는 기업실체가 현재 시점에서 부담하여야 하는 경제적 의무이다.
④ 자산은 현재 기업실체에 의해 지배되어야 한다.

02 다음의 오류가 당기 손익계산서에 미치는 영향으로 옳은 것은?

| 기말 재고자산을 150,000원으로 계상하였으나 정확한 기말재고금액은 120,000원이다. |

	매출원가	당기순이익			매출원가	당기순이익
①	과대	과대		②	과대	과소
③	과소	과소		④	과소	과대

03 다음 자료를 토대로 단기매매증권의 취득원가를 계산하면 얼마인가?

| 3월 1일 (주)한공의 주식 100주를 1주당 8,000원(액면금액 5,000원)에 구입하고, 취득부대비용 30,000원을 포함한 금액을 지급하였다. |

① 500,000원   ② 530,000원
③ 800,000원   ④ 830,000원

04 다음 자료를 토대로 2024년 회계연도 결산 시 기계장치의 감가상각비는 얼마인가?

• 취득시점 : 2024년 1월 1일	• 기계장치금액 : 6,000,000원
• 감가상각방법 : 정률법	• 내용연수 : 5년(상각률 0.45)

① 1,200,000원   ② 1,600,000원   ③ 2,700,000원   ④ 3,600,000원

05 다음 자료에 의하여 순매출액을 계산하면 얼마인가?

• 총매출액	90,000원	• 매출에누리와 환입	10,000원
• 매출할인	5,000원	• 매출 운반비	8,000원

① 100,000원   ② 90,000원   ③ 75,000원   ④ 67,000원

06 손익계산서 작성기준으로 옳지 않은 것은?

① 유동성배열법   ② 발생주의
③ 수익과 비용항목의 구분표시   ④ 수익·비용 대응의 원칙

07 다음 중 유형자산에 대한 설명을 틀리게 말한 사람은 누구인가?

① 주아   ② 우용   ③ 현서   ④ 재준

08 다음 자료를 토대로 계산한 재고자산의 취득원가는 얼마인가?

• 상품 매입금액	500,000원	• 매입운반비	8,000원
• 매출운반비	60,000원	• 광고선전비	20,000원

① 500,000원   ② 508,000원

③ 568,000원   ④ 588,000원

09 다음 자료의 항목 중 재무상태표에 표시될 현금 및 현금성자산의 합계액은 얼마인가?

• 현금	100,000원	• 당좌차월	150,000원
• 타인발행수표	300,000원	• 보통예금	500,000원
• 1년 만기 정기예금	400,000원		

① 600,000원   ② 900,000원

③ 1,050,000원   ④ 1,450,000원

10 다음 중 결산정리사항에 해당하지 않는 것은?

① 차입금의 상환   ② 감가상각비의 계상

③ 대손충당금의 계상   ④ 미수이자의 계상

÷ 실무수행평가 ÷

※ 헤이마마(회사코드 4152)는 댄스복을 도·소매하는 개인기업으로 회계기간은 제7기(2024.1.1. ~ 2024.12.31.)이다. 제시된 자료와 [자료설명]을 참고하여, [수행과제]를 완료하고 [평가문제]의 물음에 답하시오.

─── 〈실무수행 유의사항〉 ───

1. 타계정 대체와 관련된 적요는 반드시 코드를 입력하여야 한다.
2. 채권·채무, 예금거래 등 관리대상 거래자료에 대하여는 거래처코드를 반드시 입력한다.
3. 자금관리 등 추가 작업이 필요한 경우 문제의 요구에 따라 추가 작업하여야 한다.
4. 등록된 계정과목 중 가장 적절한 계정과목을 선택한다.
5. 부가가치세는 고려하지 않는다.

실무수행
01 기초정보관리의 이해

회계관련 기초정보는 입력되어 있다. [자료설명]을 참고하여 [수행과제]를 수행하시오.

① 사업자등록증에 의한 회사등록 수정

사 업 자 등 록 증
(일반과세자)
등록번호 : 211-42-21212

상 호 : 헤이마마
대 표 자 명 : 이지원
개 업 년 월 일 : 2018년 3월 21일
사업장 소재지 : 서울특별시 서대문구 충정로7길 29-11
(충정로3가)

사 업 의 종 류 : 업태 도소매업   종목 댄스복

교 부 사 유 : 사업장 이전

사업자단위과세 적용사업자여부 : 여( ) 부(√)

2024년 02월 13일

서대문 세무서장 (인)

국세청

자료설명	헤이마마는 사업장을 이전하고 서대문세무서로부터 사업자등록증을 변경 발급받았다.
수행과제	회사등록메뉴에서 변경된 내용을 반영하시오.

② 계정과목추가 및 적요등록 수정

자료설명	헤이마마는 사내 방역에 필요한 물품을 구입하면서 '방역용품비' 계정을 별도로 등록하여 사용하려고 한다.
수행과제	'852.회사설정계정과목'을 '852.방역용품비'로 수정하여 등록하고, 현금적요와 대체적요를 등록하시오. (계정구분 : 4.경비)

	구분	적요내용
수행과제	현금적요	01.방역용품 구입 시 현금 지급
	대체적요	01.방역용품 구입 시 보통예금 지급

실무수행

02 거래자료입력

실무프로세스 자료이다. [자료설명]을 참고하여 [수행과제]를 수행하시오.

① 재고자산의 매입거래

거래명세서 (공급받는자 보관용)

공급자	등록번호	126-81-56580			공급받는자	등록번호	211-42-21212		
	상호	(주)빛나패션	성명	김민희		상호	헤이마마	성명	이지원
	사업장주소	서울특별시 강남구 강남대로 951				사업장주소	서울특별시 서대문구 충정로7길 29-11 (충정로3가)		
	업태	도소매업	종사업장번호			업태	도소매업	종사업장번호	
	종목	댄스복외				종목	댄스복		

거래일자	미수금액	공급가액	세액	총 합계금액
2024.4.5.		3,000,000		3,000,000

NO	월	일	품목명	규격	수량	단가	공급가액	세액	합계
1	4	5	연습복 상의		30	40,000	1,200,000		1,200,000
2	4	5	연습복 스커트		20	90,000	1,800,000		1,800,000

자료설명	[4월 5일] 상품을 매입하고 발급받은 거래명세서이다. 4월 4일에 지급한 계약금을 차감한 잔액은 4월 말에 지급하기로 하였다.
수행과제	거래자료를 입력하시오.

2 기타 일반거래

출장비 정산서

작성일 : 2024.4.8. 작성자 : 김동근

내용	금액(원)	비고
KTX 왕복	100,000	서울~울산
택시비	42,000	시내교통비, 택시비
식대	50,000	조식, 중식, 석식
선물 구입비(거래처 선물)	50,000	선물용 와인
합계	242,000	※ 첨부 : 교통비 영수증, 식비 영수증 등

자료설명	[4월 8일] 영업부 김동근 대리가 출장 후 제출한 출장비 정산서이다. 출장비는 4월 7일에 지급하였고, 정산차액은 4월 8일 현금으로 지급하였다.
수행과제	거래자료를 입력하시오. (단, 선물 구입비를 제외한 지출내역은 '여비교통비'로 회계처리할 것)

3 약속어음 발행거래

전 자 어 음

(주)슬금비의류 귀하   00420240510123456789

금 삼백만원정   **3,000,000원**

위의 금액을 귀하 또는 귀하의 지시인에게 지급하겠습니다.

지급기일 2024년 7월 10일   발행일 2024년 5월 10일
지 급 지 국민은행   발행지 서울특별시 서대문구 충정로7길
지급장소 충정로지점   주 소 29-11 (충정로3가)
                              발행인 헤이마마

자료설명	[5월 10일] (주)슬금비의류에서 상품 3,000,000원을 매입하고, 대금은 전액 전자어음을 발행하여 지급하였다.
수행과제	1. 거래자료를 입력하시오. 2. 자금관련 정보를 입력하여 지급어음 현황에 반영하시오. (단, 등록된 어음을 사용할 것)

④ 통장사본에 의한 거래입력

■ 보통예금(국민은행) 이체 확인증

이체확인증

처리일시	2024.05.17.15:45
이체결과	정상

출금계좌번호	103-55-998876
내통장표시내용	서경의류(주)
수수료	0
타행처리번호	215347
입금은행	하나은행
입금계좌번호	601-92001-95501
수취인	서경의류(주) 박서경
이체금액	2,000,000원
수취인 통장 표시내용	헤이마마 매입대금

* 위의 내용이 정상적으로 처리되었음을 확인합니다.
* 이체확인증은 고객 편의를 위하여 제공되는 것으로 거래의 참고용으로만 사용될 수 있습니다.

출력일
2024.05.17
국민은행

자료설명	[5월 17일] 상품 외상매입대금을 국민은행 보통예금 계좌에서 이체한 후 수령한 확인증이다.
수행과제	거래자료를 입력하시오.

⑤ 기타 일반거래

자료 1.

고용 보험료		**2024 년 5 월**		**영수증**(납부자용)
사 업 장 명	헤이마마(이지원)			
사 용 자	서울특별시 서대문구 충정로7길 29-11 (충정로3가)			
납 부 자 번 호	7341700451	**사 업 장 관 리 번 호**	21142212120	
납 부 할 보 험 료 (ⓐ+ⓑ+ⓒ+ⓓ+ⓔ)			270,000 원	
납 부 기 한			2024.6.10. 까지	

보 험 료	건 강 ⓐ	원	연 금 ⓒ	원
	장 기 요 양 ⓑ		고 용 ⓓ	270,000원
	소 계 (ⓐ + ⓑ)	270,000 원	산 재 ⓔ	원

납 기 후 금 액	273,500원	납 기 후 기 한	2024.6.30.까지

◉ 납부기한까지 납부하지 않으면 연체금이 부과됩니다.
※ 납부장소 : 전 은행, 우체국, 농·수협(지역조합 포함), 새마을금고, 신협, 증권사, 산림조합중앙회, 인터넷지로(www.giro.or.kr)
※ 2D코드 : GS25, 세븐일레븐, 미니스톱, 바이더웨이, 씨유에서 납부 시 이용. (우리·신한은행 현금카드만 수납가능)

2024 년 5 월 31 일

자료 2. 보통예금(국민은행) 거래내역

번호	거래일	내용	찾으신금액	맡기신금액	잔액	거래점
		계좌번호 103-55-998876 헤이마마				
1	2024-06-10	고용보험료 납부	270,000		***	***

자료설명	1. 5월 급여지급분에 대한 고용보험료를 납부기한일에 예금계좌에서 이체하여 납부하였다. 2. 고용보험료 중 135,000원은 급여 지급 시 원천징수한 금액이며, 135,000원은 회사부담분이다. 3. 당사는 회사부담분을 '복리후생비'로 처리하고 있다.
수행과제	거래자료를 입력하시오.

6 유·무형자산의 매각

자료설명	[6월 15일] 1. 영업부에서 사용하던 승합차를 제주중고차에 매각하고, 매각대금 5,000,000원은 다음 달 초에 받기로 하였다. 2. 매각직전 자산내역은 다음과 같다. 계정과목 / 자산명 / 취득원가 / 감가상각누계액 차량운반구 / 승합차 / 50,000,000원 / 45,000,000원
수행과제	거래자료를 입력하시오.

계정과목	자산명	취득원가	감가상각누계액
차량운반구	승합차	50,000,000원	45,000,000원

7 재고자산의 매출거래

거래명세서 (공급받는자 보관용)

공급자	등록번호	211-42-21212			공급받는자	등록번호	181-31-31112		
	상호	헤이마마	성명	이지원		상호	수수헬스	성명	이수빈
	사업장주소	서울특별시 서대문구 충정로7길 29-11 (충정로3가)				사업장주소	서울특별시 구로구 구로동로 29		
	업태	도소매업	종사업장번호			업태	서비스업	종사업장번호	
	종목	댄스복				종목	헬스		

거래일자	미수금액	공급가액	세액	총 합계금액
2024.6.20.		1,200,000		1,200,000

NO	월	일	품목명	규격	수량	단가	공급가액	세액	합계
1	6	20	심플 레깅스		30	40,000	1,200,000		1,200,000

자료설명	상품을 외상으로 판매하고 발급한 거래명세서이며, 대금은 이번 달 말에 입금받기로 하였다.
수행과제	거래자료를 입력하시오.

⑧ 기타 일반거래

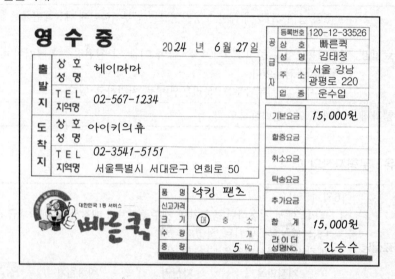

자료설명	아이키의류에 상품을 판매하면서 발생한 운반비 영수증이다. 운반비 15,000원은 당사 부담이며 현금으로 지급하였다.
수행과제	거래자료를 입력하시오.

실무수행

03 전표수정

실무프로세스 자료이다. [자료설명]을 참고하여 [수행과제]를 수행하시오.

1 입력자료수정

<table>
<tr><td colspan="6" align="center">입 금 표 (공급자 보관용)</td></tr>
<tr><td>NO</td><td colspan="5" align="center">연화의류 귀하</td></tr>
<tr><td rowspan="4">공급자</td><td>사업자
등록번호</td><td colspan="4" align="center">211-42-21212</td></tr>
<tr><td>상 호</td><td colspan="2">헤이마마</td><td>성명</td><td>이지원</td></tr>
<tr><td>사업장
소재지</td><td colspan="4">서울특별시 서대문구 충정로7길 29-11
(충정로3가)</td></tr>
<tr><td>업 태</td><td colspan="2">도소매업</td><td>종목</td><td>댄스복</td></tr>
<tr><td colspan="2">작성일자</td><td colspan="2">공급대가총액</td><td colspan="2">비고</td></tr>
<tr><td colspan="2">2024.7.7.</td><td colspan="2">₩2,200,000</td><td colspan="2"></td></tr>
<tr><td colspan="6" align="center">내 역</td></tr>
<tr><td colspan="6" align="center">외상대금 회수</td></tr>
<tr><td colspan="2" align="center">영수자</td><td colspan="4" align="center">헤이마마 이지원</td></tr>
</table>

자료설명	연화의류의 외상매출대금 일부를 국민은행 보통예금으로 입금받고 발급한 입금표이다.
수행과제	입금표를 참고하여 적절하게 수정하시오.

2 입력자료수정

■ 보통예금(국민은행) 거래내역

		내용	찾으신금액	맡기신금액	잔액	거래점
번호	거래일	계좌번호 103-55-998876 헤이마마				
1	2024-09-20	(주)나비패션	1,500,000		***	***

자료설명	(주)나비패션에게 지급해야 할 외상매입금을 국민은행 보통예금 계좌에서 이체하여 지급하였다.
수행과제	통장사본의 거래내역을 확인하고 올바르게 수정하시오.

실무수행

04 결산

[결산자료]를 참고하여 결산을 수행하시오. (단, 제시된 자료 이외의 자료는 없다고 가정함)

1 수동결산 및 자동결산

자료설명	1. 12월 31일 현재 현금과부족 잔액에 대해서 결산일까지 그 내역이 밝혀지지 않았다. 2. 재고자산 명세서에 의한 기말재고액은 다음과 같다.				
	계정과목	자산명	수량	단가	재고금액
	상품	연습복 상의	1,400벌	20,000원	28,000,000원
		연습복 스커트	1,000벌	70,000원	70,000,000원
	합계				98,000,000원
수행과제	1. 수동결산 또는 자동결산 메뉴를 이용하여 결산을 완료하시오. 2. 12월 31일 기준으로 '손익계산서 → 재무상태표'를 순서대로 조회 작성하시오. (단, 손익계산서 조회 작성 시 상단부 [기능모음]의 '추가'를 이용하여 '손익대체분개' 를 수행할 것)				

평가문제

05 실무수행평가 `62점`

입력자료 및 회계정보를 조회하여 [평가문제]의 답안을 입력하시오.

─────〈 평가문제 답안입력 유의사항 〉─────

❶ 답안은 지정된 단위의 숫자로만 입력해 주십시오.
  * 한글 등 문자 금지, 콤마(,) 외 기호 금지

	정답	오답(예)
(1) 금액은 원 단위로 숫자를 입력하되, 천 단위 콤마(,)는 생략 가능합니다.	1,245,000 1245000	1.245.000 1,245,000원 1,245,0000 12,45,000 1,245천원
(1-1) 답이 0원인 경우 반드시 "0" 입력 (1-2) 답이 음수(-)인 경우 숫자 앞에 " - "입력		
(2) 질문에 대한 답안은 숫자로만 입력하세요.	4	04 4건/매/명 04건/매/명
(3) 거래처 코드번호는 5자리 숫자로 입력하세요.	00101	101 00101번

❷ 답안에 천원단위(000) 입력 시 더존 프로그램 숫자 입력 방법과 다르게 숫자키패드 '+' 기능은 지원되지 않습니다.

❸ 더존 프로그램에서 조회되는 자료를 복사하여 붙여넣기가 가능합니다.

❹ 수행과제를 올바르게 입력하지 않고 작성한 답과 모범답안이 다른 경우 오답처리됩니다.

[실무수행평가]
헤이마마의 입력자료 및 회계정보를 조회하여 [평가문제]의 답안을 입력하시오.

번호	평가문제	배점
11	평가문제 [회사등록 조회] 헤이마마(코드 04152)의 회사기본등록사항으로 옳지 않은 것은? ① 헤이마마의 대표자는 '이지원'이다. ② 사업장세무서는 역삼세무서이다. ③ 업태는 '도소매업'이다. ④ 과세유형은 일반과세이다.	3
12	평가문제 [거래처등록 조회] 등록된 [카드]거래처로 옳지 않은 것은? ① 99600.삼성카드 ② 99601.신한카드 ③ 99602.농협카드 ④ 99605.국민카드	3
13	평가문제 [계정과목 및 적요등록 조회] 852.방역물품비에 대한 설명으로 옳은 것은? ① 852.방역물품비는 판매비와관리비이다. ② 852.방역물품비의 구분은 "5.기타"이다. ③ 852.방역물품비의 현금적요는 "1.방역물품 구입 시 보통예금 지급"이다. ④ 852.방역물품비의 대체적요는 "1.방역물품 구입 시 현금 지급"이다.	3
14	평가문제 [전기분손익계산서 조회] 항목별 합계금액으로 옳지 않은 것은? ① 매출원가는 460,000,000원이다. ② 판매비와관리비는 299,490,000원이다. ③ 영업외수익은 14,500,000원이다. ④ 영업외비용은 18,300,000원이다.	3
15	평가문제 [예적금현황 조회] 8월 말 은행별 보통예금 및 차입금잔액으로 옳은 것은? ① 국민은행(보통) 84,900,000원 ② 신협은행(보통) 15,263,000원 ③ 하나은행(차입금) 45,000,000원 ④ 우리은행(보통) 54,000,000원	3
16	평가문제 [일/월계표 조회] 상반기(1/1~6/30) 동안 발생한 당좌자산 중 발생금액이 가장 큰 계정과목의 코드를 입력하시오.	2

17	평가문제 [일일자금명세(경리일보) 조회] 11월 30일 '당일 장기차입금' 잔액은 얼마인가?	4
18	평가문제 [합계잔액시산표 조회] 6월 말 '유동부채' 계정 중 잔액이 가장 적은 계정과목의 코드번호를 입력하시오.	3
19	평가문제 [지급어음현황 조회] 만기일이 2024년 7월에 도래하는 '지급어음' 거래처명은?	3
20	평가문제 [총계정원장 조회] 당기에 '접대비(기업업무추진비)'가 가장 크게 발생한 월은 몇 월인가?	4
21	평가문제 [분개장 조회] 당기의 전표 중 '선택: 2.입금' 전표의 건수는?	4
22	평가문제 [현금출납장 조회] 5월(5월 1일 ~ 5월 31일)에 발생한 [입금 - 출금] 잔액은 얼마인가?	3
23	평가문제 [손익계산서 조회] 당기에 발생한 '매출총이익'은 얼마인가?	3
24	평가문제 [손익계산서 조회] 당기에 발생한 '영업이익' 금액은 얼마인가?	4
25	평가문제 [손익계산서 조회] 당기에 발생한 '당기순이익' 금액은 얼마인가?	4
26	평가문제 [재무상태표 조회] 12월 말 '매출채권' 잔액은 얼마인가?	4
27	평가문제 [재무상태표 조회] 12월 말 비유동자산 항목과 금액이 옳지 않은 것은? ① 투자자산 30,000,000원 ② 유형자산 58,511,200원 ③ 무형자산 0원 ④ 기타비유동자산 30,000,000원	3
28	평가문제 [재무상태표 조회] 10월 말 '현금및현금성자산' 잔액은 얼마인가?	2
29	평가문제 [재무상태표 조회] 12월 말 차량운반구 장부가액은 얼마인가?	3
30	평가문제 [거래처원장 조회] 10월 31일 현재 "251.외상매입금"의 잔액이 가장 큰 거래처명으로 옳은 것은? ① 여성시대 ② ㈜빛나패션 ③ 콜롬보 ④ ㈜수연댄스	1
총점		62

06 회계정보분석 8점

회계정보를 조회하여 [회계정보분석] 답안을 입력하시오.

31 거래처원장 조회 4점

2024년 1월말 외상매출금 잔액에 대한 거래처와 금액이 옳은 것은?

① 타라앤코　　　 10,765,000원　　　② 연화의류　　　　　 45,675,000원
③ (주)라모리타　 13,399,100원　　　④ (주)슬금비의류　 30,152,400원

32 일일자금명세서(경리일보) 조회 4점

2월 1일자 일일자금명세서(경리일보)의 내용 중 올바르지 않은 것은?

① 현금　　　　　 8,829,600원　　　② 보통예금　 273,627,100원
③ 지급어음　　　 15,000,000원　　　④ 단기차입금　 85,000,000원

02 | FAT 2급 53회 기출문제(이론 + 실무)

⋅✧ 실무이론평가 ✧⋅

※ 아래 문제에서 특별한 언급이 없으면 기업의 보고기간(회계기간)은 매년 1월 1일부터 12월 31일까지입니다. 또한 기업은 일반기업회계기준 및 관련 세법을 계속적으로 적용하고 있다고 가정하고 물음에 가장 합당한 답을 고르시기 바랍니다.

01 다음과 같은 거래 요소의 결합관계에 해당하는 거래로 옳은 것은?

(차) 자산의 증가	(대) 부채의 증가

① 상품 200,000원을 외상으로 판매하다.
② 종업원 급여 2,000,000원을 현금으로 지급하다.
③ 단기차입금 1,000,000원과 그 이자 50,000원을 현금으로 지급하다.
④ 은행으로부터 3,000,000원을 1년간 차입하여 보통예금으로 입금하다.

02 다음 중 손익계산서 작성기준으로 옳지 않은 것은?

① 유동성배열법
② 발생주의
③ 수익과 비용항목의 구분표시
④ 수익·비용 대응의 원칙

03 다음 중 부채에 대한 설명으로 옳지 않은 것은?

① 미지급금은 유동부채에 속한다.
② 단기차입금은 보고기간종료일로부터 1년 이내에 상환될 부채이다.
③ 퇴직급여충당부채는 유동부채에 속한다.
④ 유동성장기부채는 보고기간종료일로부터 1년 이내에 상환될 부채이다.

04 다음 중 기계장치의 수익적 지출에 해당하는 것은?

① 품질을 향상시키기 위한 개조
② 성능을 유지시키는 엔진오일의 교체
③ 생산량을 증가시키는 시설의 설치
④ 경제적 내용연수를 연장시키는 증설

05 다음은 한공기업이 2024년 임차료 관련 거래를 회계처리한 것이다. 결산분개로 옳은 것은? (단, 월할계산한다.)

2024년 7월 1일 본사 사무실을 임차하고 1년분 임차료 1,200,000원을 현금으로 지급하다.			
(차) 임차료	1,200,000원	(대) 현금	1,200,000원

① (차) 선급비용　　　　　600,000원　　(대) 임차료　　　　　600,000원
② (차) 임차료　　　　　　600,000원　　(대) 선급비용　　　　600,000원
③ (차) 선급비용　　　　1,200,000원　　(대) 임차료　　　　1,200,000원
④ 분개 없음

06 다음은 한공상사의 당기 매출 관련 자료이다. 당기 총매출액을 계산하면 얼마인가?

• 매출총이익 : 120,000원	• 매출원가 : 80,000원
• 매출환입 : 20,000원	• 매출에누리 : 10,000원

① 80,000원
③ 230,000원
② 110,000원
④ 260,000원

07 다음 자료에 의해 매출채권 금액을 계산하면 얼마인가?

• 외상매출금 : 6,000,000원	• 받을어음 : 3,000,000원
• 미수금 : 2,000,000원	• 미수수익 : 2,500,000원

① 6,000,000원
③ 11,000,000원
② 9,000,000원
④ 13,500,000원

08 다음 자료에 의해 영업이익을 계산하면 얼마인가? (단, 자료에 제시된 것 외의 수익과 비용은 없다고 가정한다.)

• 매출액 : 2,000,000원	• 매출원가 : 1,600,000원
• 광고선전비 : 80,000원	• 임차료 : 60,000원
• 기부금 : 50,000원	

① 260,000원   ② 320,000원   ③ 400,000원   ④ 450,000원

09 다음은 (주)한공의 재고자산 취득에 관한 자료이다. 재고자산의 취득원가는 얼마인가?

• 상품의 매입금액 : 80,000원	• 매출 시 운반비 : 10,000원
• 매입운반비 : 20,000원	• 광고선전비 : 6,000원

① 100,000원   ② 110,000원   ③ 120,000원   ④ 138,000원

10 다음 중 선생님의 질문에 올바른 답변을 한 사람은 누구인가?

① 차주영   ② 배소빈   ③ 김승리   ④ 이기자

✛ 실무수행평가 ✛

※ 에코플라워(회사코드 4153)는 생화 도소매업을 운영하는 개인기업으로, 회계기간은 제7기
(2024.1.1. ~ 2024.12.31.)이다. 제시된 자료와 [자료설명]을 참고하여, [수행과제]를 완료하
고 [평가문제]의 물음에 답하시오.

─────── 〈실무수행 유의사항〉 ───────

1. 타계정 대체와 관련된 적요는 반드시 코드를 입력하여야 한다.
2. 채권 · 채무, 예금거래 등 관리대상 거래자료에 대하여는 거래처코드를 반드시 입력한다.
3. 자금관리 등 추가 작업이 필요한 경우 문제의 요구에 따라 추가 작업하여야 한다.
4. 등록된 계정과목 중 가장 적절한 계정과목을 선택한다.
5. 부가가치세는 고려하지 않는다.

실무수행

01 기초정보관리의 이해

회계관련 기초정보는 입력되어 있다. [자료설명]을 참고하여 [수행과제]를 수행하시오.

① 신규 카드발급에 의한 거래처등록 수정

자료설명	구매 전용으로 사용하려고 우리카드를 신규 발급받았다.
수행과제	거래처등록을 하시오. (코드 : 99606, 카드명 : 우리카드, 결제일 : 25일로 등록할 것)

② 전기분 재무상태표의 입력수정

재무상태표

제6(당)기 2023. 12. 31. 현재
제5(전)기 2022. 12. 31. 현재

에코플라워 (단위 : 원)

과목	제6기 (2023.12.31.)		제5기 (2022.12.31.)	
자　　　　　산				
Ⅰ. 유 동 자 산		405,180,000		414,375,000
(1) 당 좌 자 산		348,180,000		329,255,000
현　　　　금		8,000,000		1,250,000
보 통 예 금		254,780,000		14,300,000
외 상 매 출 금	95,000,000		179,500,000	
대 손 충 당 금	22,400,000	72,600,000	1,795,000	177,705,000
받 을 어 음		8,300,000		136,000,000
미 　 수 　 금		4,500,000		
(2) 재 고 자 산		57,000,000		85,120,000
상　　　　품		57,000,000		85,120,000
Ⅱ. 비 유 동 자 산		87,600,000		89,136,000
(1) 투 자 자 산		0		0
(2) 유 형 자 산		57,600,000		34,136,000
차 량 운 반 구	60,000,000		32,600,000	
감 가 상 각 누 계 액	12,000,000	48,000,000	5,100,000	27,500,000
비　　　　품	12,000,000		8,500,000	
감 가 상 각 누 계 액	2,400,000	9,600,000	1,864,000	6,636,000
(3) 무 형 자 산		0		0
(4) 기 타 비 유 동 자 산		30,000,000		55,000,000
임 차 보 증 금		30,000,000		55,000,000
자 산 총 계		492,780,000		503,511,000
부　　　　　채				
Ⅰ. 유 동 부 채		88,490,000		79,730,000
외 상 매 입 금		13,700,000		50,250,000
지 급 어 음		5,300,000		3,000,000
미 지 급 금		9,700,000		16,000,000
예 　 수 　 금		1,350,000		480,000
단 기 차 입 금		58,440,000		10,000,000
Ⅱ. 비 유 동 부 채		0		0
부 채 총 계		88,490,000		79,730,000
자　　　　　본				
자 　 본 　 금		404,290,000		423,781,000
(당 기 순 이 익				
84,325,000)				
자 본 총 계		404,290,000		423,781,000
부 채 와 자 본 총 계		492,780,000		503,511,000

자료설명	전기(제6기)분 재무제표는 입력되어 있으며 재무제표 검토결과 입력오류를 발견하였다.
수행과제	입력이 누락되었거나 오류부분을 찾아 수정 입력하시오.

실무수행

02 거래자료입력

실무프로세스 자료이다. [자료설명]을 참고하여 [수행과제]를 수행하시오.

1 증빙에 의한 전표입력

자료 1. 급여명세서

2024년 7월 급여명세서

작성일 : 2024년 7월 28일

이름	한태우	지급일	2024년 7월 28일
기본급	3,000,000원	국민연금	135,000원
연장근로수당	원	건강보험	104,850원
상여금	원	고용보험	24,000원
특별수당	원	장기요양보험	12,860원
차량유지	원	소득세	84,850원
식대	원	지방소득세	8,480원
장기근속수당	원	공제액계	370,040원
지급액계	3,000,000원	차인지급액	2,629,960원

자료 2. 보통예금(우리은행) 거래내역

		내용	찾으신금액	맡기신금액	잔액	거래점
번호	거래일	계좌번호 1002-451-101157 에코플라워				
1	2024-7-28	급여지급	2,629,960		***	***

자료설명	영업부 직원 한태우의 7월분 급여를 우리은행 보통예금 계좌에서 이체하여 지급하였다.
수행과제	거래자료를 입력하시오. (단, 공제항목은 '공제액계'의 금액을 하나의 계정으로 처리할 것)

2 약속어음 발행거래

전 자 어 음

금강화원 귀하   00420240831123456789

금 팔백만원정   **8,000,000원**

위의 금액을 귀하 또는 귀하의 지시인에게 지급하겠습니다.

지급기일 2024년 11월 30일	발행일 2024년 8월 31일
지 급 지 국민은행	발행지 서울특별시 서대문구 독립문로 11
지급장소 서대문지점	주 소 (영천동)
	발행인 에코플라워

자료설명	[8월 31일] 금강화원에서 상품 8,000,000원을 매입하고, 대금은 전자어음을 발행하여 지급하였다.
수행과제	1. 거래자료를 입력하시오. 2. 자금관련 정보를 입력하여 지급어음 현황에 반영하시오. (단, 등록된 어음을 사용할 것)

③ 재고자산의 매출거래

거래명세서 (공급자 보관용)

당거래액 : 880,000원

공급자	등록번호	110-56-20237			공급받는자	등록번호	113-81-22110		
	상호	에코플라워	성명	이꽃잎		상호	승찬조경(주)	성명	주승찬
	사업장 주소	서울특별시 서대문구 독립문로 11 (영천동)				사업장 주소	서울특별시 청계산로 11길 7-15 (신원동)		
	업태	도소매업	종사업장번호			업태	건설업	종사업장번호	
	종목	생화				종목	조경공사		

거래일자	미수금액	공급가액	세액	총 합계금액
2024.9.5.		880,000		880,000

NO	월	일	품목명	규격	수량	단가	공급가액	세액	합계
1	9	5	흑장미		400	2,200	880,000		880,000

자료설명	1. 상품을 매출하고 발급한 거래명세서이다. 2. 9월 1일 수취한 계약금을 제외한 잔액은 자기앞수표로 받았다.
수행과제	거래내역을 입력하시오.

④ 유·무형자산의 구입

자료 1. 견적서

<table>
<tr><td colspan="3">NO. 7</td><td colspan="6" style="text-align:center"><h1>견 적 서</h1></td></tr>
<tr><td colspan="3">2024 년 9 월 24 일</td><td rowspan="5">공급자</td><td>등록번호</td><td colspan="4">134-36-13132</td></tr>
<tr><td colspan="3" rowspan="2">에코플라워　　　　귀하</td><td>상호(법인명)</td><td colspan="2">더존소프트</td><td>성명</td><td>김민채</td></tr>
<tr><td>사업장주소</td><td colspan="4">경기도 남양주시 강변북로 155-1</td></tr>
<tr><td colspan="3" rowspan="2">아래와 같이 견적합니다.</td><td>업　태</td><td colspan="2">용역업</td><td>종목</td><td>컴퓨터 프로그램</td></tr>
<tr><td>전화번호</td><td colspan="4">031-252-3521</td></tr>
<tr><td colspan="3" style="text-align:center">합계금액</td><td colspan="6">일백칠십육만원정 (₩ 1,760,000)</td></tr>
<tr><td>품 명</td><td>규격</td><td>수량</td><td>단가</td><td colspan="2">공급가액</td><td colspan="2">세액</td><td>보고</td></tr>
<tr><td>고객관리 프로그램</td><td></td><td></td><td></td><td colspan="2">1,760,000</td><td colspan="2"></td><td></td></tr>
<tr><td style="text-align:center">계</td><td></td><td></td><td></td><td colspan="2"></td><td colspan="2"></td><td></td></tr>
</table>

자료 2. 보통예금(국민은행) 거래내역

번호	거래일	내용	찾으신금액	맡기신금액	잔액	거래점
		계좌번호 011202-04-012365　에코플라워				
1	2024-9-24	고객관리 프로그램	1,760,000		***	***

자료설명	고객관리 프로그램을 구입하고 대금은 국민은행 보통예금 계좌에서 이체하여 지급하였다.
수행과제	거래자료를 입력하시오. (단, '무형자산'으로 처리할 것)

⑤ 대손의 발생

자료설명	[9월 30일] 매출거래처 화승조경의 파산통지서를 받고 외상매출금 2,000,000원을 대손처리하였다.
수행과제	대손처리 시점의 대손충당금 잔액을 조회하여 거래자료를 입력하시오.

6 기타 일반거래

■ 보통예금(국민은행) 거래내역

번호	거래일	내용	찾으신금액	맡기신금액	잔액	거래점
		계좌번호 011202-04-012365 에코플라워				
1	2024-10-6	주식매입	3,000,000		***	***

자료설명	단기매매차익을 목적으로 거래소에 상장된 (주)성공의 주식 100주(주당 액면금액 10,000원, 주당 구입금액 30,000원)를 매입하고, 대금은 국민은행 보통예금 계좌에서 이체하였다.
수행과제	거래자료를 입력하시오.

7 기타 일반거래

영 수 증 (공급받는자용)

NO   에코플라워 귀하

공급자	사업자등록번호	130-30-88639		
	상 호	다모아문구	성 명	김광언
	사업장소재지	서울특별시 서대문구 독립문로8길 120		
	업 태	도소매업	종 목	문구

작성일자	공급대가총액	비고
2024. 10. 22.	25,000원	

공 급 내 역

월/일	품명	수량	단가	금액
10/22	하일천	10	1,000	10,000
10/22	하이트	10	1,500	15,000
합 계				25,000원

위 금액을 (영수)(청구)함

자료설명	영업부에서 사무용 문구를 구입하고 받은 영수증이며, 대금은 현금으로 지급하였다.
수행과제	거래자료를 입력하시오. (단, '사무용품비'로 처리할 것)

8 기타 일반거래

■ 보통예금(국민은행) 거래내역

		내용	찾으신금액	맡기신금액	잔액	거래점
번호	거래일	계좌번호 011202-04-012365 에코플라워				
1	2024-10-28	(주)현대빌딩	5,000,000		***	***

자료설명	창고로 사용할 목적으로 (주)현대빌딩의 건물을 임차하고 보증금 5,000,000원을 국민은행 보통예금 계좌에서 이체하였다.
수행과제	거래자료를 입력하시오. (단, 보증금 계정에는 거래처코드를 입력할 것)

실무수행

03 전표수정

실무프로세스 자료이다. [자료설명]을 참고하여 [수행과제]를 수행하시오.

1 입력자료수정

거래명세서 (공급자 보관용)

공급자	등록번호	301-33-16515			공급받는자	등록번호	110-56-20237		
	상호	금강화원	성명	김금강		상호	에코플라워	성명	이꽃잎
	사업장주소	서울특별시 강남구 강남대로 256				사업장주소	서울특별시 서대문구 독립문로 11 (영천동)		
	업태	도소매업	종사업장번호			업태	도소매업	종사업장번호	
	종목	생화				종목	생화		

거래일자	미수금액	공급가액	세액	총 합계금액
2024.9.10.		600,000		600,000

NO	월	일	품목명	규격	수량	단가	공급가액	세액	합계
1	9	10	장미		120	5,000	600,000		600,000

자료설명	9월 10일에 상품을 매입한 거래가 8월 10일로 입력되어 있음을 발견하였다.
수행과제	거래자료를 수정하시오.

② 입력자료수정

서울특별시	**차량 취득세 (전액)**		납부(납입)서		납세자보관용 영수증

납 세 자	이꽃잎(에코플라워)	
주　　　소	서울특별시 서대문구 독립문로 11(영천동)	▼ 인터넷 납부시 입력번호
납 세 번 호	**기관번호** 1100910　**세목** 10101502　**납세년월기** 2024101　**과세번호** 0002090	

과세내역	차 번	67부 5374		년식	2024	**과 세 표 준 액**
	목 적	신규등록(일반등록)	특례	**세율특례 없음**		**40,000,000원**
	차 명	스타리아				
	차 종	승합자동차		세율	70/1000	

세　　목	**납 부 세 액**	**납부할 세액 합계**	전용계좌로도 편리하게 납부!!
취 득 세	2,530,780		우리은행　620-441829-64-125
가 산 세	0	**2,530,780원**	신한은행　563-04433-245814
지방교육세	0		하나은행　117-865254-74125
농어촌특별세	0	신고납부기한	국민은행　4205-84-28179245
합 계 세 액	2,530,780	**2024.10.20.** 까지	기업은행　528-774145-58-247

지방세법 제6조~22조, 제30조의 규정에 의하여 위와 같이 신고하고 납부합니다.

■ 전용계좌 납부안내(뒷면참조)

담당자	위의 금액을 영수합니다.	수납일 2024.10.20. 농협은행
채문정	**납부장소** : 전국은행(한국은행제외) 우체국 농협　**2024년 10월 20일**	

자료설명	영업부 업무용 승합차의 취득세를 농협은행에서 현금으로 지급하였다.
수행과제	입력자료를 확인하고 오류를 수정하시오.

실무수행

04 결산

[결산자료]를 참고하여 결산을 수행하시오. (단, 제시된 자료 이외의 자료는 없다고 가정함)

① 수동결산 및 자동결산

자료설명	1. 장기대여금에 대한 미수이자 780,000원을 계상하다. 2. 비품에 대한 감가상각비 3,000,000원을 계상하다.
수행과제	1. 수동결산 또는 자동결산 메뉴를 이용하여 결산을 완료하시오. 2. 12월 31일 기준으로 '손익계산서 → 재무상태표'를 순서대로 조회 작성하시오. 　(단, 손익계산서 조회 작성 시 상단부 [기능모음]의 '추가'를 이용하여 '손익대체분개' 　를 수행할 것)

평가문제
05 실무수행평가 62점

입력자료 및 회계정보를 조회하여 [평가문제]의 답안을 입력하시오.

─── 〈 평가문제 답안입력 유의사항 〉───

❶ 답안은 지정된 단위의 숫자로만 입력해 주십시오.
  * 한글 등 문자 금지, 콤마(,) 외 기호 금지

	정답	오답(예)
(1) 금액은 원 단위로 숫자를 입력하되, 천 단위 콤마(,)는 생략 가능합니다.	1,245,000 1245000	1.245.000 1,245,000원 1,245,0000 12,45,000 1,245천원
(1-1) 답이 0원인 경우 반드시 "0" 입력 (1-2) 답이 음수(-)인 경우 숫자 앞에 " - "입력		
(2) 질문에 대한 답안은 숫자로만 입력하세요.	4	04 4건/매/명 04건/매/명
(3) 거래처 코드번호는 5자리 숫자로 입력하세요.	00101	101 00101번

❷ 답안에 천원단위(000) 입력 시 더존 프로그램 숫자 입력 방법과 다르게 숫자키패드 '+' 기능은 지원되지 않습니다.
❸ 더존 프로그램에서 조회되는 자료를 복사하여 붙여넣기가 가능합니다.
❹ 수행과제를 올바르게 입력하지 않고 작성한 답과 모범답안이 다른 경우 오답처리됩니다.

[실무수행평가]

에코플라워의 입력자료 및 회계정보를 조회하여 [평가문제]의 답안을 입력하시오.

번호	평가문제	배점
11	평가문제 [거래처등록 조회] [카드]탭 기본사항과 추가사항으로 옳지 않은 것은? ① 99606.우리카드이다. ② 99606.우리카드 번호는 2713-4625-8149-1675이다. ③ 99606.우리카드는 매입카드이다. ④ 99606.우리카드의 결제일은 30일이다.	3

12	평가문제 [전기분재무상태표 조회] 전기분 재무상태표의 차대변 합계잔액으로 옳은 것은? ① 259,560,000원 ② 519,850,000원 ③ 529,580,000원 ④ 592,580,000원	3
13	평가문제 [거래처별초기이월 조회] 당기 초기에 이월된 보통예금에서 은행별 잔액으로 옳지 않은 것은? ① 98000.국민은행(보통) 42,000,000원 ② 98001.신한은행(보통) 55,000,000원 ③ 98002.하나은행(보통) 64,780,000원 ④ 98004.축협은행(보통) 50,000,000원	3
14	평가문제 [예적금현황 조회] 12월 말 은행별 보통예금잔액으로 옳은 것은? ① 국민은행(보통) 31,590,000원 ② 신한은행(보통) 35,000,000원 ③ 하나은행(보통) 60,000,000원 ④ 우리은행(보통) 8,700,000원	3
15	평가문제 [손익계산서 조회] 2024년 발생한 판매비와관리비의 계정별 금액으로 옳지 않은 것은? ① 여비교통비 1,324,600원 ② 감가상각비 3,000,000원 ③ 임차료 10,000,000원 ④ 운반비 693,000원	3
16	평가문제 [일/월계표 조회] 7월(7/1~7/31) 동안 발생한 유동부채 중 발생금액이 가장 큰 계정과목의 코드를 입력하시오.	2
17	평가문제 [일일자금명세(경리일보) 조회] 11월 12일 '당일 보통예금' 잔액은 얼마인가?	4
18	평가문제 [합계잔액시산표 조회] 12월 말 '당좌자산' 계정 중 잔액이 가장 큰 계정과목의 코드번호를 입력하시오.	3
19	평가문제 [받을어음현황 조회] 만기일이 2024년에 도래하는 '받을어음' 보유금액은 얼마인가?	3
20	평가문제 [총계정원장 조회] 당기에 '상품매출'이 가장 크게 발생한 월의 금액은?	4
21	평가문제 [분개장 조회] 당기의 전표 중 '선택: 3.대체' 전표의 건수는?	4
22	평가문제 [현금출납장 조회] 9월(9월 1일 ~ 9월 30일)에 발생한 입금 금액은 얼마인가?	3
23	평가문제 [손익계산서 조회] 당기에 발생한 '영업외수익'은 얼마인가?	3
24	평가문제 [손익계산서 조회] 당기에 발생한 '영업외비용' 금액은 얼마인가?	4

25	평가문제 [손익계산서 조회] 전기에 비해 당기에 '감가상각비' 발생액은 얼마나 증가하였는가?	4
26	평가문제 [재무상태표 조회] 12월 말 '선급금' 잔액은 얼마인가?	4
27	평가문제 [재무상태표 조회] 12월 말 '유형자산' 계정 중 잔액이 가장 큰 계정과목 코드번호를 입력하시오.	3
28	평가문제 [재무상태표 조회] 12월 말 '현금및현금성자산' 잔액은 얼마인가?	2
29	평가문제 [재무상태표 조회] 12월 말 '매출채권 – 매입채무' 잔액은 얼마인가?	3
30	평가문제 [재무상태표 조회] 12월 말 재무상태표의 '당기순이익' 금액은 얼마인가? ① 447,759,030원　　　② 286,464,030원 ③ 574,579,030원　　　④ 745,759,030원	1
	총점	62

평가문제

06 회계정보분석 [8점]

회계정보를 조회하여 [회계정보분석]의 답안을 입력하시오.

31 일/월계표 조회 [4점]

2024년 상반기(1월 ~ 6월) 판매관리비 중 현금지출액이 가장 적은 계정과목으로 옳은 것은?

① 여비교통비　　　　　　② 임차료
③ 도서인쇄비　　　　　　④ 보험료

32 손익계산서 조회 [4점]

이자보상비율은 기업의 채무상환능력을 나타내는 지표이다. 전기분 이자보상비율은 얼마인가?

$$\text{이자보상비율(\%)} = \frac{\text{영업이익}}{\text{이자비용}} \times 100$$

① 5,589%　　　　　　② 5,611%
③ 6,420%　　　　　　④ 6,670%

03 | FAT 2급 54회 기출문제(이론 + 실무)

✦ 실무이론평가 ✦

※ 아래 문제에서 특별한 언급이 없으면 기업의 보고기간(회계기간)은 매년 1월 1일부터 12월 31일까지입니다. 또한 기업은 일반기업회계기준 및 관련 세법을 계속적으로 적용하고 있다고 가정하고 물음에 가장 합당한 답을 고르시기 바랍니다.

01 다음 거래의 결합관계를 나타낸 것으로 옳은 것은?

> 업무출장으로 인한 택시비 20,000원을 현금으로 지급하였다.

① (차) 비용의 발생   (대) 자산의 감소
② (차) 자산의 증가   (대) 부채의 증가
③ (차) 비용의 발생   (대) 자본의 증가
④ (차) 자산의 증가   (대) 수익의 발생

02 다음 자료를 토대로 전자제품 도매업을 영위하는 (주)한공의 영업이익을 계산하면 얼마인가?

• 매출액	3,000,000원	• 매출원가	2,000,000원
• 광고선전비	300,000원	• 복리후생비	200,000원
• 이자비용	500,000원	• 단기매매증권처분손실	100,000원

① 100,000원   ② 200,000원
③ 300,000원   ④ 500,000원

03 다음 대화에 나타난 거래를 회계처리 시 대변 계정과목의 분류로 옳은 것은? (단, 회사의
업종은 도소매업을 가정한다.)

① 매출   ② 영업외수익   ③ 영업외비용   ④ 판매비와 관리비

04 다음 중 재무상태표에 표시되지 않는 계정과목은?

① 매출채권   ② 선수수익   ③ 소모품비   ④ 선급비용

05 다음 중 무형자산으로 분류되는 계정과목이 아닌 것은?

① 소프트웨어   ② 특허권   ③ 임차보증금   ④ 개발비

06 다음은 한공상사의 상품 관련 자료이다. 상품의 취득원가를 계산하면 얼마인가?

• 상품 매입액	100,000원
• 매입운임	20,000원
• 보험료	10,000원 (상품 매입 관련)
• 판매운임	5,000원 (판매된 상품 택배비)

① 100,000원   ② 120,000원   ③ 130,000원   ④ 135,000원

07 다음 자료에서 재무상태표상 현금및현금성자산 계정에 표시할 금액은 얼마인가?

• 현금	1,000,000원
• 보통예금	800,000원
• 당좌예금	500,000원
• 만기가 6개월 후에 도래하는 정기예금	1,000,000원

① 1,000,000원   ② 1,800,000원

③ 2,300,000원   ④ 3,300,000원

08 한공부동산은 부동산매매업을 영위하고 있다. 다음 자료를 토대로 유형자산 금액을 계산하면 얼마인가?

• 판매 목적으로 보유하고 있는 건물	80,000,000원
• 본사 사옥 건설을 위해 구입한 토지	100,000,000원
• 직원용 기숙사	20,000,000원
• 업무용 차량	10,000,000원

① 100,000,000원   ② 120,000,000원

③ 130,000,000원   ④ 210,000,000원

09 다음 중 재고자산에 대한 설명으로 옳지 않은 것은?

① 재고자산은 판매를 위하여 보유하고 있는 자산이다.

② 재고자산 매입원가는 취득과정에서 정상적으로 발생한 부대원가를 포함한다.

③ 재고자산 매입과 관련된 할인, 에누리는 영업외비용으로 처리한다.

④ 재고자산의 수량결정방법은 실지재고조사법과 계속기록법이 있다.

10 한공상사는 2024.8.1. 임대료 1년분 2,400,000원을 현금으로 받고 전액 임대료수익으로 인식하였다. 2024.12.31. 결산 시 계상할 선수수익은 얼마인가? (월할계산하기로 한다.)

① 1,200,000원   ② 1,400,000원

③ 1,600,000원   ④ 1,800,000원

✦ 실무수행평가 ✦

※ 드림뮤직(회사코드 4154)은 악기 도소매업을 운영하는 개인기업으로, 회계기간은 제7기(2024.
1.1. ~ 2024.12.31.)이다. 제시된 자료와 자료설명을 참고하여, [수행과제]를 완료하고 [평가
문제]의 물음에 답하시오.

─── 〈실무수행 유의사항〉 ───

1. 타계정 대체와 관련된 적요는 반드시 코드를 입력하여야 한다.
2. 채권·채무, 예금거래 등 관리대상 거래자료에 대하여는 거래처코드를 반드시 입력한다.
3. 자금관리 등 추가 작업이 필요한 경우 문제의 요구에 따라 추가 작업하여야 한다.
4. 등록된 계정과목 중 가장 적절한 계정과목을 선택한다.
5. 부가가치세는 고려하지 않는다.

실무수행

01 기초정보관리의 이해

회계관련 기초정보는 입력되어 있다. [자료설명]을 참고하여 [수행과제]를 수행하시오.

① 사업자등록증에 의한 거래처등록 수정

자료설명	거래처 소리나라(1014)의 사업자등록증 관련 내용 중 대표자명이 변경되어 사업자등록증 사본을 받았다.
수행과제	사업자등록증을 확인하여 변경사항을 수정하시오. (단, 메일주소도 입력할 것)

② 전기분 손익계산서의 입력수정

손익계산서

제6(당)기 2023년 1월 1일부터 2023년 12월 31일까지
드림뮤직 　　　　제5(전)기 2022년 1월 1일부터 2022년 12월 31일까지 　　　　(단위 : 원)

과목	제6(당)기		제5(전)기	
	금액		금액	
I. 매 출 액		300,000,000		68,550,000
상 품 매 출	300,000,000		68,550,000	
II. 매 출 원 가		160,000,000		29,290,000
상 품 매 출 원 가		160,000,000		29,290,000
기 초 상 품 재 고 액	20,000,000		1,470,000	
당 기 상 품 매 입 액	180,000,000		47,820,000	
기 말 상 품 재 고 액	40,000,000		20,000,000	
III. 매 출 총 이 익		140,000,000		39,260,000
IV. 판 매 비 와 관 리 비		96,530,000		21,745,000
급 여	60,000,000		12,000,000	
복 리 후 생 비	10,200,000		950,000	
여 비 교 통 비	1,300,000		650,000	
접대비(기업업무추진비)	4,500,000		700,000	
통 신 비	1,230,000		450,000	
수 도 광 열 비	2,850,000		375,000	
세 금 과 공 과 금	3,700,000		120,000	
감 가 상 각 비	6,500,000		700,000	
보 험 료	1,200,000		1,200,000	
차 량 유 지 비	2,500,000		3,600,000	
운 반 비	1,750,000		500,000	
소 모 품 비	800,000		500,000	
V. 영 업 이 익		43,470,000		17,515,000
VI. 영 업 외 수 익		1,200,000		1,400,000
이 자 수 익	1,200,000		1,400,000	
VII. 영 업 외 비 용		4,250,000		600,000
이 자 비 용	4,250,000		600,000	
VIII. 소득세차감전순이익		40,420,000		18,315,000
IX. 소 득 세 등		0		0
X. 당 기 순 이 익		40,420,000		18,315,000

자료설명	전기(제5기)분 재무제표는 입력되어 있으며, 재무제표 검토결과 입력오류를 발견하였다.
수행과제	입력이 누락되었거나 오류부분을 찾아 수정입력하시오.

실무수행

02 거래자료입력

실무프로세스 자료이다. [자료설명]을 참고하여 [수행과제]를 수행하시오.

① 증빙에 의한 전표입력

<table>
<tr><td colspan="5" align="center">영 수 증 (공급받는자용)</td></tr>
<tr><td>NO</td><td colspan="4" align="center">드림뮤직 귀하</td></tr>
<tr><td rowspan="4">공급자</td><td>사업자
등록번호</td><td colspan="3" align="center">305-12-34510</td></tr>
<tr><td>상 호</td><td>빠른퀵서비스</td><td>성명</td><td>김배송</td></tr>
<tr><td>사업장
소재지</td><td colspan="3" align="center">서울 서초구 헌릉로 341</td></tr>
<tr><td>업 태</td><td>서비스업</td><td>종목</td><td>포장, 배송</td></tr>
<tr><td align="center">작성일자</td><td colspan="2" align="center">공급대가총액</td><td colspan="2" align="center">비고</td></tr>
<tr><td align="center">2024.7.15.</td><td colspan="2" align="center">27,000원</td><td colspan="2"></td></tr>
<tr><td colspan="5" align="center">공 급 내 역</td></tr>
<tr><td>월/일</td><td>품명</td><td>수량</td><td>단가</td><td>금액</td></tr>
<tr><td>7/15</td><td>배송비</td><td></td><td></td><td>27,000</td></tr>
<tr><td colspan="2" align="center">합 계</td><td colspan="3" align="center">27,000원</td></tr>
<tr><td colspan="5" align="center">위 금액을 (영수)청구)함</td></tr>
</table>

자료설명	포장 및 배송 전문업체인 빠른퀵서비스에 판매상품 배송을 요청하고 당사부담 배송비는 현금으로 지급하였다.
수행과제	거래자료를 입력하시오.

② 증빙에 의한 전표입력

자료 1. 건강보험료 영수증

건강 보험료		2024 년 07 월	영수증(납부자용)
사 업 장 명	드림뮤직(최성진)		
사 용 자	서울특별시 강남구 강남대로 496 (논현동)		
납부자번호	5700000123	사 업 장 관 리 번 호	23028331280
납 부 할 보험료 (ⓐ+ⓑ+ⓒ+ⓓ+ⓔ)			167,500 원
납 부 기 한			2024.8.10. 까지
보험료	건 강 ⓐ	156,000 원	연 금 ⓒ
	장 기 요 양 ⓑ	11,500 원	고 용 ⓓ
	소 계 (ⓐ + ⓑ)	167,500 원	산 재 ⓔ 원
납 기 후 금 액	원	납 기 후 기 한	까지

⊙ 납부기한까지 납부하지 않으면 연체금이 부과됩니다.
※ 납부장소 : 전 은행, 우체국, 농·수협(지역조합 포함), 새마을금고, 신협, 증권사, 산림조합중앙회, 인터넷지로(www.giro.or.kr)
※ 2D코드 : GS25, 세븐일레븐, 미니스톱, 바이더웨이, 씨유에서 납부 시 이용. (우리·신한은행 현금카드만 수납가능)

2024 년 07 월 28 일

국민연금관리공단 이 사 장

자동이체 신청 납부자번호 :

수납인

자료 2. 보통예금(농협은행) 거래내역

		내용	찾으신금액	맡기신금액	잔액	거래점
번호	거래일	계좌번호 112-01-123154 드림뮤직				
1	2024-8-10	건강보험료	167,500		***	***

자료설명	7월 급여지급분에 대한 건강보험료와 장기요양보험료를 납부기한일에 농협은행 보통예금 계좌에서 이체하여 납부하였다. 167,500원 중 50%는 급여지급 시 원천징수한 금액이며, 나머지 50%는 회사부담분이다. 당사는 회사부담분을 '복리후생비'로 회계처리하고 있다.
수행과제	거래자료를 입력하시오.

③ 증빙에 의한 전표입력

```
            신용카드매출전표
------------------------------------
카드종류 : 국민카드
회원번호 : 4447-8664-****-7**9
거래일시 : 2024.08.22.  20:05:16
거래유형 : 신용승인
매   출 : 2,500,000원
합   계 : 2,500,000원
결제방법 : 일시불
승인번호 : 26785995
------------------------------------
가맹점명: (주)오토오피스(225-81-12588)

        - 이 하 생 략 -
```

자료설명	사무실에서 사용할 복합기를 구매하면서 국민카드로 결제하고 받은 신용카드매출전표이다.
수행과제	거래자료를 입력하시오. (단, '자산'으로 회계처리할 것)

④ 재고자산의 매출거래

거래명세서				(공급자 보관용)					
공급자	등록번호	220-28-33128			공급받는자	등록번호	211-28-35011		
	상호	드림뮤직	성명	최성진		상호	승윤악기	성명	강승윤
	사업장주소	서울특별시 강남구 강남대로 496 (논현동)				사업장주소	서울시 구로구 개봉로1길 188		
	업태	도소매업	종사업장번호			업태	도매업	종사업장번호	
	종목	악기				종목	악기외		

거래일자	미수금액	공급가액	세액	총 합계금액
2024.9.10.		2,000,000		2,000,000

NO	월	일	품목명	규격	수량	단가	공급가액	세액	합계
1	9	10	클래식기타		10	200,000	2,000,000		2,000,000

자료설명	승윤악기에 상품을 판매하고 발급한 거래명세서이다. 대금은 전액 외상으로 하였다.
수행과제	거래자료를 입력하시오.

⑤ 통장사본에 의한 거래입력

자료 1. 신용카드 이용대금 명세서

8월 이용대금 명세서	작성기준일 : 2024.9.25. 결 제 일 : 2024.9.25.　실제출금일 : 2024.9.25.　결제계좌 : 국민은행

입금하실 금액	이달의 사용금액	포인트 및 마일리지
1,976,000 원	0 원	포인트리　25,600
	할인 서비스　　　0 원 무이자 혜택금액　0 원	

신한카드

자료 2. 보통예금(국민은행) 거래내역

		내용	찾으신금액	맡기신금액	잔액	거래점
번호	거래일	계좌번호 096-24-0094-123　드림뮤직				
1	2024-9-25	신한카드	1,976,000		***	***

자료설명	신한카드 8월 사용분 결제대금이 국민은행 보통예금 계좌에서 이체되었음을 확인하였다.
수행과제	거래자료를 입력하시오.

⑥ 약속어음 수취거래

전 자 어 음

드림뮤직 귀하　　　　　　　　　　00420240926123456789

금 오백만원정　　　　　　　　　　　　**5,000,000원**

위의 금액을 귀하 또는 귀하의 지시인에게 지급하겠습니다.

지급기일	2024년 12월 26일	발행일	2024년 9월 26일
지 급 지	국민은행	발행지 주 소	서울특별시 서대문구 가좌로 35
지급장소	서대문지점	발행인	수연플롯

자료설명	[9월 26일] 수연플롯의 상품 외상판매대금을 전자어음으로 수취하였다.
수행과제	1. 거래자료를 입력하시오. 2. 자금관련정보를 입력하여 받을어음현황에 반영하시오.

[7] 증빙에 의한 전표입력

```
** 현금영수증 **
(지출증빙용)

사업자등록번호    : 217-39-12327 한성민
사업자명          : 만나한식
단말기ID          : 53453259
가맹점주소        : 서울특별시 서대문구 충정로7길
                    19-7 (충정로 3가)

현금영수증 회원번호
220-28-33128 드림뮤직
승인번호          : 73738585    (PK)
거래일시          : 2024년 10월 15일
------------------------------------------
공급금액                          110,000원
부가세금액
총합계                            110,000원
------------------------------------------
휴대전화, 카드번호 등록
http://현금영수증.kr
국세청문의(126)
38036925-GCA10106-3870-U490
      <<<<<<이용해 주셔서 감사합니다.>>>>>>
```

자료설명	거래처 직원들의 야유회에 제공하기 위한 도시락을 구입하고 수취한 현금영수증이며, 대금은 신한은행 보통예금 계좌에서 이체하여 지급하였다.
수행과제	거래자료를 입력하시오.

[8] 통장사본에 의한 거래입력

■ 보통예금(농협은행) 거래내역

번호	거래일	내용	찾으신금액	맡기신금액	잔액	거래점
		계좌번호 112-01-123154 드림뮤직				
1	2024-10-28	다인피아노		600,000	***	***

자료설명	다인피아노와 상품매출 계약을 하고 계약금을 농협은행 보통예금 계좌로 입금받은 내용이다.
수행과제	거래자료를 입력하시오.

실무수행

03 전표수정

실무프로세스 자료이다. [자료설명]을 참고하여 [수행과제]를 수행하시오.

1 입력자료수정

은행CD입출금기 거래명세표

거래일자	CD처리번호	취급	CD번호
2024-09-12	8754	312825	018
개설은행	계 좌 번 호(신용카드번호)		
농협은행	112-01-123154		
거래권종	거 래 종 류	거 래 금 액	
	카드타행이체	₩ 420,000	
거래시각	거 래 후 잔 고		
15:00		******	
이체은행	이체입금계좌번호	예금주	
신한은행	31255-16-47335	이찬미 (천년악기)	
미 결 제 타 점 권 입 금 액			

자료설명	찬미악기에서 상품을 구입하기로 하고, 계약금을 농협은행 보통예금 계좌에서 이체한 내역이다.
수행과제	거래자료를 수정하시오.

2 입력자료누락

자료 1. 자동차 보험증권

자동차보험증권

증 권 번 호	3355897	계 약 일	2024년 10월 26일
보 험 기 간	2024년 10월 26일 00:00부터		2025년 10월 26일 24:00까지
보 험 계 약 자	드림뮤직	주민(사업자)번호	220-28-33128
피 보 험 자	드림뮤직	주민(사업자)번호	220-28-33128

보험료 납입사항

총보험료	82 만원	납입보험료	82 만원	미납입 보험료	0 원

자료 2. 보통예금(신협은행) 거래내역

		내용	찾으신금액	맡기신금액	잔액	거래점
번호	거래일	계좌번호 201-6611-04712 드림뮤직				
1	2024-10-26	보험료	820,000		***	***

자료설명	영업부 업무용 승용차의 보험료를 신협은행 보통예금으로 납입한 거래가 입력이 누락되었다.
수행과제	거래내역을 확인 후 추가 입력하시오. (단, '자산'으로 처리할 것)

실무수행
04 결산

[결산자료]를 참고하여 결산을 수행하시오. (단, 제시된 자료 이외의 자료는 없다고 가정함)

① 수동결산 및 자동결산

자료설명	1. 단기대여금에 대한 미수이자 250,000원을 계상하다. 2. 기말 상품재고액은 54,000,000원이다.
수행과제	1. 수동결산 또는 자동결산 메뉴를 이용하여 결산을 완료하시오. 2. 12월 31일 기준으로 '손익계산서 → 재무상태표'를 순서대로 조회 작성하시오. (단, 손익계산서 조회 작성 시 상단부 [기능모음]의 '추가'를 이용하여 '손익대체분개'를 수행할 것)

평가문제

05 실무수행평가 62점

입력자료 및 회계정보를 조회하여 [평가문제]의 답안을 입력하시오.

――――――〈 평가문제 답안입력 유의사항 〉――――――

❶ 답안은 지정된 단위의 숫자로만 입력해 주십시오.

　* 한글 등 문자 금지, 콤마(,) 외 기호 금지

	정답	오답(예)
(1) 금액은 원 단위로 숫자를 입력하되, 천 단위 콤마(,)는 생략 가능합니다.	1,245,000 1245000	1,245.000 1,245,000원 1,245,0000 12,45,000 1,245천원
(1-1) 답이 0원인 경우 반드시 "0" 입력 (1-2) 답이 음수(-)인 경우 숫자 앞에 " - "입력		
(2) 질문에 대한 답안은 숫자로만 입력하세요.	4	04 4건/매/명 04건/매/명
(3) 거래처 코드번호는 5자리 숫자로 입력하세요.	00101	101 00101번

❷ 답안에 천원단위(000) 입력 시 더존 프로그램 숫자 입력 방법과 다르게 숫자키패드 '＋' 기능은 지원되지 않습니다.

❸ 더존 프로그램에서 조회되는 자료를 복사하여 붙여넣기가 가능합니다.

❹ 수행과제를 올바르게 입력하지 않고 작성한 답과 모범답안이 다른 경우 오답처리됩니다.

[실무수행평가]

드림뮤직의 입력자료 및 회계정보를 조회하여 [평가문제]의 답안을 입력하시오.

번호	평가문제	배점
11	평가문제 [거래처등록 조회] 거래처별 기본사항과 추가사항으로 옳지 않은 것은? ① 레몬트이앵글의 대표자는 최수정이다. ② 레몬트이앵글의 담당자메일주소는 sujin@bill36524.com이다. ③ 소리나라의 대표자는 김소리이다. ④ 소리나라의 담당자메일주소는 nara@bill36524.com이다.	3

12	**평가문제 [거래처원장 조회]** 12월 말 거래처별 '외상매출금' 잔액으로 옳은 것은? ① 00106.이디악기　　　 6,050,000원 ② 03200.수연플롯　　　 7,000,000원 ③ 01131.승윤악기　　　 5,000,000원 ④ 08707.비발디피아노(주) 5,000,000원	3
13	**평가문제 [거래처원장 조회]** 12월 말 카드사별 '미지급금' 잔액으로 옳지 않은 것은? ① 99600.국민카드　 1,976,000원　② 99601.신한카드　 2,000,000원 ③ 99602.비씨카드　　　　 0원　④ 99605.삼성카드　 6,543,200원	3
14	**평가문제 [예적금현황 조회]** 12월 말 은행별 예금잔액으로 옳은 것은? ① 국민은행(보통)　 35,870,000원　② 농협은행(보통)　 55,141,500원 ③ 신한은행(보통)　 1,890,000원　④ 신협은행(보통)　 1,800,000원	3
15	**평가문제 [손익계산서 조회]** 2024년 발생한 판매비와관리비의 계정별 금액으로 옳지 않은 것은? ① 소모품비　　　 4,000,000원　② 운반비　　　　 684,000원 ③ 접대비　　 17,144,500원　④ 광고선전비　 5,300,000원 　(기업업무추진비)	3
16	**평가문제 [일/월계표 조회]** 8월(8/1~8/31) 동안 발생한 판매관리비 중 발생금액이 가장 큰 계정과목의 코드를 입력하시오.	2
17	**평가문제 [일일자금명세(경리일보) 조회]** 7월 15일 '당일현금' 잔액은 얼마인가?	4
18	**평가문제 [합계잔액시산표 조회]** 12월 말 '당좌자산' 계정 중 잔액이 가장 적은 계정과목의 코드번호를 입력하시오.	3
19	**평가문제 [받을어음현황 조회]** 만기일이 2024년에 도래하는 '받을어음' 보유금액은 얼마인가?	3
20	**평가문제 [총계정원장 조회]** 당기에 '상품매출'이 가장 적게 발생한 월은?	4
21	**평가문제 [분개장 조회]** 당기의 전표 중 '선택: 2.입금' 전표의 건수는?	4
22	**평가문제 [손익계산서 조회]** 당기에 발생한 '보험료' 금액은 얼마인가?	3
23	**평가문제 [손익계산서 조회]** 당기에 발생한 '영업외수익'은 얼마인가?	3
24	**평가문제 [손익계산서 조회]** 당기에 발생한 '상품매출원가' 금액은 얼마인가?	4

25	평가문제 [손익계산서 조회] 전기에 비해 당기에 '차량유지비' 발생액은 얼마나 증가하였는가?	4
26	평가문제 [재무상태표 조회] 12월 말 '선급금' 잔액은 얼마인가?	4
27	평가문제 [재무상태표 조회] 12월 말 '유형자산' 계정 중 잔액이 가장 큰 계정과목 코드번호를 입력하시오.	3
28	평가문제 [재무상태표 조회] 12월 말 '예수금' 잔액은 얼마인가?	2
29	평가문제 [재무상태표 조회] 12월 말 '선수금' 잔액은 얼마인가?	3
30	평가문제 [재무상태표 조회] 12월 말 재무상태표의 '자본금' 금액은 얼마인가? ① 516,232,420원　　　　　　② 520,566,170원 ③ 526,884,420원　　　　　　④ 526,894,420원	1
	총점	62

평가문제

06 회계정보분석 8점

회계정보를 조회하여 [회계정보분석]의 답안을 입력하시오.

31 재무상태표 조회 4점

당좌비율은 유동자산 중 현금화할 수 있는 당좌자산으로 단기채무를 충당할 수 있는 정도를 나타내는 비율이다. 전기말 당좌비율을 계산하면 얼마인가? (단, 소숫점 이하는 버림할 것)

$$당좌비율 = \frac{당좌자산}{유동부채} \times 100$$

① 229%　　　　② 264%　　　　③ 270%　　　　④ 273%

32 재무상태표 조회 4점

부채비율은 타인자본의 의존도를 표시하며, 기업의 건전성 정도를 나타내는 지표이다. 전기말 부채비율은 얼마인가? (단, 소숫점 이하는 버림할 것)

$$부채비율(\%) = \frac{부채총계}{자본총계} \times 100$$

① 45%　　　　② 55%　　　　③ 59%　　　　④ 60%

04 | FAT 2급 55회 기출문제(이론 + 실무)

✛ 실무이론평가 ✛

※ 아래 문제에서 특별한 언급이 없으면 기업의 보고기간(회계기간)은 매년 1월 1일부터 12월 31일까지입니다. 또한 기업은 일반기업회계기준 및 관련 세법을 계속적으로 적용하고 있다고 가정하고 물음에 가장 합당한 답을 고르시기 바랍니다.

01 다음 중 적시성 있는 정보를 제공하기 위해 기업의 존속기간을 일정한 기간단위로 분할하여 재무제표를 작성하는 기본가정은 무엇인가?

① 기업실체　　　　　　　　　② 기간별 보고
③ 계속기업　　　　　　　　　④ 발생기준

02 다음 중 회계상 거래에 해당하지 않는 것은?

① 기계장치를 50,000,000원에 취득하고 현금을 지급하였다.
② 사무실에 보관 중이던 상품 10,000,000원을 도난·분실하였다.
③ 취득가액이 100,000,000원인 공장건물이 화재로 인해 소실되었다.
④ 월 5,000,000원의 급여를 지급하기로 하고 종업원을 채용하였다.

03 다음 (주)한공의 거래에 대한 회계처리 시 차변 계정과목으로 옳은 것은?

> 사무실에서 사용하고 있던 책상을 장부금액으로 처분하고 대금은 거래처 발행 약속어음으로 받다.

① 비품　　　　　　　　　　　② 외상매출금
③ 받을어음　　　　　　　　　④ 미수금

04 다음은 한공상사의 6월 중 상품매매 관련 자료이다. 이를 기초로 선입선출법에 의해 계산한 6월말 재고금액은 얼마인가?

일자	내역	수량	단가
6월 01일	전월이월	200개	2,000원
6월 10일	매입	300개	3,000원
6월 25일	매출	400개	4,000원

① 200,000원　　② 300,000원　　③ 400,000원　　④ 800,000원

05 다음은 한공상사의 대손충당금 관련 자료이다. 당기말 대손충당금 잔액은 얼마인가?

- 기초 대손충당금 잔액은 50,000원이다.
- 당기중 매출채권 20,000원을 대손처리하였다.
- 기말 결산 시 대손상각비 15,000원을 추가계상하였다.

① 10,000원　　　② 15,000원　　　③ 30,000원　　　④ 45,000원

06 다음은 (주)한공의 사업용 토지 처분에 관한 대화이다. 이에 대한 회계처리 시 대변 계정과목은?

① 선수금　　　② 가수금　　　③ 토지　　　④ 건설중인자산

07 다음에서 설명하는 계정과목에 해당하는 것은?

> 물리적 형체는 없지만 식별가능하고 기업이 통제하고 있으며 미래 경제적 효익이 있는 비화폐성자산이다.

① 건물　　　　　② 특허권　　　　　③ 매출채권　　　　　④ 재고자산

08 다음 자료에 의해 도소매업을 운영하는 한공상사의 영업이익을 계산하면 얼마인가?

손익계산서

한공상사　　　　　2024년 1월 1일부터 2024년 12월 31일까지　　　　　(단위 : 원)

비용	금액	수익	금액
매출원가	100,000	매출	300,000
급여	50,000		
복리후생비	10,000		
임차료	40,000		
기부금	30,000		
당기순이익	70,000		
계	300,000	계	300,000

① 50,000원　　　　② 70,000원　　　　③ 80,000원　　　　④ 100,000원

09 다음 중 손익계산서에 표시되는 계정과목은?

① 미수수익　　　　② 선수수익　　　　③ 미지급비용　　　　④ 이자수익

10 다음은 한공기업의 비품 취득 관련 자료이다. 2024년도 손익계산서에 반영될 비품의 감가상각비는 얼마인가?

> • 취득일 : 2024년 7월 1일　　　• 매입가액 : 1,000,000원
> • 취득 부대비용 : 100,000원　　• 잔존가치 : 0원
> • 내용연수 : 5년　　　　　　　• 감가상각 방법 : 정액법(월할계산)

① 100,000원　　　　② 110,000원　　　　③ 200,000원　　　　④ 220,000원

✦ 실무수행평가 ✦

※ 뷰티닥터(회사코드 4155)는 화장품 도·소매업을 운영하는 개인기업으로, 회계기간은 제7기
(2024.1.1. ~ 2024.12.31.)이다. 제시된 자료와 자료설명을 참고하여, [수행과제]를 완료하고
[평가문제]의 물음에 답하시오.

――――――――――――〈실무수행 유의사항〉――――――――――――

1. 타계정 대체와 관련된 적요는 반드시 코드를 입력하여야 한다.
2. 채권·채무, 예금거래 등 관리대상 거래자료에 대하여는 거래처코드를 반드시 입력한다.
3. 자금관리 등 추가 작업이 필요한 경우 문제의 요구에 따라 추가 작업하여야 한다.
4. 등록된 계정과목 중 가장 적절한 계정과목을 선택한다.
5. 부가가치세는 고려하지 않는다.

실무수행

01 기초정보관리의 이해

회계관련 기초정보는 입력되어 있다. [자료설명]을 참고하여 [수행과제]를 수행하시오.

① 거래처등록

자료설명	하나은행에서 계좌를 개설하고 기업자유예금 보통예금 통장을 발급받았다.
수행과제	통장을 참고하여 거래처등록을 하시오. (98005코드로 등록하고 금융기관명은 '하나은행(보통)'으로 할 것)

② 계정과목 추가등록

자료설명	뷰티닥터는 '건물관리비' 계정에 현금적요를 추가등록하여 사용하려고 한다.
수행과제	837.'건물관리비' 계정에 현금적요를 추가등록하시오. • 현금적요: 05.건물유지비 지급

실무수행

02 거래자료입력

실무프로세스 자료이다. [자료설명]을 참고하여 [수행과제]를 수행하시오.

① 증빙에 의한 전표입력

영 수 증 (공급받는자용)

NO **뷰티닥터** 귀하

공급자	사업자 등록번호	251-29-13424		
	상 호	모두다오피스	성명	김진상
	사업장 소재지	서울특별시 강남구 강남대로 110		
	업 태	도소매업	종목	사무용품

작성일자	공급대가총액	비고
2024.2.4.	24,000원	

공 급 내 역

월/일	품명	수량	단가	금액
2/4	포스트잇			15,000
2/4	집게			9,000
합 계		24,000원		

위 금액을 (영수) 청구) 함

자료설명	사무실에서 사용할 사무용품을 구입하고 대금은 현금으로 지급하였다.
수행과제	거래자료를 입력하시오. (단, '사무용품비'로 처리할 것)

② 재고자산의 매출거래

거래명세서 (공급자 보관용)										

거래명세서 (공급자 보관용)

공급자	등록번호	110-23-02115			공급받는자	등록번호	126-81-56580		
	상호	뷰티닥터	성명	고미녀		상호	(주)강남미인	성명	이미인
	사업장주소	서울특별시 서대문구 충정로7길 31 (충정로2가)				사업장주소	서울시 강남구 강남대로 951		
	업태	도소매업	종사업장번호			업태	도소매	종사업장번호	
	종목	화장품				종목	화장품외		

거래일자	미수금액	공급가액	세액	총 합계금액
2024.3.22.		14,000,000		14,000,000

NO	월	일	품목명	규격	수량	단가	공급가액	세액	합계
1	3	22	워터 아이라이너		300	20,000	6,000,000		6,000,000
2	3	22	미백 쿠션		200	40,000	8,000,000		8,000,000

자료설명	1. (주)강남미인에 상품을 매출하고 발행한 거래명세서이다. 2. 상품매출 대금은 3월 말일에 받기로 하였다.
수행과제	거래자료를 입력하시오.

③ 통장사본에 의한 거래입력

■ 보통예금(기업은행) 거래내역

		내용	찾으신금액	맡기신금액	잔액	거래점
번호	거래일	계좌번호 764502-01-047720 뷰티닥터				
1	2024-3-26	차입금이자	500,000		***	***

자료설명	단기차입금에 대한 이자비용을 기업은행 보통예금 계좌에서 이체하여 지급하였다.
수행과제	거래자료를 입력하시오.

④ 기타 일반거래

여비 정산서

소속	영업부	직위	대리	성명	홍성주
출장내역	일시	2024년 4월 16일 ~ 2024년 4월 18일			
	출장지	부산			
	출장목적	거래업체 면담 및 거래조건 확인			
출장비	지급받은 금액	300,000원	실제소요액	250,000원	현금반환액	50,000원
지출내역	숙박비	130,000원	식 비	50,000원	교 통 비	70,000원

정산일자 : 2024년 4월 18일

신청인   홍 성 주 (인)

자료설명	4월 18일 출장을 마친 직원의 여비정산 내역을 보고받고, 잔액은 현금으로 회수하였다.
수행과제	4월 16일의 거래를 확인한 후, 정산일자의 회계처리를 입력하시오. (단, 출장비 지출내역은 하나의 계정과목으로 회계처리하고, '가지급금'은 거래처를 입력할 것)

⑤ 기타 일반거래

■ 보통예금(우리은행) 거래내역

번호	거래일	내용	찾으신금액	맡기신금액	잔액	거래점
		계좌번호 301-9493-2245-61 뷰티닥터				
1	2024-5-30	법률자문 수수료	500,000		***	***

자료설명	제일법률사무소로부터 외상매출금 회수와 관련된 법률자문을 제공받고 수수료를 우리은행 보통예금 계좌에서 이체하여 지급하였다.
수행과제	거래자료를 입력하시오.

⑥ 약속어음 수취거래

전 자 어 음

뷰티닥터 귀하   00420240610123456789

금 이백오십만원정   **2,500,000원**

위의 금액을 귀하 또는 귀하의 지시인에게 지급하겠습니다.

지급기일	2024년 9월 10일	발행일	2024년 6월 10일
지 급 지	국민은행	발행지 주 소	서울특별시 강남구 강남대로 248
지급장소	강남지점	발행인	(주)뷰티천국

자료설명	[6월 10일] (주)뷰티천국의 상품 외상판매대금을 전자어음으로 수취하였다.
수행과제	1. 거래자료를 입력하시오. 2. 자금관련정보를 입력하여 받을어음현황에 반영하시오.

⑦ 통장사본에 의한 거래입력

■ 보통예금(농협은행) 거래내역

		내용	찾으신금액	맡기신금액	잔액	거래점
번호	거래일	계좌번호 096-42-9400-321 뷰티닥터				
1	2024-6-17	매출관련 계약금		2,000,000	***	***

자료설명	(주)샤인스타의 상품매출 계약금이 농협은행 보통예금 계좌에 입금된 거래내역이다.
수행과제	거래자료를 입력하시오.

8 증빙에 의한 전표입력

자료. 자동차세 영수증

	2024 년분 자동차세 세액 신고납부서			납세자 보관용 영수증	
납세자	뷰티닥터(고미녀)				
주 소	서울특별시 서대문구 충정로7길 31 (충정로2가)				
납세번호	기관번호	제목		납세년월기	과세번호
과세대상	25우7416 (승용차)	구 분	자동차세	지방교육세	납부할 세액 합계
		당 초 산 출 세 액	386,000	자동차세액 × 30%	386,000 원
		선납공제액(10%)			
과세기간	2024.1.1. ~2024.6.30.	요일제감면액(5%)			
		납 부 할 세 액	386,000	0	

< 납부장소 >

위의 금액을 영수합니다.
2024 년   6 월   30일

수납인
2024.06.30.
농협은행

*수납인이 없으면 이 영수증은 무효입니다 *공무원은 현금을 수납하지 않습니다.

자료설명	[6월 30일] 2024년 상반기 자동차세를 현금으로 납부하였다.
수행과제	거래자료를 입력하시오.

실무수행

03 전표수정

실무프로세스 자료이다. [자료설명]을 참고하여 [수행과제]를 수행하시오.

1 입력자료수정

2024년 3월 청구서

작성일자 : 2024.2.28.
납부기한 : 2024.3.20.

금 액	232,000원
고객명	뷰티닥터
이용번호	02-3149-1245
명세서번호	**25328**
이용기간	2월 1일~2월 28일
9월 이용요금	232,000원
공급자등록번호	110-81-92484
공급받는자 등록번호	110-23-02115
공급가액	232,000원
부가가치세(VAT)	0원
10원미만 할인요금	0원
입금전용계좌	국민은행

(주)케이티

자료설명	통신요금의 납부 내역을 확인한 결과 2월 28일과 3월 28일에 이중으로 입력되었음을 발견하였다.
수행과제	3월분 청구서를 참고하여 적절하게 수정하시오. (회사는 작성일자로 미지급금을 계상하고 납부기한일에 자동이체하여 지급처리하고 있다.)

② 입력자료수정

```
NO 20240415   입 금 표  (공급자용)

                (주)순수화장품   귀하

        사 업 자
        등록번호        110-23-02115
  공     상   호    여신강림    성명    김여신
  급     사 업 장   서울특별시 서대문구 충정로7길 31
  자     소 재 지        (충정로2가)
        업   태    도소매업    종목    화장품
     작성일        공급대가총액        비고
   2024.4.15.       3,000,000
              공 급 내 역
  월/일   품명     수량     단가      금액
  4/15  진열세트    10    300,000   3,000,000

     합   계    ₩3,000,000
        위 금액을 (영수·청구)함
```

자료설명	[4월 15일] 진열대를 중고로 판매하고 발생한 미수금을 현금으로 받고 발급한 입금표이다.
수행과제	3월 29일 거래자료를 참고하여 입력 자료를 적절하게 수정하시오.

실무수행

04 결산

[결산자료]를 참고하여 결산을 수행하시오. (단, 제시된 자료 이외의 자료는 없다고 가정함)

① 수동결산 및 자동결산

자료설명	1. 5월 28일 현금시재불일치 금액을 현금과부족으로 회계처리하였다. 기말 결산 시 현금과부족 원인을 조사한 결과 (주)톡톡화장품의 단기대여금에 대한 이자로 확인되었다. 2. 기말 상품재고액은 27,000,000원이다.
수행과제	1. 수동결산 또는 자동결산 메뉴를 이용하여 결산을 완료하시오. 2. 12월 31일 기준으로 '손익계산서 → 재무상태표'를 순서대로 조회 작성하시오. (단, 손익계산서 조회 작성 시 상단부 [기능모음]의 추가를 이용하여 '손익대체분개'를 수행할 것)

평가문제

05 실무수행평가 62점

입력자료 및 회계정보를 조회하여 [평가문제]의 답안을 입력하시오.

―――― 〈 평가문제 답안입력 유의사항 〉――――

❶ 답안은 지정된 단위의 숫자로만 입력해 주십시오.
  * 한글 등 문자 금지, 콤마(,) 외 기호 금지

	정답	오답(예)
(1) 금액은 원 단위로 숫자를 입력하되, 천 단위 콤마(,)는 생략 가능합니다.	1,245,000 1245000	1.245.000 1,245,000원 1,245,0000 12,45,000 1,245천원
(1-1) 답이 0원인 경우 반드시 "0" 입력 (1-2) 답이 음수(-)인 경우 숫자 앞에 " - "입력		
(2) 질문에 대한 답안은 숫자로만 입력하세요.	4	04 4/건/매/명 04건/매/명
(3) 거래처 코드번호는 5자리로 입력하세요.	00101	101 00101번

❷ 더존 프로그램 입력방법과 다르게 평가문제의 답안 입력 시 천단위(000) 숫자 키패드 "+"기능은 지원되지 않습니다.
❸ 더존 프로그램에서 조회되는 자료를 복사하여 붙여넣기가 가능합니다.
❹ 수행과제를 올바르게 입력하지 않고 답을 구한 결과가 모범답안과 다른 경우 오답처리됩니다.

[실무수행평가]

뷰티닥터의 입력자료 및 회계정보를 조회하여 [평가문제]의 답안을 입력하시오.

번호	평가문제	배점
11	평가문제 [거래처등록 조회] 금융 거래처별 계좌번호가 옳지 않은 것은? ① 국민은행(보통) 116-55-45666-88 ② 우리은행(보통) 301-9493-2245-61 ③ 하나은행(보통) 527-910004-22456 ④ 농협은행(보통) 260-428-613582	3

12	평가문제 [계정과목및적요등록 조회] 837.'건물관리비' 계정 현금적요 내용으로 옳지 않은 것은? ① 건물관리비 지급 ② 건물보수비 지급 ③ 건물수리비 지급 ④ 건물유지비 지급	3
13	평가문제 [총계정원장 조회] 월별 '세금과공과금(판매비와관리비)' 발생금액으로 옳은 것은? ① 1월 394,000원 ② 6월 386,000원 ③ 9월 550,000원 ④ 10월 60,840원	3
14	평가문제 [총계정원장 조회] 월별 '현금' 잔액으로 옳은 것은? ① 1월 85,276,600원 ② 2월 96,160,200원 ③ 5월 72,195,010원 ④ 6월 101,113,910원	3
15	평가문제 [일일자금명세(경리일보) 조회] 4월 18일의 '당일현금' 잔액은 얼마인가?	3
16	평가문제 [일/월계표 조회] 3월(3/1~3/31)에 발생한 '상품매출' 금액은 얼마인가?	3
17	평가문제 [일/월계표 조회] 3월(3/1~3/31)에 발생한 '영업외비용' 금액은 얼마인가?	3
18	평가문제 [계정별원장 조회] 6월(6/1~6/30)의 '외상매출금' 회수(감소)액은 얼마인가?	4
19	평가문제 [거래처원장 조회] 12월 말 '기업은행 보통예금' 잔액은 얼마인가?	3
20	평가문제 [손익계산서 조회] 당기에 발생한 판매비와관리비 계정별 금액으로 옳지 않은 것은? ① 접대비(기업업무추진비) 12,474,500원 ② 임차료 21,000,000원 ③ 수수료비용 1,983,500원 ④ 사무용품비 24,000원	3
21	평가문제 [손익계산서 조회] 당기에 발생한 판매비와관리비 중 발생금액이 가장 작은 계정과목의 코드번호를 입력 하시오.	3
22	평가문제 [손익계산서 조회] '여비교통비' 당기 발생액이 전기에 비해 증가한 금액은 얼마인가?	3
23	평가문제 [손익계산서 조회] 당기에 발생한 '통신비' 금액은 얼마인가?	3
24	평가문제 [손익계산서 조회] 당기에 발생한 '영업외수익' 금액은 얼마인가?	4
25	평가문제 [손익계산서 조회] 당기의 '상품매출원가' 금액은 얼마인가?	3
26	평가문제 [재무상태표 조회] 12월 말 '미수금' 잔액은 얼마인가?	3

27	평가문제 [재무상태표 조회] 12월 말 '받을어음'의 장부금액(받을어음 – 대손충당금)은 얼마인가?	4
28	평가문제 [재무상태표 조회] 12월 말 '미지급금' 잔액은 얼마인가?	3
29	평가문제 [재무상태표 조회] 12월 말 '선수금' 잔액은 얼마인가?	3
30	평가문제 [재무상태표 조회] 12월 말 재무상태표의 '자본금' 금액은 얼마인가? ① 750,000,030원　　　　② 767,016,030원 ③ 830,500,000원　　　　④ 850,200,000원	2
	총점	62

PART 03

평가문제

06 회계정보분석 8점

회계정보를 조회하여 [회계정보분석]의 답안을 입력하시오.

31 재무상태표 조회 4점

유동비율이란 기업의 단기 지급능력을 평가하는 지표이다. 전기 유동비율은 얼마인가?
(단, 소숫점 이하는 버림할 것)

$$유동비율(\%) = \frac{유동자산}{유동부채} \times 100$$

① 368%   ② 389%
③ 392%   ④ 395%

32 손익계산서 조회 4점

영업이익률이란 기업의 주된 영업활동에 의한 성과를 판단하는 지표이다. 전기 영업이익률은 얼마인가? (단, 소수점 이하는 버림할 것)

$$영업이익률(\%) = 영업이익 \div 매출액 \times 100$$

① 6%   ② 7%
③ 8%   ④ 9%

05 | FAT 2급 56회 기출문제(이론 + 실무)

✦ 실무이론평가 ✦

※ 아래 문제에서 특별한 언급이 없으면 기업의 보고기간(회계기간)은 매년 1월 1일부터 12월 31일 까지입니다. 또한 기업은 일반기업회계기준 및 관련 세법을 계속적으로 적용하고 있다고 가정하고 물음에 가장 합당한 답을 고르시기 바랍니다.

01 다음 중 김대리의 답변에서 알 수 있는 거래에 대한 분석으로 옳은 것은?

이과장: (주)한공에 대한 외상매입금을 언제 지급했습니까?

김대리: 방금 전 보통예금계좌에서 이체했습니다.

① (차) 자산의 감소   (대) 부채의 증가
② (차) 자산의 감소   (대) 부채의 감소
③ (차) 부채의 감소   (대) 자산의 증가
④ (차) 부채의 감소   (대) 자산의 감소

02 다음 중 당좌자산으로 분류되지 않는 것은?

① 만기가 1년 이내에 도래하는 정기예금
② 단기간 내에 매매차익을 얻을 목적으로 구입한 시장성 있는 주식
③ 상품을 매출하고 받은 어음
④ 판매목적으로 보유하고 있는 상품

03 다음 중 재무회계에 대한 설명으로 옳지 않은 것은?

① 재무제표의 작성과 표시에 대한 책임은 경영자에게 있다.

② 현금흐름표는 재무제표에 해당하지 않는다.

③ 일반적으로 인정된 회계기준에 따라 작성되어야 한다.

④ 재무보고의 주된 목적은 투자 및 신용의사결정에 유용한 정보를 제공하는 것이다.

04 다음은 (주)한공의 부채 내역이다. 비유동부채는 얼마인가?

• 장기미지급금	60,000원	• 예수금	5,000원
• 퇴직급여충당부채	20,000원	• 단기차입금	30,000원

① 60,000원　　　　　　　　　　② 65,000원

③ 80,000원　　　　　　　　　　④ 85,000원

05 다음 중 도소매업을 운영하는 회사의 판매비와관리비에 해당하지 않는 것은?

① 임차료　　　　　　　　　　② 대손상각비

③ 접대비(기업업무추진비)　　　　④ 이자비용

06 다음 자료를 토대로 재고자산 취득원가를 계산하면 얼마인가?

• 매입 재고자산 수량 : 100개(단가 4,500원)	• 매입운반비 : 10,000원
• 판매 수수료 : 12,000원	• 매입수수료 : 8,000원

① 450,000원　　　　　　　　　　② 460,000원

③ 468,000원　　　　　　　　　　④ 480,000원

07 다음 중 물가가 지속적으로 상승하는 경우에 기말재고자산 금액이 가장 크게 나타나는 단가결정방법은?

① 선입선출법　　　　　　　　　　② 총평균법

③ 이동평균법　　　　　　　　　　④ 후입선출법

08 다음 자료를 토대로 결산 시 추가로 계상할 대손충당금은 얼마인가?

> • 결산 시 매출채권 잔액에 대하여 2%의 대손충당금을 설정하다.
> • 결산 시 잔액시산표 상의 매출채권 및 대손충당금 잔액
>   – 매출채권 5,000,000원
>   – 대손충당금   20,000원

① 20,000원   ② 40,000원
③ 60,000원   ④ 80,000원

09 한공상사는 2024.6.1.에 임대료 1년분 2,400,000원을 현금으로 수취하면서 전액 임대료 수익으로 인식하였다. 2024.12.31.에 결산 시 계상할 선수수익은 얼마인가? (월할계산하기로 한다.)

① 1,000,000원   ② 1,200,000원
③ 1,400,000원   ④ 1,600,000원

10 다음 중 재무상태표에 표시되지 않는 계정은?

① 매출채권   ② 선수수익
③ 소모품비   ④ 임차보증금

✛ 실무수행평가 ✛

※ 모든사무(회사코드 4156)는 사무용품 도소매업을 운영하는 개인기업으로, 회계기간은 제7기 (2024.1.1. ~ 2024.12.31.)이다. 제시된 자료와 [자료설명]을 참고하여, [수행과제]를 완료하고 [평가문제]의 물음에 답하시오.

── 〈실무수행 유의사항〉 ──

1. 타계정 대체와 관련된 적요는 반드시 코드를 입력하여야 한다.
2. 채권·채무, 예금거래 등 관리대상 거래자료에 대하여는 거래처코드를 반드시 입력한다.
3. 자금관리 등 추가 작업이 필요한 경우 문제의 요구에 따라 추가 작업하여야 한다.
4. 등록된 계정과목 중 가장 적절한 계정과목을 선택한다.
5. 부가가치세는 고려하지 않는다.

실무수행

01 기초정보관리의 이해

회계관련 기초정보는 입력되어 있다. [자료설명]을 참고하여 [수행과제]를 수행하시오.

1 사업자등록증에 의한 거래처등록(수정)

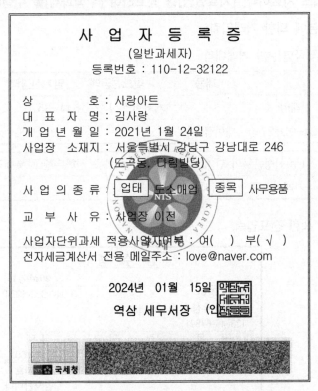

사 업 자 등 록 증
(일반과세자)
등록번호 : 110-12-32122

상   호 : 사랑아트
대 표 자 명 : 김사랑
개 업 년 월 일 : 2021년 1월 24일
사업장 소재지 : 서울특별시 강남구 강남대로 246
(도곡동, 다림빌딩)

사 업 의 종 류 : [업태] 도소매업 [종목] 사무용품

교 부 사 유 : 사업장 이전

사업자단위과세 적용사업자여부 : 여( ) 부(√)
전자세금계산서 전용 메일주소 : love@naver.com

2024년 01월 15일
역삼 세무서장 (인)

국세청

자료설명	거래처 사랑아트(코드 04503)로부터 변경된 사업자등록증 사본을 카톡으로 받았다.
수행과제	1. 교부받은 사업자등록증을 확인하여 입력 자료를 수정하시오. 2. 전자세금계산서 전용메일 주소를 등록하시오.

② 거래처별초기이월 등록 및 수정

단기차입금 명세서

코드	거래처명	금액	비고
98004	축협은행(차입)	8,000,000원	만기일 2024.10.31.
98006	신협은행(차입)	4,000,000원	만기일 2024.11.30.
	합계	12,000,000원	

자료설명	모든사무의 전기분 재무제표는 이월받아 입력되어 있다.
수행과제	단기차입금에 대한 거래처별초기이월을 입력하시오.

실무수행

02 거래자료입력

실무프로세스 자료이다. [자료설명]을 참고하여 [수행과제]를 수행하시오.

① 통장사본에 의한 거래입력

■ 보통예금(국민은행) 거래내역

번호	거래일	내용	찾으신금액	맡기신금액	잔액	거래점
		계좌번호 432-1544-8570 모든사무				
1	2024-01-27	대여금 이자		200,000	***	***

자료설명	(주)신성문구의 단기대여금에 대한 이자를 신한은행 보통예금 계좌에 입금받았다.
수행과제	거래자료를 입력하시오.

② 증빙에 의한 전표입력

```
                    영 수 증
                                        2024/2/15
  유성카정비                          (T.042-823-1234)
  대전시 유성구 죽동로 321
  123-45-67891
       품 목    수 량    단 가      금 액
       오일교체     1     30,000       30,000
                              합계: 30,000원
                                    감사합니다.
```

자료설명	관리부 업무용 승용차의 엔진오일을 교체하고, 대금은 다음달에 지급하기로 하였다. (단, '차량유지비'로 처리할 것)
수행과제	거래자료를 입력하시오.

③ 재고자산의 매입거래

거래명세서
(공급받는자 보관용)

	등록번호	211-86-14336				등록번호	318-12-37852		
공급자	상호	(주)다나와문구	성명	한영걸	공급받는자	상호	모든사무	성명	김유라
	사업장주소	서울특별시 강남구 논현로 6				사업장주소	대전 유성 배울2로 61 101호		
	업태	제조업	종사업장번호			업태	도소매업	종사업장번호	
	종목	문구용품외				종목	사무용품		

거래일자	미수금액	공급가액	세액	총 합계금액
2024.3.5.		60,000,000		60,000,000

NO	월	일	품목명	규격	수량	단가	공급가액	세액	합계
1	3	5	탁상용시계		1,000	40,000	40,000,000		40,000,000
2	3	5	다이어리		1,000	20,000	20,000,000		20,000,000

자료설명	상품을 외상으로 매입하고 발급받은 거래명세서이다.
수행과제	거래자료를 입력하시오.

④ 기타 일반거래

영수증 (입금증, 영수증, 계산서, 전자통장거래확인증 등 겸용)

타행 송금의뢰 확인증

2024 년 4 월 18 일

입금 은행	:	농협은행				
입금 계좌	:	1235-12-3252000	대	체	:	₩3,300,000
수 취 인	:	한샘문구				
적 요	:		합	계	:	₩3,300,000
의 뢰 인		모든사무	송금수수료		:	0

유성지점　　　　　　(☎ 1544-9999)

국민은행

자료설명	[4월 18일] 한샘문구의 상품 외상매입대금을 국민은행 보통예금 계좌에서 인출하여 송금하였다.
수행과제	거래자료를 입력하시오.

⑤ 기타 일반거래

NO. 27

견 적 서

2024 년 5 월 28 일

모든사무　　　　귀하

아래와 같이 견적합니다.

공급자	등록번호		215-81-24850		
	상호(법인명)	(주)학용품나라		성명	장민혁
	사업장주소	서울특별시 서대문구 독립문로3길 7			
	업　태	제조및도매업		종목	사무용품
	전화번호	02-***-****			

합계금액　　　　　　　　**이백만원整　(₩ 2,000,000)**

품　명	규격	수량	단가	공급가액	비고
스탠드		100	20,000	2,000,000	
계				2,000,000	

자료설명	[5월 28일] (주)학용품나라에서 상품을 매입하기 위해 견적서를 받고 공급가액의 10% 계약금을 현금으로 지급하였다.
수행과제	거래자료를 입력하시오.

⑥ 증빙에 의한 전표입력

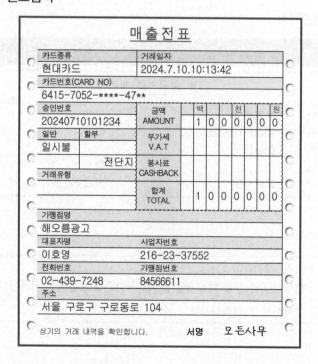

자료설명	신제품 판매촉진을 위해 광고전단지를 제작하고, 결제한 신용카드매출전표이다.
수행과제	거래자료를 입력하시오.

7 기타 일반거래

2024년 11월 급여대장

팀명	성명	급여	공제액			차감지급액
			소득세 등	건강보험료 등	공제액합계	
재경팀	박성은	3,500,000원	156,440원	301,760원	458,200원	3,041,800원
영업팀	문준이	3,000,000원	93,330원	297,760원	391,090원	2,608,910원
합계		6,500,000원	249,770원	599,520원	849,290원	5,650,710원

■ 보통예금(하나은행) 거래내역

		내용	찾으신금액	맡기신금액	잔액	거래점
번호	거래일	계좌번호 112-420-556641 모든사무				
1	2024-11-30	급여	5,650,710		***	***

자료설명	11월분 급여를 하나은행 보통예금 계좌에서 이체하여 지급하였다.
수행과제	거래자료를 입력하시오. (공제액합계는 '예수금'으로 처리할 것)

8 기타 일반거래

www.hyundaiexpress.com

운송장 NO. 55-1235-8419 예약 NO.

| 성 명 (상호) | 미미월드 | ☎ (02) 1544-1288 | 집하일자 2024.12.31. |

주소
서울특별시 서대문구 북아현로 4
(받는 고객)

배달예정일 2025.1.2.
개발장소
집하장소

| 성 명 (상호) | 모든사무 | ☎ (02) 356-1387 | 집하차 |

주소
대전 유성 배울2로 61 101호
(보내는 고객)

1	2	3	4
√			

기본운임 17,000원

수량	소	중	대
화물명		문구	
물품가액			만원
특기사항	취급시 주의		

1. 포장당 (50)만원을 초과하는 운송물에 대하여는 소정의 할증운임을 받습니다.
2. 포장당 (300)만원을 초과하는 운송물은 취급하지 않습니다.
3. 운송물의 가액을 미리 신고하시면, 손해배상 시 신고가액을 기준으로 배상해드립니다.

기타운임
합계 17,000원

102-81-23012
현대택배(주)

▲현대택배
택배이용문의 ☎1588-2121
(전국 어디서나!)

본 운송장은 영수증으로 사용할 수 있습니다.
담당자 :

자료설명	[12월 31일] 미미월드에 판매 상품을 발송하고, 당사부담 운반비를 현금으로 지급하였다.
수행과제	거래자료를 입력하시오.

실무수행

03 전표수정

실무프로세스 자료이다. [자료설명]을 참고하여 [수행과제]를 수행하시오.

1 입력자료수정

NO_____	**입 금 표** (공급받는자용)

모든사무 귀하

공급자	사 업 자 등록번호	220-19-24312		
	상 호	토탈주방	성 명	추현영
	사 업 장 소 재 지	서울특별시 강서구 우현로 66		
	업 태	도소매업	종목	주방용품

작성일	금 액	비고
2024. 8. 17.	150,000	
합 계	150,000	

위 금액을(영수)(청구)함

자료설명	거래처 확장이전 축하선물용 주방용품을 현금으로 구입하고 발급받은 입금표이다.
수행과제	거래 자료를 확인하고 올바르게 수정하시오.

2 입력자료수정

자료 1. 자동차 보험증권

자동차보험증권

증 권 번 호	2557466	계 약 일	2024년 9월 28일
보 험 기 간	2024 년 9 월 28 일 00:00부터		2025 년 9월 28일 24:00까지
보 험 계 약 자	모든사무	주민(사업자)번호	318-12-37852
피 보 험 자	모든사무	주민(사업자)번호	318-12-37852

보험료 납입사항

총보험료	83 만원	납입보험료	83 만원	미납입 보험료	0 원

자료 2. 보통예금(기업은행) 거래내역

번호	거래일	내용	찾으신금액	맡기신금액	잔액	거래점
		계좌번호 221-311-456789 모든사무				
1	2024-9-28	한공화재보험	830,000		***	***

자료설명	영업부 업무용 승용차의 보험료를 기업은행 보통예금에서 이체한 거래가 입력 누락되었다.
수행과제	거래내역을 확인 후 추가 입력하시오. ('비용'으로 처리할 것)

실무수행
04 결산

[결산자료]를 참고하여 결산을 수행하시오. (단, 제시된 자료 이외의 자료는 없다고 가정함)

① 수동결산 및 자동결산

자료설명	1. 외상매출금 잔액에 대하여 1%의 대손충당금을 보충법을 적용하여 설정하고 있다. 2. 기말 상품재고액은 43,000,000원이다.
수행과제	1. 수동결산 또는 자동결산 메뉴를 이용하여 결산을 완료하시오. 2. 12월 31일을 기준으로 '손익계산서 → 재무상태표'를 순서대로 조회 작성하시오. 　(단, 손익계산서 조회 작성 시 상단부 [기능모음]의 '추가'를 이용하여 '손익대체분개'를 수행할 것)

평가문제

05 실무수행평가 62점

입력자료 및 회계정보를 조회하여 [평가문제]의 답안을 입력하시오.

――――――⟨ 평가문제 답안입력 유의사항 ⟩――――――

❶ 답안은 지정된 단위의 숫자로만 입력해 주십시오.
　＊한글 등 문자 금지, 콤마(,) 외 기호 금지

	정답	오답(예)
(1) 금액은 원 단위로 숫자를 입력하되, 천 단위 콤마(,)는 생략 가능합니다.	1,245,000 1245000	1.245.000 1,245,000원 1,245,0000 12,45,000 1,245천원
(1-1) 답이 0원인 경우 반드시 "0" 입력 (1-2) 답이 음수(-)인 경우 숫자 앞에 " – "입력		
(2) 질문에 대한 답안은 숫자로만 입력하세요.	4	04 4건/매/명 04건/매/명
(3) 거래처 코드번호는 5자리 숫자로 입력하세요.	00101	101 00101번

❷ 답안에 천원단위(000) 입력 시 더존 프로그램 숫자 입력 방법과 다르게 숫자키패드 '+' 기능은 지원되지 않습니다.
❸ 더존 프로그램에서 조회되는 자료를 복사하여 붙여넣기가 가능합니다.
❹ 수행과제를 올바르게 입력하지 않고 작성한 답과 모범답안이 다른 경우 오답처리됩니다.

[실무수행평가]

모든사무의 입력자료 및 회계정보를 조회하여 [평가문제]의 답안을 입력하시오.

번호	평가문제	배점
11	평가문제 [거래처등록 조회] 사랑아트(코드 04503)의 거래처등록사항으로 옳지 않은 것은? ① 사랑아트의 대표자는 '김사랑'이다. ② 메일주소는 happy@naver.com이다. ③ 업태는 '도소매업'이다. ④ 주소는 '서울특별시 강남구 강남대로 246 (도곡동, 다림빌딩)'이다.	3

12	평가문제 [예적금현황 조회] 12월 말 은행별 예금 잔액으로 옳지 않은 것은? ① 98001.신한은행(보통) 15,196,160원 ② 98002.하나은행(보통) 12,349,290원 ③ 98003.국민은행(보통) 6,700,000원 ④ 98400.우리은행(당좌) 29,200,000원	3
13	평가문제 [거래처원장 조회] 12월 말 거래처별 '260.단기차입금' 잔액으로 옳지 않은 것은? ① 00125.(주)두산완구 13,000,000원 ② 00177.우진상사 100,000,000원 ③ 98004.축협은행(차입) 10,000,000원 ④ 98006.신협은행(차입) 4,000,000원	4
14	평가문제 [거래처원장 조회] 12월 말 거래처별 '253.미지급금' 잔액으로 옳지 않은 것은? ① 00116.하나컴퓨터 2,000,000원 ② 00513.유성카정비 30,000원 ③ 99603.현대카드 100,000원 ④ 99605.국민카드 6,498,200원	3
15	평가문제 [거래처원장 조회] 12월 말 '251.외상매입금' 잔액이 가장 많은 거래처코드를 입력하시오.	3
16	평가문제 [현금출납장 조회] 5월 한 달 동안 '현금' 출금액은 얼마인가?	3
17	평가문제 [일/월계표 조회] 4월 중 '외상매입금' 상환(감소)액은 얼마인가?	3
18	평가문제 [총계정원장 조회] 당기 중 '146.상품' 매입 금액이 가장 많은 달은 몇 월인가?	3
19	평가문제 [합계잔액시산표 조회] 12월 말 외상매출금에 대한 '대손충당금(계정코드 109)' 금액은 얼마인가?	3
20	평가문제 [손익계산서 조회] 당기에 발생한 판매관리비(판매비와관리비)의 계정별 금액으로 옳지 않은 것은? ① 급여 252,639,000원 ② 접대비(기업업무추진비) 12,164,500원 ③ 운반비 656,000원 ④ 광고선전비 6,300,000원	3
21	평가문제 [손익계산서 조회] 당기 '상품매출원가' 금액은 얼마인가?	2
22	평가문제 [손익계산서 조회] 당기 '보험료' 금액은 전기 대비 얼마나 증가하였는가?	3
23	평가문제 [손익계산서 조회] 당기에 발생한 '차량유지비' 금액은 얼마인가?	3
24	평가문제 [손익계산서 조회] 당기에 발생한 '영업외수익' 금액은 얼마인가?	3
25	평가문제 [손익계산서 조회] 당기에 발생한 '영업외비용' 금액은 얼마인가?	4
26	평가문제 [재무상태표 조회] 12월 말 '선급금' 금액은 얼마인가?	3

27	평가문제 [재무상태표 조회] 12월 말 '유형자산' 금액은 얼마인가?	4
28	평가문제 [재무상태표 조회] 12월 말 '예수금' 금액은 얼마인가?	3
29	평가문제 [재무상태표 조회] 12월 말 '비유동부채' 금액은 얼마인가?	4
30	평가문제 [재무상태표 조회] 12월 말 '자본금' 금액은 얼마인가? ① 323,346,300원 ② 423,346,300원 ③ 523,346,300원 ④ 623,346,300원	2
	총점	62

평가문제

06 회계정보분석 8점

회계정보를 조회하여 [회계정보분석]의 답안을 입력하시오.

31 재무상태표 조회 4점

부채비율은 기업의 지급능력을 측정하는 비율로 높을수록 채권자에 대한 위험이 증가한다. 전기 부채비율은 얼마인가? (단, 소숫점 이하는 버림할 것)

$$부채비율(\%) = \frac{부채총계}{자기자본(자본총계)} \times 100$$

① 30%   ② 34%

③ 38%   ④ 42%

32 손익계산서 조회 4점

영업이익률은 기업의 주된 영업활동에 의한 성과를 판단하는 비율로 판매활동과 직접 관계없는 영업외손익을 제외한 순수 영업활동의 수익성을 나타내는 비율이다. 전기 영업이익률은 얼마인가? (단, 소숫점 이하는 버림할 것)

$$영업이익률(\%) = \frac{영업이익}{매출액} \times 100$$

① 23%   ② 34%

③ 55%   ④ 62%

06 | FAT 2급 57회 기출문제(이론＋실무)

✦ 실무이론평가 ✦

※ 아래 문제에서 특별한 언급이 없으면 기업의 보고기간(회계기간)은 매년 1월 1일부터 12월 31일까지입니다. 또한 기업은 일반기업회계기준 및 관련 세법을 계속적으로 적용하고 있다고 가정하고 물음에 가장 합당한 답을 고르시기 바랍니다.

01 다음 중 회계상 거래에 해당되지 않는 것은?

① 회사창고에 보관 중이던 상품 500,000원을 도난당했다.

② 상품 300,000원을 구입하기로 계약을 체결하였다.

③ 건물취득계약을 체결하고 계약금 10,000,000원을 지급하였다.

④ 기말에 단기매매증권의 공정가치가 장부금액 대비 50,000원 하락하였다.

02 당기에 현금을 수취하지 않았지만 당기의 수익으로 인식하는 항목의 계정과목으로 옳은 것은?

① 선수수익   ② 미지급비용

③ 미수수익   ④ 선급비용

03 다음 중 재무회계에 대한 설명으로 옳지 않은 것은?

① 외부 이해관계자를 제외한 경영자에게 유용한 정보를 제공하기 위한 것이 목적이다.

② 재무제표의 작성과 표시에 대한 책임은 경영자에게 있다.

③ 일정 시점의 재무상태를 나타내는 정태적보고서는 재무상태표이다.

④ 재무제표는 재무상태표, 손익계산서, 현금흐름표, 자본변동표로 구성되며 주석을 포함한다.

04 다음 자료를 토대로 한공기업의 2024년 12월 31일 재무제표에 기록될 기말상품재고액을 계산하면 얼마인가?

• 2024. 1. 1. 기초상품재고액 :	800,000원
• 2024년 중 상품 총 매입액 :	1,500,000원
• 2024년 중 매입에누리 :	150,000원
• 2024년 결산 시 매출원가 :	1,200,000원

① 850,000원   ② 950,000원   ③ 1,000,000원   ④ 1,100,000원

05 다음은 (주)한공의 2024년 외상매출금 관련 자료이다. 기말 외상매출금 잔액은 얼마인가?

• 기초 외상매출금 :	500,000원
• 당기외상매출액 :	800,000원
• 당기외상매출분에 대한 현금회수액 :	200,000원

① 800,000원   ② 900,000원   ③ 1,000,000원   ④ 1,100,000원

06 다음 중 무형자산에 대한 설명으로 옳지 않은 것은?

① 물리적 실체는 없으나 식별가능하다.
② 영업활동에 사용할 목적으로 보유하는 자산이다.
③ 기업이 통제하고 있으며 미래 경제적 효익이 있는 자산이다.
④ 무형자산의 상각방법은 정액법만 인정된다.

07 다음 중 유형자산의 자본적 지출로 분류되는 것은?

① 성능을 유지시키는 윤활유의 교체   ② 건물의 도색 작업
③ 자동차의 타이어 교체   ④ 건물의 에스컬레이터 설치

08 다음 자료에 의해 영업이익을 계산하면 얼마인가? (단, 자료에 제시된 것 외의 수익과 비용은 없다고 가정한다.)

• 매출액 : 1,500,000원	• 매출원가 : 1,200,000원
• 광고선전비 : 80,000원	• 기부금 : 60,000원

① 160,000원　　　② 220,000원　　　③ 300,000원　　　④ 360,000원

09 다음은 개인기업인 한공상사의 사장과 과장의 대화내용이다. 이에 대한 회계처리로 옳은 것은?

① (차) 단기대여금	5,000,000원	(대) 현금	5,000,000원
② (차) 보통예금	5,000,000원	(대) 현금	5,000,000원
③ (차) 인출금	5,000,000원	(대) 보통예금	5,000,000원
④ (차) 현금	5,000,000원	(대) 보통예금	5,000,000원

10 다음은 (주)한공의 지출결의서 일부이다. 회계처리 계정과목으로 옳은 것은?

<div align="center">**지출결의서**</div>		결	담당자	팀장	이사

결	담당자	팀장	이사
재	김교육	박**	이**

지출결의서

업무와 관련하여 임직원 교육을 위한 온라인 강의 수강료를 청구합니다.

   1. 비즈니스 영어   2,000,000원
   2. 전자상거래 실무   2,500,000원

                      일   자: 2024년 10월 31일
                      담당자: 김교육

① 복리후생비   ② 감가상각비
③ 지급수수료   ④ 교육훈련비

✛ 실무수행평가 ✛

※ 향기나라(회사코드 4157)는 생화 도소매업과 꽃 배달 서비스업을 운영하는 개인기업으로, 회계기간은 제7기(2024.1.1. ~ 2024.12.31.)이다. 제시된 자료와 [자료설명]을 참고하여, [수행과제]를 완료하고 [평가문제]의 물음에 답하시오.

─── 〈실무수행 유의사항〉 ───

1. 타계정 대체와 관련된 적요는 반드시 코드를 입력하여야 한다.
2. 채권·채무, 예금거래 등 관리대상 거래자료에 대하여는 거래처코드를 반드시 입력한다.
3. 자금관리 등 추가 작업이 필요한 경우 문제의 요구에 따라 추가 작업하여야 한다.
4. 등록된 계정과목 중 가장 적절한 계정과목을 선택한다.
5. 부가가치세는 고려하지 않는다.

PART 03

실무수행
01 기초정보관리의 이해

회계관련 기초정보는 입력되어 있다. [자료설명]을 참고하여 [수행과제]를 수행하시오.

1 사업자등록증에 의한 회사등록 수정

사 업 자 등 록 증
(일반과세자)
등록번호: 110-56-20237
 	
상   호: 향기나라
대 표 자 명: 이향기
개 업 년 월 일: 2018년 7월 24일
사업장 소재지: 서울특별시 서대문구 충정로7길 29-11
          (충정로3가)
사 업 의 종 류: [업태] 도소매업, 서비스업
          [종목] 생화, 꽃 배달
 	
교 부 사 유: 정정
사업자단위과세 적용사업자여부: 여( ) 부(√)
 	
2024년 1월 2일
서대문 세무서장 (인)
 	
국세청
	**자료
	설명**
	회사의 사업자등록증 관련 내용이 변경되어 사업자등록증을 정정 교부받았다.
	
	**수행
	과제**
	사업자등록증 내용을 확인하여 변경사항을 수정하시오.

② 전기분 재무상태표의 입력수정

재무상태표

제6(당)기 2023.12.31. 현재
제5(전)기 2022.12.31. 현재

향기나라 (단위: 원)

과목	제6기 (2023.12.31.)		제5기 (2022.12.31.)	
자 산				
Ⅰ. 유 동 자 산		405,180,000		414,375,000
(1) 당 좌 자 산		348,180,000		329,255,000
현 금		8,001,280		1,250,000
보 통 예 금		254,780,000		14,300,000
외 상 매 출 금	95,000,000		179,500,000	
대 손 충 당 금	22,400,000	72,600,000	1,795,000	177,705,000
받 을 어 음	12,928,000		136,000,000	
대 손 충 당 금	129,280	12,798,720		0
(2) 재 고 자 산		57,000,000		85,120,000
상 품		57,000,000		85,120,000
Ⅱ. 비 유 동 자 산		87,600,000		89,136,000
(1) 투 자 자 산		0		0
(2) 유 형 자 산		57,600,000		34,136,000
차 량 운 반 구	60,000,000		32,600,000	
감 가 상 각 누 계 액	12,000,000	48,000,000	5,100,000	27,500,000
비 품	12,000,000		8,500,000	
감 가 상 각 누 계 액	2,400,000	9,600,000	1,864,000	6,636,000
(3) 무 형 자 산		0		0
(4) 기 타 비 유 동 자 산		30,000,000		55,000,000
임 차 보 증 금		30,000,000		55,000,000
자 산 총 계		492,780,000		503,511,000
부 채				
Ⅰ. 유 동 부 채		88,490,000		79,730,000
외 상 매 입 금		13,700,000		50,250,000
지 급 어 음		5,300,000		3,000,000
미 지 급 금		9,700,000		16,000,000
예 수 금		1,350,000		480,000
단 기 차 입 금		58,440,000		10,000,000
Ⅱ. 비 유 동 부 채		0		0
부 채 총 계		88,490,000		79,730,000
자 본				
자 본 금		404,290,000		423,781,000
(당 기 순 이 익				
132,320,000)				
자 본 총 계		404,290,000		423,781,000
부 채 와 자 본 총 계		492,780,000		503,511,000

자료설명	전기(제6기)분 재무제표는 입력되어 있으며 재무제표 검토결과 입력오류를 발견하였다.
수행과제	입력이 누락되었거나 오류부분을 찾아 수정 입력하시오.

실무수행

02 거래자료입력

실무프로세스 자료이다. [자료설명]을 참고하여 [수행과제]를 수행하시오.

1 증빙에 의한 전표입력

NO.	영 수 증 (공급받는자용)			
	향기나나		귀하	

공급자	사업자 등록번호	214-86-77209		
	상 호	오피스천국(주)	성명	최영진
	사업장 소재지	서울특별시 서대문구 충정로7길 48 (충정로2가)		
	업 태	도소매업	종목	사무용품

작성일자	공급대가총액	비고
2024. 2. 17.	27,000	

	공 급 내 역			
월/일	품명	수량	단가	금액
2/17	문구			27,000

합 계	₩ 27,000

위 금액을 (영수)(청구)함

자료 설명	사무용품을 현금으로 구입하고 받은 영수증이다.
수행 과제	거래자료를 입력하시오. (단, '사무용품비' 계정으로 처리할 것)

2 기타 일반거래

출장비 정산서

일자	출발지	도착지	KTX	숙박비	식대	계
2024.3.18.	서울	부산	47,500원	100,000원	40,000원	187,500원
2024.3.21.	부산	서울	47,500원	–	60,000원	107,500원
합 계			95,000원	100,000원	100,000원	295,000원
지급받은금액						200,000원
추가지급액						95,000원

자료설명	[3월 22일] 출장을 마친 직원(이준호)의 출장비 내역을 보고받고, 차액은 현금으로 지급하였다.
수행과제	3월 18일 거래를 확인한 후 정산거래를 입력하시오.

③ 전자어음 발행거래

전 자 어 음

민정화원 귀하   00420240426123456789

금 오백만원정   **5,000,000원**

위의 금액을 귀하 또는 귀하의 지시인에게 지급하겠습니다.

지급기일 2024년 7월 26일   **발행일** 2024년 4월 26일
지 급 지 국민은행   **발행지** 서울특별시 서대문구 충정로7길
지급장소 서대문지점   **주 소** 29-11 (충정로3가)
                               발행인 향기나라

자료설명	[4월 26일] 민정화원에서 상품 5,000,000원을 매입하고, 대금은 전자어음을 발행하여 지급하였다.
수행과제	1. 거래자료를 입력하시오. 2. 자금관련 정보를 입력하여 지급어음 현황에 반영하시오. (단, 등록된 어음을 사용할 것)

④ 재고자산의 매출거래

거래명세서 (공급자 보관용)

	등록번호	110-56-20237				등록번호	113-81-22110		
공급자	상호	향기나라	성명	이향기	공급받는자	상호	아름조경(주)	성명	이아름
	사업장주소	서울특별시 서대문구 충정로7길 29-11 (충정로3가)				사업장주소	서울특별시 청계산로 11길 7-15 (신원동)		
	업태	도소매업, 서비스업	종사업장번호			업태	건설업	종사업장번호	
	종목	생화, 꽃 배달				종목	조경공사		

거래일자	미수금액	공급가액	세액	총 합계금액
2024.5.27.		700,000		700,000

NO	월	일	품목명	규격	수량	단가	공급가액	세액	합계
1	5	27	빨간 장미		700	1,000	700,000		700,000

자료설명	상품을 외상으로 매출하고 발급한 거래명세서이다.
수행과제	거래내역을 입력하시오.

5 기타 일반거래

■ 보통예금(국민은행) 거래내역

번호	거래일	내용	찾으신금액	맡기신금액	잔액	거래점
		계좌번호 011202-04-012365 향기나라				
1	2024-7-20	주식매입	2,500,000		***	***

자료설명	단기매매차익을 목적으로 거래소에 상장된 (주)한공의 주식 100주(액면금액 10,000원, 구입금액 25,000원)를 매입하고, 주식대금은 국민은행 보통예금 계좌에서 이체하여 지급하였다.
수행과제	거래자료를 입력하시오.

6 증빙에 의한 전표입력

연금보험료		2024 년 07 월	영수증(납부자용)
사 업 장 명	이향기(향기나라)		
사 용 자	서울특별시 서대문구 충정로7길 29-11		

납 부 자 번 호	5870000456	사 업 장 관 리 번 호	11056202370

납 부 할 보 험 료 (ⓐ+ⓑ+ⓒ+ⓓ+ⓔ)	320,000 원
납 부 기 한	2024.8.10. 까지

보 험 료	건 강 ⓐ	원	연 금 ⓒ	
	장 기 요 양 ⓑ	원	고 용 ⓓ	
	소 계 (ⓐ + ⓑ)	320,000원	산 재 ⓔ	원

납 기 후 금 액	334,000원	납 기 후 기 한	2024.8.20.까지

◉ 납부기한까지 납부하지 않으면 연체금이 부과됩니다.
※ 납부장소 : 전 은행, 우체국, 농·수협(지역조합 포함), 새마을금고, 신협, 증권사, 산림조합중앙회, 인터넷지로(www.giro.or.kr)
※ 2D코드 : GS25, 세븐일레븐, 미니스톱, 바이더웨이, 씨유에서 납부 시 이용.(우리·국민은행 현금카드만 수납가능)

2024 년 08 월 10 일

수납일 2024.08.10
수납 농협은행

국민연금관리공단 이 사 장

자동이체 신청 납부자번호 :

자료설명	[8월 10일] 7월분 급여 지급 시 공제한 국민연금보험료를 현금으로 납부하고 받은 영수증이다. (단, 국민연금보험료의 50%는 회사가 부담하고 있으며, '세금과공과금'으로 처리하고 있다.)
수행과제	거래자료를 입력하시오.

7 기타 일반거래

자료 1. 사무실 월세계약서 내역

(사 무 실) 월 세 계 약 서						□ 임 대 인 용 ■ 임 차 인 용 □ 사무소보관용	
부동산의 표시	소재지	서울특별시 서대문구 충정로7길 29-11 (충정로3가)					
	구 조	철근콘크리트조	용도	사무실		면적	80㎡
월 세 보 증 금		금 60,000,000원정 월세 1,300,000원정					

제 1 조 위 부동산의 임대인과 임차인 합의하에 아래와 같이 계약함.
제 2 조 위 부동산의 임대차에 있어 임차인은 보증금을 아래와 같이 지불키로 함.

계 약 금	원정은 계약시 지불하고
중 도 금	원정은 년 월 일 지불하며
잔 금	60,000,000원정은 2024년 9월 2일 중개업자 입회하에 지불함.

제 3 조 위 부동산의 명도는 2024년 9월 2일로 함.
제 4 조 임대차 기간은 2024년 9월 2일로부터 (24)개월로 함.
제 5 조 **월세금액은 매월(20)일에 지불**키로 하되 만약 기일내에 지불치 못할 시에는 보증금액에서
　　　 공제키로함.(국민은행, 계좌번호: 801210-52-072659, 예금주: 김하늘)

━━━━━━━━━━ **중 략** ━━━━━━━━━

임 대 인	주 소	서울 구로구 경인로 638				
	주 민 등 록 번 호	651214-2415111	전화번호	02-555-1255	성명	김하늘 (인)

자료 2. 보통예금(신한은행) 거래내역

		내용	찾으신금액	맡기신금액	잔액	거래점
번호	거래일	계좌번호 478019374-02-061 향기나라				
1	2024-9-20	김하늘	1,300,000		***	***

자료설명	사무실 확장을 위하여 계약했던 건물의 9월분 월세를 신한은행 보통예금 계좌에서 이체하여 지급하였다.
수행과제	거래자료를 입력하시오.

8 기타 일반거래

■ 보통예금(하나은행) 거래내역

		내용	찾으신금액	맡기신금액	잔액	거래점
번호	거래일	계좌번호 112-420-556641 향기나라				
1	2024-10-28	미니화분(주) 계약금		400,000	***	***

자료설명	미니화분(주)와 상품매출 계약을 체결하고 계약금을 하나은행 보통예금 계좌로 입금받았다.
수행과제	거래자료를 입력하시오.

실무수행

03 전표수정

실무프로세스 자료이다. [자료설명]을 참고하여 [수행과제]를 수행하시오.

1 입력자료수정

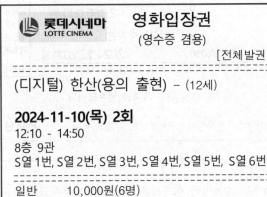

자료설명	매출 거래처 선물용 영화입장권을 구입하고 받은 영수증에 대한 회계처리가 잘못 입력되어 있다.
수행과제	잘못 입력된 내용을 확인하여 수정하시오.

2 입력자료 수정

서울특별시	**차량 취득세 (전액)**		납부(납입)서	납세자보관용 영수증

납 세 자 이향기(향기나라)
주   소 서울특별시 서대문구 충정로7길 29-11(충정로3가)

납세번호	기관번호 1100910	세목 10101502	납세년월기 2024121	과세번호 0002090

	차 번	25오 7466		년식	2024	**과 세 표 준 액**
과세 내역	목 적	신규등록(일반등록)	특례	세율특례 없음		**34,000,000원**
	차 명	아반떼				
	차 종	승용자동차		세율	70/1000	

세 목	납 부 세 액	납부할 세액 합계	전용계좌로도 편리하게 납부 !!
취 득 세	2,380,000		우리은행 620-441829-64-125
가 산 세	0	**2,380,000 원**	신한은행 563-04433-245814
지방교육세	0		하나은행 117-865254-74125
농어촌특별세	0	신고납부기한	국민은행 4205-84-28179245
합 계 세 액	2,380,000	**2024.12.20.**까지	기업은행 528-774145-58-247

지방세법 제6조~22조, 제30조의 규정에 의하여 위와 같이 신고하고 납부합니다.

■ 전용계좌 납부안내(뒷면참조)

담당자

위의 금액을 영수합니다.

김진영 **납부장소** : 전국은행(한국은행제외) 우체국 농협   **2024 년 12 월 20 일**

수납일
2024.12.20.
농협은행

자료설명	[12월 20일] 영업부 업무용 승용차의 취득세를 현금으로 납부하였다.
수행과제	입력자료를 적절하게 수정하시오.

실무수행

04 결산

[결산자료]를 참고하여 결산을 수행하시오. (단, 제시된 자료 이외의 자료는 없다고 가정함)

1 수동결산 및 자동결산

자료설명	1. 구입 시 자산 처리한 소모품 중 당기 사용액은 3,000,000원으로 확인되었다. 2. 기말 상품 재고액은 31,000,000원이다.
수행과제	1. 수동결산 또는 자동결산 메뉴를 이용하여 결산을 완료하시오. 2. 12월 31일을 기준으로 '손익계산서 → 재무상태표'를 순서대로 조회 작성하시오. 　(단, 손익계산서 조회 작성 시 상단부 [기능모음]의 '추가'를 이용하여 '손익대체분개' 　를 수행할 것)

평가문제

05 실무수행평가 `62점`

입력자료 및 회계정보를 조회하여 [평가문제]의 답안을 입력하시오.

─── 〈 평가문제 답안입력 유의사항 〉 ───

❶ 답안은 지정된 단위의 숫자로만 입력해 주십시오.
  * 한글 등 문자 금지, 콤마(,) 외 기호 금지

	정답	오답(예)
(1) 금액은 원 단위로 숫자를 입력하되, 천 단위 콤마 (,)는 생략 가능합니다.	1,245,000 1245000	1.245.000 1,245,000원 1,245,0000 12,45,000 1,245천원
(1-1) 답이 0원인 경우 반드시 "0" 입력 (1-2) 답이 음수(-)인 경우 숫자 앞에 " - "입력		
(2) 질문에 대한 답안은 숫자로만 입력하세요.	4	04 4건/매/명 04건/매/명
(3) 거래처 코드번호는 5자리 숫자로 입력하세요.	00101	101 00101번

❷ 답안에 천원단위(000) 입력 시 더존 프로그램 숫자 입력 방법과 다르게 숫자키패드 '+' 기능은 지원되지 않습니다.
❸ 더존 프로그램에서 조회되는 자료를 복사하여 붙여넣기가 가능합니다.
❹ 수행과제를 올바르게 입력하지 않고 작성한 답과 모범답안이 다른 경우 오답처리됩니다.

[실무수행평가]

향기나라의 입력자료 및 회계정보를 조회하여 [평가문제]의 답안을 입력하시오.

번호	평가문제	배점
11	평가문제 [회사등록 조회] 향기나라의 회사등록 내용 중 옳은 것은? ① 사업자 등록 번호는 '110-81-20237'이다. ② 업태는 '도소매업'이다 ③ 종목은 '생화, 꽃 배달'이다. ④ 사업장세무서는 '강남' 세무서이다.	3
12	평가문제 [예적금현황 조회] 12월 말 은행별 예금 잔액으로 옳은 것은? ① 국민은행(보통) 28,510,000원 ② 신한은행(보통) 25,196,160원 ③ 하나은행(보통) 63,680,000원 ④ 우리은행(보통) 8,500,000원	3

13	**평가문제 [거래처원장 조회]** 12월 말 거래처별 '108.외상매출금' 잔액으로 옳지 않은 것은? ① 00102.(주)신성화원 2,000,000원 ② 00185.(주)맑은조경 4,000,000원 ③ 00515.애경화원 5,400,000원 ④ 04002.아름조경(주) 700,000원	3
14	**평가문제 [거래처원장 조회]** 12월 말 '259.선수금' 잔액이 가장 많은 거래처코드를 입력하시오.	3
15	**평가문제 [거래처원장 조회]** 12월 말 '253.미지급금' 잔액이 가장 적은 거래처의 잔액은 얼마인가?	3
16	**평가문제 [지급어음현황 조회]** 만기일이 2024년에 해당하는 '지급어음'의 합계 금액은 얼마인가?	3
17	**평가문제 [총계정원장 조회]** 월별 '101.현금' 지출(출금)금액으로 옳지 않은 것은? ① 2월 16,823,650원 ② 3월 12,173,340원 ③ 8월 13,314,000원 ④ 11월 40,141,570원	3
18	**평가문제 [일/월계표 조회]** 5월 한 달 동안 발생한 '상품매출' 금액은 얼마인가?	4
19	**평가문제 [일/월계표 조회]** 9월 한 달 동안 발생한 '임차료' 금액은 얼마인가?	3
20	**평가문제 [손익계산서 조회]** 당기에 발생한 '판매비와 관리비'의 계정별 잔액으로 옳지 않은 것은? ① 복리후생비 12,090,200원 ② 여비교통비 1,324,600원 ③ 도서인쇄비 260,000원 ④ 사무용품비 27,000원	3
21	**평가문제 [손익계산서 조회]** 당기 '상품매출원가' 금액은 얼마인가?	2
22	**평가문제 [손익계산서 조회]** 당기에 발생한 '접대비(기업업무추진비)' 금액은 전기 대비 얼마나 증가하였는가?	3
23	**평가문제 [손익계산서 조회]** 당기에 발생한 '세금과공과금' 금액은 얼마인가?	3
24	**평가문제 [재무상태표 조회]** 12월 말 '단기매매증권' 잔액은 얼마인가?	4
25	**평가문제 [재무상태표 조회]** 12월 말 '받을어음의 순장부금액(받을어음 - 대손충당금)'은 얼마인가?	4
26	**평가문제 [재무상태표 조회]** 12월 말 '소모품' 잔액은 얼마인가?	3
27	**평가문제 [재무상태표 조회]** 12월 말 '가지급금' 잔액은 얼마인가?	3

28	평가문제 [재무상태표 조회] 12월 말 '비유동자산'은 얼마인가?	4
29	평가문제 [재무상태표 조회] 12월 말 '예수금' 잔액은 얼마인가?	3
30	평가문제 [재무상태표 조회] 12월 말 '자본금' 잔액은 얼마인가? ① 691,788,030원　　② 701,788,030원 ③ 832,788,000원　　④ 914,788,000원	2
	총점	62

PART
03

평가문제

06 회계정보분석 8점

회계정보를 조회하여 [회계정보분석] 답안을 입력하시오.

31 손익계산서 조회 4점

매출원가율은 매출액에서 원가가 차지하는 비율을 나타내는 지표이다. 전기 매출원가율은 얼마인가? (단, 소숫점 이하는 버림할 것)

$$매출원가율(\%) = \frac{매출원가}{매출액} \times 100$$

① 19%　　　　　　　　② 22%
③ 25%　　　　　　　　④ 28%

32 손익계산서 조회 4점

영업이익률은 기업의 주된 영업활동에 의한 성과를 판단하는 비율로 판매활동과 직접 관계없는 영업외손익을 제외한 순수 영업활동의 수익성을 나타내는 지표이다. 전기 영업이익률을 계산하면 얼마인가?

$$영업이익률(\%) = \frac{영업이익}{매출액} \times 100$$

① 46%　　　　　　　　② 56%
③ 66%　　　　　　　　④ 76%

07 | FAT 2급 58회 기출문제(이론 + 실무)

⊹ 실무이론평가 ⊹

※ 아래 문제에서 특별한 언급이 없으면 기업의 보고기간(회계기간)은 매년 1월 1일부터 12월 31일까지입니다. 또한 기업은 일반기업회계기준 및 관련 세법을 계속적으로 적용하고 있다고 가정하고 물음에 가장 합당한 답을 고르시기 바랍니다.

01 다음중 차변에 올 수 있는 거래요소로 옳은 것은?

① 비용의 발생   ② 부채의 증가
③ 자본의 증가   ④ 수익의 발생

02 다음은 신문기사의 일부이다. (㉮)에 들어갈 내용으로 가장 적절한 것은?

> 외부감사인이 회계감사 대상 회사의 재무제표 작성 지원을 금지하며 회사가 자체 결산 능력을 갖추고 (㉮)의 책임하에 재무제표를 작성하도록 했다.
>
> (XX신문, 2024년 9월 30일)

① 경영자   ② 공인회계사
③ 내부감사인   ④ 과세당국

03 다음 중 부채에 대한 설명으로 옳지 않은 것은?

① 예수금은 유동부채에 속한다.
② 유동성장기부채는 보고기간종료일로부터 1년 이내에 상환될 부채이다.
③ 단기차입금은 보고기간종료일로부터 1년 이내에 상환될 부채이다.
④ 퇴직급여충당부채는 유동부채에 속한다.

04 다음은 한공상사의 6월 중 상품매매 관련 자료이다. 이를 기초로 선입선출법에 의해 계산한 6월말 재고금액은 얼마인가?

일자	내역	수량	단가
• 6월 01일	전월이월	300개	1,000원
• 6월 15일	매입	200개	3,000원
• 6월 20일	매출	400개	2,000원

① 300,000원   ② 400,000원

③ 600,000원   ④ 800,000원

05 다음은 한공상사의 건물 취득과 관련된 자료이다. 건물의 취득원가는 얼마인가?

• 건물 구입 금액 : 10,000,000원	• 구입 시 중개수수료 : 100,000원
• 취득세 : 200,000원	• 건물취득 후 납부한 화재 보험료 : 50,000원

① 10,100,000원   ② 10,200,000원

③ 10,300,000원   ④ 10,350,000원

06 다음 자료에 의해 당기순이익을 계산하면?

• 기초자산 4,000,000원	• 기초부채 2,000,000원
• 기말자산 8,000,000원	• 기말부채 3,000,000원
• 당기 추가 출자금액 1,000,000원	

① 1,000,000원   ② 1,500,000원

③ 2,000,000원   ④ 3,000,000원

07 다음 자료를 토대로 2024년 12월 31일자 대손충당금 잔액을 계산한 것으로 옳은 것은?

• 2024년 1월 1일 : 외상매출금 대손충당금 잔액 200,000원
• 2024년 5월 1일 : 거래처 파산으로 외상매출금 170,000원이 회수불능으로 판명되다.

① 30,000원   ② 50,000원   ③ 80,000원   ④ 200,000원

08 다음은 한공상사의 당기 매출 관련 자료이다. 당기 총매출액을 계산하면 얼마인가?

• 매출총이익 : 120,000원	• 매출원가 : 80,000원
• 매출환입 : 20,000원	• 매출에누리 : 10,000원

① 200,000원   ② 210,000원

③ 220,000원   ④ 230,000원

09 다음에 해당하는 계정과목은? (단, 전자제품 도매업을 영위하고 있다.)

- 기업의 판매활동과 관리활동에서 발생하는 비용이다.
- 매출원가에 속하지 않는 영업비용이다.

① 유형자산처분손실   ② 급여

③ 단기매매증권처분손실   ④ 이자비용

10 다음 중 결산정리사항에 해당하지 않는 것은?

① 차입금의 상환   ② 감가상각비의 계상

③ 대손충당금의 계상   ④ 미수이자의 계상

⋇ 실무수행평가 ⋇

※ 천상소리(회사코드 4158)는 악기 도소매업을 운영하는 개인기업으로, 회계기간은 제7기(2024. 1.1. ~ 2024.12.31.)이다. 제시된 자료와 [자료설명]을 참고하여, [수행과제]를 완료하고 [평가문제]의 물음에 답하시오.

─────── 〈실무수행 유의사항〉 ───────

1. 타계정 대체와 관련된 적요는 반드시 코드를 입력하여야 한다.
2. 채권·채무, 예금거래 등 관리대상 거래자료에 대하여는 거래처코드를 반드시 입력한다.
3. 자금관리 등 추가 작업이 필요한 경우 문제의 요구에 따라 추가 작업하여야 한다.
4. 등록된 계정과목 중 가장 적절한 계정과목을 선택한다.
5. 부가가치세는 고려하지 않는다.

실무수행

01 기초정보관리의 이해

회계관련 기초정보는 입력되어 있다. [자료설명]을 참고하여 [수행과제]를 수행하시오.

1️⃣ 사업자등록증에 의한 거래처등록

자료 설명	거래처 바른악기상(코드 01014)의 사업자등록증 관련 내용이 변경되어 사업자등록증 사본을 받았다.
수행 과제	사업자등록증을 확인하여 변경사항을 수정하시오.

② 거래처별 초기이월 등록 및 수정

받을어음 명세서

코드	거래처명	적요	금액	비고
00102	악기왕국	상품대금 어음회수	40,000,000원	만기일자: 2024.5.28. 어음번호: 00420231118123455666 수취구분: 자수 발 행 인: 악기왕국 발행일자, 거래일자: 2023.11.18. 어음종류: 전자 지급기관: 국민은행 강남
00177	쉼터악기	상품대금 어음회수	20,000,000원	만기일자: 2024.7.15. 어음번호: 00420231222123457777 수취구분: 자수 발 행 인: 쉼터악기 발행일자, 거래일자: 2023.12.22. 어음종류: 전자 지급기관: 국민은행 강남
	합계		60,000,000원	

자료설명	천상소리의 전기분 재무제표는 이미 이월받아 등록되어 있다.
수행과제	거래처별 초기이월사항을 등록 및 수정하시오.

실무수행

02 거래자료입력

실무프로세스 자료이다. [자료설명]을 참고하여 [수행과제]를 수행하시오.

① 증빙에 의한 전표입력

영수증 2024/3/13 상 호: 반짝세차　　(T.02-667-8795) 성 명: 이삼공 사업장: 서울특별시 서대문구 충정로 7길 70 사업자등록번호: 128-14-83868	자료설명	업무용 승용차를 세차하고 세차비 용을 현금으로 지급하였다.
품목　수량　단가　금 액 스팀자동세차　1　30,000　30,000 　　　　　　　합계: 30,000원 　　　　　　　감사합니다.	수행과제	거래자료를 입력하시오.

② 증빙에 의한 전표입력

신용카드매출전표 카드종류: 국민카드 회원번호: 4447-8664-****-7**9 거래일시: 2024.04.11. 20:05:16 거래유형: 신용승인 매　　출: 156,000원 합　　계: 156,000원 결제방법: 일시불 승인번호: 26785995 은행확인: 국민은행 가맹점명: 맛찬들(156-12-31570) - 이 하 생 략 -	**자료설명** 재경팀 직원들이 야근 후 식사를 하고 대금은 국민카드로 결제하였다. **수행과제** 거래자료를 입력하시오.

③ 재고자산의 매입거래

거래명세서 (공급받는자 보관용)

	공급자					공급받는자			
등록번호	114-81-58741				등록번호	220-28-33128			
상호	망스악기(주)	성명	김새롬		상호	천상소리	성명	김천상	
사업장 주소	서울특별시 서대문구 충정로 30				사업장 주소	서울특별시 강남구 강남대로 496 (논현동)			
업태	도소매업	종사업장번호			업태	도소매업	종사업장번호		
종목	악기외				종목	악기외			

거래일자	미수금액	공급가액	세액	총 합계금액
2024.5.27.		4,000,000		4,000,000

NO	월	일	품목명	규격	수량	단가	공급가액	세액	합계
1	5	27	첼로		10	400,000	4,000,000		4,000,000

자료설명	상품을 구입하고 발급받은 거래명세서이다. 거래대금 중 5월 12일 지급한 계약금을 차감한 잔액은 월말에 지급하기로 하였다.
수행과제	거래자료를 입력하시오.

④ 유·무형자산의 매각

자료설명	[6월 25일] 1. 연구팀에서 업무용으로 사용하던 파이오니아 소프트웨어를 인디아악기(주)에 2,000,000원에 매각하고 대금은 다음달에 받기로 하였다. 2. 매각직전 자산내역은 다음과 같다. {표}
수행과제	거래자료를 입력하시오.

표:

계정과목	자산명	매각전 장부금액
소프트웨어	파이오니아 소프트웨어	2,000,000원

⑤ 통장사본에 의한 거래입력

■ 보통예금(국민은행) 거래내역

번호	거래일	내용	찾으신금액	맡기신금액	잔액	거래점
		계좌번호 096-24-0094-123 천상소리				
1	2024-9-2	악기왕국		5,000,000	***	***

자료설명	악기왕국에 단기로 대여하였던 자금 중 5,000,000원을 국민은행 보통예금 계좌로 입금받았다.
수행과제	거래자료를 입력하시오.

⑥ 전자어음 수취거래

전 자 어 음

천상소리 귀하   00420240910123406789

금 일천만원정   __10,000,000원__

위의 금액을 귀하 또는 귀하의 지시인에게 지급하겠습니다.

지급기일 2024년 12월 10일   **발행일** 2024년 9월 10일
지 급 지 국민은행   **발행지**
지급장소 강남지점   **주 소** 서울특별시 강남구 강남대로136길 15
                              발행인 (주)골드악기

자료설명	[9월 10일] (주)골드악기의 상품 외상판매대금을 전자어음으로 수취하였다.
수행과제	1. 거래자료를 입력하시오. 2. 자금관련정보를 입력하여 받을어음현황에 반영하시오.

7 기타일반거래

■ 보통예금(신한은행) 거래내역

번호	거래일	내용	찾으신금액	맡기신금액	잔액	거래점
		계좌번호 308-24-374555 천상소리				
1	2024-10-25	공사계약금	2,000,000		***	***

자료설명	창고건물의 신축공사를 위한 계약금을 신한은행 보통예금 계좌에서 이체하여 지급하였다.
수행과제	거래자료를 입력하시오. (단, '건설중인자산'으로 처리할 것)

8 기타 일반거래

이체처리결과조회(리스트)

NH NongHyup

거래구분	당/타행내	조회구분	출금계좌전체
조회시작일	2024-11-4	조회종료일	2024-11-4
총이체금액	130,000원	정상이체금	130,000원

(단위: 원)

출금계좌번호	입금은행	입금계좌번호	예금주	이체일자	이체금액	수수료	처리결과	이체메모
112-01-123154	농협	302-08-348395	박선주	2024-11-4	130,000	0	정상	출장

자료설명	[11월 4일] 지방 출장을 간 박선주 사원으로부터 출장비 가지급금 추가 입금요청이 있어 농협은행 보통예금 계좌에서 이체하여 지급하였다.
수행과제	거래자료를 입력하시오.

실무수행

03 전표수정

실무프로세스 자료이다. [자료설명]을 참고하여 [수행과제]를 수행하시오.

① 입력자료 수정

은행CD입출금기 거래명세표

거래일자	CD처리번호	취급	CD번호
2024-2-6	8754	312825	018
개설은행	계 좌 번 호(신용카드번호)		
국민은행	096-24-0094-123		
거래권종	거 래 종 류	거 래 금 액	
	카드타행이체	₩ 700,000	
거래시각	거 래 후 잔 고		
15:00	******		
이체은행	이체입금계좌번호	예금주	
신한은행	31255-16-47335	박지성 (성진빌딩(주))	
	미결제타점권입금액		

자료설명	[2월 6일] 1월 3일 건물수리와 관련된 미지급대금을 국민은행 보통예금계좌에서 이체하여 지급하였다.
수행과제	거래자료를 수정하시오.

② 입력자료 수정

신용카드매출전표

카드종류: 삼성카드
회원번호: 7445-8841-****-3**1
거래일시: 2024.9.20. 12:04:16
거래유형: 신용승인
매　　출: 132,000원
합　　계: 132,000원
결제방법: 일시불
승인번호: 26785995

가맹점명: 라무진 (156-12-31677)

－ 이 하 생 략 －

자료설명	신제품의 판매 촉진을 위하여 매출거래처 담당자와 식사를 하고 신용카드로 결제하였다.
수행과제	거래자료를 수정하시오.

실무수행

04 결산

[결산자료]를 참고하여 결산을 수행하시오. (단, 제시된 자료 이외의 자료는 없다고 가정함)

① 수동결산 및 자동결산

자료설명	1. 단기대여금에 대한 당기 기간경과분 미수이자 560,000원을 계상하다. 2. 기말상품재고액은 28,000,000원이다.
수행과제	1. 수동결산 또는 자동결산 메뉴를 이용하여 결산을 완료하시오. 2. 12월 31일을 기준으로 '손익계산서 → 재무상태표'를 순서대로 조회 작성하시오. 　(단, 손익계산서 조회 작성 시 상단부 [기능모음]의 '추가'를 이용하여 '손익대체분개' 　를 수행할 것)

평가문제

05 실무수행평가 62점

입력자료 및 회계정보를 조회하여 [평가문제]의 답안을 입력하시오.

――――――― 〈 평가문제 답안입력 유의사항 〉 ―――――――

❶ 답안은 지정된 단위의 숫자로만 입력해 주십시오.

　*한글 등 문자 금지, 콤마(,) 외 기호 금지

	정답	오답(예)
(1) 금액은 원 단위로 숫자를 입력하되, 천 단위 콤마 (,)는 생략 가능합니다.	1,245,000 1245000	1.245.000 1,245,000원 1,245,0000 12,45,000 1,245천원
(1-1) 답이 0원인 경우 반드시 "0" 입력 (1-2) 답이 음수(-)인 경우 숫자 앞에 " - "입력		
(2) 질문에 대한 답안은 숫자로만 입력하세요.	4	04 4건/매/명 04건/매/명
(3) 거래처 코드번호는 5자리 숫자로 입력하세요.	00101	101 00101번

❷ 답안에 천원단위(000) 입력 시 더존 프로그램 숫자 입력 방법과 다르게 숫자키패드 '+' 기능은
지원되지 않습니다.

❸ 더존 프로그램에서 조회되는 자료를 복사하여 붙여넣기가 가능합니다.

❹ 수행과제를 올바르게 입력하지 않고 작성한 답과 모범답안이 다른 경우 오답처리됩니다.

[실무수행평가]

천상소리의 입력자료 및 회계정보를 조회하여 [평가문제]의 답안을 입력하시오.

번호	평가문제	배점
11	**평가문제 [거래처등록 조회]** 거래처 바른악기상(코드 01014)과 관련된 내용 중 옳지 않은 것은? ① 대표자 성명은 '박은서'이다. ② 업태는 '도매 및 상품중개업'이다 ③ 사업장은 '서울특별시 서대문구'에 위치하고 있다. ④ 이메일주소는 right@bill36524.com이다.	3
12	**평가문제 [예적금현황 조회]** 12월 말 은행별 예금 잔액으로 옳지 않은 것은? ① 국민은행(보통) 40,583,000원 ② 신한은행(보통) 10,000,000원 ③ 농협은행(보통) 45,179,000원 ④ 신협은행(보통) 3,000,000원	3
13	**평가문제 [거래처원장 조회]** 12월 말 거래처별 '110.받을어음' 잔액으로 옳지 않은 것은? ① 00102.악기왕국 40,000,000원 ② 00123.레몬피아노 4,000,000원 ③ 00177.쉼터악기 20,000,000원 ④ 05015.(주)골드악기 10,000,000원	3
14	**평가문제 [거래처원장 조회]** 12월 말 거래처별 '253.미지급금' 잔액으로 옳지 않은 것은? ① 99600.국민카드 356,000원 ② 99601.신한카드 2,000,000원 ③ 99602.비씨카드 500,000원 ④ 99605.삼성카드 6,543,200원	4
15	**평가문제 [거래처원장 조회]** 12월 말 (주)골드악기(코드 05015)의 '외상매출금' 잔액은 얼마인가?	3
16	**평가문제 [거래처원장 조회]** 12월 말 '251.외상매입금' 잔액이 있는 거래처 중 금액이 가장 적은 거래처코드를 기록하시오.	3
17	**평가문제 [총계정원장 조회]** 월별 '복리후생비' 발생금액으로 옳지 않은 것은? ① 2월 642,000원 ② 3월 514,500원 ③ 4월 1,374,000원 ④ 5월 1,178,600원	4
18	**평가문제 [일/월계표 조회]** 5월 한 달 동안 발생한 '상품'의 매입금액은 얼마인가?	3
19	**평가문제 [일/월계표 조회]** 10월 한 달 동안 증가한 '유형자산' 금액은 얼마인가?	3
20	**평가문제 [일/월계표 조회]** 3월 한 달 동안 발생한 '차량유지비' 금액은 얼마인가?	3

21	**평가문제 [손익계산서 조회]** 당기 '상품매출원가' 금액은 얼마인가?	2
22	**평가문제 [손익계산서 조회]** 당기에 발생한 '영업외수익'은 얼마인가?	4
23	**평가문제 [재무상태표 조회]** 12월 말 '미수수익' 잔액은 얼마인가?	3
24	**평가문제 [재무상태표 조회]** 12월 말 '미수금' 잔액은 얼마인가?	3
25	**평가문제 [재무상태표 조회]** 12월 말 '선급금' 잔액 얼마인가?	3
26	**평가문제 [재무상태표 조회]** 12월 말 '단기대여금' 잔액은 얼마인가?	4
27	**평가문제 [재무상태표 조회]** 12월 말 '가지급금' 잔액은 얼마인가?	4
28	**평가문제 [재무상태표 조회]** 12월 말 '무형자산' 금액은 얼마인가?	2
29	**평가문제 [재무상태표 조회]** 12월 말 '미지급금' 잔액은 얼마인가?	3
30	**평가문제 [재무상태표 조회]** 12월 말 '자본금' 잔액은 얼마인가? ① 520,435,170원 ② 720,435,170원 ③ 820,435,170원 ④ 920,435,170원	2
총점		62

06 회계정보분석 8점

회계정보를 조회하여 [회계정보분석] 답안을 입력하시오.

31 손익계산서 조회 4점

매출총이익률은 매출로부터 얼마의 이익을 얻느냐를 나타내는 비율로 높을수록 판매, 매입활동이 양호한 편이다. 전기 매출총이익률은 얼마인가? (단, 소수점 이하는 버림할 것)

$$매출총이익률(\%) = \frac{매출총이익}{매출액} \times 100$$

① 48%　　　　　　　　　　② 50%

③ 52%　　　　　　　　　　④ 54%

32 재무상태표 조회 4점

자기자본비율은 기업의 재무구조 건전성을 측정하는 비율로 높을수록 기업의 재무구조가 건전하다. 전기 자기자본비율은 얼마인가? (단, 소수점 이하는 버림할 것)

$$자기자본비율(\%) = \frac{자본총계}{자산총계} \times 100$$

① 56%　　　　　　　　　　② 66%

③ 76%　　　　　　　　　　④ 86%

08 | FAT 2급 59회 기출문제(이론 + 실무)

실무이론평가

※ 아래 문제에서 특별한 언급이 없으면 기업의 보고기간(회계기간)은 매년 1월 1일부터 12월 31일까지입니다. 또한 기업은 일반기업회계기준 및 관련 세법을 계속적으로 적용하고 있다고 가정하고 물음에 가장 합당한 답을 고르시기 바랍니다.

01 다음 중 회계상 거래의 결합관계로 옳지 않은 것은?

	차변	대변
①	자산의 증가	부채의 증가
②	비용의 발생	자산의 증가
③	자산의 증가	수익의 발생
④	비용의 발생	부채의 증가

02 다음의 대화 내용은 무엇에 관한 것인가?

① 일일자금일보   ② 총계정원장

③ 재무상태표   ④ 시산표

03 다음 거래에 대한 한공상사의 회계처리로 옳은 것은? (단, 상품매출원가는 고려하지 않는다.)

| | 한공상사 | | | 상품을 300,000원에 외상매출하다.
운반비 10,000원을 현금지급하다. | | 세종상사 |

가.	(차)	상품	300,000원	(대)	외상매입금	300,000원
		운반비	10,000원		현금	10,000원
나.	(차)	상품	310,000원	(대)	외상매입금	300,000원
					현금	10,000원
다.	(차)	외상매출금	310,000원	(대)	상품매출	300,000원
					현금	10,000원
라.	(차)	외상매출금	300,000원	(대)	상품매출	300,000원
		운반비	10,000원		현금	10,000원

① 가   ② 나   ③ 다   ④ 라

04 다음 중 재무상태표상 비유동자산에 해당하는 계정과목을 모두 고른 것은?

가. 선급금	나. 미수금
다. 건물	라. 장기대여금

① 가, 나   ② 나, 다   ③ 다, 라   ④ 나, 라

05 다음 자료를 토대로 유형자산처분이익을 계산하면 얼마인가?

잔액시산표

2024. 6. 30.   (주)한공(단위: 원)

차변	계정과목	대변
⋮	⋮	⋮
20,000,000	건 물	
	감가상각누계액	9,000,000

• 2024. 6. 30. 건물을 12,000,000원에 처분하다.

① 500,000원   ② 600,000원
③ 1,000,000원   ④ 1,200,000원

06 다음 중 판매자의 기말재고 금액에 포함될 수 있는 경우가 아닌 것은?

① 도착지인도조건에 따라 판매한 기말 현재 운송 중인 상품
② 할부판매로 고객에게 인도된 상품
③ 매입자가 아직까지 매입의사표시를 하지 않은 시송품
④ 금융기관 대출에 대한 담보로 제공한 제품

07 다음 자료를 토대로 (주)한공의 매출원가를 계산하면 얼마인가?

• 기초상품재고액 : 60,000원	• 기말상품재고액 : 70,000원
• 당기총매입액 : 300,000원	• 매입시 운반비 : 5,000원

① 285,000원
③ 295,000원

② 290,000원
④ 300,000원

08 다음 거래에 대한 회계처리 오류 내용이 재무제표에 미치는 영향으로 옳은 것은?

[거래] 업무용 승용차에 주유를 하고 80,000원을 현금으로 지급하다.
[분개] (차) 차량운반구 80,000원   (대) 현금 80,000원

① 자산의 과소 계상
③ 수익의 과소 계상

② 자본의 과소 계상
④ 비용의 과소 계상

09 다음은 (주)한공의 매출채권과 관련된 자료이다. 2024년 손익계산서에 표시될 대손상각비는 얼마인가?

• 2024.1.1. 대손충당금 : 200,000원
• 2024.4.3. 매출채권의 대손처리 : 150,000원
• 2024.12.31. 매출채권잔액에 대한 대손예상액 : 100,000원

---

① 20,000원   ② 50,000원
③ 100,000원   ④ 200,000원

10 다음 중 개인기업의 자본총액에 변화가 없는 거래는?

① 건물을 장부금액으로 매각하고 매각대금을 전액 현금으로 수령하였다.
② 사업주가 개인적으로 사용하기 위해 자본금을 현금으로 인출하였다.
③ 재고자산을 매입원가를 초과하는 금액으로 판매하였다.
④ 사업주가 현금을 추가 출자하였다.

✛ 실무수행평가 ✛

※ 커피쿡(회사코드 4159)은 커피 도소매업을 운영하는 개인기업으로, 회계기간은 제7기(2024.1.1. ~2024.12.31.)이다. 제시된 자료와 [자료설명]을 참고하여, [수행과제]를 완료하고 [평가문제]의 물음에 답하시오.

─── 〈실무수행 유의사항〉 ───

1. 타계정 대체와 관련된 적요는 반드시 코드를 입력하여야 한다.
2. 채권·채무, 예금거래 등 관리대상 거래자료에 대하여는 거래처코드를 반드시 입력한다.
3. 자금관리 등 추가 작업이 필요한 경우 문제의 요구에 따라 추가 작업하여야 한다.
4. 등록된 계정과목 중 가장 적절한 계정과목을 선택한다.
5. 부가가치세는 고려하지 않는다.

실무수행
01 기초정보관리의 이해

회계관련 기초정보는 입력되어 있다. [자료설명]을 참고하여 [수행과제]를 수행하시오.

① 사업자등록증에 의한 거래처등록

자료설명	신규거래처 감성커피와 상품거래 계약을 체결하고 사업자등록증 사본을 받았다.
수행과제	1. 사업자등록증 내용을 확인하여 거래처등록(코드 00113, 거래시작일 2024년 2월 17일)을 하시오. 2. 메일 주소를 등록하시오.

2 전기분 손익계산서의 입력수정

손익계산서

제6(당)기 2023년 1월 1일부터 2023년 12월 31일까지
커피쿡 　제5(전)기 2022년 1월 1일부터 2022년 12월 31일까지 　　　(단위: 원)

과목	제6(당)기		제5(전)기	
	금액		금액	
I. 매　　　출　　　액		583,000,000		368,550,000
상　품　매　출	583,000,000		368,550,000	
II. 매　　출　　원　　가		354,000,000		238,290,000
상　품　매　출　원　가		354,000,000		238,290,000
기　초　상　품　재　고　액	73,700,000		10,470,000	
당　기　상　품　매　입　액	328,300,000		301,520,000	
기　말　상　품　재　고　액	48,000,000		73,700,000	
III. 매　　출　　총　　이　　익		229,000,000		130,260,000
IV. 판　매　비　와　관　리　비		125,470,000		40,245,000
급　　　　　　　　　여	84,800,000		12,000,000	
복　리　후　생　비	6,240,000		5,950,000	
여　비　교　통　비	3,170,000		2,650,000	
접대비(기업업무추진비)	520,000		700,000	
통　　신　　비	2,860,000		1,450,000	
세　금　과　공　과　금	5,300,000		4,495,000	
감　가　상　각　비	2,100,000		1,700,000	
보　　험　　료	3,840,000		2,200,000	
차　량　유　지　비	8,710,000		5,600,000	
소　모　품　비	2,930,000		1,600,000	
판　매　촉　진　비	1,000,000		800,000	
대　손　상　각　비	4,000,000		1,100,000	
V. 영　　업　　이　　익		103,530,000		90,015,000
VI. 영　　업　　외　　수　　익		3,250,000		2,400,000
이　자　수　익	3,250,000		2,400,000	
VII. 영　　업　　외　　비　　용		2,800,000		600,000
이　자　비　용	2,800,000		600,000	
VIII. 소　득　세　차　감　전　순　이　익		103,980,000		91,815,000
IX. 소　　　득　　　세　　　등		820,000		570,000
소　　득　　세　　등	820,000		570,000	
X. 당　　기　　순　　이　　익		103,160,000		91,245,000

자료설명	전기(제6기)분 재무제표는 입력되어 있으며, 재무제표 검토결과 입력오류를 발견하였다.
수행과제	입력이 누락되었거나 오류부분을 찾아 수정입력하시오.

실무수행

02 거래자료입력

실무프로세스 자료이다. [자료설명]을 참고하여 [수행과제]를 수행하시오.

1 증빙에 의한 전표입력

★★ 현금영수증 ★★ **(지출증빙)** 사업자등록번호 : 201-13-52101 이현우 사업자명 : (주)한공출판 단말기ID : 47325637(tel:02-123-4736) 가맹점주소 : 서울특별시 서대문구 충정로7길 29-8 (충정로3가) 현금영수증 회원번호 **109-09-67470** **커피쿡** 승인번호 : 76765431 (PK) 거래일시 : 2024년 1월 12일 13시10분 29초 -------------------------------------- 공급금액 **245,000원** 부가세금액 총합계 **245,000원** -------------------------------------- 휴대전화, 카드번호 등록 http://현금영수증.kr 국세청문의(126) 38036925-GCA10106-3870-U490 <<<<<<이용해 주셔서 감사합니다.>>>>>>	**자료 설명** 재경팀 업무에 참고할 도서 5권을 현금으로 구입하고 받은 현금영수증이다. --- **수행 과제** 거래자료를 입력하시오.

2 증빙에 의한 전표입력

영 수 증 (공급받는자용) NO **커피쿡** 귀하 공급자 사업자등록번호 : 211-28-35011 상호 : 러브플라워 성명 : 김민채 사업장소재지 : 서울특별시 서대문구 대현로 150 업태 : 도소매업 종목 : 생화 작성일자 : 2024.2.17. 공급대가총액 : 28,000 비고 공 급 내 역 월/일 : 2/17 품명 : 화분 수량 : 1 단가 : 28,000 금액 : 28,000 합 계 : ₩28,000 위 금액을 영수(청구)함	**자료 설명** 매출거래처 감성커피의 개업을 축하하기 위해 화분을 구입하고 대금은 외상으로 하였다. --- **수행 과제** 거래자료를 입력하시오.

③ 약속어음 수취거래

<table>
<tr><td colspan="2" align="center">**전 자 어 음**</td></tr>
<tr><td>**커피쿡** 귀하</td><td align="right">00420240318123406789</td></tr>
<tr><td>**금** 칠백만원정</td><td align="right">**7,000,000원**</td></tr>
<tr><td colspan="2" align="center">위의 금액을 귀하 또는 귀하의 지시인에게 지급하겠습니다.</td></tr>
<tr>
<td>**지급기일** 2024년 6월 18일
지 급 지 국민은행
지급장소 강남지점</td>
<td>**발행일** 2024년 3월 18일
**발행지
주 소** 서울 강남구 강남대로 250
발행인 드림커피(주)</td>
</tr>
</table>

자료설명	[3월 18일] 거래처 드림커피에 상품을 매출하고 판매대금 7,000,000원을 전자어음으로 받았다.
수행과제	1. 거래자료를 입력하시오. 2. 자금관련정보를 입력하여 받을어음현황에 반영하시오.

④ 증빙에 의한 전표입력

신용카드매출전표 ------------------------------ 카드종류: 비씨카드 회원번호: 3564-2636-**21-**11 거래일시: 2024.4.9. 15:20:46 거래유형: 신용승인 금 액: 500,000원 합 계: 500,000원 결제방법: 일시불 승인번호: 36541592 ------------------------------ 가맹점명: 산토리니 - 이 하 생 략 -	
자료 설명	판매 목적으로 상품(돌체라떼)을 매입하고 받은 신용카드매출전표이다.
수행 과제	거래자료를 입력하시오. (단, '외상매입금'으로 처리할 것)

⑤ 증빙에 의한 전표입력

■ 자동차세 영수증

2024 년분 자동차세 세액 신고납부서					납세자 보관용 영수증	
납세자 주소	박용철 서울특별시 서대문구 충정로7길 29-13(충정로3가)					
과세대상	64보 2461 (승용차)	구 분	자동차세	지방교육세	납부할 세액 합계	
		당 초 산 출 세 액	345,000		**345,000원**	
과세기간	2024.1.1. ~2024.6.30.	선납공제액(10%)				
		요일제감면액(5%)				
		납 부 할 세 액	386,000	0		

<납부장소>

위의 금액을 영수합니다.
2024 년 6 월 30일

*수납인이 없으면 이 영수증은 무효입니다 *공무원은 현금을 수납하지 않습니다.

수납인
2024.06.30.
농협은행

자료설명	영업부 업무용 승용차에 대한 자동차세를 현금으로 납부한 영수증이다.
수행과제	거래자료를 입력하시오.

⑥ 단기매매증권 구입 및 매각

자료 1. 주식매매 내역서

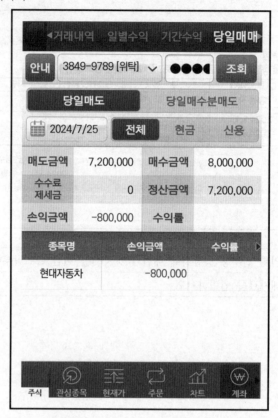

자료 2. 보통예금(신한은행) 거래내역

번호	거래일	내용	찾으신금액	맡기신금액	잔액	거래점
		계좌번호 308-24-374555 커피쿡				
1	2024-7-25	주식매각대금 입금		7,200,000	***	***

자료설명	[7월 25일] 단기매매목적으로 보유하고 있는 현대자동차 주식(장부금액 : 8,000,000원)을 7,200,000원에 매각하고 매각대금이 신한은행 보통예금 계좌에 입금된 거래내역이다.
수행과제	주식 매각과 관련된 거래 자료를 입력하시오.

7 통장사본에 의한 거래입력

자료 1. 인터넷요금 고지서

kt 광랜 모바일명세서	2024.08.
납부급액	**170,000원**
이용총액	170,000원
이용기간	2024.07.01. ~ 2024.07.31.
서비스번호	sam59141387
명세서번호	937610125
납기일	2024.08.27

자료 2. 보통예금(국민은행) 거래내역

		내용	찾으신금액	맡기신금액	잔액	거래점
번호	거래일	계좌번호 096-24-0094-123 커피쿡				
1	2024-8-27	인터넷요금	170,000		****	***

자료설명	1. 자료 1은 7월분 인터넷요금 고지서이다. 2. 인터넷요금은 납기일에 국민은행 보통예금 통장에서 이체출금되었다.
수행과제	거래자료를 입력하시오. (납기일에 비용으로 처리할 것)

8 통장사본에 의한 거래입력

■ 보통예금(농협은행) 거래내역

		내용	찾으신금액	맡기신금액	잔액	거래점
번호	거래일	계좌번호 201-6611-04712 커피쿡				
1	2024-9-10			4,500,000	***	***

자료설명	화이트커피의 상품 외상매출 대금이 농협은행 보통예금 계좌에 입금된 거래내역이다.
수행과제	거래 자료를 입력하시오.

실무수행

03 전표수정

실무프로세스 자료이다. [자료설명]을 참고하여 [수행과제]를 수행하시오.

① 입력자료 수정

거래명세서 (공급자 보관용)

공급자	등록번호	109-09-67470			공급받는자	등록번호	113-81-22110		
	상호	커피쿡	성명	박용철		상호	금천상사(주)	성명	최수연
	사업장 주소	서울특별시 서대문구 충정로7길 29-13 (충정로3가)				사업장 주소	서울특별시 금천구 가산로 148 (가산동)		
	업태	도소매업	종사업장번호			업태	도소매업	종사업장번호	
	종목	커피외				종목	커피		

거래일자	미수금액	공급가액	세액	총 합계금액
2024.10.22.		680,000		680,000

NO	월	일	품목명	규격	수량	단가	공급가액	세액	합계
1	10	22	커피액상원액		5	136,000	680,000		680,000

자료설명	10월분 외상매출금의 거래처별 잔액이 맞지 않아 검토한 결과 10월 22일자 거래 입력내용에 오류가 있음을 발견하였다.
수행과제	거래명세서를 확인 후 올바르게 수정하시오.

② 입력자료 수정

자료 설명	레몬트리에서 상품을 매입하면서 발생한 당사부담 택배비에 대한 영수증이다.
수행 과제	거래자료를 수정하시오.

실무수행

04 결산

[결산자료]를 참고하여 결산을 수행하시오. (단, 제시된 자료 이외의 자료는 없다고 가정함)

① 수동결산 및 자동결산

자료설명	1. 구입 시 비용처리한 소모품 중 기말 미사용액은 300,000원으로 확인되었다. 2. 기말상품재고액은 42,000,000원이다.
수행과제	1. 수동결산 또는 자동결산 메뉴를 이용하여 결산을 완료하시오. 2. 12월 31일을 기준으로 '손익계산서 → 재무상태표'를 순서대로 조회 작성하시오. 　(단, 손익계산서 조회 작성 시 상단부 [기능모음]의 '추가'를 이용하여 '손익대체분개' 　를 수행할 것)

평가문제

05 실무수행평가 `62점`

입력자료 및 회계정보를 조회하여 [평가문제]의 답안을 입력하시오.

― 〈 평가문제 답안입력 유의사항 〉 ―

❶ 답안은 지정된 단위의 숫자로만 입력해 주십시오.
　* 한글 등 문자 금지, 콤마(,) 외 기호 금지

	정답	오답(예)
(1) 금액은 원 단위로 숫자를 입력하되, 천 단위 콤마 (,)는 생략 가능합니다.	1,245,000 1245000	1.245.000 1,245,000원 1,245,0000 12,45,000 1,245천원
(1-1) 답이 0원인 경우 반드시 "0" 입력 (1-2) 답이 음수(-)인 경우 숫자 앞에 " - "입력		
(2) 질문에 대한 답안은 숫자로만 입력하세요.	4	04 4건/매/명 04건/매/명
(3) 거래처 코드번호는 5자리 숫자로 입력하세요.	00101	101 00101번

❷ 답안에 천원단위(000) 입력 시 더존 프로그램 숫자 입력 방법과 다르게 숫자키패드 '+' 기능은 지원되지 않습니다.
❸ 더존 프로그램에서 조회되는 자료를 복사하여 붙여넣기가 가능합니다.
❹ 수행과제를 올바르게 입력하지 않고 작성한 답과 모범답안이 다른 경우 오답처리됩니다.

[실무수행평가]

커피쿡의 입력자료 및 회계정보를 조회하여 [평가문제]의 답안을 입력하시오.

번호	평가문제	배점
11	**평가문제 [거래처등록 조회]** 거래처 감성커피(코드 00113)와 관련된 내용 중 옳지 않은 것은? ① 사업자등록번호는 211-21-12343이다. ② 대표자는 '나감성'이다. ③ 업태는 '도매업', 종목은 '커피외'이다. ④ 이메일주소는 coffee@naver.com이다.	4
12	**평가문제 [예적금현황 조회]** 12월 말 은행별 예금 잔액으로 옳은 것은? ① 신협은행(보통) 67,000,000원 ② 국민은행(보통) 55,141,000원 ③ 신한은행(보통) 7,200,000원 ④ 농협은행(보통) 3,000,000원	3
13	**평가문제 [거래처원장 조회]** 12월 말 거래처별 '253.미지급금' 잔액으로 옳지 않은 것은? ① 00106.이디야 143,000원 ② 03500.러브플라워 30,000원 ③ 00123.레몬트리 50,000원 ④ 31112.베네치아(주) −100,000원	4
14	**평가문제 [거래처원장 조회]** 12월 말 화이트커피(코드 00240)의 '108.외상매출금' 잔액은 얼마인가?	4
15	**평가문제 [거래처원장 조회]** 12월 말 '108.외상매출금' 잔액이 가장 적은 거래처의 코드를 기록하시오	4
16	**평가문제 [총계정원장 조회]** 월별 발생한 '826.도서인쇄비' 금액으로 옳지 않은 것은? ① 1월 20,000원 ② 2월 50,000원 ③ 3월 60,000원 ④ 4월 70,000원	3
17	**평가문제 [받을어음현황 조회]** 만기가 2024년에 해당하는 '받을어음' 중 금액이 가장 큰 거래처의 코드를 기록하시오.	2
18	**평가문제 [일/월계표 조회]** 4월 한 달 동안 '상품' 매입 금액은 얼마인가?	3
19	**평가문제 [합계잔액시산표 조회]** 당기에 발생한 '운반비' 금액은 얼마인가?	3
20	**평가문제 [손익계산서 조회]** 당기에 발생한 판매관리비(판매비와관리비)의 계정별 금액으로 옳지 않은 것은? ① 통신비 1,795,110원 ② 세금과공과금 1,199,000원 ③ 임차료 11,750,000원 ④ 수선비 7,366,000원	4
21	**평가문제 [손익계산서 조회]** 당기에 발생한 '접대비(기업업무추진비)' 금액은 얼마인가?	2

22	**평가문제 [손익계산서 조회]** 당기에 발생한 '소모품비' 금액은 얼마인가?	4
23	**평가문제 [손익계산서 조회]** 당기에 발생한 '수수료비용' 금액은 얼마인가?	4
24	**평가문제 [손익계산서 조회]** '이자수익'의 전기 대비 당기 증가 금액은 얼마인가?	3
25	**평가문제 [손익계산서 조회]** 당기에 발생한 '영업외비용' 금액은 얼마인가?	2
26	**평가문제 [재무상태표 조회]** 12월 말 '현금' 잔액은 얼마인가?	4
27	**평가문제 [재무상태표 조회]** 12월 말 '단기매매증권' 잔액은 얼마인가?	2
28	**평가문제 [재무상태표 조회]** 12월 말 '받을어음' 잔액은 얼마인가?	2
29	**평가문제 [재무상태표 조회]** 12월 말 '외상매입금' 잔액은 얼마인가?	3
30	**평가문제 [재무상태표 조회]** 12월 말 '자본금' 금액은 얼마인가? ① 238,203,000원　　　　　② 338,223,870원 ③ 438,403,000원　　　　　④ 538,233,870원	2
총점		62

평가문제

06 회계정보분석 8점

회계정보를 조회하여 [회계정보분석] 답안을 입력하시오.

31 재무상태표 조회 4점

유동비율은 기업이 보유하는 지급능력, 신용능력을 판단하기 위한 비율로 높을수록 기업의 재무유동성이 크다. 전기 유동비율은 얼마인가? (단, 소숫점 이하는 버림할 것)

$$유동비율(\%) = \frac{유동자산}{유동부채} \times 100$$

① 139% ② 197%
③ 299% ④ 358%

32 재무상태표 조회 4점

부채비율은 기업의 지급능력을 측정하는 비율로 높을수록 채권자에 대한 위험이 증가한다. 전기 부채비율은 얼마인가? (단, 소숫점 이하는 버림할 것)

$$부채비율(\%) = \frac{부채총계}{자기자본(자본총계)} \times 100$$

① 36% ② 46%
③ 56% ④ 66%

09 | FAT 2급 61회 기출문제(이론 + 실무)

⊹ 실무이론평가 ⊹

※ 아래 문제에서 특별한 언급이 없으면 기업의 보고기간(회계기간)은 매년 1월 1일부터 12월 31일 까지입니다. 또한 기업은 일반기업회계기준 및 관련 세법을 계속적으로 적용하고 있다고 가정 하고 물음에 가장 합당한 답을 고르시기 바랍니다.

01 다음에서 제시하는 결합관계에 해당하는 것은?

(차) 자산의 증가	(대) 자산의 감소

① 상품을 외상으로 매입하다.   ② 단기차입금을 현금으로 상환하다.
③ 현금을 출자받아 사업을 개시하다.   ④ 매출채권을 현금으로 회수하다.

02 다음은 무엇에 대한 설명인가?

기업의 순자산으로서 기업실체의 자산에 대한 소유주의 잔여청구권이다.

① 자산   ② 부채
③ 자본   ④ 수익

03 다음 자료를 토대로 한공기업의 2024년 12월 31일 재무제표에 기록될 기말상품재고액을 계산하면 얼마인가?

• 2024. 1. 1. 기초상품재고액 :	90,000원
• 2024년 중 상품 총 매입액 :	1,500,000원
• 2024년 중 매입에누리액 :	200,000원
• 2024년 매출원가 :	1,000,000원

① 390,000원   ② 410,000원   ③ 480,000원   ④ 590,000원

04 다음 대화 중 선생님의 질문에 대하여 바르게 대답한 학생으로 묶은 것은?

① 동룡, 정봉

③ 진주, 미옥

② 동룡, 진주

④ 정봉, 미옥

05 다음 중 먼저 구입한 상품이 먼저 사용되거나 판매되는 것으로 가정하여 기말재고액을 결정하는 방법은?

① 선입선출법

③ 총평균법

② 이동평균법

④ 후입선출법

06 다음 자료에 의하여 매출액을 계산하면 얼마인가?

• 당기 총매출액	100,000원	• 당기 매출할인	5,000원
• 당기 매출에누리와 환입	10,000원	• 매출 운반비	20,000원

① 100,000원 　　② 90,000원 　　③ 85,000원 　　④ 82,000원

07 다음 중 감가상각 대상 자산에 해당하지 않는 것은?

① 건물 　　　　② 상품 　　　　③ 비품 　　　　④ 차량운반구

08 다음 자료에 의한 2024년 12월 31일의 결산분개로 옳은 것은? (월할계산하기로 한다.)

- 2024년 4월 1일 은행으로부터 2,000,000원을 차입하였다.
- 이자율은 연 12%이며, 1년분 이자는 2025년 3월 31일 전액 지급예정이다.

① (차) 이자비용 180,000원   (대) 미지급비용 180,000원
② (차) 이자비용 240,000원   (대) 미지급비용 240,000원
③ (차) 이자비용 180,000원   (대) 선급비용   180,000원
④ (차) 이자비용 240,000원   (대) 선급비용   240,000원

09 다음은 한공상사가 취득한 차량운반구에 대한 자료이다. 2024년 감가상각비는 얼마인가?

- 취득일자 : 2024년 7월 1일   • 취득원가 : 40,000,000원 (잔존가치 없음)
- 내용연수 : 10년 (월할상각)   • 감가상각방법 : 정액법

① 2,000,000원   ② 3,000,000원   ③ 4,000,000원   ④ 5,000,000원

10 다음 중 손익계산서의 영업이익에 영향을 미치는 계정과목이 아닌 것은?

① 접대비(기업업무추진비)   ② 유형자산처분손실
③ 경상연구개발비   ④ 대손상각비

❖ 실무수행평가 ❖

※ 너와나커피(회사코드 4161)는 커피 도소매업을 운영하는 개인기업으로, 회계기간은 제7기 (2024.1.1.~2024.12.31.)이다. 제시된 자료와 자료설명을 참고하여, [수행과제]를 완료하고 [평가문제]의 물음에 답하시오.

〈실무수행 유의사항〉
---

1. 타계정 대체와 관련된 적요는 반드시 코드를 입력하여야 한다.
2. 채권 · 채무, 예금거래 등 관리대상 거래자료에 대하여는 거래처코드를 반드시 입력한다.
3. 자금관리 등 추가 작업이 필요한 경우 문제의 요구에 따라 추가 작업하여야 한다.
4. 등록된 계정과목 중 가장 적절한 계정과목을 선택한다.
5. 부가가치세는 고려하지 않는다.

실무수행

01 기초정보관리의 이해

회계관련 기초정보는 입력되어 있다. [자료설명]을 참고하여 [수행과제]를 수행하시오.

① 거래처등록

자료설명	하나은행에서 계좌를 개설하고 기업자유예금 보통예금 통장을 발급받았다.
수행과제	통장을 참고하여 거래처등록을 하시오. (코드 : 98005, 금융기관명 : 하나은행(보통), 구분 : 0.일반으로 할 것)

② 거래처별초기이월 등록 및 수정

미지급금 명세서

코드	거래처명	금액	비고
32012	(주)우리자동차	16,000,000원	승용차 구입대금
32013	(주)하나컴퓨터	2,200,000원	컴퓨터 구입대금
	합계	18,200,000원	

자료설명	너와나커피의 전기분 재무제표는 이월받아 등록되어 있다.
수행과제	미지급금에 대한 거래처별 초기이월사항을 입력하시오.

실무수행

02 거래자료입력

실무프로세스 자료이다. [자료설명]을 참고하여 [수행과제]를 수행하시오.

① 증빙에 의한 전표입력

NO.	영 수 증 (공급받는자용)				
	너와나커피 귀하				
공급자	사업자 등록번호	211-14-24517			
	상 호	수할인마트	성명	김상철	
	사업장 소재지	서울특별시 서대문구 충정로7길 12 (충정로2가)			
	업 태	도소매업	종목	잡화	
작성일자	공급대가총액		비고		
2024.6.10.	₩ 25,000				
공 급 내 역					
월/일	품명	수량	단가	금액	
6/10	형광펜			10,000	
6/10	서류파일			15,000	
합 계			₩ 25,000		
위 금액을 (영수)(청구)함					

자료 설명	사무실에서 사용할 문구를 구입하고 대금은 현금으로 지급하였다. (단, '사무용품비'로 처리할 것)
수행 과제	거래자료를 입력하시오.

2 증빙에 의한 전표입력

■ 자동차세 영수증

2024 년분 자동차세 세액 신고납부서				납세자 보관용 영수증	
납 세 자 주 소	김민영 서울특별시 서대문구 충정로7길 29-13 (충정로3가)				
과세대상	62모 7331 (승용차)	구 분	자동차세	지방교육세	납부할 세액 합계
		당 초 산 출 세 액	345,000		
		선납공제액(9.15%)			345,000원
과세기간	2024.1.1. ~2024.6.30.	요일제감면액(5%)			
		납 부 할 세 액	345,000	0	

＜납부장소＞

위의 금액을 영수합니다.
2024 년   6 월   30일

수납인
2024.06.30.
농협은행

*수납인이 없으면 이 영수증은 무효입니다 *공무원은 현금을 수납하지 않습니다.

자료설명	영업부의 업무용 승용차에 대한 자동차세를 현금으로 납부한 영수증이다.
수행과제	거래자료를 입력하시오.

3 통장사본에 의한 거래입력

■ 보통예금(국민은행) 거래내역

		내용	찾으신금액	맡기신금액	잔액	거래점
번호	거래일	계좌번호 096－24－0094-123 너와나커피				
1	2024-7-10	(주)비발디커피	30,000,000		***	***

자료설명	거래처 (주)비발디커피에 30,000,000원(상환일 : 2025년 3월 31일)을 대여하기로 하고 국민은행 보통예금 계좌에서 이체하였다.
수행과제	거래자료를 입력하시오.

④ 재고자산의 매입거래

거래명세서 (공급받는자 보관용)

공급자	등록번호	131-81-12978			공급받는자	등록번호	109-09-67470		
	상호	(주)콜럼비아	성명	윤정훈		상호	너와나커피	성명	김민영
	사업장 주소	서울특별시 강남구 강남대로 250				사업장 주소	서울특별시 서대문구 충정로7길 29-13 (충정로3가)		
	업태	도소매업	종사업장번호			업태	도소매업	종사업장번호	
	종목	커피외				종목	커피외		

거래일자	미수금액	공급가액	총 합계금액
2024.7.20.		1,500,000	1,500,000

NO	월	일	품목명	규격	수량	단가	공급가액	합계
1	7	20	더치커피 세트		50	30,000	1,500,000	1,500,000

자료설명	1. 상품을 구입하고 발급받은 거래명세서이다. 2. 7월 14일 지급한 계약금을 차감한 잔액은 월말에 지급하기로 하였다.
수행과제	거래자료를 입력하시오.

⑤ 증빙에 의한 전표입력

```
신용카드매출전표

가 맹 점 명  LG패션 (031)555-8766
사업자번호  130-42-35528
대 표 자 명  김 순 자
주      소  경기도 수원시 팔달구 매산로 1-8
            (매산로1가)

삼 성 카 드                        신용승인
거 래 일 시  2024-8-10 오전 11:08:04
카 드 번 호           7445-8841-****-30**
유 효 기 간                        **/**
가맹점번호                       87687393
매  입  사 : 삼성카드(전자서명전표)

판 매 금 액                   1,200,000원
합      계                   1,200,000원
...........................................
캐셔:032507 김서은
         20240810/10062411/00046160
```

자료 설명	직원들의 근무복인 유니폼을 구입하고 신용카드로 결제하였다.
수행 과제	거래자료를 입력하시오. (단, '복리후생비'로 처리할 것)

6 단기매매증권 구입 및 매각

자료 1. 주식매매 내역서

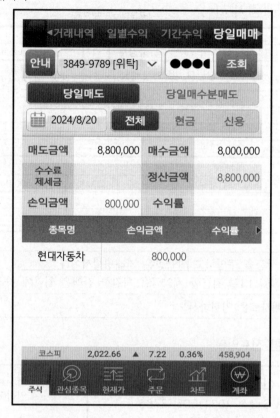

자료 2. 보통예금(신한은행) 거래내역

		내용	찾으신금액	맡기신금액	잔액	거래점
번호	거래일	계좌번호 308-24-374555 너와나커피				
1	2024-8-20	주식매각대금 입금		8,800,000	***	***

자료설명	[8월 20일] 단기매매목적으로 보유하고 있는 현대자동차 주식(장부금액 : 8,000,000원)을 8,800,000원에 매각하고 받은 내역이다.
수행과제	주식 매각과 관련된 거래자료를 입력하시오.

⑦ 증빙에 의한 전표입력

화재보험료 영수증

너와나커피(김민영) 귀하

보 험 료:	1,870,000 원정		No. 42513876	

보험계약자 (피보험자)	상호 (성명)	너와나커피(김민영)	납 세 번 호 (사업자등록번호)	109-09-67470		
	주소	서울특별시 서대문구 충정로7길 29-13 (충정로3가)				

품 명	수량	보험일	요율	보험가입금액 (감정가격)	보험료	공제일
물품보관창고	1	2024.8.25.00:00시~2025.8.25.24:00	0.0187	100,000,000	1,870,000	

위의 금액을 정히 영수 (납입) 하였기에 이를 증명합니다.

2024년 8월 25일

 한국손해보험(주)

회 장	김보험
주 민 등 록 번 호	590822-2320917
사 업 자 고 유 번 호	102-82-04254
전 화 번 호	02-123-1234

알림	1. 이 영수증에는 회장직인 및 취급자인이 있어야 합니다. 2. 이 영수증에 영수일자가 없는 것, 컴퓨터로 기록되지 않은 것, 또는 기재사항을 고쳐쓴 것은 무효입니다. 3. 이 영수증 이외의 어떠한 형태의 사제 영수증은 무효입니다	취급자 최영한

자료설명	[8월 25일] 상품 보관용으로 사용 중인 창고건물을 화재보험에 가입하고 보험료는 현금으로 지급하였다.
수행과제	거래자료를 입력하시오. (단, '비용'으로 처리할 것)

⑧ 통장사본에 의한 거래입력

자료 1. 인터넷요금 고지서

kt 광랜 모바일명세서	**2024.08.**
납부급액	**120,500원**
이용총액	120,500원
이용기간	2024.08.01. ~ 2024.08.31.
서비스번호	59141325
명세서번호	937610125
납기일	2024.09.29.

자료 2. 보통예금(농협은행) 거래내역

번호	거래일	내용	찾으신금액	맡기신금액	잔액	거래점
		계좌번호 201-6611-04712 너와나커피				
1	2024-9-29	인터넷요금	120,500		***	***

자료설명	인터넷요금 고지서에 의한 인터넷요금이 납기일에 농협은행 보통예금 계좌에서 이체되었다.
수행과제	거래자료를 입력하시오. (단, '비용'으로 처리할 것)

실무수행

03 전표수정

실무프로세스 자료이다. [자료설명]을 참고하여 [수행과제]를 수행하시오.

① 입력자료 수정

■ 보통예금(신협은행) 거래내역

번호	거래일	내용	찾으신금액	맡기신금액	잔액	거래점
		계좌번호 1122-098-123143 너와나커피				
1	2024-12-10	(주)망고식스	26,810,000		***	***

자료설명	(주)망고식스에 지급해야 할 외상매입금을 신협은행 보통예금 계좌에서 이체하여 지급하였다.
수행과제	통장 거래내역을 확인하고 올바르게 수정하시오.

② 입력자료 수정

NO.	영 수 증 (공급받는자용)		

너와나커피　귀하

공급자	사업자등록번호	211-14-22014		
	상　호	제일서점	성명	노기석
	사업장소재지	서울특별시 강남구 강남대로 312		
	업　태	도소매업	종목	도서

작성일자	공급대가총액	비고
2024.9.20.	₩ 24,000	

공 급 내 역

월/일	품명	수량	단가	금액
9/20	도서			24,000
합계			₩ 24,000	

위 금액을 (영수)(청구)함

자료설명	도서구입과 관련된 회계처리가 중복 입력되어 있음을 확인하였다.
수행과제	오류자료를 수정하시오.

실무수행
04 결산

[결산자료]를 참고하여 결산을 수행하시오. (단, 제시된 자료 이외의 자료는 없다고 가정함)

① 수동결산 및 자동결산

자료설명	1. 구입 시 비용처리한 소모품 중 기말현재 미사용액은 600,000원으로 확인되었다. 2. 기말 상품재고액은 43,200,000원이다.
수행과제	1. 수동결산 또는 자동결산 메뉴를 이용하여 결산을 완료하시오. 2. 12월 31일 기준으로 '손익계산서 → 재무상태표'를 순서대로 조회 작성하시오. 　(단, 손익계산서 조회 작성 시 상단부 [기능모음]의 '추가'를 이용하여 '손익대체분개'를 수행할 것)

평가문제

05 실무수행평가 `62점`

입력자료 및 회계정보를 조회하여 [평가문제]의 답안을 입력하시오.

────────── 〈 평가문제 답안입력 유의사항 〉 ──────────

❶ 답안은 지정된 단위의 숫자로만 입력해 주십시오.
 * 한글 등 문자 금지, 콤마(,) 외 기호 금지

	정답	오답(예)
(1) 금액은 원 단위로 숫자를 입력하되, 천 단위 콤마 (,)는 생략 가능합니다. (1-1) 답이 0원인 경우 반드시 "0" 입력 (1-2) 답이 음수(−)인 경우 숫자 앞에 " −"입력	1,245,000 1245000	1,245.000 1,245,000원 1,245,0000 12,45,000 1,245천원
(2) 질문에 대한 답안은 숫자로만 입력하세요.	4	04 4건/매/명 04건/매/명
(3) 거래처 코드번호는 5자리 숫자로 입력하세요.	00101	101 00101번

❷ 답안에 천원단위(000) 입력 시 더존 프로그램 숫자 입력 방법과 다르게 숫자키패드 '+' 기능은 지원되지 않습니다.
❸ 더존 프로그램에서 조회되는 자료를 복사하여 붙여넣기가 가능합니다.
❹ 수행과제를 올바르게 입력하지 않고 작성한 답과 모범답안이 다른 경우 오답처리됩니다.

[실무수행평가]

너와나커피의 입력자료 및 회계정보를 조회하여 [평가문제]의 답안을 입력하시오.

번호	평가문제	배점
11	평가문제 [거래처등록 조회] 금융 거래처별 계좌번호로 옳지 않은 것은? ① 국민은행(보통) 096-24-0094-123 ② 신한은행(보통) 308-24-374555 ③ 하나은행(보통) 527-910004-22456 ④ 농협은행(보통) 112-42-562489	3
12	평가문제 [거래처원장 조회] 12월 말 거래처별 '131.선급금' 잔액으로 옳지 않은 것은? ① 금강커피 400,000원 ② 소양강커피 200,000원 ③ (주)콜럼비아 500,000원 ④ 이스턴캐슬 500,000원	3
13	평가문제 [거래처원장 조회] 12월 말 거래처별 '253.미지급금' 잔액으로 옳지 않은 것은? ① 성진빌딩(주) 7,000,000원 ② (주)하나컴퓨터 2,000,000원 ③ (주)은비까비 2,970,000원 ④ (주)우리자동차 16,000,000원	3
14	평가문제 [거래처원장 조회] 12월 말 '103.보통예금' 신한은행(코드: 98002)의 잔액은 얼마인가?	3
15	평가문제 [거래처원장 조회] 12월 말 '253.미지급금' 삼성카드(코드: 99605)의 잔액은 얼마인가?	4
16	평가문제 [예적금현황 조회] 12월 말 은행별 예금잔액으로 옳은 것은? ① 국민은행(보통) 62,009,000원 ② 신협은행(보통) 89,824,000원 ③ 우리은행(당좌) 13,000,000원 ④ 농협은행(보통) 2,879,500원	3
17	평가문제 [분개장 조회] 9월(9/1~9/30) 동안의 전표 중 '전표: 1.일반, 선택: 1.출금' 전표의 건수는?	3
18	평가문제 [일/월계표 조회] 8월에 발생한 '판매관리비'의 계정과목 중 현금지출이 가장 큰 계정과목의 코드번호를 입력하시오.	3
19	평가문제 [현금출납장 조회] 6월 말 '현금' 잔액은 얼마인가?	2
20	평가문제 [현금출납장 조회] 8월(8/1~8/31)의 '현금' 출금액은 얼마인가?	4

21	평가문제 [손익계산서 조회] 당기에 발생한 '판매비와관리비'의 계정별 금액으로 옳은 것은? ① 통신비　1,745,610원　　② 사무용품비　30,000원 ③ 소모품비　2,640,000원　　④ 도서인쇄비　288,000원	3
22	평가문제 [손익계산서 조회] 당기에 발생한 '상품매출원가' 금액은 얼마인가?	4
23	평가문제 [손익계산서 조회] 당기에 발생한 '복리후생비' 금액은 얼마인가?	4
24	평가문제 [손익계산서 조회] 당기에 발생한 '세금과공과금' 금액은 얼마인가?	2
25	평가문제 [손익계산서 조회] 당기에 발생한 '영업외수익' 금액은 얼마인가?	3
26	평가문제 [재무상태표 조회] 12월 말 '단기매매증권' 잔액은 얼마인가?	3
27	평가문제 [재무상태표 조회] 12월 말 '단기대여금' 잔액은 얼마인가?	4
28	평가문제 [재무상태표 조회] 12월 말 '소모품' 잔액은 얼마인가?	4
29	평가문제 [재무상태표 조회] 12월 말 '외상매입금' 잔액은 얼마인가?	3
30	평가문제 [재무상태표 조회] 12월 말 재무상태표의 '자본금' 금액은 얼마인가? ① 515,250,370원　　② 515,540,370원 ③ 520,687,070원　　④ 515,935,370원	1
총점		**62**

평가문제

06 회계정보분석 8점

회계정보를 조회하여 [회계정보분석] 답안을 입력하시오.

31 재무상태표 조회 4점

유동비율이란 기업의 단기 지급능력을 평가하는 지표이다. 전기분 유동비율은 얼마인가? (단, 소숫점 이하는 버림할 것)

$$\text{유동비율(\%)} = \frac{\text{유동자산}}{\text{유동부채}} \times 100$$

① 18%
② 20%
③ 530%
④ 540%

32 손익계산서 조회 4점

매출총이익률은 매출로부터 얼마의 이익을 얻느냐를 나타내는 지표이다. 전기분 매출총이익률은 얼마인가? (단, 소숫점 이하는 버림할 것)

$$\text{매출총이익률(\%)} = \frac{\text{매출총이익}}{\text{매출액}} \times 100$$

① 30%
② 36%
③ 39%
④ 42%

10 | FAT 2급 63회 기출문제(이론 + 실무)

❖ 실무이론평가 ❖

※ 아래 문제에서 특별한 언급이 없으면 기업의 보고기간(회계기간)은 매년 1월 1일부터 12월 31일 까지입니다. 또한 기업은 일반기업회계기준 및 관련 세법을 계속적으로 적용하고 있다고 가정 하고 물음에 가장 합당한 답을 고르시기 바랍니다.

01 다음은 신문기사의 일부이다. (가)에 들어갈 내용으로 가장 적절한 것은?

> 외부감사인의 회계감사 대상 회사의 재무제표 작성 지원을 금지하며, 회사가 자체 결산 능력을 갖추고 (가)의 책임하에 재무제표를 작성하도록 했다.
>
> (XX신문, 2024년 3월 31일)

① 내부감사인　　　② 과세당국　　　③ 경영자　　　④ 공인회계사

02 다음 중 회계상 거래에 해당하지 않는 것은?

① 기계장치를 90,000,000원에 취득하고 현금을 지급하였다.
② 종업원을 채용하고 근로계약서를 작성하였다.
③ 결산기말에 단기매매증권의 공정가치가 장부금액 대비 100,000원 하락하였다.
④ 사무실에 보관중이던 상품 10,000,000원을 분실하였다.

03 다음 중 재무상태표에 표시되지 않는 계정과목은?

① 매출채권　　　② 미수수익　　　③ 선급비용　　　④ 경상연구개발비

04 다음 자료를 토대로 계산한 재고자산의 취득원가는 얼마인가?

• 상품 매입금액	600,000원	• 판매수수료	60,000원
• 매입운반비	8,000원	• 광고선전비	10,000원

① 600,000원　　　② 608,000원　　　③ 668,000원　　　④ 678,000원

05 다음 중 무형자산에 대한 설명으로 옳지 않은 것은?

① 물리적 실체는 없으나 식별가능하다.
② 특별한 경우를 제외하고는 잔존가치는 취득원가의 10%로 본다.
③ 기업이 통제하고 있으며, 미래 경제적 효익이 있는 자산이다.
④ 영업활동에 사용할 목적으로 보유하는 자산이다.

PART 03

06 다음 중 유형자산에 대한 자본적 지출의 예시를 올바르게 설명한 학생은?

① 서현   ② 인철
③ 지원   ④ 혜인

07 다음 ( ) 에 들어갈 용어로 옳은 것은?

( )은(는) 기업실체의 경제적 거래나 사건에 대해 관련된 수익과 비용을 그 현금유출입이 있는 기간이 아니라 당해 거래나 사건이 발생한 기간에 인식하는 것을 말한다.

① 발생주의   ② 수익비용대응
③ 이연   ④ 현금주의

08 다음 자료를 토대로 매출원가를 계산하면 얼마인가?

• 기초상품 재고액	150,000원	• 당기 총매입액	600,000원
• 매입에누리	60,000원	• 기말상품 재고액	100,000원

① 590,000원 ② 650,000원 ③ 750,000원 ④ 850,000원

09 다음의 오류가 당기 매출원가와 당기순이익에 미치는 영향으로 옳은 것은?

기말 재고자산을 150,000원으로 계상하였으나 정확한 기말재고금액은 120,000원이다.

	매출원가	당기순이익		매출원가	당기순이익
①	과대	과대	②	과대	과소
③	과소	과소	④	과소	과대

10 다음은 (주)한공의 2024년 5월 지출예산서의 일부이다. 이를 집행하여 회계처리했을 때 계정과목으로 옳은 것은?

지출예산서

결재	재무이사	김 한국
	부 장	이 공인
	담당직원	박 회계

(가) 직원 단합을 위한 가족동반 야유회 개최비	5,000,000원	
(나) 직원 업무역량 강화를 위한 영어학원 지원비	3,000,000원	

	(가)	(나)
①	복리후생비	접대비(기업업무추진비)
②	접대비(기업업무추진비)	교육훈련비
③	복리후생비	교육훈련비
④	접대비(기업업무추진비)	복리후생비

✤ 실무수행평가 ✤

※ 더향기로와(회사코드 4163)는 화장품, 비누 및 방향제 도·소매업을 운영하는 개인기업으로, 회계기간은 제7기(2024.1.1. ~ 2024.12.31.)이다. 제시된 자료와 [자료설명]을 참고하여 [수행과제]를 완료하고 [평가문제]의 물음에 답하시오.

──────── 〈실무수행 유의사항〉 ────────

1. 타계정 대체와 관련된 적요는 반드시 코드를 입력하여야 한다.
2. 채권·채무, 예금거래 등 관리대상 거래자료에 대하여는 거래처코드를 반드시 입력한다.
3. 자금관리 등 추가 작업이 필요한 경우 문제의 요구에 따라 추가 작업하여야 한다.
4. 등록된 계정과목 중 가장 적절한 계정과목을 선택한다.
5. 부가가치세는 고려하지 않는다.

실무수행

01 기초정보관리의 이해

회계관련 기초정보는 입력되어 있다. [자료설명]을 참고하여 [수행과제]를 수행하시오.

1 사업자등록증에 의한 거래처등록

사 업 자 등 록 증 (법인사업자) 등록번호: 110-81-02129 상 호: (주)리즈온 대 표 자 명: 김리즈 개 업 년 월 일: 2020년 11월 17일 법 인 등 록 번 호: 110111-0634752 사업장 소재지: 서울특별시 서대문구 충정로7길12 (충정로2가) 사 업 의 종 류: 업태 도소매업 종목 방향제 교 부 사 유: 사업장이전 사업자단위과세 적용사업자여부: 여( ) 부(√) 전자세금계산서 전용 메일주소: leeds@naver.com 2024년 7월 16일 서대문 세무서장 (인)	**자료 설명** (주)리즈온에 상품을 판매하기로 하고, 사업자등록증 사본을 받았다. **수행 과제** 사업자등록증 내용을 확인하여 거래처등록을 하시오. (코드 : 03100, 거래시작일 : 2024.1.1., 전자세금계산서 전용 메일주소를 입력할 것)

② 거래처별 초기이월 등록

외상매출금 명세서

코드	거래처명	적요	금액	비고
03000	(주)강남미인	상품 외상매출대금	41,000,000원	
03003	하늘화장품	상품 외상매출대금	50,000,000원	
	합계		91,000,000원	

외상매출금 명세서

코드	거래처명	적요	금액	비고
04010	(주)뷰티천국	상품 외상매입대금	14,000,000원	
04201	(주)샤인스타	상품 외상매입대금	20,000,000원	
	합계		34,000,000원	

자료설명	거래처별 초기이월 자료는 등록되어 있다.
수행과제	외상매출금, 외상매입금에 대한 거래처별 초기이월사항을 등록하시오.

실무수행

02 거래자료입력

실무프로세스 자료이다. [자료설명]을 참고하여 [수행과제]를 수행하시오.

① 증빙에 의한 전표입력

<table>
<tr><td colspan="2">

신용카드매출전표
- -
카드종류: 신한카드
회원번호: 9876-5432-****-5**7
거래일시: 2024.1.11. 21:05:16
거래유형: 신용승인
매　　출: 72,000원
합　　계: 72,000원
결제방법: 일시불
승인번호: 61232124
==============================
　가맹점명: 아빠곰탕(156-12-31570)

- 이 하 생 략 -
</td></tr>
</table>

자료설명	매출거래처에 상품(디퓨저)을 납품한 후 거래처 직원들과 식사를 하고 신한카드로 결제하였다.
수행과제	거래자료를 입력하시오.

② 재고자산의 매입거래

거래명세서 (공급받는자 보관용)

공급자				공급받는자			
등록번호	216-81-74881			등록번호	110-23-02115		
상호	(주)순수해	성명	조이서	상호	더향기로와	성명	김향기
사업장 주소	서울특별시 강남구 강남대로 252 (도곡동)			사업장 주소	서울특별시 강남구 강남대로 246 (도곡동, 다림빌딩) 101호		
업태	도소매업	종사업장번호		업태	도매 및 소매업	종사업장번호	
종목	방향제 외			종목	화장품, 비누 및 방향제		

거래일자	미수금액	공급가액	총 합계금액
2024.2.13.		5,000,000	5,000,000

NO	월	일	품목명	규격	수량	단가	공급가액	합계
1	2	13	라임바질 디퓨저		100	50,000	5,000,000	5,000,000

자료설명	1. 거래처 (주)순수해로부터 상품(라임바질 디퓨저)을 구입하고 발급받은 거래명세서이다. 2. 대금 중 2월 1일 지급한 계약금을 차감한 잔액은 당월 말일에 지급하기로 하였다.
수행과제	거래자료를 입력하시오.

③ 증빙에 의한 전표입력

자료 1. 건강보험료 납부영수증

자료 2. 보통예금(기업은행) 거래내역

번호	거래일	내용	찾으신금액	맡기신금액	잔액	거래점
		계좌번호 764502-01-047720 더향기로와				
1	2024-3-10	건강보험료	167,500		***	***

자료설명	2월 급여지급분에 대한 건강보험료(장기요양보험료 포함)를 납부기한일에 기업은행 보통예금 계좌에서 이체하여 납부하였다. (50%는 급여지급 시 원천징수한 금액이며, 50%는 회사부담분이다. 당사는 회사 부담분을 '복리후생비'로 처리하고 있다.)
수행과제	거래자료를 입력하시오.

④ 기타 일반거래

자료 1. 월세계약서 내역

(사 무 실) 월 세 계 약 서

□ 임 대 인 용
■ 임 차 인 용
□ 사무소보관용

부동산의 표시	소재지	서울특별시 강남구 강남대로 246 (도곡동, 다림빌딩) 101호				
	구 조	철근콘크리트조	용도	사무실	면적	85㎡

월 세 보 증 금	금 70,000,000원정	월세 1,500,000원정

제 1 조 위 부동산의 임대인과 임차인 합의하에 아래와 같이 계약함.

제 2 조 위 부동산의 임대차에 있어 임차인은 보증금을 아래와 같이 지불키로 함.

계 약 금	20,000,000원정은 계약시 지불하고
중 도 금	원정은 년 월 일 지불하며
잔 금	50,000,000원정은 2024년 4월 3일 중개업자 입회하에 지불함.

제 3 조 위 부동산의 명도는 2024년 4월 3일로 함.

제 4 조 임대차 기간은 2024년 4월 3일로부터 (24)개월로 함.

제 5 조 **월세금액은 매월(18)일에 지불**키로 하되 만약 기일내에 지불치 못할 시에는 보증금액에서 공제키로 함.(국민은행, 계좌번호: 601213-72-172658, 예금주: 강남빌딩(주))

〰〰〰〰〰〰〰〰〰 중 략 〰〰〰〰〰〰〰〰〰

임 대 인	주 소	서울특별시 강남구 삼성로 107길 8(삼성동)				
	사업자등록번호	125-81-28548	전화번호	02-555-1255	성명	강남빌딩(주)

자료 2. 보통예금(우리은행) 거래내역

번호	거래일	내용	찾으신금액	맡기신금액	잔액	거래점
		계좌번호 301-9493-2245-61 더향기로와				
1	2024-4-18	강남빌딩(주)	1,500,000		***	***

자료설명	4월분 월세를 우리은행 보통예금 계좌에서 이체하여 지급하였다.
수행과제	거래자료를 입력하시오.

⑤ 유·무형자산의 구입

거래명세서 (공급받는자 보관용)

공급자	등록번호	119-81-24789			공급받는자	등록번호	110-23-02115		
	상호	(주)더존소프트	성명	박용철		상호	더향기로와	성명	김향기
	사업장 주소	서울특별시 금천구 가산로 80				사업장 주소	서울특별시 강남구 강남대로 246 (도곡동, 다림빌딩) 101호		
	업태	도소매업	종사업장번호			업태	도매 및 소매업	종사업장번호	
	종목	소프트웨어				종목	화장품, 비누 및 방향제		

거래일자	미수금액	공급가액	총 합계금액
2024.7.20.		2,700,000	2,700,000

NO	월	일	품목명	규격	수량	단가	공급가액	합계
1	7	20	위하고(웹버전)				2,700,000	2,700,000

자료설명	비대면 재택근무를 위한 회계세무 소프트웨어 '위하고(웹버전)'를 구입하고, 구입대금은 다음달 말일에 지급하기로 하였다.
수행과제	거래자료를 입력하시오.

⑥ 기타 일반거래

여비정산서

소속	영업부	직위	과장	성명	김진수
출장내역	일 시	2024년 9월 6일 ~ 2024년 9월 8일			
	출 장 지	광주			
	출장목적	신규거래처 방문 및 신제품 홍보			
출장비	지급받은 금액	400,000원	실제소요액	420,000원	정산차액	20,000원
지출내역	숙박비	200,000원	식 비	100,000원	교통비	120,000원

2024년 9월 8일
신청인   김 진 수 (인)

자료설명	[9월 8일] 출장을 마친 직원의 여비정산 내역을 보고받고, 정산차액은 현금으로 지급하였다.
수행과제	9월 6일의 거래를 확인한 후 정산거래를 입력하시오.

⑦ 증빙에 의한 전표입력

현금영수증 (지출증빙용) 사업자등록번호 : 110-23-35523 사업자명 : 폼생폼사 가맹점주소 : 서울특별시 서대문구 충정로7길 31 (충정로2가) 현금영수증 회원번호 **110-23-02115 더향기로와** 승인번호 : 25457923 (PK) 거래일시 : 2024년 10월 22일 ------------------------------------ **공급금액** 243,000원 **총합계** 243,000원 ------------------------------------ 휴대전화, 카드번호 등록 http://현금영수증.kr 국세청문의(126) 38036925-GCA10106-3870-U490 《《《《《이용해 주셔서 감사합니다.》》》》》	**자료 설명** — 직원들의 근무복을 현금으로 구입하고 수취한 현금영수증이다. **수행 과제** — 거래자료를 입력하시오. (단, '복리후생비'로 처리할 것)

⑧ 재고자산의 매출거래

거래명세서 (공급받는자 보관용)

공급자	등록번호	110-23-02115			공급받는자	등록번호	101-12-42117		
	상호	더향기로와	성명	김향기		상호	에스티마음	성명	최상조
	사업장 주소	서울특별시 강남구 강남대로 246 (도곡동, 다림빌딩) 101호				사업장 주소	서울특별시 서대문구 통일로 131 (충정로2가, 공화당빌딩)		
	업태	도매 및 소매업	종사업장번호			업태	도소매업	종사업장번호	
	종목	화장품, 비누 및 방향제				종목	화장품		

거래일자	미수금액	공급가액	총 합계금액
2024.11.24.		2,700,000	2,700,000

NO	월	일	품목명	규격	수량	단가	공급가액	합계
1	11	24	아이젤 크림		30	90,000	2,700,000	2,700,000

자료설명	에스티마음에 상품(아이젤 크림)을 판매하고 대금 중 2,000,000원은 현금으로 받았으며, 잔액은 외상으로 하였다.
수행과제	거래자료를 입력하시오.

실무수행

03 전표수정

실무프로세스 자료이다. [자료설명]을 참고하여 [수행과제]를 수행하시오.

1 입력자료 수정

자료설명	6월 30일에 입력된 거래는 영업부에서 사용하고 있는 업무용 승용차에 대한 자동차세를 납부한 거래이다.
수행과제	거래자료를 수정하시오.

2 입력자료 수정

<table>
<tr><td colspan="6">
NO.

영 수 증 (공급받는자용)

더향기로와 귀하
</td></tr>
<tr><td rowspan="4">공급자</td><td>사업자
등록번호</td><td colspan="4">211-14-56789</td></tr>
<tr><td>상 호</td><td colspan="2">공항서점</td><td>성명</td><td>추현영</td></tr>
<tr><td>사업장
소재지</td><td colspan="4">서울특별시 강서구 공항대로 164</td></tr>
<tr><td>업 태</td><td colspan="2">도소매업</td><td>종목</td><td>도서</td></tr>
<tr><td colspan="2">작성일자</td><td colspan="3">공급대가총액</td><td>비고</td></tr>
<tr><td colspan="2">2024.12.20.</td><td colspan="3">₩ 30,000</td><td></td></tr>
<tr><td colspan="6">공 급 내 역</td></tr>
<tr><td>월/일</td><td>품명</td><td>수량</td><td>단가</td><td colspan="2">금액</td></tr>
<tr><td>12/20</td><td>계정과목별
회계실무</td><td>1</td><td>30,000</td><td colspan="2">30,000</td></tr>
<tr><td></td><td></td><td></td><td></td><td colspan="2"></td></tr>
<tr><td colspan="3">합 계</td><td colspan="3">₩ 30,000</td></tr>
<tr><td colspan="6">위 금액을 (영수)(청구)함</td></tr>
</table>

자료설명	회계업무관련 도서를 현금으로 구입한 회계처리가 잘못 입력되어 있음을 확인하였다.
수행과제	오류자료를 수정하시오.

실무수행

04 결산

[결산자료]를 참고하여 결산을 수행하시오. (단, 제시된 자료 이외의 자료는 없다고 가정함)

① 수동결산 및 자동결산

자료설명	1. 구입 시 자산처리한 소모품 중 기말현재 사용한 소모품은 200,000원으로 확인되었다. 2. 기말상품재고액은 33,000,000원이다.
수행과제	1. 수동결산 또는 자동결산 메뉴를 이용하여 결산을 완료하시오. 2. 12월 31일을 기준으로 '손익계산서 → 재무상태표'를 순서대로 조회 작성하시오. (단, 손익계산서 조회 작성 시 상단부 [기능모음]의 '추가'를 이용하여 '손익대체분개'를 수행할 것)

평가문제

05 실무수행평가 62점

입력자료 및 회계정보를 조회하여 [평가문제]의 답안을 입력하시오.

─── 〈 평가문제 답안입력 유의사항 〉 ───

❶ 답안은 지정된 단위의 숫자로만 입력해 주십시오.
 *한글 등 문자 금지, 콤마(,) 외 기호 금지

	정답	오답(예)
(1) 금액은 원 단위로 숫자를 입력하되, 천 단위 콤마(,)는 생략 가능합니다.	1,245,000 1245000	1.245,000 1,245,000원 1,245,0000 12,45,000 1,245천원
(1-1) 답이 0원인 경우 반드시 "0" 입력 (1-2) 답이 음수(-)인 경우 숫자 앞에 " - "입력		
(2) 질문에 대한 답안은 숫자로만 입력하세요.	4	04 4건/매/명 04건/매/명
(3) 거래처 코드번호는 5자리 숫자로 입력하세요.	00101	101 00101번

❷ 답안에 천원단위(000) 입력 시 더존 프로그램 숫자 입력 방법과 다르게 숫자키패드 '+' 기능은 지원되지 않습니다.
❸ 더존 프로그램에서 조회되는 자료를 복사하여 붙여넣기가 가능합니다.
❹ 수행과제를 올바르게 입력하지 않고 작성한 답과 모범답안이 다른 경우 오답처리됩니다.

[실무수행평가]

더향기로와의 입력자료 및 회계정보를 조회하여 [평가문제]의 답안을 입력하시오.

번호	평가문제	배점
11	평가문제 [거래처등록 조회] 거래처등록과 관련된 내용 중 옳지 않은 것은? ① '03100.(주)리즈온'의 대표자 성명은 '김리즈'이다. ② '03100.(주)리즈온'의 주업종은 '방향제 도소매업'이다. ③ '03101.깨끗해'의 사업자등록번호는 '110-81-02129'이다. ④ '03101.깨끗해'의 담당자메일주소는 'white@bill36524.com'이다.	4
12	평가문제 [예적금현황 조회] 12월 말 은행별 예금 잔액으로 옳은 것은? ① 국민은행(보통) 31,680,000원 　 ② 기업은행(보통) 1,628,660원 ③ 우리은행(보통) 2,870,000원 　 ④ 축협은행(보통) 8,000,000원	4
13	평가문제 [거래처원장 조회] 6월 말 거래처별 '251.외상매입금' 잔액으로 옳지 않은 것은? ① 01121.(주)더좋은화장품 3,730,000원 ② 02256.(주)순수해 4,500,000원 ③ 04010.(주)뷰티천국 14,000,000원 ④ 04201.(주)샤인스타 22,000,000원	3
14	평가문제 [거래처원장 조회] 6월 말 거래처별 '253.미지급금' 잔액으로 옳지 않은 것은? ① 00566.(주)탐브라운 35,500,000원 ② 03004.아빠곰탕 310,000원 ③ 99601.신한카드 8,000원 ④ 99602.농협카드 1,860,000원	4
15	평가문제 [거래처원장 조회] 12월 말 '108.외상매출금' 잔액이 가장 적은 거래처코드를 기록하시오.	3
16	평가문제 [거래처원장 조회] 12월 말 '50013.(주)더존소프트'의 '253.미지급금' 잔액은 얼마인가?	3
17	평가문제 [현금출납장 조회] 당기 '현금' 출금 금액은 얼마인가?	2
18	평가문제 [총계정원장 조회] 당기에 발생한 '812.여비교통비'의 월별 금액으로 옳지 않은 것은? ① 9월 288,000원 　 ② 10월 8,000원 ③ 11월 41,800원 　 ④ 12월 186,700원	3
19	평가문제 [총계정원장 조회] 당기 중 '254.예수금'의 차변 감소 금액이 가장 적은 월은 몇 월인가?	3

20	평가문제 [일/월계표 조회] 9월 한 달 동안 '가지급금'의 대변 감소 금액은 얼마인가?	3
21	평가문제 [일/월계표 조회] 10월 한 달 동안 발생한 '복리후생비' 금액은 얼마인가?	3
22	평가문제 [일/월계표 조회] 12월 한 달 동안 발생한 '도서인쇄비' 금액은 얼마인가?	3
23	평가문제 [손익계산서 조회] 당기에 발생한 '판매비와관리비'의 금액으로 옳지 않은 것은? ① 복리후생비　　　　　　14,532,950원 ② 접대비(기업업무추진비)　12,554,500원 ③ 임차료　　　　　　　　10,250,000원 ④ 통신비　　　　　　　　 1,295,110원	3
24	평가문제 [손익계산서 조회] 당기에 발생한 '상품매출'은 얼마인가?	3
25	평가문제 [손익계산서 조회] 당기에 발생한 '상품매출원가'는 얼마인가?	2
26	평가문제 [손익계산서 조회] 당기에 발생한 '세금과공과금'은 얼마인가?	4
27	평가문제 [재무상태표 조회] 12월 말 '소모품' 잔액은 얼마인가?	4
28	평가문제 [재무상태표 조회] 12월 말 '선급금' 잔액은 얼마인가?	3
29	평가문제 [재무상태표 조회] 12월 말 '무형자산' 잔액은 얼마인가?	3
30	평가문제 [재무상태표 조회] 12월 말 '자본금' 잔액은 얼마인가? ① 427,832,280원　　　　　② 527,732,280원 ③ 637,832,280원　　　　　④ 727,732,280원	2
총점		62

평가문제

06 회계정보분석 8점

회계정보를 조회하여 [회계정보분석] 답안을 입력하시오.

31 재무상태표 조회 4점

당좌비율은 유동자산 중 현금화할 수 있는 당좌자산으로 단기채무를 충당할 수 있는 정도를 나타내는 비율이다. 전기말 당좌비율을 계산하면 얼마인가? (단, 소숫점 이하는 버림할 것)

$$당좌비율(\%) = \frac{당좌자산}{유동부채} \times 100$$

① 350% ② 371%
③ 380% ④ 391%

32 손익계산서 조회 4점

영업이익률이란 기업의 주된 영업활동에 의한 성과를 판단하는 지표이다. 전기분 영업이익률은 얼마인가? (단, 소수점 이하는 버림할 것)

$$영업이익률(\%) = \frac{영업이익}{매출액} \times 100$$

① 22% ② 32%
③ 305% ④ 336%

11 | FAT 2급 65회 기출문제(이론 + 실무)

✛ 실무이론평가 ✛

※ 아래 문제에서 특별한 언급이 없으면 기업의 보고기간(회계기간)은 매년 1월 1일부터 12월 31일까지입니다. 또한 기업은 일반기업회계기준 및 관련 세법을 계속적으로 적용하고 있다고 가정하고 물음에 가장 합당한 답을 고르시기 바랍니다.

01 다음과 같은 거래 요소의 결합관계에 해당하는 거래는?

(차) 자산의 증가	(대) 부채의 증가

① 종업원 급여 5,000,000원을 현금으로 지급하다.
② 상품 300,000원을 외상으로 판매하다.
③ 은행으로부터 1,000,000원을 1년간 차입하여 보통예금으로 입금하다.
④ 전기에 발생한 매출채권 200,000원을 현금으로 회수하다.

02 다음 거래를 분개할 때 수익과 비용의 변동이 있는 경우가 아닌 것은?

① 거래처에 대한 받을어음 100,000원을 현금으로 회수하였다.
② 거래처 대여금에 대한 이자 200,000원이 보통예금 계좌로 입금되었다.
③ 종업원에 대한 급여 미지급액 2,000,000원을 결산 반영하였다.
④ 직원들의 회식비로 현금 500,000원을 지급하였다.

03 다음 중 재무상태표에 대한 설명으로 옳지 않은 것은?

① 자산과 부채는 원칙적으로 상계하여 표시하지 않는다.
② 자산과 부채는 1년을 기준으로 유동과 비유동으로 분류하는 것이 원칙이다.
③ 재무상태표는 정보이용자에게 기업의 유동성, 재무적 탄력성 등을 평가하는 데 유용한 정보를 제공한다.
④ 재무상태표의 기본요소는 자산, 부채 및 수익이다.

04 다음은 한공상사의 외상매출금과 관련된 내용이다. 당기의 외상매출금 회수액은 얼마인가?

• 외상매출금 기초금액	40,000원
• 당기외상매출액	180,000원
• 외상매출금 기말금액	60,000원

① 160,000원　　② 180,000원　　③ 200,000원　　④ 240,000원

05 다음은 한공상사의 건물 취득과 관련된 자료이다. 건물의 취득원가는 얼마인가?

• 건물 구입 금액	20,000,000원
• 구입 시 중개수수료	200,000원
• 취득세	920,000원
• 건물취득 후 납부한 화재 보험료	80,000원

① 20,000,000원　　② 20,200,000원　　③ 21,120,000원　　④ 21,200,000원

06 다음 중 기말 재고자산에 포함되지 않는 항목은?

① 상품　　② 원재료　　③ 제품　　④ 건설중인자산

07 다음 자료를 토대로 도·소매업을 운영하는 한공상사의 영업이익을 계산하면 얼마인가?

손익계산서

한공상사　　　　2024년 1월 1일부터 2024년 12월 31일까지　　　(단위 : 원)

비용	금액	수익	금액
매출원가	200,000	매출	400,000
급여	60,000		
복리후생비	10,000		
임차료	50,000		
기부금	20,000		
당기순이익	60,000		
	400,000		400,000

① 50,000원　　② 70,000원　　③ 80,000원　　④ 100,000원

08 다음은 회계부서 팀원간의 대화이다. (가)에 들어갈 계정과목으로 옳은 것은?

① 기부금 ② 접대비(기업업무추진비)
③ 복리후생비 ④ 광고선전비

09 다음 중 결산정리사항에 해당하지 않는 것은?

① 단기차입금의 상환 ② 감가상각비의 계상
③ 선급비용의 계상 ④ 미수이자의 계상

10 다음은 한공상사의 대손충당금 관련 자료이다. 당기말 대손충당금 잔액은 얼마인가?

- 기초 대손충당금 잔액은 30,000원이다.
- 당기중 매출채권 10,000원을 대손처리하였다.
- 기말 결산 시 대손상각비 20,000원을 계상하였다.

① 10,000원 ② 20,000원 ③ 30,000원 ④ 40,000원

✦ 실무수행평가 ✦

※ 순양가구(회사코드 4165)는 가구 도소매업을 운영하는 개인기업으로, 회계기간은 제7기 (2024.1.1. ~ 2024.12.31.)이다. 제시된 자료와 [자료설명]을 참고하여, [수행과제]를 완료하고 [평가문제]의 물음에 답하시오.

─── ⟨실무수행 유의사항⟩ ───

1. 타계정 대체와 관련된 적요는 반드시 코드를 입력하여야 한다.
2. 채권·채무, 예금거래 등 관리대상 거래자료에 대하여는 거래처코드를 반드시 입력한다.
3. 자금관리 등 추가 작업이 필요한 경우 문제의 요구에 따라 추가 작업하여야 한다.
4. 등록된 계정과목 중 가장 적절한 계정과목을 선택한다.
5. 부가가치세는 고려하지 않는다.

실무수행

01 기초정보관리의 이해

회계관련 기초정보는 입력되어 있다. [자료설명]을 참고하여 [수행과제]를 수행하시오.

① 사업자등록증에 의한 회사등록 수정

	**자료설명** 순양가구는 사업장을 이전하고 서대문세무서로부터 사업자등록증을 변경 발급받았다.
	수행과제 회사등록메뉴에서 변경된 내용을 반영하시오.

② 계정과목 추가 및 적요등록 수정

자료설명	순양가구는 가구협회에 회원으로 가입하고, 매월 납부할 회비를 계정과목으로 등록하여 사용하려고 한다.
수행과제	'850.회사설정계정과목'을 '850.협회비'로 수정하고, 표준재무제표용 표준코드와 현금적요를 등록하시오. – 계정구분: 4.경비, 표준코드: 058. ①기타) – 현금적요: 01. 가구협회 회비 현금 납부

실무수행

02 거래자료입력

실무프로세스 자료이다. [자료설명]을 참고하여 [수행과제]를 수행하시오.

① 증빙에 의한 전표입력

 신용카드매출전표 ------------------------------------- 카드종류: 국민카드 회원번호: 4447-8664-****-7**9 거래일시: 2024.03.21. 20:05:16 거래유형: 신용승인 매 출: 200,000원 합 계: 200,000원 결제방법: 일시불 승인번호: 26785995 ------------------------------------- 가맹점명: (주)대양문구(110-81-45128) - 이 하 생 략 -	자료 설명	사무실에서 사용할 소모품을 구입하면서 국민카드로 결제하고 받은 신용카드매출전표이다.
	수행 과제	거래자료를 입력하시오. (단, '비용'으로 회계처리할 것)

② 증빙에 의한 전표입력

영수증 (공급받는자용)	
순양가구 귀하	

NO

공급자	사업자등록번호	305-12-34510		
	상 호	친절퀵서비스	성명	김지성
	사업장소재지	서울특별시 서대문구 독립문공원길 99 (현저동)		
	업 태	서비스업	종목	포장, 배송

작성일자	공급대가총액	비고
2024.4.11.	17,000원	

공 급 내 역				
월/일	품명	수량	단가	금액
4/11	배송비			17,000
합 계		17,000원		

위 금액을 (영수)(청구)함

자료설명	포장 및 배송 전문업체인 친절퀵서비스에 판매상품 배송을 요청하고 당사부담 배송비는 현금으로 지급하였다.
수행과제	거래자료를 입력하시오.

③ 기타 일반거래

영수증 (입금증, 영수증, 계산서, 전자통장거래확인증 등 겸용)

타행 송금의뢰 확인증

2024 년 5 월 9 일

입금 은행	:	수협은행				
입금 계좌	:	1235-12-3252000	대 체	:	₩3,300,000
수 취 인	:	재벌가구			
적 요	:		합 계	:	₩3,300,000
의 뢰 인	:	순양가구	송금수수료	:	0

유성지점 (☎ 1544-9999)

국민은행

자료설명	[5월 9일] 재벌가구의 상품 외상매입대금 중 일부를 국민은행 보통예금 계좌에서 지급하였다.
수행과제	거래자료를 입력하시오.

④ 기타 일반거래

■ 보통예금(신협은행) 거래내역

		내용	찾으신금액	맡기신금액	잔액	거래점
번호	거래일	계좌번호 201-6611-04712 순양가구				
1	2024-06-07	주식매입	3,000,000		***	***

자료설명	단기매매차익을 목적으로 거래소에 상장된 (주)대박의 주식 100주(주당 액면금액 10,000원)를 주당 30,000원에 매입하고, 대금은 신협은행 보통예금 계좌에서 이체하였다.
수행과제	거래자료를 입력하시오.

⑤ 재고자산의 매출거래

거래명세서
(공급받는자 보관용)

공급자	등록번호	220-32-10078			공급받는자	등록번호	211-28-35011		
	상호	순양가구	성명	이현진		상호	가구천국	성명	이나경
	사업장주소	서울특별시 서대문구 충정로7길 29-11 (충정로3가)				사업장주소	서울특별시 구로구 개봉로1길 188		
	업태	도소매업	종사업장번호			업태	도매업	종사업장번호	
	종목	가구				종목	일반가구		

거래일자	미수금액	공급가액	총 합계금액
2024.9.13.		2,500,000	2,500,000

NO	월	일	품목명	규격	수량	단가	공급가액	합계
1	9	13	사무용 가구		5	500,000	2,500,000	2,500,000

자료설명	가구천국에 상품을 판매하고 발급한 거래명세서이며, 대금은 전액 외상으로 하였다.
수행과제	거래자료를 입력하시오.

⑥ 약속어음 발행거래

전 자 어 음

(주)가구나라 귀하   00420241023123456789

금   칠백만원정   **7,000,000원**

위의 금액을 귀하 또는 귀하의 지시인에게 지급하겠습니다.

지급기일 2024년 12월 31일	**발행일** 2024년 10월 23일
지 급 지 국민은행	**발행지** 서울특별시 서대문구 충정로7길
지급장소 서대문지점	**주 소** 29-11 (충정로3가)
	발행인 순양가구

자료설명	[10월 23일] (주)가구나라에서 상품 7,000,000원을 매입하고, 대금은 전자어음을 발행하여 지급하였다.
수행과제	1. 거래자료를 입력하시오. 2. 자금관련 정보를 입력하여 지급어음 현황에 반영하시오. (단, 등록된 어음을 사용할 것)

⑦ 통장사본에 의한 거래입력

■ 보통예금(농협은행) 거래내역

번호	거래일	내용	찾으신금액	맡기신금액	잔액	거래점
		계좌번호 112-01-123154 순양가구				
1	2024-11-22	매출 계약금		4,400,000	***	***

자료설명	(주)서영전자의 상품매출 계약금이 농협은행 보통예금 계좌에 입금된 거래내역이다.
수행과제	거래자료를 입력하시오.

8 기타일반거래

자료 1. 급여대장

<table>
<tr><th colspan="6" style="text-align:center">2024년 12월 급여대장</th></tr>
<tr><th rowspan="2">직급</th><th rowspan="2">성명</th><th rowspan="2">급여</th><th colspan="3">공제액</th><th rowspan="2">차감지급액</th></tr>
<tr><th>소득세 등</th><th>건강보험료 등</th><th>공제액합계</th></tr>
<tr><td>과장</td><td>우석근</td><td>3,500,000원</td><td>156,440원</td><td>301,760원</td><td>458,200원</td><td>3,041,800원</td></tr>
<tr><td>대리</td><td>남수현</td><td>3,000,000원</td><td>93,330원</td><td>297,760원</td><td>391,090원</td><td>2,608,910원</td></tr>
<tr><td colspan="2">합계</td><td>6,500,000원</td><td>249,770원</td><td>599,520원</td><td>849,290원</td><td>5,650,710원</td></tr>
</table>

자료 2. 보통예금(신한은행) 거래내역

<table>
<tr><th></th><th></th><th>내용</th><th>찾으신금액</th><th>맡기신금액</th><th>잔액</th><th>거래점</th></tr>
<tr><td>번호</td><td>거래일</td><td colspan="4" style="text-align:center">계좌번호 308-24-374555 순양가구</td></tr>
<tr><td>1</td><td>2024-12-26</td><td>급여</td><td>5,650,710</td><td></td><td>***</td><td>***</td></tr>
</table>

자료설명	12월분 급여를 신한은행 보통예금 계좌에서 이체하여 지급한 내역이다.
수행과제	거래자료를 입력하시오. (공제액합계는 '예수금'으로 처리할 것)

실무수행

03 전표수정

실무프로세스 자료이다. [자료설명]을 참고하여 [수행과제]를 수행하시오.

1 입력자료수정

<table>
<tr><td colspan="5">NO <u>20240215</u> 입 금 표 (공급자용)

대한자동차 귀하</td></tr>
<tr><td rowspan="5">공급자</td><td>사 업 자
등록번호</td><td colspan="3" style="text-align:center">220-32-10078</td></tr>
<tr><td>상 호</td><td>순양가구</td><td>성명</td><td>이현진</td></tr>
<tr><td>사 업 장
소 재 지</td><td colspan="3">서울특별시 서대문구 충정로7길
29-11 (충정로3가)</td></tr>
<tr><td>업 태</td><td>도소매업</td><td>종목</td><td>가구</td></tr>
<tr><td colspan="4"></td></tr>
<tr><td>작성일</td><td colspan="2">공급대가총액</td><td colspan="2">비고</td></tr>
<tr><td>2024.2.15.</td><td colspan="2">6,600,000</td><td colspan="2"></td></tr>
<tr><td colspan="5" style="text-align:center">공 급 내 역</td></tr>
<tr><td>월/일</td><td>품명</td><td>수량</td><td>단가</td><td>금액</td></tr>
<tr><td>2/15</td><td>화물차</td><td></td><td></td><td>6,600,000</td></tr>
<tr><td colspan="2">합 계</td><td colspan="3">₩6,600,000</td></tr>
<tr><td colspan="5" style="text-align:center">위 금액을 (영수)(청구)함</td></tr>
</table>

자료 설명	[2월 15일] 배달용 차량을 중고로 판매하고 발생한 미수금을 현금으로 받고 발급한 입금표이다.
수행 과제	1월 13일 거래자료를 참고하여 입력 자료를 적절하게 수정하시오.

② 입력자료수정

2024년 9월 청구서		자료설명	통신요금의 납부 내역을 확인한 결과 10월 1에 이중으로 입력되었음을 발견하였다. (회사는 작성일자로 미지급금을 계상하고 납부기한일에 자동이체하여 지급하고 있다.)
작성일자 : 2024.10. 1. 납부기한 : 2024.10.20.			
금 액	232,000원		
고객명	순양가구		
이용번호	02-314-1245		
명세서번호	25328		
이용기간	9월 1일~9월 30일		
9월 이용요금	232,000원		
공급자등록번호	110-81-92484		
공급받는자 등록번호	220-32-10078		
공급가액	232,000원	수행과제	9월분 청구서를 참고하여 적절하게 처리하시오.
부가가치세(VAT)	0원		
10원미만 할인요금	0원		
입금전용계좌	국민은행		
(주)케이티 서대문지점(전화국			

실무수행

04 결산

[결산자료]를 참고하여 결산을 수행하시오. (단, 제시된 자료 이외의 자료는 없다고 가정함)

① 수동결산 및 자동결산

자료설명	1. 장기대여금에 대한 당기 기간경과분 미수이자 790,000원을 계상하다. 2. 기말상품재고액은 34,000,000원이다.
수행과제	1. 수동결산 또는 자동결산 메뉴를 이용하여 결산을 완료하시오. 2. 12월 31일을 기준으로 '손익계산서 → 재무상태표'를 순서대로 조회 작성하시오. 　(단, 손익계산서 조회 작성 시 상단부 [기능모음]의 '추가'를 이용하여 '손익대체분개'를 수행할 것)

평가문제

05 실무수행평가 `62점`

입력자료 및 회계정보를 조회하여 [평가문제]의 답안을 입력하시오.

─────── 〈 평가문제 답안입력 유의사항 〉 ───────

❶ 답안은 지정된 단위의 숫자로만 입력해 주십시오.
  * 한글 등 문자 금지, 콤마(,) 외 기호 금지

	정답	오답(예)
(1) 금액은 원 단위로 숫자를 입력하되, 천 단위 콤마(,)는 생략 가능합니다.	1,245,000 1245000	1.245.000 1,245,000원 1,245,0000 12,45,000 1,245천원
(1-1) 답이 0원인 경우 반드시 "0" 입력 (1-2) 답이 음수(-)인 경우 숫자 앞에 " - "입력		
(2) 질문에 대한 답안은 숫자로만 입력하세요.	4	04 4건/매/명 04건/매/명
(3) 거래처 코드번호는 5자리 숫자로 입력하세요.	00101	101 00101번

❷ 답안에 천원단위(000) 입력 시 더존 프로그램 숫자 입력 방법과 다르게 숫자키패드 '+' 기능은 지원되지 않습니다.
❸ 더존 프로그램에서 조회되는 자료를 복사하여 붙여넣기가 가능합니다.
❹ 수행과제를 올바르게 입력하지 않고 작성한 답과 모범답안이 다른 경우 오답처리됩니다.

[실무수행평가]

순양가구의 입력자료 및 회계정보를 조회하여 [평가문제]의 답안을 입력하시오.

번호	평가문제	배점
11	평가문제 [회사등록 조회] 회사등록과 관련된 내용 중 옳지 않은 것은? ① 대표자 성명은 '이현진'이다. ② 업태는 '도소매업'이다. ③ 사업장은 '서울특별시 강남구'에 위치하고 있다. ④ 사업장 세무서는 '서대문세무서'이다.	4

12	평가문제 [계정과목및적요등록 조회] '850.협회비' 계정과 관련된 내용으로 옳지 않은 것은? ① 구분은 '4.경비'이다. ② 표준재무제표항목의 표준코드 '048.판매수수료'를 사용하고 있다. ③ 현금적요는 1개를 사용하고 있다. ④ 대체적요는 사용하고 있지 않다.	4
13	평가문제 [예적금현황 조회] 12월 말 은행별 예금 잔액으로 옳지 않은 것은? ① 국민은행(보통) 1,701,000원 ② 농협은행(보통) 32,459,000원 ③ 신한은행(보통) 349,290원 ④ 신협은행(보통) 6,000,000원	4
14	평가문제 [거래처원장 조회] 5월 말 '251.외상매입금' 잔액이 가장 많은 거래처 코드를 기입하시오.	3
15	평가문제 [거래처원장 조회] 9월 말 가구천국(코드: 01131)의 '108.외상매출금' 잔액은 얼마인가?	3
16	평가문제 [거래처원장 조회] 12월 말 국민카드(코드: 99600)의 '253.미지급금' 잔액은 얼마인가?	3
17	평가문제 [지급어음현황 조회] 2024년에 만기가 도래하는 '252.지급어음' 금액은 얼마인가?	3
18	평가문제 [현금출납장 조회] 4월 말 '현금' 잔액은 얼마인가?	3
19	평가문제 [일/월계표 조회] 10월 한 달 동안 매입한 '상품' 금액은 얼마인가?	3
20	평가문제 [일/월계표 조회] 10월 한 달 동안 '미지급금'의 감소액(차변 합계)은 얼마인가?	3
21	평가문제 [손익계산서 조회] 당기에 발생한 '판매비와관리비'의 계정 중 금액이 올바르지 않은 것은? ① 급여 297,289,000원 ② 통신비 1,772,110원 ③ 운반비 794,400원 ④ 도서인쇄비 288,000원	3
22	평가문제 [손익계산서 조회] 당기에 발생한 '상품매출' 금액은 얼마인가?	4
23	평가문제 [손익계산서 조회] 당기에 발생한 '소모품비' 금액은 얼마인가?	3
24	평가문제 [손익계산서 조회] 당기에 발생한 '이자수익'은 얼마인가?	3
25	평가문제 [재무상태표 조회] 12월 말 '단기매매증권' 잔액은 얼마인가?	3

26	평가문제 [재무상태표 조회] 12월 말 '미수수익' 잔액은 얼마인가?	2
27	평가문제 [재무상태표 조회] 12월 말 '미수금' 잔액은 얼마인가?	3
28	평가문제 [재무상태표 조회] 12월 말 '예수금' 잔액은 얼마인가?	3
29	평가문제 [재무상태표 조회] 12월 말 '선수금' 잔액은 얼마인가?	3
30	평가문제 [재무상태표 조회] 12월 말 '자본금' 잔액은 얼마인가? ① 568,771,270원　　　　　② 720,435,170원 ③ 820,435,170원　　　　　④ 920,435,170원	2
총점		**62**

평가문제

06 회계정보분석 8점

회계정보를 조회하여 [회계정보분석] 답안을 입력하시오.

31 손익계산서 조회 4점

이자보상비율은 기업의 채무상환능력을 나타내는 지표이다. 전기분 이자보상비율은 얼마인가? (단, 소숫점 이하는 버림할 것)

$$이자보상비율(\%) = \frac{영업이익}{이자비용} \times 100$$

① 1,280%　　　　② 1,488%　　　　③ 2,420%　　　　④ 2,670%

32 재무상태표 조회 4점

부채비율은 기업의 지급능력을 측정하는 비율로 높을수록 채권자에 대한 위험이 증가한다. 전기분 부채비율은 얼마인가? (단, 소숫점 이하는 버림할 것)

$$부채비율(\%) = \frac{부채총계}{자기자본(자본총계)} \times 100$$

① 51%　　　　② 64%　　　　③ 194%　　　　④ 201%

12 | FAT 2급 66회 기출문제(이론 + 실무)

⁜ 실무이론평가 ⁜

※ 아래 문제에서 특별한 언급이 없으면 기업의 보고기간(회계기간)은 매년 1월 1일부터 12월 31일까지입니다. 또한 기업은 일반기업회계기준 및 관련 세법을 계속적으로 적용하고 있다고 가정하고 물음에 가장 합당한 답을 고르시기 바랍니다.

01 다음 중 아래 거래요소의 결합관계에 해당하는 거래는 무엇인가?

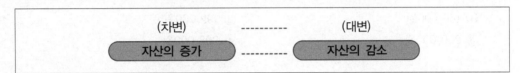

① 투자자로부터 시가 5,000,000원의 건물을 기증받다.
② 단기차입금 600,000원을 현금으로 지급하다.
③ 거래처로부터 받을어음 대금 800,000원을 현금으로 수취하다.
④ 종업원급여 1,500,000원을 보통예금 계좌에서 이체하여 지급하다.

02 다음 중 재무제표의 기본요소에 대한 설명으로 옳지 않은 것은?

① 자산은 미래에 경제적 효익을 창출할 것으로 기대되는 자원이다.
② 자산은 현재 기업실체에 의해 지배되어야 한다.
③ 부채는 기업실체가 현재 시점에서 부담하여야 하는 경제적 의무이다.
④ 부채는 미래에 자원의 유입이 예상되는 권리이다.

03 다음에서 설명하는 회계의 기본가정으로 옳은 것은?

- 회계순환과정에 있어 기말결산정리를 하게 되는 근거가 되는 가정이다.
- 기업실체 존속기간을 일정한 기간 단위로 분할하여 각 기간에 대해 경제적 의사결정에 유용한 정보를 보고하는 것이다.

① 계속기업의 가정
② 기업실체의 가정
③ 화폐단위의 가정
④ 기간별 보고의 가정

04 다음 중 회계의 순환과정에서 재무제표가 작성되는 순서로 옳은 것은?

① 분개장 → 시산표 → 총계정원장 → 재무제표

② 분개장 → 총계정원장 → 시산표 → 재무제표

③ 총계정원장 → 분개장 → 시산표 → 재무제표

④ 총계정원장 → 시산표 → 분개장 → 재무제표

05 다음 자료를 토대로 한공상사의 외상매출금 당기 회수액을 계산하면 얼마인가?

• 기초금액	32,000원	• 당기 외상매출액	200,000원
• 기말금액	40,000원		

① 160,000원

② 192,000원

③ 200,000원

④ 208,000원

06 다음은 한공상사의 건물 취득과 관련된 자료이다. 건물의 취득원가는 얼마인가?

• 건물 구입금액: 10,000,000원	• 건물구입 시 중개수수료: 100,000원
• 건물 취득세: 70,000원	• 건물구입 후 납부한 화재 보험료: 50,000원

① 10,000,000원

② 10,100,000원

③ 10,170,000원

④ 10,220,000원

07 다음 자료를 토대로 기초자본과 비용총액을 계산하면 얼마인가? (자본거래는 없는 것으로 가정한다.)

• 기초자산	250,000원	• 기초부채	120,000원
• 기말자본	160,000원	• 수익총액	80,000원

	기초자본	비용총액		기초자본	비용총액
①	100,000원	30,000원	②	100,000원	50,000원
③	130,000원	30,000원	④	130,000원	50,000원

08 다음은 한공상사가 구입한 화환의 영수증이다. 화환을 (가) 거래처 직원의 결혼식에 제공하는 경우와, (나) 한공상사 직원의 결혼식에 제공하는 경우의 계정과목으로 옳은 것은?

```
            영 수 증
                              2024/10/08
  예쁜꽃화원              Tel. (02)222-6430
  서울 금천구 가산로 115
  214-12-45123
    종명      수 량  단 가    금 액
  결혼식화환                    80,000
                    합계 : 80,000원
          감사합니다.
```

	(가)	(나)
①	복리후생비	접대비(기업업무추진비)
②	접대비(기업업무추진비)	복리후생비
③	복리후생비	기부금
④	기부금	복리후생비

09 다음 자료를 토대로 대손처리 후 대손충당금 잔액을 계산하면 얼마인가?

• 2024년 1월 1일 : 대손충당금 잔액 250,000원
• 2024년 10월 12일 : 거래처 파산으로 외상매출금 120,000원과 받을어음 50,000원이 회수불능으로 판명되다.

① 80,000원
② 120,000원
③ 130,000원
④ 170,000원

10 다음은 한공상사 영업팀 출장 관련 자료이다. 11월 5일의 회계처리로 옳은 것은?

> • 11월 2일 경리담당자는 영업팀 김대리에게 출장비 300,000원을 사전에 현금으로 지급하였다.
> • 11월 5일 출장을 마치고 돌아온 김대리는 증빙을 첨부하여 출장비로 350,000원을 보고하였
> 으며, 차액은 현금으로 정산되었다.
>
> 회계처리:
> 가. (차) 여비교통비　　350,000원　(대) 현금　　　　　　　350,000원
> 나. (차) 가지급금　　　350,000원　(대) 현금　　　　　　　 50,000원
> 　　　　　　　　　　　　　　　　　　　가지급금　　　　　300,000원
> 다. (차) 여비교통비　　350,000원　(대) 현금　　　　　　　 50,000원
> 　　　　　　　　　　　　　　　　　　　가지급금　　　　　300,000원
> 라. (차) 가수금　　　　350,000원　(대) 현금　　　　　　　 50,000원
> 　　　　　　　　　　　　　　　　　　　가지급금　　　　　300,000원

① 가　　　　　　　　　　　　　　② 나
③ 다　　　　　　　　　　　　　　④ 라

❖ 실무수행평가 ❖

※ 바오바오(회사코드 4166)는 인형 및 장난감 도소매업을 운영하는 개인기업으로, 회계기간은 제7기(2024.1.1. ～ 2024.12.31.)이다. 제시된 자료와 [자료설명]을 참고하여, [수행과제]를 완료하고 [평가문제]의 물음에 답하시오.

─── 〈실무수행 유의사항〉 ───

1. 타계정 대체와 관련된 적요는 반드시 코드를 입력하여야 한다.
2. 채권·채무, 예금거래 등 관리대상 거래자료에 대하여는 거래처코드를 반드시 입력한다.
3. 자금관리 등 추가 작업이 필요한 경우 문제의 요구에 따라 추가 작업하여야 한다.
4. 등록된 계정과목 중 가장 적절한 계정과목을 선택한다.
5. 부가가치세는 고려하지 않는다.

실무수행
01 기초정보관리의 이해

회계관련 기초정보는 입력되어 있다. [자료설명]을 참고하여 [수행과제]를 수행하시오.

① 사업자등록증에 의한 거래처등록

| 사 업 자 등 록 증 (일반과세자) 등록번호: 181-30-31115 상   호: 울릉아트 대   표   자: 김은호 개 업 년 월 일: 2019년 1월 24일 사업장 소재지: 서울특별시 강남구 강남대로 246   (도곡동, 다람빌딩) 사 업 의 종 류: 업태 도소매업 종목 인형, 잡화 교 부 사 유: 사업장이전 사업자단위과세 적용사업자여부: 여( ) 부(√) 전자세금계산서 전용 메일주소: art1004@naver.com 2024년 1월 15일 역삼 세무서장 (인) 국세청 | 자료 설명 | 울릉아트(코드 00123)의 변경된 사업자등록증 사본을 받았다. |
| | 수행 과제 | 사업자등록증의 변경내용을 확인하여 사업장주소와 담당자 메일주소를 수정 및 입력하시오. |

② 전기분 재무상태표의 입력수정

재무계산서

제6(당)기 2023.12.31. 현재

바오바오 　　　　　제5(전)기 2022.12.31. 현재 　　　　　　　(단위: 원)

과목	제6기 (2023.12.31.)		제5기 (2022.12.31.)	
자　　　　　　　산				
Ⅰ. 유　동　자　산		407,180,000		414,375,000
(1) 당　좌　자　산		350,180,000		329,255,000
현　　　　　금		10,001,280		1,250,000
보　통　예　금		254,780,000		14,300,000
외　상　매　출　금	95,000,000		179,500,000	
대　손　충　당　금	22,400,000	72,600,000	1,795,000	177,705,000
받　을　어　음	12,928,000		136,000,000	
대　손　충　당　금	129,280	12,798,720		0
(2) 재　고　자　산		57,000,000		85,120,000
상　　　　　품		57,000,000		85,120,000
Ⅱ. 비　유　동　자　산		87,600,000		89,136,000
(1) 투　자　자　산		0		0
(2) 유　형　자　산		57,600,000		34,136,000
차　량　운　반　구	60,000,000		32,600,000	
감　가　상　각　누　계　액	12,000,000	48,000,000	5,100,000	27,500,000
비　　　　　품	12,000,000		8,500,000	
감　가　상　각　누　계　액	2,400,000	9,600,000	1,864,000	6,636,000
(3) 무　형　자　산		0		0
(4) 기　타　비　유　동　자　산		30,000,000		55,000,000
임　차　보　증　금		30,000,000		55,000,000
자　　산　　총　　계		494,780,000		503,511,000
부　　　　　　　채				
Ⅰ. 유　동　부　채		88,490,000		79,730,000
외　상　매　입　금		13,700,000		50,250,000
지　급　어　음		5,300,000		3,000,000
미　지　급　금		9,700,000		16,000,000
예　　수　　금		1,350,000		480,000
단　기　차　입　금		58,440,000		10,000,000
Ⅱ. 비　유　동　부　채		0		0
부　　채　　총　　계		86,490,000		79,730,000
자　　　　　　　본				
자　　본　　금		406,290,000		423,781,000
(당 기 순 이 익 132,320,000)				
자　　본　　총　　계		406,290,000		423,781,000
부　채　와　자　본　총　계		494,780,000		503,511,000

자료설명	전기(제6기)분 재무제표는 입력되어 있으며 재무제표 검토결과 입력오류를 발견하였다.
수행과제	입력이 누락되었거나 오류부분을 찾아 수정 입력하시오.

실무수행

02 거래자료입력

실무프로세스 자료이다. [자료설명]을 참고하여 [수행과제]를 수행하시오.

① 통장사본에 의한 거래입력

- 보통예금(기업은행) 거래내역

번호	거래일	내용	찾으신금액	맡기신금액	잔액	거래점
		계좌번호 764502-01-047720 바오바오				
1	2024-2-17	차입금이자	584,400		***	***

자료설명	단기차입금에 대한 이자비용을 기업은행 보통예금 계좌에서 이체하여 지급하였다.
수행과제	거래자료를 입력하시오.

② 증빙에 의한 전표입력

<table>
<tr><td colspan="4" align="center"><h2>영 수 증</h2></td></tr>
<tr><td colspan="4" align="right">2024/3/2</td></tr>
<tr><td colspan="3">성보카정비</td><td>(T.02-823-1234)</td></tr>
<tr><td colspan="4">서울특별시 서대문구 충정로7길 29-8
(충정로3가)</td></tr>
<tr><td colspan="4">123-45-67891</td></tr>
<tr><td>종명</td><td>수량</td><td>단가</td><td>금액</td></tr>
<tr><td>오일교체</td><td>1</td><td>30,000</td><td>80,000</td></tr>
<tr><td colspan="4" align="right">합계 : 30,000원</td></tr>
<tr><td colspan="4" align="center">감사합니다.</td></tr>
</table>

자료설명	업무용 승용차의 엔진오일을 교체하고, 대금은 다음달에 지급하기로 하였다. (단, '차량유지비'로 처리할 것)
수행과제	거래자료를 입력하시오.

③ 기타 일반거래

출장비 정산서

일자	출발지	도착지	KTX	숙박비	식대	계
2024.3.18.	서울	부산	47,500원	100,000원	40,000원	187,500원
2024.3.21.	부산	서울	47,500원	-	60,000원	107,500원
합계			95,000원	100,000원	100,000원	295,000원
지급받은금액						250,000원
추가지급액						45,000원

자료설명	[3월 22일] 출장을 마친 직원(김태연)의 출장비 내역을 보고받고, 차액은 현금으로 지급하였다.
수행과제	3월 18일 거래를 확인하여 거래자료를 입력하시오. (단, 출장비 지출내역은 '여비교통비'로 처리하고, '가지급금'은 거래처를 입력할 것)

④ 약속어음 수취거래

전 자 어 음

바오바오 귀하   00420240426123406789

금   오백만원정   **5,000,000원**

위의 금액을 귀하 또는 귀하의 지시인에게 지급하겠습니다.

지급기일 2024년 7월 31일   **발행일** 2024년 4월 26일
지 급 지 국민은행   **발행지** 서울특별시 서대문구
지급장소 강남지점   **주 소** 홍제내2나길 29
                             발행인 (주)현진아트

자료설명	[4월 26일] (주)현진아트의 상품 외상매출대금 일부를 전자어음으로 수취하였다.
수행과제	1. 거래자료를 입력하시오. 2. 자금관련정보를 입력하여 받을어음현황에 반영하시오.

⑤ 재고자산의 매출거래

거래명세서 (공급받는자 보관용)

공급자	등록번호	109-09-67470			공급받는자	등록번호	119-54-37124		
	상호	바오바오	성명	고지후		상호	장난감나라	성명	조수민
	사업장 주소	서울특별시 서대문구 충정로7길 29-13 (충정로3가)				사업장 주소	서울특별시 서대문구 독립문로8길 120 (북아현동)		
	업태	도소매업	종사업장번호			업태	도소매업	종사업장번호	
	종목	인형, 장난감				종목	인형, 잡화		

거래일자	미수금액	공급가액	총 합계금액
2024.5.27.		800,000	800,000

NO	월	일	품목명	규격	수량	단가	공급가액	합계
1	5	27	곰인형		80	10,000	800,000	800,000

자료설명	상품을 외상으로 매출하고 발급한 거래명세서이다.
수행과제	거래내역을 입력하시오.

⑥ 기타 일반거래

영수증 (입금증, 영수증, 계산서, 전자통장거래확인증 등 겸용)

타행 송금의뢰 확인증

2024 년 7 월 20 일

입금 은행 : 농협은행
입금 계좌 : 1235-12-3252000
수 취 인 : ㈜소윤문구
적 요 :
의 뢰 인 : 바오바오

대 체 : ₩5,665,000
합 계 : ₩5,665,000
송금수수료 : 0

유성지점 (☎ 1544-9999)
국민은행

자료설명	[7월 20일] ㈜소윤문구의 상품 외상매입대금 일부를 국민은행 보통예금 계좌에서 인출하여 송금 하였다.
수행과제	거래자료를 입력하시오.

7 증빙에 의한 전표입력

매 출 전 표		자료 설명	신제품 판매촉진을 위한 광고전단지를 제작하고, 결제한 신용카드매출전표이다.

매 출 전 표

카드종류	거래일자	
신한카드	2024.8.10.10:13:42	
카드번호(CARD NO)		
4658-1232-****-45**		

승인번호	금액 AMOUNT	백 천 원 4 9 0 0 0 0
20240810101234		
일반 할부	부가세 V.A.T	
일시불		
전단지	봉사료 CASHBACK	
거래유형		
	합계 TOTAL	4 9 0 0 0 0

가맹점명	
예솔광고	
대표자명	사업자번호
임예솔	216-23-37552
전화번호	가맹점번호
02-439-7248	84566611
주소	
서울 구로구 구로동로 104	

상기의 거래 내역을 확인합니다.   서명   모든사무

수행 과제	거래자료를 입력하시오.

8 기타일반거래

■ 보통예금(농협은행) 거래내역

번호	거래일	내용	찾으신금액	맡기신금액	잔액	거래점
		계좌번호 201-6611-04712 바오바오				
1	2024-12-15	계약금		1,600,000	***	***

자료설명	(주)인선팬시와 상품매출 계약을 체결하고, 계약금을 농협은행 보통예금 계좌로 입금받았다.
수행과제	거래자료를 입력하시오.

PART
03

실무수행

03 전표수정

실무프로세스 자료이다. [자료설명]을 참고하여 [수행과제]를 수행하시오.

① 입력자료수정

신용카드매출전표 카드종류: 삼성카드 회원번호: 7445-8841-****-3**1 거래일시: 2024.11.10. 12:04:16 거래유형: 신용승인 매 출: 77,000원 합 계: 77,000원 결제방법: 일시불 승인번호: 26785995 ------------------------------------ 가맹점명: 가윤한식(314-25-12349) - 이 하 생 략 -	**자료 설명** : 매출거래처 담당자와 식사를 하고 신용카드로 결제하였다. **수행 과제** : 거래자료를 수정하시오.

② 입력자료 수정

자료 1. 자동차 보험증권

🔵 자동차보험증권

증 권 번 호	2557466		계 약 일	2024년 12월 1일
보 험 기 간	2024년 12월 1일 00:00부터		2025년 12월 1일 24:00까지	
보 험 계 약 자	바오바오	주민(사업자)번호	109-09-67470	
피 보 험 자	바오바오	주민(사업자)번호	109-09-67470	

보험료 납입사항

총보험료	96 만원	납입보험료	96 만원	미납입 보험료	0 원

자료 2. 보통예금(신협은행) 거래내역

번호	거래일	내용	찾으신금액	맡기신금액	잔액	거래점
		계좌번호 1122-098-123143 바오바오				
1	2024-12-1	참좋은손해보험(주)	960,000		***	***

자료설명	배달용 화물차의 보험료를 신협은행 보통예금에서 이체한 거래가 입력 누락되었다.
수행과제	거래내역을 확인 후 추가 입력하시오. (단, '비용'으로 처리할 것)

실무수행

04 결산

[결산자료]를 참고하여 결산을 수행하시오. (단, 제시된 자료 이외의 자료는 없다고 가정함)

① 수동결산 및 자동결산

자료설명	1. 단기대여금에 대한 당기 기간경과분 미수이자 500,000원을 계상하다. 2. 기말상품재고액은 27,000,000원이다.
수행과제	1. 수동결산 또는 자동결산 메뉴를 이용하여 결산을 완료하시오. 2. 12월 31일을 기준으로 '손익계산서 → 재무상태표'를 순서대로 조회 작성하시오. (단, 손익계산서 조회 작성 시 상단부 [기능모음]의 '추가'를 이용하여 '손익대체분개'를 수행할 것)

평가문제

05 실무수행평가 `62점`

입력자료 및 회계정보를 조회하여 [평가문제]의 답안을 입력하시오.

――――― 〈 평가문제 답안입력 유의사항 〉 ―――――

❶ 답안은 지정된 단위의 숫자로만 입력해 주십시오.
  *한글 등 문자 금지, 콤마(,) 외 기호 금지

	정답	오답(예)
(1) 금액은 원 단위로 숫자를 입력하되, 천 단위 콤마 (,)는 생략 가능합니다.	1,245,000 1245000	1.245.000 1,245,000원 1,245,0000 12,45,000 1,245천원
(1-1) 답이 0원인 경우 반드시 "0" 입력 (1-2) 답이 음수(-)인 경우 숫자 앞에 " - "입력		

		04
(2) 질문에 대한 답안은 숫자로만 입력하세요.	4	4건/매/명
		04건/매/명
(3) 거래처 코드번호는 5자리 숫자로만 입력하세요.	00101	101
		00101번

❷ 답안에 천원단위(000) 입력 시 더존 프로그램 숫자 입력 방법과 다르게 숫자키패드 '+' 기능은 지원되지 않습니다.

❸ 더존 프로그램에서 조회되는 자료를 복사하여 붙여넣기가 가능합니다.

❹ 수행과제를 올바르게 입력하지 않고 작성한 답과 모범답안이 다른 경우 오답처리됩니다.

PART 03

[실무수행평가]

바오바오의 입력자료 및 회계정보를 조회하여 [평가문제]의 답안을 입력하시오.

번호	평가문제	배점
11	평가문제 [거래처등록 조회] 울릉아트(코드: 00123)의 거래처등록사항으로 옳지 않은 것은? ① 울릉아트의 대표자명은 '김은호'이다. ② 메일주소는 ulleungdo@naver.com이다. ③ 업태는 '도소매업'이다. ④ 주소는 '서울특별시 강남구 강남대로 246 (도곡동, 다림빌딩)'이다	4
12	평가문제 [계정별원장 조회] 상반기(1/1~6/30) 중 '134.가지급금'이 감소된 거래처의 코드번호를 입력하시오.	2
13	평가문제 [거래처원장 조회] 12월 말 거래처별 '108.외상매출금' 잔액으로 옳지 않은 것은? ① 00106.장난감나라 21,880,000원 ② 00167.유리인형 3,300,000원 ③ 00185.(주)현진아트 21,000,000원 ④ 08707.(주)장난감왕국 5,500,000원	3
14	평가문제 [거래처원장 조회] 12월 말 '259.선수금' 잔액이 가장 많은 거래처코드를 입력하시오.	4
15	평가문제 [거래처원장 조회] 12월 말 거래처별 '253.미지급금' 잔액으로 옳은 것은? ① 99600.국민카드 500,000원 ② 99601.신한카드 2,000,000원 ③ 99602.비씨카드 185,000원 ④ 99605.삼성카드 6,575,200원	4
16	평가문제 [받을어음현황 조회] 만기일이 2024년에 도래하는 '받을어음'의 보유금액 합계는 얼마인가?	4

17	**평가문제 [예적금현황 조회]** 12월 말 은행별 보통예금 잔액으로 옳지 않은 것은? ① 신협은행(보통) 108,920,000원 ② 국민은행(보통) 64,574,000원 ③ 농협은행(보통) 50,000,000원 ④ 기업은행(보통) 25,975,600원	3
18	**평가문제 [현금출납장 조회]** 4월 말 '현금' 잔액은 얼마인가?	3
19	**평가문제 [일/월계표 조회]** 5월 한 달 동안 발생한 '상품매출' 금액은 얼마인가?	4
20	**평가문제 [일/월계표 조회]** 1/4분기(1월~3월) 동안 발생한 '이자비용' 금액은 얼마인가?	3
21	**평가문제 [손익계산서 조회]** 당기 '상품매출원가' 금액은 얼마인가?	2
22	**평가문제 [손익계산서 조회]** 당기에 발생한 '판매비와 관리비'의 계정별 금액으로 옳지 않은 것은? ① 여비교통비 2,009,600원 ② 접대비(기업업무추진비) 11,661,500원 ③ 차량유지비 6,618,700원 ④ 광고선전비 5,300,000원	3
23	**평가문제 [손익계산서 조회]** 당기에 발생한 '보험료' 금액은 얼마인가?	3
24	**평가문제 [손익계산서 조회]** 당기에 발생한 '이자수익' 금액은 전기 대비 얼마나 증가하였는가?	3
25	**평가문제 [재무상태표 조회]** 1월 말 '유형자산' 금액은 얼마인가?	3
26	**평가문제 [재무상태표 조회]** 1월 말 '받을어음의 장부금액(받을어음 − 대손충당금)'은 얼마인가?	3
27	**평가문제 [재무상태표 조회]** 4월 말 '미지급금' 잔액은 얼마인가?	4
28	**평가문제 [재무상태표 조회]** 7월 말 '외상매입금' 잔액은 얼마인가?	3
29	**평가문제 [재무상태표 조회]** 12월 말 '미수수익' 잔액은 얼마인가?	2
30	**평가문제 [재무상태표 조회]** 12월 말 '자본금' 잔액은 얼마인가? ① 476,419,670원 ② 491,419,670원 ③ 516,001,000원 ④ 678,001,000원	2
총점		**62**

평가문제

06 회계정보분석 8점

회계정보를 조회하여 [회계정보분석] 답안을 입력하시오.

31 손익계산서 조회 4점

매출총이익률은 매출로부터 얼마의 이익을 얻느냐를 나타내는 비율로 높을수록 판매, 매입활동이 양호한 편이다. 전기 매출총이익률은 얼마인가? (단, 소수점 이하는 버림할 것)

$$매출총이익률(\%) = \frac{매출총이익}{매출액} \times 100$$

① 28% ② 40%

③ 252% ④ 254%

32 손익계산서 조회 4점

영업이익률은 기업의 주된 영업활동에 의한 성과를 판단하는 비율로 판매활동과 직접 관계없는 영업외손익을 제외한 순수 영업활동의 수익성을 나타내는 지표이다. 전기 영업이익률을 계산하면 얼마인가? (단, 소수점 이하는 버림할 것)

$$영업이익률(\%) = \frac{영업이익}{매출액} \times 100$$

① 20% ② 26%

③ 537% ④ 576%

04

FAT(회계실무)
2급 기출문제
정답 및 해설

01 | FAT 2급 52회 기출문제 정답 및 해설

✦ 실무이론평가 ✦

📌 정답

01 ②	02 ④	03 ③	04 ③	05 ③	06 ①	07 ④	08 ②	09 ②	10 ①

01 ② 부채는 미래에 자원의 유출 또는 사용이 예상되는 의무이다.

02 ④ 기말 재고자산이 과대계상되면 매출원가는 30,000원 과소계상되고 당기순이익은 30,000원 과대계상된다.

03 ③ • 단기매매증권의 취득부대비용은 취득원가에 포함하지 아니하고, 당기 비용으로 처리한다.
    • 취득원가 = 100주 × 8,000원 = 800,000원

04 ③ 정률법에 의한 감가상각비 = 6,000,000원 × 0.45 = 2,700,000원

05 ③ • 순매출액 = 총매출액 – 매출에누리와 환입 – 매출할인
    75,000원 = 90,000원 – 10,000원 – 5,000원
    • 매출 운반비는 판매비와관리비이다.

06 ① 유동성배열법은 재무상태표의 작성기준이다.

07 ④ 유형자산의 취득과 관련된 취득세는 취득원가에 포함한다.

08 ② 상품 매입금액 500,000원 + 매입운반비 8,000원 = 508,000원

09 ② • 당좌차월은 단기차입금이고, 1년 만기 정기예금은 현금성자산이 아닌 단기 금융상품으로 분류한다.
    • 현금성자산 = 100,000원 + 300,000원 + 500,000원 = 900,000원

10 ① 차입금의 상환은 결산정리사항이 아니다.

✦ 실무수행평가 ✦

01 기초정보관리의 이해

1 **사업자등록증에 의한 회사등록 수정**
  - 사업장주소 : 서울특별시 강남구 강남대로 252 (도곡동)
    → 서울특별시 서대문구 충정로7길 29-11 (충정로3가)로 변경
  - 사업장세무서 : 220.역삼 → 110.서대문으로 변경

2 **계정과목추가 및 적요등록 수정**
  - 852.회사설정계정과목을 852.방역용품비(구분 : 4.경비)로 수정
  - 적요등록 : 현금적요 : 01.방역용품 구입 시 현금 지급
    　　　　　　대체적요 : 01.방역용품 구입 시 보통예금 지급

02 거래자료입력

1 [일반전표입력] 4월 5일

(차) 146.상품	3,000,000원	(대) 131.선급금	300,000원
		(00110.(주)빛나패션)	
		251.외상매입금	2,700,000원
		(00110.(주)빛나패션)	

2 [일반전표입력] 4월 8일

(차) 812.여비교통비	192,000원	(대) 134.가지급금	200,000원
813.접대비(기업업무추진비)	50,000원	(31112.김동근)	
		101.현금	42,000원

3 [일반전표입력] 5월 10일

(차) 146.상품	3,000,000원	(대) 252.지급어음	3,000,000원
		(00120.(주)슬금비의류)	

[지급어음관리]

지급어음 관리						삭제(F5)
어음상태	2 발행	어음번호 00420240510123456789		어음종류 4 전자	발 행 일	2024-05-10
만 기 일 2024-07-10		지급은행 98001 국민은행(보통)		지 점 충정로		

4 [일반전표입력] 5월 17일

(차) 251.외상매입금	2,000,000원	(대) 103.보통예금	2,000,000원
(00125.서경의류(주))		(98001.국민은행(보통))	

5 [일반전표입력] 6월 10일

(차) 254.예수금	135,000원	(대) 103.보통예금	270,000원
811.복리후생비	135,000원	(98001.국민은행(보통))	

⑥ [일반전표입력] 6월 15일

(차) 120.미수금　　　　　　 5,000,000원　　　(대) 208.차량운반구　　 50,000,000원
　　(00185.제주중고차)
　　209.감가상각누계액　 45,000,000원

⑦ [일반전표입력] 6월 20일

(차) 108.외상매출금　　　　 1,200,000원　　　(대) 401.상품매출　　　 1,200,000원
　　(00240.수수헬스)

⑧ [일반전표입력] 6월 27일

(차) 824.운반비　　　　　　　 15,000원　　　(대) 101.현금　　　　　　 15,000원
또는 (출) 824.운반비　　　　 15,000원

03 전표수정

① **입력자료수정**

[일반전표입력] 7월 7일

수정 전 : (차) 103.보통예금　　　 2,000,000원　　(대) 108.외상매출금　 2,000,000원
　　　　　　 (98001.국민은행(보통))　　　　　　　　(03101.연화의류)

수정 후 : (차) 103.보통예금　　　 2,200,000원　　(대) 108.외상매출금　 2,200,000원
　　　　　　 (98001.국민은행(보통))　　　　　　　　(03101.연화의류)

② **입력자료수정**

[일반전표입력] 9월 20일

수정 전 : (차) 251.외상매입금　　 1,500,000원　　(대) 103.보통예금　　 1,500,000원
　　　　　　 (02004.(주)나비패션)　　　　　　　　　(98004.우리은행(보통))

수정 후 : (차) 251.외상매입금　　 1,500,000원　　(대) 103.보통예금　　 1,500,000원
　　　　　　 (02004.(주)나비패션)　　　　　　　　　(98001.국민은행(보통))

04 결산

① **수동결산 및 자동결산**

1) [일반전표입력] 12월 31일

(차) 141.현금과부족　　　 200,000원　　(대) 930.잡이익　　　 200,000원

2) 방법 1. [결산자료입력]

  − 기말상품재고액 98,000,000원을 입력하고, 상단부 전표추가(F3) 를 클릭하여 자동분개

  방법 2. [일반전표입력] 12월 31일

  − (차) 451.상품매출원가　391,565,000원　　(대) 146.상품　　 391,565,000원

  − 상품매출원가 = 기초상품재고액 + 당기상품순매입액 − 기말상품재고액
    391,565,000원 = (190,000,000원) + (299,565,000원) − (98,000,000원)

– 결차, 결대도 정답
→ 재무상태표 또는 합계잔액시산표의 12월말 현재 상품잔액이 98,000,000원이면 정답
3) [재무제표 등 작성]
– 손익계산서([기능모음]의 '추가' 클릭) → 재무상태표를 조회 작성한다.

05 실무수행평가

번호	평가문제	배점
11	평가문제 [회사등록 조회] ② 사업장세무서는 역삼세무서이다.	3
12	평가문제 [거래처등록 조회] ③ 99602.농협카드	3
13	평가문제 [계정과목 및 적요등록 조회] ① 852.방역물품비는 판매비와관리비이다.	3
14	평가문제 [전기분손익계산서 조회] ② 판매비와관리비는 299,490,000원이다.	3
15	평가문제 [예적금현황 조회] ② 신협은행(보통) 15,263,000원	3
16	평가문제 [일/월계표 조회] (103)	2
17	평가문제 [일일자금명세(경리일보) 조회] (25,000,000)원	4
18	평가문제 [합계잔액시산표 조회] (259)	3
19	평가문제 [지급어음현황 조회] ㈜슬금비의류	3
20	평가문제 [총계정원장 조회] (4)월	4
21	평가문제 [분개장 조회] (16)건	4
22	평가문제 [현금출납장 조회] (3,484,700)원	3
23	평가문제 [손익계산서 조회] (410,376,000)원	3
24	평가문제 [손익계산서 조회] (133,147,400)원	4
25	평가문제 [손익계산서 조회] (135,907,400)원	4
26	평가문제 [재무상태표 조회] (113,311,000)원	4
27	평가문제 [재무상태표 조회] ① 투자자산 30,000,000원	3
28	평가문제 [재무상태표 조회] (241,776,140)원	2
29	평가문제 [재무상태표 조회] (20,500,000)원	3
30	평가문제 [거래처원장 조회] ③ 콜롬보	1
	총점	**62**

06 회계정보분석

31. ④ (주)슬금비의류 30,152,400원
32. ② 보통예금 264,797,500원

02 | FAT 2급 53회 기출문제 정답 및 해설

✧ 실무이론평가 ✧

📌 정답

01	02	03	04	05	06	07	08	09	10
④	①	③	②	①	③	②	①	①	④

01 ④ (차) 보통예금(자산의 증가) 3,000,000원　　　(대) 단기차입금(부채의 증가) 3,000,000원

02 ① 유동성배열법은 재무상태표의 작성기준이다.

03 ③ 퇴직급여충당부채는 비유동부채에 속한다.

04 ② 성능을 유지시키는 엔진오일의 교체는 수익적 지출에 해당한다.

05 ① 선급비용 = 1,200,000원 × 6개월/12개월 = 600,000원

06 ③ • 순매출액 = 매출총이익 + 매출원가 = 120,000원 + 80,000원 = 200,000원
　　• 총매출액 = 순매출액 + 매출환입 + 매출에누리
　　　230,000원 = 200,000원 + 20,000원 + 10,000원

07 ② 매출채권 = 외상매출금 + 받을어음 = 6,000,000원 + 3,000,000원 = 9,000,000원

08 ① 영업이익 = 매출액 − 매출원가 − 판매비와관리비(광고선전비 + 임차료)
　　260,000원 = 2,000,000원 − 1,600,000원 − (80,000원 + 60,000원)

09 ① 상품매입액(80,000원) + 매입운반비(20,000원) = 100,000원

10 ④ 손익계산서는 일정기간 동안 기업의 경영성과에 대한 정보를 제공하는 재무제표이다.

✦ 실무수행평가 ✦

01 기초정보관리의 이해

1️⃣ 거래처등록

코드, 카드(사)명, 카드(가맹점)번호, 구분, 사용, 카드번호, 결제일 입력

2️⃣ 전기분 재무상태표의 입력수정

- 120.미수금 4,500,000원 추가
- 260.단기차입금 8,440,000원 → 58,440,000원으로 수정
- 대차차액 0원 확인

02 거래자료입력

1️⃣ [일반전표입력] 7월 28일

(차) 801.급여	3,000,000원	(대) 254.예수금	370,040원
		103.보통예금	2,629,960원
		(98400.우리은행(보통))	

2️⃣ [일반전표입력] 8월 31일

(차) 146.상품	8,000,000원	(대) 252.지급어음	8,000,000원
		(04001.금강화원)	

[지급어음관리]

어음상태	2 발행	어음번호	00420240831123456789	어음종류	4 전자	발 행 일	2024-08-31
만 기 일	2024-11-30	지급은행	98000 국민은행(보통)	지 점	서대문점		

3️⃣ [일반전표입력] 9월 5일

(차) 259.선수금	80,000원	(대) 401.상품매출	880,000원
(04002.승찬조경(주))			
101.현금	800,000원		

4️⃣ [일반전표입력] 9월 24일

(차) 240.소프트웨어	1,760,000원	(대) 103.보통예금	1,760,000원
		(98000.국민은행(보통))	

⑤　[계정별원장] 조회
　　109.대손충당금 조회
　　[일반전표입력] 9월 30일
　　(차) 109.대손충당금　　　　　 2,000,000원　　　(대) 108.외상매출금　　　　 2,000,000원
　　　　　　　　　　　　　　　　　　　　　　　　　　(05002.화승조경)

⑥　[일반전표입력] 10월 6일
　　(차) 107.단기매매증권　　　　 3,000,000원　　　(대) 103.보통예금　　　　　 3,000,000원
　　　　　　　　　　　　　　　　　　　　　　　　　　(98000.국민은행(보통))

⑦　[일반전표입력] 10월 22일
　　(차) 829.사무용품비　　　　　　 25,000원　　　(대) 101.현금　　　　　　　　 25,000원
　　또는 (출) 829.사무용품비　　　 25,000원

⑧　[일반전표입력] 10월 28일
　　(차) 962.임차보증금　　　　　 5,000,000원　　　(대) 103.보통예금　　　　　 5,000,000원
　　　　　(05000.(주)현대빌딩)　　　　　　　　　　　(98000.국민은행(보통))

03　전표수정

①　**입력자료수정**
　　[일반전표입력] 8월 10일 전표 삭제 후 9월 10일 거래로 전표 입력
　　(차) 146.상품　　　　　　　　 600,000원　　　(대) 251.외상매입금　　　　 600,000원
　　　　　　　　　　　　　　　　　　　　　　　　　　(04001.금강화원)

②　**입력자료수정**
　　[일반전표입력] 10월 20일
　　수정 전 : (차) 822.차량유지비　 2,530,780원　(대) 101.현금　　　　　 2,530,780원
　　수정 후 : (차) 208.차량운반구　 2,530,780원　(대) 101.현금　　　　　 2,530,780원

04　결산

①　**수동결산 및 자동결산**
　　1) [일반전표입력] 12월 31일
　　　　(차) 116.미수수익　　　　　 780,000원　　　(대) 901.이자수익　　　　　 780,000원
　　2) 방법 1. [일반전표입력] 12월 31일
　　　　(차) 818.감가상각비　　　 3,000,000원　　　(대) 213.감가상각누계액　 3,000,000원
　　　　또는 결차, 결대도 정답
　　　　방법 2. [결산자료입력]
　　　　감가상각비의 비품 란에 3,000,000원을 입력한 후 상단의 전표추가(F3) 를 클릭하여 결산분개를 생성
　　3) [재무제표 등 작성]
　　　　– 손익계산서([기능모음]의 '추가' 클릭) → 재무상태표를 조회 작성한다.

05 실무수행평가

번호	평가문제	배점
11	평가문제 [거래처등록 조회] ④ 우리카드의 결제일은 30일이다.	3
12	평가문제 [전기분재무상태표 조회] ③ 529,580,000원	3
13	평가문제 [거래처별초기이월 조회] ① 98000.국민은행(보통) 42,000,000원	3
14	평가문제 [예적금현황 조회] ① 국민은행(보통) 31,590,000원	3
15	평가문제 [손익계산서 조회] ④ 운반비 693,000원	3
16	평가문제 [일/월계표 조회] (251)	2
17	평가문제 [일일자금명세(경리일보) 조회] (330,747,200)원	4
18	평가문제 [합계잔액시산표 조회] (103)	3
19	평가문제 [받을어음현황 조회] (6,500,000)원	3
20	평가문제 [총계정원장 조회] (266,240,000)원	4
21	평가문제 [분개장 조회] (191)건	4
22	평가문제 [현금출납장 조회] (20,880,000)원	3
23	평가문제 [손익계산서 조회] (9,900,000)원	3
24	평가문제 [손익계산서 조회] (9,798,000)원	4
25	평가문제 [손익계산서 조회] (300,000)원	4
26	평가문제 [재무상태표 조회] (2,000,000)원	4
27	평가문제 [재무상태표 조회] (208)	3
28	평가문제 [재무상태표 조회] (417,457,970)원	2
29	평가문제 [재무상태표 조회] (188,898,000)원	3
30	평가문제 [재무상태표 조회] ② 286,464,030원	1
총점		62

06 회계정보분석

31. ③ 도서인쇄비
32. ① (547,657,030원 ÷ 9,798,000원) × 100 = 5,589%

03 | FAT 2급 54회 기출문제 정답 및 해설

✦ 실무이론평가 ✦

정답

01	02	03	04	05	06	07	08	09	10
①	④	②	③	③	③	③	③	③	②

01 ① (차) 여비교통비(비용의 발생)   20,000원   (대) 현금(자산의 감소)   20,000원

02 ④ • 매출총이익 = 매출액 − 매출원가 = 3,000,000원 − 2,000,000원 = 1,000,000원
   • 판매비와관리비 = 광고선전비 + 복리후생비 = 300,000원 + 200,000원 = 500,000원
   • 영업이익 = 매출총이익 − 판매비와관리비 = 1,000,000원 − 500,000원 = 500,000원
   • 이자비용과 단기매매증권처분손실은 영업외비용이다.

03 ② 단기대여금에 대한 이자는 이자수익 계정으로 영업외수익으로 분류한다.

04 ③ 소모품비는 비용이므로 손익계산서에 표시되는 계정과목이다.

05 ③ 임차보증금은 기타비유동자산이고, 나머지는 무형자산이다.

06 ③ • 상품의 취득원가는 상품매입과 관련하여 발생하는 운반비와 보험료를 포함하며, 상품판매에 대한 운임은 판매비와관리비로 처리한다.
   • 상품취득원가 = 100,000원 + 20,000원 + 10,000원 = 130,000원이다.

07 ③ • 현금 1,000,000원 + 보통예금 800,000원 + 당좌예금 500,000원 = 2,300,000원
   • 현금, 요구불예금(당좌예금, 보통예금 등)은 재무상태표에 현금및현금성자산 계정으로 통합하여 표시한다.
   • 만기가 6개월 후에 도래하는 정기예금은 단기금융상품에 해당한다.

08 ③ • 부동산매매업을 영위하는 회사에서 판매 목적으로 보유하고 있는 건물은 재고자산으로 처리한다.
   • 유형자산 금액 = 100,000,000원 + 20,000,000원 + 10,000,000원 = 130,000,000원

09 ③ 재고자산 매입과 관련된 할인, 에누리는 매입원가에서 차감한다.

10 ② 선수수익 = 2,400,000원 × 7/12 = 1,400,000원

✦ 실무수행평가 ✦

01 기초정보관리의 이해

① **거래처등록**
 - 대표자명 : 김나라 → 김소리
 - 전자세금계산서 전용 메일주소 : nara@bill36524.com → sori@bill36524.com으로 변경

② **전기분 손익계산서의 입력수정**
 - 822.차량유지비 500,000원 → 2,500,000원으로 수정입력
 - 830.소모품비 800,000원을 추가입력
 - 당기순이익 40,420,000원 확인

02 거래자료입력

① [일반전표입력] 7월 15일

(차) 824.운반비	27,000원	(대) 101.현금	27,000원
또는 (출) 824.운반비	27,000원		

② [일반전표입력] 8월 10일

(차) 254.예수금	83,750원	(대) 103.보통예금	167,500원
811.복리후생비	83,750원	(98001.농협은행(보통))	

③ [일반전표입력] 8월 22일

(차) 212.비품	2,500,000원	(대) 253.미지급금	2,500,000원
		(99600.국민카드)	

④ [일반전표입력] 9월 10일

(차) 108.외상매출금	2,000,000원	(대) 401.상품매출	2,000,000원
(01131.승윤악기)			

⑤ [일반전표입력] 9월 25일

(차) 253.미지급금	1,976,000원	(대) 103.보통예금	1,976,000원
(99601.신한카드)		(98000.국민은행(보통))	

⑥ [일반전표입력] 9월 26일

(차) 110.받을어음	5,000,000원	(대) 108.외상매출금	5,000,000원
(03200.수연플롯)		(03200.수연플롯)	

[받을어음관리] – 적요코드란에서 F3(자금관리)키를 클릭하여 어음정보 입력

● 받을어음 관리										삭제(F5)
어음상태	1 보관	어음종류	6 전자	어음번호	00420240926123456789			수취구분	1 자수	
발행인	03200	수연플롯		발행일	2024-09-26	만기일	2024-12-26	배서인		
지급은행	100	국민은행	지점 서대문	할인기관			지점	할인율(%)		
지급거래처				※ 수령된 어음을 타거래처에 지급하는 경우에 입력합니다.						

⑦ [일반전표입력] 10월 15일
(차) 813.접대비(기업업무추진비)　　110,000원　　(대) 103.보통예금　　　　　　　　110,000원
　　　　　　　　　　　　　　　　　　　　　　　　　　　　(98002.신한은행(보통))

⑧ [일반전표입력] 10월 28일
(차) 103.보통예금　　　　　　600,000원　　(대) 259.선수금　　　　　　　　　600,000원
　　　(98001.농협은행(보통))　　　　　　　　　　(02120.다인피아노)

03　전표수정

① **입력자료수정**
[일반전표입력] 9월 12일
수정 전 : (차) 253.미지급금　　　420,000원　　(대) 103.보통예금　　　　　　420,000원
　　　　　　　　(03210.찬미악기)　　　　　　　　　　　　(98001.농협은행(보통))
수정 후 : (차) 131.선급금　　　　420,000원　　(대) 103.보통예금　　　　　　420,000원
　　　　　　　　(03210.찬미악기)　　　　　　　　　　　　(98001.농협은행(보통))

② **입력자료누락**
[일반전표입력] 10월 26일
(차) 133.선급비용　　　　　820,000원　　(대) 103.보통예금　　　　　　820,000원
　　　　　　　　　　　　　　　　　　　　　　　　(98004.신협은행(보통))

04　결산

① **수동결산 및 자동결산**
[일반전표입력] 12월 31일
(차) 116.미수수익　　　　　250,000원　　(대) 901.이자수익　　　　　　250,000원
[결산자료입력] 1월 ~ 12월
– 기말상품재고액 54,000,000원을 입력한다.
– 상단부 　전표추가(F3)　 를 클릭하면 [일반전표입력] 메뉴에 분개가 생성된다.
　(차) 451.상품매출원가　　154,215,000원　　(대) 146.상품　　　　154,215,000원
　＊상품매출원가 ＝ 기초상품재고액 ＋ 당기상품매입액 － 기말상품재고액
　　154,215,000원 ＝ 40,000,000원 ＋ 168,215,000원 － 54,000,000원
[재무제표 등 작성]
– 손익계산서([기능모음]의 '추가' 클릭) → 재무상태표를 조회 작성한다.

05 실무수행평가

번호	평가문제	배점
11	평가문제 [거래처등록 조회] ④ 소리나라 담당자메일주소는 nara@bill36524.com이다.	3
12	평가문제 [거래처원장 조회] ③ 01131.승윤악기 5,000,000원	3
13	평가문제 [거래처원장 조회] ① 99600.국민카드 1,976,000원	3
14	평가문제 [예적금현황 조회] ③ 신한은행(보통) 1,890,000원	3
15	평가문제 [손익계산서 조회] ② 운반비 684,000원	3
16	평가문제 [일/월계표 조회] (811)	2
17	평가문제 [일일자금명세(경리일보) 조회] (35,488,110)원	4
18	평가문제 [합계잔액시산표 조회] (116)	3
19	평가문제 [받을어음현황 조회] (69,000,000)원	3
20	평가문제 [총계정원장 조회] (9)월	4
21	평가문제 [분개장 조회] (16)건	4
22	평가문제 [손익계산서 조회] (8,046,000)원	3
23	평가문제 [손익계산서 조회] (8,480,000)원	3
24	평가문제 [손익계산서 조회] (154,215,000)원	4
25	평가문제 [손익계산서 조회] (4,094,200)원	4
26	평가문제 [재무상태표 조회] (1,920,000)원	4
27	평가문제 [재무상태표 조회] (212)	3
28	평가문제 [재무상태표 조회] (13,102,380)원	2
29	평가문제 [재무상태표 조회] (3,680,000)원	3
30	평가문제 [재무상태표 조회] ② 520,566,170원	1
총점		62

06 회계정보분석

31. ① (416,300,000원 ÷ 181,600,000원) × 100 ≒ 229%

32. ② (181,600,000원 ÷ 324,700,000원) × 100 ≒ 55%

04 │ FAT 2급 55회 기출문제 정답 및 해설

✛ 실무이론평가 ✛

✛ 정답

01 ②	02 ④	03 ④	04 ②	05 ④	06 ①	07 ②	08 ④	09 ④	10 ②

01 ② 기간별 보고의 가정이란 기업실체의 존속기간을 일정한 기간 단위로 분할하여 각 기간별로 재무제표를 작성하는 것을 말한다.

02 ④ 회계상의 거래는 기업의 자산, 부채, 자본의 증감을 가져오거나 수익, 비용을 발생시키는 모든 활동을 말한다. 종업원을 채용한 것은 자산, 부채, 자본의 증감을 초래하지 않으므로 회계상의 거래가 아니다.

03 ④ (차) 미수금 　　　　　×××　　　　(대) 비품 　　　　　　×××

04 ② • 선입선출법은 먼저 매입한 상품이 먼저 판매되는 것을 가정하여 단가를 결정하는 방법이다.
　　• 6월 25일 판매된 400개의 상품은 6월 1일 이월된 수량 200개(@2,000원)와 6월 10일 매입한 수량 200개(@3,000원)가 판매된 것이므로 월말에 남은 상품의 수량은 100개(@3,000원)이며 재고금액은 300,000원이다.

05 ④ 당기말 대손충당금 잔액 = 50,000원 − 20,000원 + 15,000원 = 45,000원

06 ① 유형자산을 처분하기로 하고 계약금을 받을 경우 선수금 계정으로 회계처리한다.

07 ② 무형자산에 대한 설명으로, 이에 해당하는 계정과목은 특허권이다.

08 ④ • 매출액 300,000원 − 매출원가 100,000원 = 매출총이익 200,000원
　　• 매출총이익 200,000원 − 판매비와관리비(급여, 복리후생비, 임차료) 100,000원 = 영업이익 100,000원

09 ④ 이자수익은 손익계산서에 표시된다. 미수수익은 자산이고, 선수수익과 미지급비용은 부채로 재무상태표에 표시된다.

10 ② 2024년도 감가상각비 = (매입가액 + 취득부대비용 − 잔존가치) ÷ 내용연수 × 6개월/12개월
　　110,000원 = (1,000,000원 + 100,000원 − 0원) ÷ 5년 × 6개월/12개월

✛ 실무수행평가 ✛

01 기초정보관리의 이해

1 거래처등록

		코드	금융기관명	계좌번호	구분		사용
1	□	98000	국민은행(보통)	116-55-45666-88	일	반	○
2	□	98001	기업은행(보통)	764502-01-047720	일	반	○
3	□	98002	우리은행(보통)	301-9493-2245-61	일	반	○
4	□	98004	축협은행(보통)	260-428-613582	일	반	○
5	□	98005	하나은행(보통)	527-910004-22456	일	반	○
6	□	98006	농협은행(보통)	096-42-9400-321	일	반	○
7	□	98400	신협은행(당좌예금)	1002-451-101157	일	반	○

거래처등록 — 탭: 일반 / **금융** / 카드

2 계정과목 추가등록

837.건물관리비 – 현금적요 05.건물유지비 지급 추가입력

02 거래자료입력

1 [일반전표입력] 2월 4일

(차) 829.사무용품비	24,000원	(대) 101.현금	24,000원
또는 (출) 829.사무용품비	24,000원		

2 [일반전표입력] 3월 22일

(차) 108.외상매출금	14,000,000원	(대) 401.상품매출	14,000,000원
(03000.(주)강남미인)			

3 [일반전표입력] 3월 26일

(차) 931.이자비용	500,000원	(대) 103.보통예금	500,000원
		(98001.기업은행(보통))	

4 [일반전표입력] 4월 18일

(차) 812.여비교통비	250,000원	(대) 134.가지급금	300,000원
101.현금	50,000원	(00103.홍성주)	

5 [일반전표입력] 5월 30일

(차) 831.수수료비용	500,000원	(대) 103.보통예금	500,000원
		(98002.우리은행(보통))	

6 [일반전표입력] 6월 10일

(차) 110.받을어음	2,500,000원	(대) 108.외상매출금	2,500,000원
(04010.(주)뷰티천국)		(04010.(주)뷰티천국)	

[받을어음 관리]

받을어음 관리										삭제(F5)
어음상태	1 보관	**어음종류**	6 전자	**어음번호**	00420240610123456789			**수취구분**	1 자수	
발행인	04010	(주)뷰티천국	**발행일**	2024-06-10	**만기일**	2024-09-10		**배서인**		
지급은행	100	국민은행	**지점**	강남	**할인기관**		**지점**		**할인율(%)**	
지급거래처						* 수령된 어음을 타거래처에 지급하는 경우에 입력합니다.				

7 [일반전표입력] 6월 17일

(차) 103.보통예금   2,000,000원   (대) 259.선수금   2,000,000원
    (98006.농협은행(보통))   (04201.(주)샤인스타)

8 [일반전표입력] 6월 30일

(차) 817.세금과공과금   386,000원   (대) 101.현금   386,000원
또는 (출) 817.세금과공과금   386,000원

03 전표수정

1 **입력자료수정**

[일반전표입력] 3월 28일 삭제

(차) 814.통신비   232,000원   (대) 253.미지급금   232,000원
                                               (00104.(주)케이티)

2 **입력자료수정**

[일반전표입력] 4월 15일

수정 전 : (입) 108.외상매출금   3,000,000원
          (02256.(주)순수화장품)

수정 후 : (입) 120.미수금   3,000,000원
          (02256.(주)순수화장품)

04 결산

1 **수동결산 및 자동결산**

[일반전표입력] 12월 31일

(차) 141.현금과부족   100,000원   (대) 901.이자수익   100,000원
[결산자료입력] 1월 ~ 12월

– 기말상품재고액 27,000,000원을 입력한다.

– 상단부 [전표추가(F3)] 를 클릭하면 [일반전표입력] 메뉴에 분개가 생성된다.

   (차) 451.상품매출원가   186,795,000원   (대) 146.상품   186,795,000원
     * 상품매출원가 = 기초상품재고액 + 당기상품매입액 – 기말상품재고액
        186,795,000원 = 15,000,000원 + 198,795,000원 – 27,000,000원
[재무제표 등 작성]

– 손익계산서([기능모음]의 '추가' 클릭) → 재무상태표를 조회 작성한다.

05 실무수행과제

번호	평가문제	배점
11	평가문제 [거래처등록 조회] ④ 농협은행(보통) 260 – 428 – 613582	3
12	평가문제 [계정과목및적요등록 조회] ③ 건물수리비 지급	3
13	평가문제 [총계정원장 조회] ② 6월 386,000원	3
14	평가문제 [총계정원장 조회] ② 2월 96,160,200원	3
15	평가문제 [일일자금명세(경리일보) 조회] (90,246,300)원	3
16	평가문제 [일/월계표 조회] (70,580,000)원	3
17	평가문제 [일/월계표 조회] (631,000)원	3
18	평가문제 [계정별원장 조회] (7,500,000)원	4
19	평가문제 [거래처원장 조회] (24,296,160)원	3
20	평가문제 [손익계산서 조회] ③ 수수료비용 1,983,500원	3
21	평가문제 [손익계산서 조회] (829)	3
22	평가문제 [손익계산서 조회] (274,600)원	3
23	평가문제 [손익계산서 조회] (1,527,110)원	3
24	평가문제 [손익계산서 조회] (9,220,000)원	4
25	평가문제 [손익계산서 조회] (186,795,000)원	3
26	평가문제 [재무상태표 조회] (300,000)원	3
27	평가문제 [재무상태표 조회] (34,000,000)원	4
28	평가문제 [재무상태표 조회] (59,771,200)원	3
29	평가문제 [재무상태표 조회] (4,350,000)원	3
30	평가문제 [재무상태표 조회] ② 767,016,030원	2
총점		**62**

06 회계정보분석

31. ② (335,130,000원 ÷ 86,130,000원) × 100 ≒ 389%
32. ① (18,470,000원 ÷ 300,000,000원) × 100 ≒ 6%

05 | FAT 2급 56회 기출문제 정답 및 해설

❖ 실무이론평가 ❖

📌 정답

| 01 | ④ | 02 | ④ | 03 | ② | 04 | ③ | 05 | ④ | 06 | ③ | 07 | ① | 08 | ④ | 09 | ① | 10 | ③ |

01 ④ (차) 외상매입금 ×××(부채의 감소) (대) 보통예금 ×××(자산의 감소)

02 ④ 판매목적으로 보유하고 있는 상품은 재고자산에 속한다.

03 ② 현금흐름표도 재무제표에 포함된다.

04 ③ • 비유동부채 : 장기미지급금 60,000원 + 퇴직급여충당부채 20,000원 = 80,000원
  • 단기차입금, 예수금은 유동부채이다.

05 ④ 판매비와관리비는 기업의 판매 또는 관리활동에서 발생하는 비용으로 매출원가 외의 모든 영업비용을 말한다. 도소매업의 이자비용은 판매, 관리활동이 아닌 자금조달활동에서 발생하는 영업외비용이다.

06 ③ 취득원가 = 매입가격 + 매입부대비용 = 100개 × 4,500원 + (10,000원 + 8,000원) = 468,000원

07 ① 선입선출법은 먼저 입고된 상품이 먼저 출고한다는 가정하에 출고단가를 결정하는 방법으로, 선입선출법하에서는 기말재고자산에 최근에 구입한 가장 높은 단가가 적용되므로 기말재고자산이 가장 크게 계상된다.

08 ④ • 대손충당금 설정액 : 매출채권 5,000,000원 × 2% = 100,000원
  • 대손충당금 추가계상액 : 100,000원 − 20,000원 = 80,000원

09 ① 선수수익 : 2,400,000원 × 5/12 = 1,000,000원

10 ③ 소모품비는 비용이므로 손익계산서에 표시되는 계정이다.

✛ 실무수행평가 ✛

01 기초정보관리의 이해

1 사업자등록증에 의한 거래처등록
1. 사업장 소재지 변경 : 서울특별시 강남구 강남대로 246 (도곡동, 다림빌딩)
2. 전자세금계산서 전용 메일주소 등록 : love@naver.com

2 거래처별초기이월 등록 및 수정
260.단기차입금 계정 : 거래처 코드별 금액 입력

02 거래자료입력

1 [일반전표입력] 1월 27일
(차) 103.보통예금	200,000원	(대) 901.이자수익	200,000원
(98001.신한은행(보통))			

2 [일반전표입력] 2월 15일
(차) 822.차량유지비	30,000원	(대) 253.미지급금	30,000원
		(00513.유성카정비)	

3 [일반전표입력] 3월 5일
(차) 146.상품	60,000,000원	(대) 251.외상매입금	60,000,000원
		(08808.(주)다나와문구)	

4 [일반전표입력] 4월 18일
(차) 251.외상매입금	3,300,000원	(대) 103.보통예금	3,300,000원
(00167.한샘문구)		(98003.국민은행(보통))	

5 [일반전표입력] 5월 28일
(차) 131.선급금	200,000원	(대) 101.현금	200,000원
(00250.(주)학용품나라)			
또는 (출) 131.선급금	200,000원		
(00250.(주)학용품나라)			

6 [일반전표입력] 7월 10일
(차) 833.광고선전비	1,000,000원	(대) 253.미지급금	1,000,000원
		(99603.현대카드)	

7 [일반전표입력] 11월 30일
(차) 801.급여	6,500,000원	(대) 254.예수금	849,290원
		103.보통예금	5,650,710원
		(98002.하나은행(보통))	

⑧ [일반전표입력] 12월 31일

(차) 824.운반비	17,000원	(대) 101.현금	17,000원

또는 (출) 824.운반비　　　　　　17,000원

03 전표수정

① **입력자료수정**

[일반전표입력] 8월 17일

수정 전 : (출) 830.소모품비　　150,000원

수정 후 : (출) 813.접대비　　　150,000원

　　　　　　　(기업업무추진비)

　　　또는 (차) 813.접대비　　150,000원　　(대) 101.현금　　　　150,000원

　　　　　　　(기업업무추진비)

② **입력자료수정**

[일반전표입력] 9월 28일

(차) 821.보험료　　　　　　830,000원　　(대) 103.보통예금　　　　830,000원

　　　　　　　　　　　　　　　　　　　　　　(98000.기업은행(보통))

04 결산

① **수동결산 및 자동결산**

[결산자료입력]

대손상각의 외상매출금에 703,730원을 입력하고 상단부 전표추가(F3) 를 클릭하여 자동분개 생성

※ 대손충당금 추가설정액 : 외상매출금 잔액 224,373,000원 × 1% − 설정전 대손충당금 잔액 1,540,000원

　　= 703,730원

(차) 835.대손상각비　　　　703,730원　　(대) 109.대손충당금　　　　703,730원

기말상품재고액 43,000,000원을 입력하고 상단부 전표추가(F3) 를 클릭하여 자동분개 생성

(차) 451.상품매출원가　　225,195,000원　　(대) 146.상품　　　　225,195,000원

상품매출원가　= 기초상품재고액 + 당기상품매입액 − 기말상품재고액

225,195,000원 = (4,200,000원) + (263,995,000원) − (43,000,000원)

[재무제표 등 작성]

손익계산서 [기능모음]의 '추가' 클릭 → 재무상태표 조회 작성

05 실무수행평가

번호	평가문제	배점
11	평가문제 [거래처등록 조회] ② 메일주소는 happy@naver.com이다.	3
12	평가문제 [예적금현황 조회] ① 98001.신한은행(보통) 15,196,160원	3
13	평가문제 [거래처원장 조회] ③ 98004.축협은행(차입) 10,000,000원	4
14	평가문제 [거래처원장 조회] ③ 99603.현대카드 100,000원	3
15	평가문제 [거래처원장 조회] (08808)	3
16	평가문제 [현금출납장 조회] (40,545,890)원	3
17	평가문제 [일/월계표 조회] (3,300,000)원	3
18	평가문제 [총계정원장 조회] (3)월	3
19	평가문제 [합계잔액시산표 조회] (2,243,730)원	3
20	평가문제 [손익계산서 조회] ② 접대비(기업업무추진비) 12,164,500원	3
21	평가문제 [손익계산서 조회] (225,195,000)원	2
22	평가문제 [손익계산서 조회] (8,126,000)원	3
23	평가문제 [손익계산서 조회] (6,642,700)원	3
24	평가문제 [손익계산서 조회] (9,920,000)원	3
25	평가문제 [손익계산서 조회] (9,798,000)원	4
26	평가문제 [재무상태표 조회] (2,700,000)원	3
27	평가문제 [재무상태표 조회] (83,311,200)원	4
28	평가문제 [재무상태표 조회] (5,389,170)원	3
29	평가문제 [재무상태표 조회] (70,000,000)원	4
30	평가문제 [재무상태표 조회] ④ 623,346,300원	2
총점		62

06 회계정보분석

31. ② (126,500,000원 ÷ 362,490,000원) × 100 ≒ 34%

32. ③ (110,570,000원 ÷ 197,500,000원) × 100 ≒ 55%

06 ｜ FAT 2급 57회 기출문제 정답 및 해설

✦ 실무이론평가 ✦

📌 정답

01 ②	02 ③	03 ①	04 ②	05 ④	06 ④	07 ④	08 ②	09 ③	10 ④

01 ② 상품구입계약체결은 기업의 재무상태에 영향을 미치지 않으므로 회계상 거래가 아니다. 회계상 거래는 기업의 재무상태에 영향을 주고, 금액으로 추정할 수 있어야 한다.

02 ③ 당기에 현금을 수취하지 않았지만 당기의 수익으로 인식하는 계정과목은 미수수익이다.

03 ① 재무회계의 목적은 외부 이해관계자에게 유용한 정보를 제공하는 것이다.

04 ② 기말상품재고액 : 800,000원 + (1,500,000원 − 150,000원) − 1,200,000원 = 950,000원

05 ④ 기말외상매출금 1,100,000원 = 기초외상매출금 500,000원 + 외상매출액 800,000원 − 현금회수 200,000원

06 ④ 무형자산의 상각방법은 경제적 효익이 소비되는 행태를 반영한 합리적인 방법이어야 하며, 이러한 상각방법에는 정액법, 체감잔액법(정률법 등), 연수합계법, 생산량비례법 등이 있다.

07 ④ 건물의 에스컬레이터 설치는 건물의 미래 경제적 효익을 증가시키므로 자본적 지출에 해당하나, 그 밖의 지출은 원상회복이나 능률유지를 위한 것이므로 수익적 지출로 본다.

08 ② 영업이익 220,000원 = 매출액 1,500,000원 − 매출원가 1,200,000원 − 판매비와관리비(광고선전비) 80,000원

09 ③ 개인기업 사장이 사적으로 인출한 예금은 인출금계정으로 회계처리한다.

10 ④ 업무와 관련한 임직원 교육비는 교육훈련비에 해당한다.

✦ 실무수행평가 ✦

01 기초정보관리의 이해

1 **사업자등록증에 의한 회사등록 수정**
  - 업태 : 도소매업 → '도소매업, 서비스업'으로 수정
  - 종목 : 생화 → '생화, 꽃 배달'로 수정

2 **전기분 재무상태표의 입력수정**
  - 111.대손충당금 129,280원 추가 입력
  - 254.예수금 120,000원을 1,350,000원으로 수정 입력
  - 대차차액 0원 확인

02 거래자료입력

1 [일반전표입력] 2월 17일

(차) 829. 사무용품비	27,000원	(대) 101.현금	27,000원
또는 (출) 829. 사무용품비	27,000원		

2 [일반전표입력] 3월 22일

(차) 812.여비교통비	295,000원	(대) 134.가지급금	200,000원
		(03001.이준호)	
		101.현금	95,000원

3 [일반전표입력] 4월 26일

(차) 146.상품	5,000,000원	(대) 252.지급어음	5,000,000원
		(00105.민정화원)	

[지급어음관리]
지급어음 라인에서 F3(자금관리)키를 클릭하여 어음정보 입력

● 지급어음 관리								삭제(F5)
어음상태	2 발행	어음번호	00420240426123456789	어음종류	4 전자	발행일		2024-04-26
만기일	2024-07-26	지급은행	98000 국민은행(보통)	지점	서대문점			

4 [일반전표입력] 5월 27일

(차) 108.외상매출금	700,000원	(대) 401.상품매출	700,000원
(04002.아름조경(주))			

5 [일반전표입력] 7월 20일

(차) 107.단기매매증권	2,500,000원	(대) 103.보통예금	2,500,000원
		(98000.국민은행(보통))	

6 [일반전표입력] 8월 10일

| (차) 254.예수금 | 160,000원 | (대) 101.현금 | 320,000원 |
| 817.세금과공과금 | 160,000원 | | |

7 [일반전표입력] 9월 20일

| (차) 819.임차료 | 1,300,000원 | (대) 103.보통예금 | 1,300,000원 |
| | | (98001.신한은행(보통)) | |

8 [일반전표입력] 10월 28일

| (차) 103.보통예금 | 400,000원 | (대) 259.선수금 | 400,000원 |
| (98002.하나은행(보통)) | | (03101.미니화분(주)) | |

03 전표수정

1 **입력자료수정**

[일반전표입력] 11월 10일

수정 전 : (출) 813.접대비   10,000원
                (기업업무추진비)

수정 후 : (출) 813.접대비   60,000원
                (기업업무추진비)

또는 (차) 813.접대비   60,000원   (대) 101.현금   60,000원
          (기업업무추진비)

2 **입력자료수정**

[일반전표입력] 12월 20일

수정 전 : (차) 822.차량유지비	2,380,000원	(대) 101.현금	2,380,000원
수정 후 : (차) 208.차량운반구	2,380,000원	(대) 101.현금	2,380,000원
또는 (출) 208.차량운반구	2,380,000원		

04 결산

1 **수동결산 및 자동결산**

1) [일반전표입력] 12월 31일

| (차) 830.소모품비 | 3,000,000원 | (대) 122.소모품 | 3,000,000원 |

2) [결산자료입력]

기말상품재고액 31,000,000원을 입력하고 상단부 전표추가(F3) 를 클릭하여 자동분개 생성

(차) 451.상품매출원가   226,695,000원   (대) 146.상품   226,695,000원
상품매출원가 : 기초상품재고액 + 당기상품매입액 − 기말상품재고액 = 226,695,000원
                (57,000,000원)   (200,695,000원)   (31,000,000원)

3) [재무상태표 등 작성]

손익계산서 [기능모음]의 '추가' 클릭 → 재무상태표 조회 작성

05 실무수행평가

번호	평가문제	배점
11	평가문제 [회사등록 조회] ③ 종목은 '생화, 꽃 배달'이다.	3
12	평가문제 [예적금현황 조회] ③ 하나은행(보통) 63,680,000원	3
13	평가문제 [거래처원장 조회] ④ 04002.아름조경(주) 700,000원	3
14	평가문제 [거래처원장 조회] (03101)	3
15	평가문제 [거래처원장 조회] (50,000)원	3
16	평가문제 [지급어음현황 조회] (12,300,000)원	3
17	평가문제 [총계정원장 조회] ④ 11월 40,141,570원	3
18	평가문제 [일/월계표 조회] (36,214,000)원	4
19	평가문제 [일/월계표 조회] (1,550,000)원	3
20	평가문제 [손익계산서 조회] ② 여비교통비 1,324,600원	3
21	평가문제 [손익계산서 조회] (226,695,000)원	2
22	평가문제 [손익계산서 조회] (9,724,500)원	3
23	평가문제 [손익계산서 조회] (1,424,840)원	3
24	평가문제 [재무상태표 조회] (7,500,000)원	4
25	평가문제 [재무상태표 조회] (15,298,720)원	4
26	평가문제 [재무상태표 조회] (1,256,200)원	3
27	평가문제 [재무상태표 조회] (300,000)원	3
28	평가문제 [재무상태표 조회] (303,631,200)원	4
29	평가문제 [재무상태표 조회] (4,763,880)원	3
30	평가문제 [재무상태표 조회] ① 691,788,030원	2
총점		**62**

06 회계정보분석

31. ① (38,000,000원 ÷ 197,500,000원) × 100 ≒ 19

32. ③ (131,370,000원 ÷ 197,500,000원) × 100 ≒ 66%

07 | FAT 2급 58회 기출문제 정답 및 해설

✛ 실무이론평가 ✛

▣ 정답

01 ①	02 ①	03 ④	04 ①	05 ③	06 ③	07 ①	08 ④	09 ②	10 ①

01 ① 회계등식에 따라 차변에 기록되는 거래요소는 자산의 증가, 부채 및 자본의 감소, 비용의 발생이 되어야 한다.

02 ① 경영자는 기업실체 외부의 이해관계자에게 재무제표를 작성하고 보고할 일차적인 책임을 진다.

03 ④ 퇴직급여충당부채는 비유동부채에 속한다.

04 ① • 선입선출법은 먼저 매입한 상품을 먼저 인도하는 형식으로 인도 단가를 결정하는 방법이다.
   • 6월말 재고수량은 100개, 매입단가는 @3,000원이므로 기말상품재고액은 300,000원이다.

05 ③ • 건물 구입 시 지급하는 중개수수료, 취득세는 건물 취득원가에 포함된다.
   • 건물 취득원가 10,300,000원 = 건물구입금액(10,000,000원) + 중개수수료(100,000원) + 취득세 (200,000원)

06 ③ • 당기순이익 2,000,000원 = 기말자본 5,000,000원 − 기초자본 2,000,000원 − 추가출자금액 1,000,000원
   • 기초자본 : 4,000,000원 − 2,000,000원 = 2,000,000원
   • 기말자본 : 8,000,000원 − 3,000,000원 = 5,000,000원

07 ① 대손충당금 잔액 30,000원 = 대손충당금(200,000원) − 매출채권 회수불능액(170,000원)

08 ④ • 총매출액 230,000원 = 순매출액 200,000원 + 매출환입 20,000원 + 매출에누리 10,000원
   • 순매출액 = 매출총이익 + 매출원가 = 120,000원 + 80,000원 = 200,000원

09 ② 제시된 내용은 판매비와관리비에 대한 설명이고, 급여는 판매비와관리비에 해당한다. 유형자산처 분손실, 단기매매증권처분손실, 이자비용은 영업외비용이다.

10 ① 차입금의 상환은 결산정리사항이 아니다.

÷ 실무수행평가 ÷

01 기초정보관리의 이해

☐ **사업자등록증에 의한 거래처등록**
- 사업장주소 : '서울특별시 서대문구 충정로7길 12 (충정로2가)' → '서울특별시 강남구 강남대로 254 (도곡동, 용문빌딩)'으로 변경
- 전자세금계산서 전용 메일주소 : 'kmc1117@bill36524.com' → 'right@bill36524.com'으로 변경

☐ **거래처별 초기이월**

02 거래자료입력

☐ [일반전표입력] 3월 13일

(차) 822.차량유지비	30,000원	(대) 101.현금	30,000원
또는 (출) 822.차량유지비	30,000원		

☐ [일반전표입력] 4월 11일

(차) 811.복리후생비	156,000원	(대) 253.미지급금	156,000원
		(99600.국민카드)	

☐ [일반전표입력] 5월 27일

(차) 146.상품	4,000,000원	(대) 131.선급금	400,000원
		(01121.망스악기(주))	
		251.외상매입금	3,600,000원
		(01121.망스악기(주))	

4️⃣ [일반전표입력] 6월 25일

(차) 120.미수금	2,000,000원	(대) 240.소프트웨어	2,000,000원
(02004.인디아악기(주))			

5️⃣ [일반전표입력] 9월 2일

(차) 103.보통예금	5,000,000원	(대) 114.단기대여금	5,000,000원
(98000.국민은행(보통))		(00102.악기왕국)	

6️⃣ [일반전표입력] 9월 10일

(차) 110.받을어음	10,000,000원	(대) 108.외상매출금	10,000,000원
(05015.(주)골드악기)		(05015.(주)골드악기)	

[받을어음관리]

적요코드란에서 F3(자금관리)키를 클릭하여 어음정보 입력

● 받을어음 관리									삭제(F5)
어음상태	1 보관	어음종류	6 전자		어음번호	00420240910123406789		수취구분	1 자수
발행인	05015	(주)골드악기		발행일	2024-09-10	만기일	2024-12-10	배서인	
지급은행	100	국민은행	지점	강남	할인기관		지점	할인율(%)	
지급거래처						* 수령된 어음을 타거래처에 지급하는 경우에 입력합니다.			

7️⃣ [일반전표입력] 10월 25일

(차) 214.건설중인자산	2,000,000원	(대) 103.보통예금	2,000,000원
		(98002.신한은행(보통))	

8️⃣ [일반전표입력] 11월 4일

(차) 134.가지급금	130,000원	(대) 103.보통예금	130,000원
(04112.박선주)		(98001.농협은행(보통))	

03 전표수정

1️⃣ **입력자료수정**

[일반전표입력] 2월 6일

수정 전 : (차) 251.외상매입금	700,000원	(대) 103.보통예금	700,000원
(00156.성진빌딩(주))		(98000.국민은행(보통))	
수정 후 : (차) 253.미지급금	700,000원	(대) 103.보통예금	700,000원
(00156.성진빌딩(주))		(98000.국민은행(보통))	

2️⃣ **입력자료수정**

[일반전표입력] 9월 20일

수정 전 : (차) 813.접대비	132,000원	(대) 253.미지급금	132,000원
(기업업무추진비)		(99600.국민카드)	
수정 후 : (차) 813.접대비	132,000원	(대) 253.미지급금	132,000원
(기업업무추진비)		(99605.삼성카드)	

04 결산

1 수동결산 및 자동결산

1) [일반전표입력] 12월 31일

(차) 116.미수수익   560,000원   (대) 901.이자수익   560,000원

2) [결산자료입력]

기말상품재고액 28,000,000원을 입력하고 상단부 <kbd>전표추가(F3)</kbd> 를 클릭하여 자동분개 생성

(차) 451.상품매출원가   184,215,000원   (대) 146.상품   184,215,000원

상품매출원가 : 기초상품재고액 + 당기상품순매입액 − 기말상품재고액 = 184,215,000원

           (40,000,000원)   (172,215,000원)   (28,000,000원)

3) [재무상태표 등 작성]

손익계산서 [기능모음]의 '추가' 클릭 → 재무상태표 조회 작성

05 실무수행평가

번호	평가문제	배점
11	평가문제 [거래처등록 조회] ③ 사업장은 '서울특별시 서대문구'에 위치하고 있다.	3
12	평가문제 [예적금현황 조회] ② 신한은행(보통) 10,000,000원	3
13	평가문제 [거래처원장 조회] ③ 00177.쉼터악기 20,000,000원	3
14	평가문제 [거래처원장 조회] ④ 99605.삼성카드 6,543,200원	4
15	평가문제 [거래처원장 조회] (15,000,000)원	3
16	평가문제 [거래처원장 조회] (00123)	3
17	평가문제 [총계정원장 조회] ③ 4월 1,374,000원	4
18	평가문제 [일/월계표 조회] (32,710,000)원	3
19	평가문제 [일/월계표 조회] (2,000,000)원	3
20	평가문제 [일/월계표 조회] (557,500)원	3
21	평가문제 [손익계산서 조회] (184,215,000)원	2
22	평가문제 [손익계산서 조회] (9,200,000)원	4
23	평가문제 [재무상태표 조회] (1,000,000)원	3
24	평가문제 [재무상태표 조회] (4,000,000)원	3
25	평가문제 [재무상태표 조회] (1,520,000)원	3
26	평가문제 [재무상태표 조회] (105,000,000)원	4
27	평가문제 [재무상태표 조회] (530,000)원	4
28	평가문제 [재무상태표 조회] (3,000,000)원	2
29	평가문제 [재무상태표 조회] (21,051,200)원	3
30	평가문제 [재무상태표 조회] ① 520,435,170원	2
총점		**62**

06 회계정보분석

31. ③ (158,000,000원 ÷ 300,000,000원) × 100 = 52%

32. ② (324,700,000원 ÷ 491,300,000원) × 100 = 66%

08 | FAT 2급 59회 기출문제 정답 및 해설

✦ 실무이론평가 ✦

☰ 정답

01 ②	02 ④	03 ④	04 ③	05 ③	06 ②	07 ③	08 ④	09 ②	10 ①

01 ② 비용의 발생과 자산의 증가는 모두 차변에 기록된다.

02 ④ 기업의 경영활동에서 발생한 거래를 분개장에 분개한 후 총계정원장에 전기하는데, 전기가 정확한지 확인하기 위하여 작성되는 표를 시산표라고 한다.

03 ④ (차) 외상매출금   300,000원   (대) 상품매출   300,000원
      운반비   10,000원   현금   10,000원

04 ③ 건물, 장기대여금은 비유동자산이고, 선급금, 미수금은 유동자산이다.

05 ③ 2024년 6월 30일 현재 건물의 장부금액 :
취득원가(20,000,000원) − 감가상각누계액(9,000,000원) = 11,000,000원
유형자산처분이익 = 처분금액(12,000,000원) − 장부금액(11,000,000원) = 1,000,000원

06 ② 재고자산을 고객에게 인도하고 대금은 할부로 회수하기로 한 경우 대금이 모두 회수되지 않았다 하더라도 상품의 판매시점에서 판매자의 재고자산에서 제외한다.

07 ③ 매출원가 295,000원 = 기초상품재고액 60,000원 + 당기순매입액 305,000원* − 기말상품재고액 70,000원
　* 당기순매입액 305,000원 = 총매입액 300,000원 + 매입시 운반비 5,000원

08 ④ 위 거래에 대한 옳은 분개 내용은 (차) 차량유지비   80,000원   (대) 현금   80,000원
　* 오류 분개 결과 차량유지비 비용계정이 누락되고 차량운반구 자산계정이 증가하였으므로, 비용의 과소 계상 및 자산의 과대 계상이 나타난다.

09 ② 4월 3일 (차) 대손충당금   150,000원   (대) 매출채권   150,000원
　12월 31일 (차) 대손상각비   50,000원   (대) 대손충당금   50,000원
　* 100,000원 − (200,000원 − 150,000원) = 50,000원

10 ① 자산의 증가금액과 자산의 감소금액이 동일하므로 자본의 변동을 초래하지 않는다.
② 자본의 감소와 자산의 감소가 발생하는 거래로서 자본이 감소한다.
③ 비용의 발생과 수익이 발생하며 순이익이 증가되므로 자본이 증가한다.
④ 자산의 증가와 자본의 증가가 발생하는 거래로서 자본이 증가한다.

·⊹· 실무수행평가 ·⊹·

01 기초정보관리의 이해

1 사업자등록증에 의한 거래처등록

1. [기본사항]

2. [추가사항]

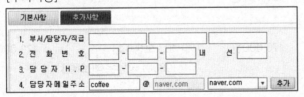

② **전기분 손익계산서의 입력수정**
- 835.대손상각비 4,000,000원 추가입력
- 901.이자수익 250,000원을 3,250,000원으로 수정입력
- 당기순이익 103,160,000원 확인

02 거래자료입력

① [일반전표입력] 1월 12일

(차) 826.도서인쇄비	245,000원	(대) 101.현금	245,000원
또는 (출) 826.도서인쇄비	245,000원		

② [일반전표입력] 2월 17일

(차) 813.접대비(기업업무추진비)	28,000원	(대) 253.미지급금	28,000원
		(03500.러브플라워)	

③ [일반전표입력] 3월 18일

(차) 110.받을어음	7,000,000원	(대) 401.상품매출	7,000,000원
(02205.드림커피(주))			

[받을어음관리]

적요코드란에서 F3(자금관리)키를 클릭하여 어음정보 입력

● 받을어음 관리									삭제(F5)
어음상태	1 보관	**어음종류**	6 전자	**어음번호**	00420240318123406789			**수취구분**	1 자수
발행인	02205	드림커피(주)		발행일	2024-03-18	만기일	2024-06-18	배서인	
지급은행	100	국민은행	지점 강남	할인기관		지점		할인율(%)	
지급거래처					* 수령된 어음을 타거래처에 지급하는 경우에 입력합니다.				

④ [일반전표입력] 4월 9일

(차) 146.상품	500,000원	(대) 251.외상매입금	500,000원
		(99602.비씨카드)	

⑤ [일반전표입력] 6월 30일

(차) 817.세금과공과금	345,000원	(대) 101.현금	345,000원
또는 (출) 817.세금과공과금	345,000원		

⑥ [일반전표입력] 7월 25일

(차) 103.보통예금	7,200,000원	(대) 107.단기매매증권	8,000,000원
(98002.신한은행(보통))			
938.단기매매증권처분손실	800,000원		

⑦ [일반전표입력] 8월 27일

(차) 814.통신비	170,000원	(대) 103.보통예금	170,000원
		(98001.국민은행(보통))	

8 [일반전표입력] 9월 10일

(차) 103.보통예금   4,500,000원   (대) 108.외상매출금   4,500,000원

    (98004.농협은행(보통))   (00240.화이트커피)

03 전표수정

1 입력자료수정

[일반전표입력] 10월 22일

수정 전 : (차) 108.외상매출금   680,000원   (대) 401.상품매출   680,000원

          (32005.(주)금화상사)

수정 후 : (차) 108.외상매출금   680,000원   (대) 401.상품매출   680,000원

          (32008.금천상사(주))

2 입력자료수정

[일반전표입력] 12월 5일

수정 전 : (출) 831.수수료비용   5,000원

수정 후 : (차) 146.상품   5,000원   (대) 101.현금   5,000원

      또는 (출) 146.상품   5,000원

04 결산

1 수동결산 및 자동결산

1) [일반전표입력] 12월 31일

   (차) 122.소모품   300,000원   (대) 830.소모품비   300,000원

2) [결산자료입력]

   기말상품재고액 42,000,000원을 입력하고 상단부 전표추가(F3) 를 클릭하여 자동분개 생성

   (차) 451.상품매출원가   174,720,000원   (대) 146.상품   174,720,000원

     상품매출원가 : 기초상품재고액 + 당기상품순매입액 – 기말상품재고액 = 174,720,000원

           (48,000,000원)   (168,720,000원)   (42,000,000원)

3) [재무상태표 등 작성]

   손익계산서 [기능모음]의 '추가' 클릭 → 재무상태표 조회 작성

05 실무수행평가

번호	평가문제	배점
11	평가문제 [거래처등록 조회] ③ 업태는 '도매업', 종목은 '커피외'이다.	4
12	평가문제 [예적금현황 조회] ③ 신한은행(보통) 7,200,000원	3
13	평가문제 [거래처원장 조회] ② 03500.러브플라워 30,000원	4
14	평가문제 [거래처원장 조회] (5,000,000)원	4
15	평가문제 [거래처원장 조회] (32008)	4
16	평가문제 [총계정원장 조회] ① 1월 20,000원	3
17	평가문제 [받을어음현황 조회] (02205)	2
18	평가문제 [일/월계표 조회] (14,295,000)원	3
19	평가문제 [합계잔액시산표 조회] (639,000)원	3
20	평가문제 [손익계산서 조회] ② 세금과공과금 1,199,000원	4
21	평가문제 [손익계산서 조회] (11,612,500)원	2
22	평가문제 [손익계산서 조회] (1,700,000)원	4
23	평가문제 [손익계산서 조회] (1,980,000)원	4
24	평가문제 [손익계산서 조회] (4,950,000)원	3
25	평가문제 [손익계산서 조회] (10,461,000)원	2
26	평가문제 [재무상태표 조회] (32,307,000)원	4
27	평가문제 [재무상태표 조회] (80,000,000)원	2
28	평가문제 [재무상태표 조회] (19,500,000)원	2
29	평가문제 [재무상태표 조회] (109,425,000)원	3
30	평가문제 [재무상태표 조회] ④ 538,233,870원	2
총점		62

06 회계정보분석

31. ③ (469,300,000원 ÷ 156,600,000원) × 100 ≒ 299%
32. ② (156,600,000원 ÷ 333,300,000원) × 100 ≒ 46%

09 | FAT 2급 61회 기출문제 정답 및 해설

✦ 실무이론평가 ✦

🔺 정답

01 ④	02 ③	03 ①	04 ②	05 ①	06 ③	07 ②	08 ①	09 ①	10 ②

01 ④ (차) 현금(자산의 증가)   ×××   (대) 매출채권(자산의 감소)   ×××
    ① (차) 상품(자산의 증가)   ×××   (대) 외상매입금(부채의 증가)   ×××
    ② (차) 단기차입금(부채의 감소)   ×××   (대) 현금(자산의 감소)   ×××
    ③ (차) 현금(자산의 증가)   ×××   (대) 자본금(자본의 증가)   ×××

02 ③ 기업의 순자산으로서 소유주의 잔여청구권인 것은 자본이다.

03 ① 기말상품재고액 390,000원 = 기초상품재고액 90,000원 + (총매입액 1,500,000원 − 매입에누리액 200,000원) − 매출원가 1,000,000원

04 ② 보통예금과 자기앞수표가 현금및현금성자산에 포함된다. 외상매출금은 매출채권으로 처리하고, 단기매매차익을 목적으로 구입한 주식은 단기매매증권으로 처리한다.

05 ① 먼저 구입한 상품이 먼저 사용되거나 판매되는 것으로 가정하여 기말재고액을 결정하는 방법을 선입선출법이라고 한다.

06 ③ 매출액 85,000원 = 총매출액 100,000원 − 매출에누리와 환입 10,000원 − 매출할인 5,000원

07 ② 상품은 감가상각 대상자산이 아니다.

08 ① 미지급비용 180,000원 = 2,000,000원 × 12% × 9개월/12개월

09 ① 감가상각비 2,000,000 = (40,000,000원 − 0원) ÷ 10년 × 6개월/12개월

10 ② 유형자산처분손실은 영업외비용으로 영업이익 산출에 영향을 미치지 않는다.

✦ 실무수행평가 ✦

01 기초정보관리의 이해

1 사업자등록증에 의한 거래처등록

		코드	금융기관명	계좌번호	구분	사용			
거래처등록							거래처등록 검증	거래처명잠금(Ctrl+F8)	기능모음(F11) ▼

거래처등록 / 일반 / 금융 / 카드

		코드	금융기관명	계좌번호	구분	사용
1		98000	신협은행(보통)	1122-098-123143	일	반 ○
2		98001	국민은행(보통)	096-24-0094-123	일	반 ○
3		98002	신한은행(보통)	308-24-374555	일	반 ○
4		98004	농협은행(보통)	201-6611-04712	일	반 ○
5		98400	우리은행(당좌)	1602-4501-101157	일	반 ○
6		98500	기업은행(차입)	627-869-84513-5	일	반 ○
7		98600	수협은행(차입)	112-42-562489	일	반 ○
8		98005	하나은행(보통)	527-910004-22456	일	반 ○

기본사항 / 추가사항

1. 계 좌 번 호 527-910004-22456
2. 계 좌 개 설 점 [ ] [?] [ ]
3. 예 금 종 류 [ ] [0] 보통
4. 이 자 율 [ ] %
5. 당 좌 한 도 액 [ ]   6. 당좌차월 기 일 [____-__-__] [?]
7. 사업자등록번호 [___-__-_____]   8. 사 업 용 계 좌 [1] 부

2 거래처별초기이월 등록 및 수정
253.미지급금 계정 : 거래처별 금액 입력

02 거래자료입력

1 [일반전표입력] 6월 10일

(차) 829.사무용품비	25,000원	(대) 101.현금	25,000원
또는 (출) 829.사무용품비	25,000원		

2 [일반전표입력] 6월 30일

(차) 817.세금과공과금	345,000원	(대) 101.현금	345,000원
또는 (출) 817.세금과공과금	345,000원		

3 [일반전표입력] 7월 10일

(차) 114.단기대여금	30,000,000원	(대) 103.보통예금	30,000,000원
(08707.(주)비발디커피)		(98001.국민은행(보통))	

4 [일반전표입력] 7월 20일

(차) 146.상품	1,500,000원	(대) 131.선급금	500,000원
		(02205.(주)콜럼비아)	
		251.외상매입금	1,000,000원
		(02205.(주)콜럼비아)	

5 [일반전표입력] 8월 10일

(차) 811.복리후생비	1,200,000원	(대) 253.미지급금	1,200,000원
		(99605.삼성카드)	

⑥ [일반전표입력] 8월 20일
  (차) 103.보통예금   8,800,000원   (대) 107.단기매매증권   8,000,000원
    (98002.신한은행(보통))   906.단기매매증권처분이익 800,000원

⑦ [일반전표입력] 8월 25일
  (차) 821.보험료   1,870,000원   (대) 101. 현금   1,870,000원
  또는 (출) 821.보험료   1,870,000원

⑧ [일반전표입력] 9월 29일
  (차) 814.통신비   120,500원   (대) 103.보통예금   120,500원
                                            (98004.농협은행(보통))

03 전표수정

① **입력자료수정**
[일반전표입력] 12월 10일
수정 전 : (차) 251.외상매입금   26,810,000원   (대) 103.보통예금   26,810,000원
              (01121.(주)망고식스)   (98002.신한은행(보통))
수정 후 : (차) 251.외상매입금   26,810,000원   (대) 103.보통예금   26,810,000원
              (01121.(주)망고식스)   (98000.신협은행(보통))

② **입력자료수정**
[일반전표입력] 9월 20일 전표 중 한 건 삭제
  (차) 826.도서인쇄비   24,000원   (대) 101.현금   24,000원

04 결산

① **수동결산 및 자동결산**
1) [일반전표입력] 12월 31일
   (차) 172.소모품   600,000원   (대) 830.소모품비   600,000원
2) [결산자료입력] 1월 ~ 12월
   – 기말상품재고액 43,200,000원을 입력한다.
   – 상단부 전표추가(F3) 를 클릭하면 [일반전표입력] 메뉴에 분개가 생성된다.
     (차) 451.상품매출원가   204,015,000원   (대) 146.상품   204,015,000원
   * 기초상품재고액 48,000,000원 + 당기상품매입액 199,215,000원 – 기말상품재고액 43,200,000원
     = 상품매출원가 204,015,000원
3) [재무제표 작성]
   손익계산서([기능모음]의 '추가' 클릭) ➜ 재무상태표를 조회 작성한다.

05 실무수행평가

번호	평가문제	배점
11	평가문제 [거래처등록 조회] ④ 농협은행(보통) 112-42-562489	3
12	평가문제 [거래처원장 조회] ③ (주)콜럼비아 500,000원	3
13	평가문제 [거래처원장 조회] ② (주)하나컴퓨터 2,000,000원	3
14	평가문제 [거래처원장 조회] (38,800,000)원	3
15	평가문제 [거래처원장 조회] (7,698,200)원	4
16	평가문제 [예적금현황 조회] ④ 농협은행(보통) 2,879,500원	3
17	평가문제 [분개장 조회] (34)건	3
18	평가문제 [일/월계표 조회] (821)	3
19	평가문제 [현금출납장 조회] (19,459,810)원	2
20	평가문제 [현금출납장 조회] (6,528,500)원	4
21	평가문제 [손익계산서 조회] ① 통신비 1,745,610원	3
22	평가문제 [손익계산서 조회] (204,015,000)원	4
23	평가문제 [손익계산서 조회] (15,773,000)원	4
24	평가문제 [손익계산서 조회] (1,701,500)원	2
25	평가문제 [손익계산서 조회] (9,000,000)원	3
26	평가문제 [재무상태표 조회] (70,000,000)원	3
27	평가문제 [재무상태표 조회] (140,000,000)원	4
28	평가문제 [재무상태표 조회] (600,000)원	4
29	평가문제 [재무상태표 조회] (157,015,000)원	3
30	평가문제 [재무상태표 조회] ③ 520,687,070원	1
총점		**62**

06 회계정보분석

31. ④ (414,300,000원 ÷ 76,600,000원) × 100 ≒ 540%
32. ③ (229,000,000원 ÷ 583,000,000원) × 100 ≒ 39%

10 | FAT 2급 63회 기출문제 정답 및 해설

✛ 실무이론평가 ✛

☰ 정답

01	③	02	②	03	④	04	②	05	②	06	④	07	①	08	①	09	④	10	③

01 ③ 경영자는 기업실체 외부의 이해관계자에게 재무제표를 작성하고 보고할 일차적인 책임을 진다.

02 ② 회계상의 거래는 기업의 자산, 부채, 자본의 증감을 가져오거나 수익, 비용을 발생시키는 모든 활동을 말한다. 종업원을 채용하고 근로계약서만을 작성한 것은 자산, 부채, 자본의 증감을 초래하지 않으므로 회계상의 거래가 아니다.

03 ④ 연구비는 비용이므로 손익계산서에 표시되는 계정이다.

04 ② 상품 매입금액 600,000원 + 매입운반비 8,000원 = 취득원가 608,000원

05 ② 무형자산은 특별한 경우를 제외하고는 잔존가치가 없는 것으로 본다.

06 ④ 건물 벽의 도색, 에어컨의 수리, 자동차 타이어의 교체는 발생한 기간의 비용으로 인식한다.

07 ① '발생주의'는 기업실체의 경제적 거래나 사건에 대해 관련된 수익과 비용을 그 현금유출입이 있는 기간이 아니라 당해 거래나 사건이 발생한 기간에 인식하는 것을 말한다.

08 ① 매출원가 590,000원 = 기초상품재고액 150,000원 + 당기 총매입액 600,000원 – 매입에누리 60,000원 – 기말상품재고액 100,000원

09 ④ 기말 재고자산이 과대계상되면 매출원가는 30,000원 과소계상되고 당기순이익은 30,000원 과대계상된다.

10 ③ 직원 단합을 위한 가족동반 야유회 개최비는 복리후생비로, 직원 업무역량 강화를 위한 영어학원 지원비는 교육훈련비로 회계처리한다.

✦ 실무수행평가 ✦

01 기초정보관리의 이해

1 **사업자등록증에 의한 거래처등록**

기본사항 등록 : 코드, 거래처, 사업자등록번호, 대표자, 업태, 종목, 사업장주소 등

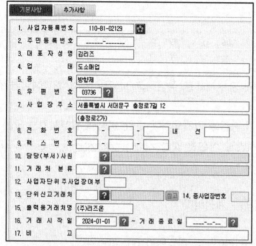

추가사항 등록 : 전자세금계산서 전용 메일주소 'leeds@naver.com'

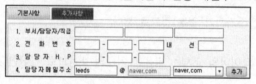

2 **거래처별초기이월 등록 및 수정**

108. 외상매출금 계정 : 거래처 코드별 금액 입력

	코드	계정과목	전기분재무상태표	차 액	거래처합계금액		코드	거래처	금액
1	101	현금	51,200,000	51,200,000			03000	(주)강남미인	41,000,000
2	102	당좌예금	26,200,000		26,200,000		03003	하늘화장품	50,000,000
3	103	보통예금	105,210,000		105,210,000				
4	107	단기매매증권	12,430,000	12,430,000					
5	108	외상매출금	91,000,000		91,000,000				

251. 외상매입금 계정 : 거래처 코드별 금액 입력

거래처별초기이월						기능모음(F11) ▼		
	코드	계정과목	전기분재무상태표	차 액	거래처합계금액		코드	거래처	금액
18	213	감가상각누계액	1,000,000	1,000,000			04010	(주)뷰티천국	14,000,000
19	240	소프트웨어	15,000,000	15,000,000			04201	(주)사인스타	20,000,000
20	251	외상매입금	34,000,000		34,000,000				

02 거래자료입력

1 [일반전표입력] 1월 11일

(차) 813.접대비(기업업무추진비)　72,000원　　(대) 253.미지급금　　　　　　72,000원
　　　　　　　　　　　　　　　　　　　　　　　　　　(99601.신한카드)

② [일반전표입력] 2월 13일

(차) 146.상품	5,000,000원	(대) 131.선급금	500,000원
		(02256.(주)순수해)	
		251.외상매입금	4,500,000원
		(02256.(주)순수해)	

③ [일반전표입력] 3월 10일

| (차) 811.복리후생비 | 83,750원 | (대) 103.보통예금 | 167,500원 |
| 254.예수금 | 83,750원 | (98001.기업은행(보통)) | |

④ [일반전표입력] 4월 18일

| (차) 819.임차료 | 1,500,000원 | (대) 103.보통예금 | 1,500,000원 |
| | | (98002.우리은행(보통)) | |

⑤ [일반전표입력] 7월 20일

| (차) 240.소프트웨어 | 2,700,000원 | (대) 253.미지급금 | 2,700,000원 |
| | | (50013.(주)더존소프트) | |

⑥ [일반전표입력] 9월 8일

(차) 812.여비교통비	420,000원	(대) 134.가지급금	400,000원
		(03102.김진수)	
		101.현금	20,000원

⑦ [일반전표입력] 10월 22일

| (차) 811.복리후생비 | 243,000원 | (대) 101.현금 | 243,000원 |
| 또는 (출) 811.복리후생비 | 243,000원 | | |

⑧ [일반전표입력] 11월 24일

(차) 101.현금	2,000,000원	(대) 401.상품매출	2,700,000원
108.외상매출금	700,000원		
(00177.에스티마음)			

03 전표수정

① **입력자료수정**

[일반전표입력] 6월 30일

수정 전 : (차) 822.차량유지비	340,000원	(대) 103.보통예금	340,000원
		(98000.국민은행(보통))	
수정 후 : (차) 817.세금과공과금	340,000원	(대) 103.보통예금	340,000원
		(98000.국민은행(보통))	

② **입력자료수정**

[일반전표입력] 12월 20일

| 수정 전 : (출) 826.도서인쇄비 | 60,000원 |
| 수정 후 : (출) 826.도서인쇄비 | 30,000원 |

04 결산

1 수동결산 및 자동결산

1) [일반전표입력] 12월 31일

(차) 830.소모품비   200,000원   (대) 122.소모품   200,000원

2) [결산자료입력]

기말상품재고액 33,000,000원을 입력하고 상단부 전표추가(F3) 를 클릭하여 자동분개 생성

(차) 451.상품매출원가   188,795,000원   (대) 146.상품   188,795,000원

* 기초상품재고액 15,000,000원 + 당기상품매입액 206,795,000원 − 기말상품재고액 33,000,000원
  = 상품매출원가 188,795,000원

3) [재무제표 작성]

손익계산서 [기능모음]의 '추가' 클릭 ➡ 재무상태표를 조회 작성한다.

05 실무수행평가

번호	평가문제	배점
11	평가문제 [거래처등록 조회] ③ '03101.깨끗해'의 사업자등록번호는 '110-81-02129'이다.	4
12	평가문제 [예적금현황 조회] ② 기업은행(보통) 1,628,660원	4
13	평가문제 [거래처원장 조회] ③ 04010.(주)뷰티천국 14,000,000원	3
14	평가문제 [거래처원장 조회] ③ 99601.신한카드 8,000원	4
15	평가문제 [거래처원장 조회] (00177)	3
16	평가문제 [거래처원장 조회] (3,700,000)원	3
17	평가문제 [현금출납장 조회] (267,582,450)원	2
18	평가문제 [총계정원장 조회] ① 9월 288,000원	3
19	평가문제 [총계정원장 조회] (3)월	3
20	평가문제 [일/월계표 조회] (600,000)원	3
21	평가문제 [일/월계표 조회] (327,000)원	3
22	평가문제 [일/월계표 조회] (50,000)원	3
23	평가문제 [손익계산서 조회] ③ 임차료 10,250,000원	3
24	평가문제 [손익계산서 조회] (894,330,000)원	3
25	평가문제 [손익계산서 조회] (188,795,000)원	2
26	평가문제 [손익계산서 조회] (1,604,840)원	4
27	평가문제 [재무상태표 조회] (1,556,200)원	4
28	평가문제 [재무상태표 조회] (2,800,000)원	3
29	평가문제 [재무상태표 조회] (18,700,000)원	3
30	평가문제 [재무상태표 조회] ④ 727,732,280원	2
총점		62

06 회계정보분석

31. ② (320,130,000원 ÷ 86,130,000원) × 100 ≒ 371%

32. ② (196,470,000원 ÷ 600,000,000원) × 100 ≒ 32%

11 | FAT 2급 65회 기출문제 정답 및 해설

✛ 실무이론평가 ✛

▣ 정답

01	③	02	①	03	④	04	①	05	③	06	④	07	③	08	①	09	①	10	④

01   ③ (차) 보통예금(자산의 증가)   1,000,000원   (대) 단기차입금(부채의 증가) 1,000,000원

02
① (차) 현금   100,000원   (대) 받을어음   100,000원
② (차) 보통예금   200,000원   (대) 이자수익   200,000원
③ (차) 급여   2,000,000원   (대) 미지급비용   2,000,000원
④ (차) 복리후생비   500,000원   (대) 현금   500,000원

03   ④ 재무상태표의 기본요소는 자산, 부채 및 자본이다.

04   ① 외상매출금회수액 160,000원 = 기초금액 40,000원 + 당기외상매출액 180,000원 − 기말금액 60,000원

05   ③ 취득원가 21,120,000원 = 건물구입금액 20,000,000원 + 중개수수료 200,000원 + 취득세 920,000원
     건물 구입 시 지급하는 중개수수료, 취득세는 건물 취득원가에 포함된다.

06   ④ 건설중인자산은 유형자산에 해당한다.

07   ③ 영업이익 80,000원 = 매출총이익 200,000원 − 판매비와관리비(급여, 복리후생비, 임차료) 120,000원
     매출액 400,000원 − 매출원가 200,000원 = 매출총이익 200,000원

08   ① 사업과 무관하게 무상으로 제공한 경우에는 기부금 계정으로 회계처리한다.

09   ① 단기차입금의 상환은 결산정리사항이 아니다.

10   ④ 당기말 대손충당금 잔액 40,000원 = 30,000원 − 10,000원 + 20,000원

✧ 실무수행평가 ✧

01 기초정보관리의 이해

1 사업자등록증에 의한 회사등록
- 사업장주소 : '서울특별시 강남구 강남대로 496 (논현동)'을
  '서울특별시 서대문구 충정로7길 29-11 (충정로3가)'로 수정
- 사업장세무서 : '220.역삼'을 '110.서대문'으로 수정

2 계정과목 추가 및 적요등록 수정
- 850.회사설정계정과목을 '850.협회비(계정구분: 4.경비)'로 계정과목 수정
- 표준코드: '058. ①기타' 등록
- 현금적요 등록

02 거래자료입력

1 [일반전표입력] 3월 21일
(차) 830.소모품비	200,000원	(대) 253.미지급금	200,000원
		(99600.국민카드)	

2 [일반전표입력] 4월 11일
(차) 824.운반비	17,000원	(대) 101.현금	17,000원
또는 (출) 824.운반비	17,000원		

3 [일반전표입력] 5월 9일
(차) 251.외상매입금	3,300,000원	(대) 103.보통예금	3,300,000원
(00167.재벌가구)		(98000.국민은행(보통))	

4 [일반전표입력] 6월 7일
(차) 107.단기매매증권	3,000,000원	(대) 103.보통예금	3,000,000원
		(98004.신협은행(보통))	

5 [일반전표입력] 9월 13일
(차) 108.외상매출금	2,500,000원	(대) 401.상품매출	2,500,000원
(01131.가구천국)			

6 [일반전표입력] 10월 23일
(차) 146.상품	7,000,000원	(대) 252.지급어음	7,000,000원
		(01121.(주)가구나라)	

[지급어음관리]

◆ 지급어음 관리						삭제(F5)
어음상태	2 발행	어음번호	00420241023123456789	어음종류	4 전자	발행일 2024-10-23
만기일	2024-12-31	지급은행	98400 국민은행(당좌)	지 점	강남	

7 [일반전표입력] 11월 22일

(차) 103.보통예금	4,400,000원	(대) 259.선수금	4,400,000원
(98001.농협은행(보통))		(05015.(주)서영전자)	

8 [일반전표입력] 12월 26일

(차) 801.급여	6,500,000원	(대) 254.예수금	849,290원
		103.보통예금	5,650,710원
		(98002.신한은행(보통))	

03 전표수정

1 **입력자료수정**

[일반전표입력] 2월 15일

수정 전 : (입) 108.외상매출금   6,600,000원
(02110.대한자동차)

수정 후 : (입) 120.미수금   6,600,000원
(02110.대한자동차)

2 **입력자료수정**

[일반전표입력] 10월 1일 중복입력 전표 중 한 건 삭제

04 결산

1 **수동결산 및 자동결산**

1) [일반전표입력] 12월 31일

(차) 116.미수수익   790,000원   (대) 901.이자수익   790,000원

2) [결산자료입력]

기말상품재고액 34,000,000원을 입력하고 상단부 전표추가(F3) 를 클릭하여 자동분개 생성

(차) 451.상품매출원가   190,215,000원   (대) 146.상품   190,215,000원

* 기초상품재고액 40,000,000원 + 당기상품매입액 184,215,000원 − 기말상품재고액 34,000,000원
= 상품매출원가 190,215,000원

3) [재무제표 작성]

손익계산서([기능모음]의 '추가' 클릭) ➡ 재무상태표를 조회 작성한다.

05 실무수행평가

번호	평가문제	배점
11	평가문제 [회사등록 조회] ③ 사업장은 '서울특별시 강남구'에 위치하고 있다.	4
12	평가문제 [계정과목및적요등록 조회] ② 표준재무제표항목의 표준코드 '048.판매수수료'를 사용하고 있다.	4
13	평가문제 [예적금현황 조회] ④ 신협은행(보통) 6,000,000원	4
14	평가문제 [거래처원장 조회] (00167)	3
15	평가문제 [거래처원장 조회] (2,000,000)원	3
16	평가문제 [거래처원장 조회] (532,000)원	3
17	평가문제 [지급어음현황 조회] (10,500,000)원	3
18	평가문제 [현금출납장 조회] (33,229,500)원	3
19	평가문제 [일/월계표 조회] (17,000,000)원	3
20	평가문제 [일/월계표 조회] (464,000)원	3
21	평가문제 [손익계산서 조회] ② 통신비 1,772,110원	3
22	평가문제 [손익계산서 조회] (805,921,000)원	4
23	평가문제 [손익계산서 조회] (2,200,000)원	3
24	평가문제 [손익계산서 조회] (9,430,000)원	3
25	평가문제 [재무상태표 조회] (92,000,000)원	3
26	평가문제 [재무상태표 조회] (1,230,000)원	2
27	평가문제 [재무상태표 조회] (2,000,000)원	3
28	평가문제 [재무상태표 조회] (14,035,420)원	3
29	평가문제 [재무상태표 조회] (8,580,000)원	3
30	평가문제 [재무상태표 조회] ① 568,771,270원	2
총점		62

06 회계정보분석

31. ② (63,270,000원 ÷ 4,250,000원) × 100 ≒ 1,488%
32. ① (166,600,000원 ÷ 324,700,000원) × 100 ≒ 51%

12 | FAT 2급 66회 기출문제 정답 및 해설

✦ 실무이론평가 ✦

⊕ 정답

01	③	02	④	03	④	04	②	05	②	06	③	07	④	08	②	09	①	10	③

01 ③ (차) 현금(자산의 증가)   800,000원   (대) 받을어음(자산의 감소)   800,000원

02 ④ 부채는 미래에 자원의 유출 또는 사용이 예상되는 의무이다.

03 ④ 기간별 보고의 가정에 대한 설명이다.

04 ② 회계의 순환과정에서 장부가 작성되는 순서는 분개장 → 총계정원장 → 시산표 → 재무제표 순이다.

05 ② 외상매출금회수액 192,000원 = 기초금액 32,000원 + 당기외상매출액 200,000원 − 기말금액
40,000원

06 ③ 건물 취득원가에 중개수수료와 취득세는 포함하고, 취득 후 납부한 화재보험료는 제외한다.
건물 취득원가 = 건물구입금액(10,000,000원) + 중개수수료(100,000원) + 취득세(70,000원)
= 10,170,000원

07 ④ 기초자본 = 250,000원(기초자산) − 120,000원(기초부채) = 130,000원
당기순이익 = 160,000원(기말자본) − 130,000원(기초자본) = 30,000원
비용총액 = 80,000원(수익총액) − 30,000원(당기순이익) = 50,000원

08 ② 거래처 직원의 경우는 접대비(기업업무추진비)로, 회사 직원의 경우는 복리후생비로 회계처리한다.

09 ① 대손충당금 잔액 = 대손충당금(250,000원) − 매출채권 회수불능액(120,000원 + 50,000원)
= 80,000원

10 ③ 11월 2일 (차) 가지급금   300,000원   (대) 현금   300,000원
11월 5일 (차) 여비교통비   350,000원   (대) 가지급금   300,000원
                                                        현금   50,000원

✛ 실무수행평가 ✛

01 기초정보관리의 이해

1️⃣ **사업자등록증에 의한 거래처등록**

1. 사업장주소 변경 : 서울특별시 강남구 강남대로 246 (도곡동, 다림빌딩)
2. 전자세금계산서 전용 메일주소 입력 : art1004@naver.com

2️⃣ **전기분 재무상태표의 입력수정**

- 111.대손충당금 129,000원을 129,280원으로 수정 입력
- 213.감가상각누계액 2,400,000원 추가 입력
- 차액 0원 확인

02 거래자료입력

1️⃣ [일반전표입력] 2월 17일

(차) 931.이자비용	584,400원	(대) 103.보통예금	584,400원
		(98005.기업은행(보통))	

2️⃣ [일반전표입력] 3월 2일

(차) 822.차량유지비	30,000원	(대) 253.미지급금	30,000원
		(02117.성보카정비)	

3️⃣ [일반전표입력] 3월 22일

(차) 812.여비교통비	295,000원	(대) 134.가지급금	250,000원
		(03050.김태연)	
		101.현금	45,000원

4️⃣ [일반전표입력] 4월 26일

(차) 110.받을어음	5,000,000원	(대) 108.외상매출금	5,000,000원
(00185.(주)현진아트)		(00185.(주)현진아트)	

[받을어음 관리]

● 받을어음 관리								삭제(F5)
어음상태	1 보관	어음종류	6 전자	어음번호	00420240426123406789		수취구분	1 자수
발행인	00185	(주)현진아트		발행일	2024-04-26	만기일	2024-07-31	배서인
지급은행	100	국민은행	지점	강남	할인기관		지점	할인율(%)
지급거래처					＊수령된 어음을 타거래처에 지급하는 경우에 입력합니다.			

5️⃣ [일반전표입력] 5월 27일

(차) 108.외상매출금	800,000원	(대) 401.상품매출	800,000원
(00106.장난감나라)			

⑥ [일반전표입력] 7월 20일

(차) 251.외상매입금   5,665,000원   (대) 103.보통예금   5,665,000원

    (00125.(주)소윤문구)   (98001.국민은행(보통))

⑦ [일반전표입력] 8월 10일

(차) 833.광고선전비   490,000원   (대) 253.미지급금   490,000원

    (99601.신한카드)

⑧ [일반전표입력] 12월 15일

(차) 103.보통예금   1,600,000원   (대) 259.선수금   1,600,000원

    (98004.농협은행(보통))   (03401.(주)인선팬시)

03 전표수정

① **입력자료수정**

[일반전표입력] 11월 10일

수정 전 : (차) 813.접대비   77,000원   (대) 253.미지급금   77,000원

    (기업업무추진비)   (99600.국민카드)

수정 후 : (차) 813.접대비   77,000원   (대) 253.미지급금   77,000원

    (기업업무추진비)   (99605.삼성카드)

② **입력자료수정**

[일반전표입력] 12월 1일

(차) 821.보험료   960,000원   (대) 103.보통예금   960,000원

    (98000.신협은행(보통))

04 결산

① **수동결산 및 자동결산**

1) [일반전표입력] 12월 31일

(차) 116.미수수익   500,000원   (대) 901.이자수익   500,000원

2) [결산자료입력]

기말상품재고액 27,000,000원을 입력하고 상단부 전표추가(F3) 를 클릭하여 자동분개 생성

(차) 451.상품매출원가   227,715,000원   (대) 146.상품   227,715,000원

* 기초상품재고액 57,000,000원 + 당기상품매입액 197,715,000원 − 기말상품재고액 27,000,000원

    = 상품매출원가 227,715,000원

3) [재무제표 작성]

손익계산서 [기능모음]의 '추가' 클릭 → 재무상태표를 조회 작성한다.

05 실무수행평가

번호	평가문제	배점
11	평가문제 [거래처등록 조회] ② 메일주소는 ulleungdo@naver.com이다.	4
12	평가문제 [계정별원장 조회] (03050)	2
13	평가문제 [거래처원장 조회] ③ 00185.(주)현진아트 21,000,000원	3
14	평가문제 [거래처원장 조회] (03401)	4
15	평가문제 [거래처원장 조회] ④ 99605.삼성카드 6,575,200원	4
16	평가문제 [받을어음현황 조회] (8,000,000)원	4
17	평가문제 [예적금현황 조회] ③ 농협은행(보통) 50,000,000원	3
18	평가문제 [현금출납장 조회] (35,352,640)원	3
19	평가문제 [일/월계표 조회] (37,014,000)원	4
20	평가문제 [일/월계표 조회] (960,400)원	3
21	평가문제 [손익계산서 조회] (227,715,000)원	2
22	평가문제 [손익계산서 조회] ④ 광고선전비 5,300,000원	3
23	평가문제 [손익계산서 조회] (11,406,000)원	3
24	평가문제 [손익계산서 조회] (5,450,000)원	3
25	평가문제 [재무상태표 조회] (57,600,000)원	3
26	평가문제 [재무상태표 조회] (12,798,720)원	3
27	평가문제 [재무상태표 조회] (215,000)원	4
28	평가문제 [재무상태표 조회] (96,750,000)원	3
29	평가문제 [재무상태표 조회] (500,000)원	2
30	평가문제 [재무상태표 조회] ① 476,419,670원	2
총점		**62**

06 회계정보분석

31. ② (238,000,000원 ÷ 583,000,000원) × 100 ≒ 40%

32. ① (117,530,000원 ÷ 583,000,000원) × 100 ≒ 20%

저자 소개

✎ 공경태

약력
- 충북대학교 일반대학원 회계학과 경영학박사(세무회계 전공)
- 서울디지털대학교 세무회계학과 교수
- 한국산업인력공단 과정평가형(사무자동화산업기사/전산회계운용사) 국가기술자격 시험출제위원 및 외부심사평가위원
- 한국생산성본부 ERP 정보관리사 시험출제위원
- 한국공인회계사회 FAT/TAT 시험출제 및 선정위원, 채점위원장
- 전국상업경진대회 시험출제 및 감수위원
- 직업훈련교사 회계 1급, ERP 정보관리사 1급(인사·회계·생산·물류), 전산세무 1급, TAT 1급 등 다수 자격증 보유

저서
- 독공 전산회계 1,2급 (박문각출판)
- 독공 전산세무 1,2급 (박문각출판)
- 독공 TAT(세무실무) 1,2급 (박문각출판)
- 독공 FAT(회계실무) 1,2급 (박문각출판)

✎ 정혜숙

약력
- 충북대학교 일반대학원 회계학과 경영학 석사(회계학 전공)
- 한국기술교육대학교 직업능력개발원 전공역량보수교육 교수
- 한국산업인력공단 과정평가형(전산회계운용사) 국가기술자격 시험출제위원 및 외부심사평가위원
- 한국생산성본부 ERP 정보관리사 시험출제위원
- 전국상업경진대회 시험출제 및 감수위원
- 한국세무사회 자격시험 T/F위원
- 성결대학교 교양학부, 대한상공회의소 인천인력개발원 외 다수 강의
- 에듀윌, EBS 플러스2 교육방송 ERP 정보관리사 생산·물류, AT자격시험 온라인 강의

저서
- 독공 전산회계 1,2급 (박문각출판)
- 독공 전산세무 1,2급 (박문각출판)
- 독공 TAT(세무실무) 1,2급 (박문각출판)
- 독공 FAT(회계실무) 1,2급 (박문각출판)

✎ 박병규

약력
- 수원대학교 회계학과 졸업
- 인성회계직업전문학원 대표 회계강사
- 직업능력개발교사(회계, 재무, 생산관리, 일반판매, e-비지니스)
- 전산회계운용사 1급, 전산세무 1급, TAT(세무정보처리) 1급, ERP 정보관리사 1급(인사·회계·생산·물류) 등 자격증 보유

저서
- 독공 전산회계 1,2급 (박문각출판)
- 독공 전산세무 1,2급 (박문각출판)
- 독공 FAT(회계실무) 1,2급 (박문각출판)
- 독공 TAT(세무실무) 1,2급 (박문각출판)

수상내역
- 2022년 직업능력의 달 "국무총리 표창장"
- 제22회 전국 전산회계 경진대회 표창장
- 제21회 전국 전산회계 경진대회 표창장
- 제8회 공인회계사회 TAT 2급 "AT Award 표창장"

✎ 김현상

약력
- 회계학 박사
- 두풍회계직업전문학교 학장
- 대구대학교 겸임교수
- 선린대학교 겸임교수
- 동국대학교, 울산대학교 출강
- 한국회계학회, 한국전산회계학회, 한국산업정보학회 회원

저서 및 논문
- 독공 전산회계 1,2급 (박문각출판)
- 독공 전산세무 1,2급 (박문각출판)
- 독공 FAT(회계실무) 1,2급 (박문각출판)
- 독공 TAT(세무실무) 1,2급 (박문각출판)
- 김현상의 회계실무강좌 (경영과 회계)
- 월별세무업무 실무해설 (경영과 회계)
- 기업회계와 세무회계실무해설 (경영과 회계)
- 생활속의 세금이야기 생활세금 (경영과 회계)
- ERP 실무 -ERP실무2급용 핵심ERP (도서출판 글로발)
- 개인의 성격유형이 ERP수용에 미치는 영향에 관한 탐색적 연구 (한국산업정보학회 최우수논문상)
- 회계처리 형태에 따른 회계정보 활용에 관한 연구 (한국전산회계학회 전산회계연구)
- ERP 시스템의 내부통제와 품질요인의 관계에 관한 연구 (한국전산회계학회)

상훈사항
- 직업훈련기관 대표 고용노동부장관 표창

✎ 강만성

약력
- 전주대학교 경상대학 졸업(회계학 전공)
- 한길이알피전산회계학원 원장 겸 대표강사(회계,세무)
- 前 대영직업전문학교 전산세무 전임강사, 논산세일센터 전임강사(회계), 前 익산세일센터 전임강사(세무)

저서
- 독공 전산회계 1,2급 (박문각출판)
- 독공 전산세무 1,2급 (박문각출판)
- 독공 FAT(회계실무) 1,2급 (박문각출판)
- 독공 TAT(세무실무) 1,2급 (박문각출판)

박문각 자격증
FAT
(회계실무) 2급
독공 독하게 공부하자

제3판 인쇄 2024. 5. 16. | **제3판 발행** 2024. 5. 20. | **편저자** 공경태, 정혜숙, 김현상, 박병규, 강만성

발행인 박 용 | **발행처** (주)박문각출판 | **등록** 2015년 4월 29일 제2015-000104호

주소 06654 서울시 서초구 효령로 283 서경 B/D 4층 | **팩스** (02)723-6870

전화 교재 문의 (02)723-6869

저자와의
협의하에
인지생략

이 책의 무단 전재 또는 복제 행위를 금합니다.

정가 20,000원
ISBN 979-11-6987-808-1